智合
INTELLIGEAST

2020-2021 China's Legal Market Observation

中国法律市场观察

·智合研究院 编著

法律出版社 LAW PRESS · CHINA

关注当下的力量：法律服务市场的格局与趋势

智合研究院

2020年，新冠肺炎疫情暴发，全球经济陷入不确定状态，中国却成为全球唯一实现经济正增长的主要经济体，同比增长2.3%，GDP首次突破至100万亿元级别。与此同时，中国提出了以国内大循环为主体、国内国际双循环相互促进的“双循环”发展模式。中国律师业持续增长，律所数量达到3.4万家，执业律师人数突破52万人。

若按照从2018年至今每年新增5万名律师、2000家律所的规律，预计截至2021年年底，中国律师人数将会达到57万名，律所数量达到3.6万家。

虽然疫情趋于稳定，市场整体向好，但法律服务业与经济发展的脉搏同频，未知与风险并存。法律市场的宏观趋势是什么？全球法律市场的格局是怎样的？律师行业正在经历什么样的变革？这些问题正不断引发业内的思考。

中国律师是一个极度热爱学习、具备深度思考能力，同时又充满焦虑的群体。焦虑过往的发展模式是否可以匹配现在的市场需求，焦虑新趋势、新业态、新观念给行业带来的变化，还焦虑在全球化的背景下，中国律师能否适应全球市场的竞争以及中国律所与国际大所之间的差距。

在埃克哈特·托利的《当下的力量》（*The Power of Now*）一书中，有这样一段话：“其实我们一直都处在大脑或思维的控制之下，生活在对时间的永恒焦虑中。我们忘不掉过去，更担心未来。但实际上，我们只能活在当下，活在此时此刻，所有的一切都是在当下发生的，而过去和未来只是一个无意义的时间概念。”

如果我们将对过往的反思与对未来的忧虑先放在一边，而将目光拉回到当下，关注当下的力量、注重当下的感受和判断，或许可以看到市场和行业正在发生的一些现象和变化，从而让自身的步伐更加从容，也更加容易抓住新的机会。

一、4 个宏观趋势

根据智合研究院近三年的观察，当前中国法律市场正呈现出 4 个趋势。

第一个趋势：从顶层设计和律师业的数据来看，中国律师业将会在推进国家法治建设、社会经济发展、科技创新方面发挥更加重要的作用，整个行业仍在经历发展的红利期。

首先从数据来看，从 2018 年起，在律师人数增长方面，中国律师行业进入了高速发展的"5 万人时代"，每年增长的速度约为 12%，详见图 1。

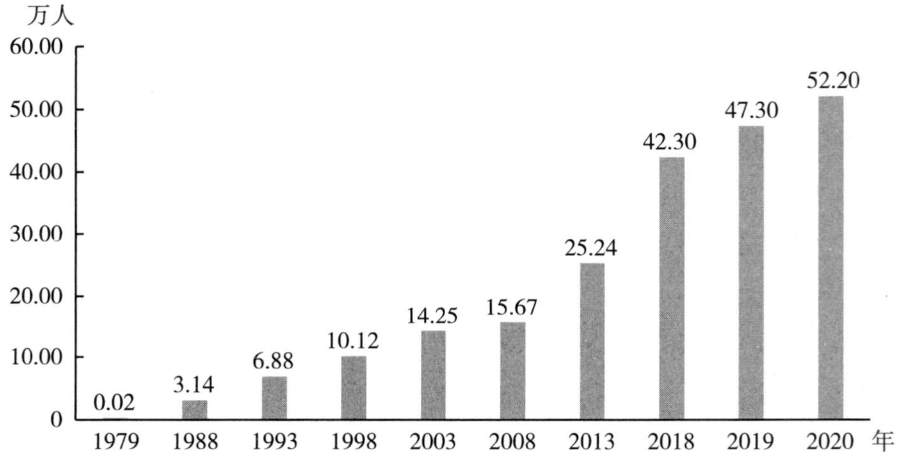

图 1　1979 ~ 2020 年全国律师总人数

注：由于篇幅有限，图中只列出关键年份的数据。

2021 年 1 月，中共中央印发《法治中国建设规划（2020—2025 年）》，在建设高效的法治实施体系、严密的法治监督体系以及有力的法治保障体系的过程中，不仅律师的重要性及其所发挥的作用将会愈发凸显，而且律师队伍自身的建设也将持续加强。

《国民经济和社会发展第十四个五年规划和 2035 年远景目标纲要》提出，要"聚焦产业转型升级和居民消费升级需要，扩大服务业有效供给，提高服务效率和服务品质，构建优质高效、结构优化、竞争力强的服务产业新体系"，"完善境外生产服务网络和流通体系，加快金融、咨询、会计、法律等生产性服务业国际化发展"。

目前，全球科技创新进入空前密集活跃的时期，新一轮科技革命和产业变革正在重构全球创新版图、重塑全球经济结构。中国正大力发展科学技术，努力成为世界主要科学中心和创新高地。未来，中国针对科技领域的立法将会进一步增强，市场对科技法律服务的需求将会不断提高。

第二个趋势：虽然中国法律服务市场依然处于以区域性市场为主导的割据形态，但在城市群经济的刺激下，以京津冀、长三角、粤港澳、成渝、华中为代表的区域性法律市场将会爆发新的活力；而且，部分地区的法律服务产业集聚效应值得关注。

截至2021年4月，笔者通过关注全国各地律师协会公布的官方数据，掌握了北京、上海、浙江、江苏、山东、福建、四川、陕西、重庆、广州、武汉等省市律师行业的部分数据，详见表1。

表1 我国多地律师行业情况

地区	律所数量/家	律所规模分布	执业律师/人	业务情况	总创收/亿元
北京	2887	律师人数在50人以上的律所共有98家，其中东城区22家，占比为22.45%；西城区12家，占比为12.25%；朝阳区48家，占比为48.98%；海淀区14家，占比为14.29%。以上四区律师人数在50人以上律所数量占到全市律所总数的97.96%，其他区2家，只占总数的2.04%	37,351	—	—
上海	1709	律师人数在100人及以上的律所47家，较上一年增加10家，占比为2.75%；律师人数在50人（含）~100人的律所48家，占比为2.81%；律师人数在30人（含）~50人律所66家，占比为3.86%；律师人数在10人(含）~30人的律所519家，占比为30.37%；律师人数在10人以下的律所1029家，占比为60.21%	28,914	全市律师办理各类诉讼案件34.7万余件，同比增长10.08%。其中，刑事诉讼案件4.4万件，同比减少2.22%；民事诉讼案件29.8万件，同比增长12.88%；行政诉讼案件0.5万件，同比减少16.67%。办理各类非诉讼业务17.5万件，同比增长16.67%	—
浙江①	1636	—	27,302	全省律师办理各类诉讼和非诉讼案件68.36万件，担任各类法律顾问72,739家	139.38
江苏②	2187	律师人数在10人以下的律所1238家，占比为56.61%；律师人数在10人（含）~30人的律所800家，占比为36.58%；律师人数在30人（含）~50人的律所79家，占比为3.61%；律师人数在50人（含）~100人的律所56家，占比为2.56%；律师人数在100人（含）以上的律所14家，占比为0.64%	35,632	全省律师办理各类法律事务967,356件，其中诉讼案件662,787件、非诉讼法律事务55,260件；为85,840家党政机关、人民团体和企事业单位担任法律顾问	—

续表

地区	律所数量/家	律所规模分布	执业律师/人	业务情况	总创收/亿元
山东	2290	—	31, 486	全省律师办理业务 81.7 万件，同比增长 5.03%	100.03
福建	1137	—	14, 950	全省律师担任各级党政机关、人民团体法律顾问 3131 家，担任事业单位法律顾问 2440 家。据不完全统计，一年来全省律师参与信访接待和处理案件 4612 件，调解各类案件 5978 件，参与办理黑恶势力犯罪案件 4635 件，办理法律援助案件 25, 776 件，提供免费法律服务 39, 409 件，在维护社会稳定中起到了“减压阀”和“稳定器”的作用	—
四川[③]	1718	律师的人数在 10 人以下的律所占 56.1%，律师的人数在 30 人以下的律所占 91.1%，四川省内律所总体上以中小型所为主。此外，综合化、规模化的大所也在不断发展增多，律师的人数在 30 人（含）~50 人的律所 105 家、律师的人数在 50 人（含）~100 人的律所 31 家、律师的人数在 100 人及以上的律所 17 家	28, 011	全省律师办理免费案件 19.56 万件，占比为 37.8%；办理收费不足 1 万元的案件 18.87 万件，占比为 36.5%；办理收费在 1 万元以上不足 5 万元的案件 9.8 万件，占比为 19.1%；办理收费在 5 万元以上不足 10 万元的案件 2.4 万件，占比为 4.7%；办理收费在 10 万元以上不足 50 万元案件的 8569 件，占比为 1.7%；办理收费在 50 万元以上不足 100 万元的案件 1028 件，占比为 0.2%；办理收费在 100 万元及以上的案件 289 件，占比为 0.05%	59.70
陕西	713	律师的人数在 10 人以下的律所 379 家，占比为 53.16%；律师的人数在 10 人（含）~30 人的律所 281 家，占比为 39.41%；律师的人数在 30 人（含）~50 人的律所 27 家，占比为 3.79%；律师的人数在 50 人（含）~100 人的律所 13 家，占比为 1.82%；律师的人数在 100 人（含）以上的律所 13 家，占比为 1.82%	13, 161	全省律师办理各类法律事务 250, 706 件，与 2019 年相比增长 11.5%。其中诉讼案件 132, 948 件、非诉讼案件 20, 302 件、咨询和代书 64, 689 件、仲裁业务 6556 件、公益法律服务 26, 211 件；为 14, 560 家党政机关、人民团体和企事业单位担任法律顾问	22.74

续表

地区	律所数量/家	律所规模分布	执业律师/人	业务情况	总创收/亿元
重庆	894	2018～2020年，重庆市律所呈现小微所逐年减少、大中型所逐年增加、分所逐年增多的格局变化，表明律所做大做强的动能在不断增强，规模在不断扩大，结构在不断改善	13,391	全市律师办理刑事诉讼、民事诉讼、行政诉讼、仲裁、非诉讼业务共182,222件，较上年增加14,054件，增长8.36%；担任法律顾问21,023家，较上年增加1590家，增长8.18%	41.88
广州	814	律师人数在100人以上的律所128家、律师人数在51～100人的律所26家、律师人数在11～50人的律所272家、律师人数在10人以下的律所464家	17,956	全市业务总量433,666件；其中广州市律师办理诉讼案件180,197件，包括民事诉讼代理141,073件、刑事辩护代理24,956件、行政诉讼代理4105件、仲裁相关法律服务10,063件；咨询和代书9545件；非诉讼案件52,009件	—
武汉	448	律师人数在10人以下的律所246家，占比为54.91%；律师人数在10人（含）～30人的律所141家，占比为31.47%；律师人数在30人（含）～50人的律所30家，占比为6.70%；律师人数在50人（含）～100人的律所19家，占比为4.24%；律师人数在100人（含）以上的律所12家，占比为2.68%	8241	在全市律师办理的81,798件诉讼案件中，刑事案件辩护及代理12,543件，占比为15.33%；民事案件代理66,425件，占比为81.21%；行政案件代理2293件，占比为2.80%；代理申诉540件，占比为0.66%。办理非诉讼法律事务21,648件，咨询和代书15,702件，仲裁业务4193件。参与信访接待和处理案件11,864件，律师调解1883件，参与处置城管执法事件204件	27.02

① 根据杭州律协发布的数据，杭州现有律所590家，律师10,738人，全市每万人律师比超过10.36，律所数量、律师人数、承办案件数均占全省1/3强，已经成为推动法治杭州建设的一支重要力量。

② 截至2020年年底，南京市共有486家律所，同比增长7.5%；共有律师8679人，同比增长13.5%，业务收入39.66亿元，同比增长12.9%。万人拥有律师比超过9.9，位居江苏省全省首位。

③ 根据成都市2020年年度考核最新数据显示，成都市共有执业律师15,660名，占全省执业律师总数的55.91%；律所877家，占全省律所总数的51.05%，集中了全省17家100人及以上规模的律所，位居中西部城市第一。成都律师业发展迅速，规模已居副省级城市第3位，全国各大城市第5位。

根据智合研究院的观察，现有法律服务产业主要集中在自由贸易试验区，如中国（上海）自由贸易试验区临港新片区打造的“国际法律服务中心”、中国（广东）自由贸易试验区广州南沙新区片区打造的“高端法律服务集聚区”，以及近期江苏自贸区苏州片区出台的《关于支持法律服务业高质量发展的若干意见（试行）》。为打造法律服务产业聚集区，上述片区的管理机构各自出台了法律服务行业扶持政策，围绕机构落户奖励、办公用房扶持、人才保障与便利、高端法律服务奖励等方面给予片区律所支持。

法律服务资源的集聚将带来品牌效应，促进法律服务产业的发展，同时吸引更多法律服务机构与法律服务生产要素的进入，从而进一步扩大法律服务产业集聚程度，最终法律服务产业集聚与品牌效应相互促进，形成具有区域特色、高质量的专业集群。

第三个趋势：超大规模的律所不断涌现，中国律所的规模化发展仍在持续，但业内开始更加关注规模化的质量，市场需求、组织协同与分所战略是三个讨论的关键点。

2019 年，大成在全球范围内的律师人数突破 1 万人；2020 年，盈科的中国律师人数突破 1 万人。目前，国内千人以上的律所的数量已达到 20 家以上。此外，区域性律所的整合趋势不断增强，许多区域性强所和大所的分支机构都朝着“律师人数过百人、人均创收过百万、总创收过亿元”的目标迈进。这三个指标对应着律所的规模、品质以及市场地位，不仅是律所前行路上的“仪表盘”，也是律所发展目标的量化体现。

可以说，规模化仍然是当前中国律师业最为明显的趋势之一。根据智合研究院的观察，带来这一趋势的原因有三点：

一是外部环境与市场需求的变化。随着国内许多机构客户走向成熟，法务群体的兴起壮大，以及跨学科、跨领域、跨行业的复杂法律问题逐步出现，许多机构客户希望律师行业能够从在细分领域提供专业服务转变为提供“一站式、综合化”的服务，这促使许多律所将提供全链条的法律服务作为业务战略。

二是律所自我发展的需要。当市场竞争达到一定程度之后，规模化成为许多律所建立新的竞争优势的选择。律所需要在战略、品牌上投入更多资源，以扩大行业影响力和知名度。部分大型机构在进行招标时，除了对律所的成立时间、相关领域的经验和成功案例、服务性价比进行考察之外，还会考虑团队的规模以及在业内的影响力和知名度。在这一现实情况下，许多中小型律所没有入场竞争的资格，从而也无法获得承接大型、复杂项目的机会。

三是律所与律师之间的相互成就、相互作用。市场需求的变化和律所自我发展的需要带来了团队化运作和专业化分工，越来越多的律师需要专精于某一领域、某个行业，与其他律师进行协同作战；同时，“律所”作为一个平台对于律师而言越发重要，律所发挥了越来越多的高效资源调配、服务律师的功用。律所和律师之间的相互成就又进一步促进了律所的规模化。

对于中国律所而言，要考虑的关键不单是在哪里铺设网点，而在于以下三个问题。

问题一，基于目标客户与市场，本所的专业定位与发展战略是什么？

问题二，扩大规模的同时必然伴随着成本和压力，如何才能形成良好的组织协同能力，进而产生规模效益？

问题三，如何制定分所的发展战略，实行本地化的运营？

客户和市场需要的不是一家在规模上占据优势的大所，而是一家拥有良好的运行机制、具有服务品质保障、业务专精能够创造价值的强所。

规模化律所最大的优势在于能够契合综合性需要强的公司客户的需求，在具体项目上，客户虽然面对的是某个律师团队，但背后实际上是一个律所的资源在支持，规模性大所往往更有可能给客户带来增值服务。然而，律所的规模不同，在某种程度上也决定了律所为法律服务市场提供法律服务能力的大小，以及客户群体的大小。

对于律所来说，首先应当分析自己所处的市场与客户的特点，以及目前律所/团队所达到的水平和层次；其次要基于目标客户与市场来判断自己是否需要进行规模化，如果目前所处的区域性/细分市场相对饱和，那么就要考虑要在哪里铺设网点，未来的市场规模究竟是多大；最后则是进行战略的落地，集中优势资源“引人才、建团队、做产品、拓市场”。

从行业的发展情况来看，目前已有许多精品化律所开始进行适度规模化的拓展，也有许多区域性头部大所开启了全国性的布局。这一切，本源性的出发点是对目标客户与市场的分析判断，而后是战略使然。

第四个趋势：中国律师业在全球的影响力持续扩大，在全球的布局能力、提供跨境法律服务的能力不断提升，我国涉外律师人才队伍不断壮大。

在涉外领域，中国目前拥有涉外律师 1.2 万名，中国律所已在 35 个国家和地区设立境外分支机构 150 多家。

以北京和上海这 2 个国内涉外法律服务业走在前列的城市为例。

根据北京律协 2020 年 10 月发布的数据，目前已有 36 家北京律所通过直投、联营、合作、联盟等方式设立了 231 个境外分支机构，其中，有 25 家律师事务所的 74 个境外分支机构已经通过北京市司法局审查并予以备案。北京律所的足迹已遍及全球五大洲。

就上海来说，在涉外律师人才方面，从事涉外法律服务的律师已近 3000 人，超过了全市律师总数的10%，其中有海外留学经历的接近50%，99名律师进入全国涉外律师人才库，141名律师被列入了上海市涉外律师人才库。在涉外律所建设方面，上海共有233家律所从事涉外法律服务业务，其中总部在上海的律师事务所中有13家在境外开设分支机构。此外，上海律所通过与境外律所合作的方式在亚太地区、北美、英国、欧盟、东欧、南亚、中东和非洲建立服务网络；还有许多上海律所通过加入国际律所联盟组织建立了国际化服务网络。

眼下，中国十分重视培养精通相关领域业务和国际规则、具有国际化视野、拥有丰富执业经验和跨语言、跨文化法律运用能力的高素质、复合型中国涉外律师，全国各地都开启了涉外律师人才库的建设工作。基于“双循环”的背景以及《区域全面经济伙伴关系协定》（Regional Comprehensive Economic Partnership，RCEP）的签署，为适应更高水平的对外开放的需要，未来中国律师在涉外法治工作中也将发挥越来越大的作用。

二、全球法律市场概览

长期以来，智合研究所一直关注全球主要法律市场的格局与变化。在这一部分，我们将分别针对全球、美国、英国的律师业进行分析。

（一）中国律师业在全球法律市场的发展情况

以2019年的数据为例，虽然美国律师人数远高于中国、英国、德国和日本，但从增长速度来看，中国是目前全球主要法律市场中律师人数增长最快的国家。详见图2。

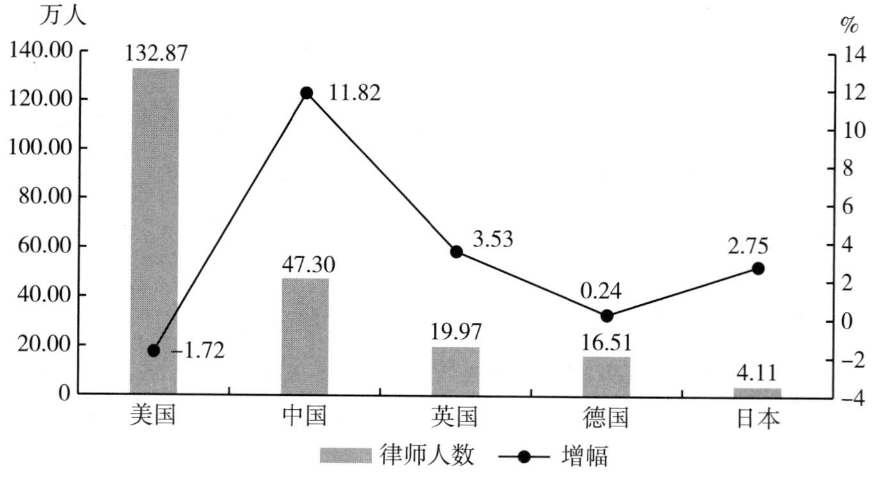

图2　2019年中、英、美、德、日五国律师人数

从每万人拥有律师数来看，欧美国家高于亚洲国家，美国是中国的近 12 倍，英国是中国的近 9 倍，德国是中国的近 6 倍，日本则略低于中国。详见表 2。

表 2　2019 年中、英、美、德、日五国每万人拥有律师数

国家	律师人数/万人	人口数/亿人	律师占比/%	每万人拥有律师数/人
美国	132.87	3.28	0.405	40.48
英国	19.97	0.67	0.300	29.96
德国	16.51	0.83	0.199	19.89
中国	47.30	14.00	0.034	3.38
日本	4.11	1.26	0.033	3.25

中国作为全球增长最快的新兴法律市场，中国律师未来仍然具有巨大的发展空间，市场中仍有巨大的需求等待进一步挖掘。

如果我们将中国律所的发展情况放到全球的维度来看，就规模（律师人数）而言，全球 100 强律所的律师总人数在 2019 财年为 231,558 人，比 2018 年增长 8.0%。其中有 70 家律所的律师人数超过 1000 名。中国律所在全球十大规模所中占据了 6 个席位（50% 以上律师在中国），分别是：大成 Dentons、盈科、京师、金杜、锦天城、德恒。

在总创收方面，全球 200 强律所在 2019 财年的总创收达到了 1527 亿美元，比 2018 财年增长了 4.5%。全球 100 强律所在 2019 财年的整体收入增长了 4.7%，达到了 1196 亿美元，增速较上两个财年均有所下降（2018 财年增长 8.1%，2017 财年增长 6.7%）。受疫情影响，2019 财年律所的数据表现可能是未来几年中较好的。全球总创收排名中，大成 Dentons、金杜、盈科、中伦、锦天城、德恒、国浩、君合、京师、方达进入全球前 200 名。

在权益合伙人人均利润方面，2019 年全球百强律所权益合伙人人均利润为 172.3 万美元，与 2018 年的人均 171.6 万美元相比增长 0.4%。75 家律所的权益合伙人人均利润达到或超过 100 万美元。5 家中国律所进入权益合伙人人均利润排名前 100 名，分别是金杜、中伦、大成 Dentons、锦天城、盈科。[1]

〔1〕 2020 年 9 月，《美国律师》杂志发布了“2020 年全球百强律所”系列排名（2020 Global 200/100），包含 2019 年度全球律师人数、律所总创收和权益合伙人人均利润三个维度。从这三个维度看，部分中国大所已经在全球范围内占据了一定的地位。

（二）英美律所创收数据对比

1. 美国律所创收排名

从总创收来看，全美100强律所的创收相比2018年上升了5%，凯易成为全球唯一一家创收超过40亿美元的律所；虽然在2019年瑞生以37.67亿美元位居第二，但在2020年，瑞生的总创收已迈过40亿美元大关；根据排名，年创收超过20亿美元的律所共有11家，超过10亿美元的律所已达到41家。表3为总创收超过20亿美元的律所。

表3 2019年总创收超20亿美元的美国律所

排名	律所	创收/美元
1	凯易	4, 154, 600, 000
2	瑞生	3, 767, 623, 000
3	欧华	3, 112, 130, 000
4	贝克麦坚时	2, 922, 000, 000
5	世达	2, 632, 615, 000
6	盛德	2, 337, 803, 000
7	摩根路易斯	2, 265, 000, 000
8	霍金路伟	2, 246, 050, 000
9	伟凯	2, 184, 850, 000
10	众达	2, 070, 000, 000
11	吉布森	2, 008, 334, 000

资料来源：《美国律师》杂志“2020年美国百强律所创收排名”（2020AmLaw100）。

2. 英国律所创收十强

从2019/2020财年英国律所的总创收来看，四大“魔圈所”（年利达、英国安理、高伟绅、富而德）在英国法律市场的创收总和为24.42亿英镑（约合219.43亿元人民币），全球创收总和为66.54亿英镑（约合597.9亿元人民币）；四大“魔圈所”的平均创收约为16.64亿英镑（约合149.52亿元人民币）。

在英国律所创收十强中，全球总创收最高的为欧华，其在英国法律市场的创收仅占其全球创收的16.9%；司力达和品诚梅森在英国法律市场的创收占其全球总创收的比例最高，分别为85%和78.3%。详见表4。

表 4　2019/2020 财年英国律所总创收十强

2020 年排名	律所	2019/2020 财年英国总创收（亿英镑）	相比 2018/2019 财年增长（%）	2019/2020 财年全球总创收（亿英镑）	英国总创收占全球总创收比重（%）
1	年利达	737.9	6.2	1639.7	45.0
2	英国安理	633.3	2.0	1692.0	37.4
3	高伟绅	587.0	5.6	1803.0	32.6
4	富而德	483.8	-10.7	1521.0	31.8
5	金马伦麦坚拿	476.8	2.1	1255.0	38.0
6	安睿顺德伦	446.4	6.4	954.7	46.8
7	司力达	431.0	-1.1	507.0	85.0
8	品诚梅森	388.0	2.1	495.5	78.3
9	史密夫斐尔	380.0	-2.6	989.9	38.4
10	欧华	357.0	1.9	2111.5	16.9

资料来源：英国《律师》杂志 2020 年英国 200 强律所报告（The Lawyer UK 200：Top 100 2020）。

3. 美国律所在英国法律市场

美国律所扩张到伦敦一直是全球法律市场最明显的趋势之一。据钱伯斯的统计数据显示，目前已有超过 100 家总部位于美国的律所在伦敦开展业务。从 2019/2020 财年的数据来看，美国律所在英国也占据了相当的市场份额，英国法律市场的创收大约占其全球总创收的 10%。详见表 5。

表 5　2019/2020 财年美国律所在英国法律市场总创收十强

2020 年排名	律所	2019/2020 财年英国总创收（亿英镑）	相比 2018/2019 财年增长（%）	2019/2020 财年全球总创收（亿英镑）	英国总创收占全球总创收比重（%）
1	凯易	348.6	23.5	3254.8	10.7
2	瑞生	336.9	20.7	2951.6	11.4
3	伟凯	264.0	1.3	1711.6	15.4
4	贝克麦坚时	241.1	1.3	2287.6	10.5
5	Dentons	195.1	15.4	2036.9	9.6
6	世达	176.3	10.2	2062.4	8.5

续表

2020 年排名	律所	2019/2020 财年英国总创收（亿英镑）	相比 2018/2019 财年增长（%）	2019/2020 财年全球总创收（亿英镑）	英国总创收占全球总创收比重（%）
7	礼德	168.4	1.9	976.9	17.2
8	盛信	157.2	19.8	1267.6	12.4
9	威嘉	144.9	3.5	1190.8	12.2
10	美亚博	144.8	17.9	1159.4	12.5

资料来源：英国《律师》杂志英国 200 强律所报告/美国律所伦敦市场 50 强报告（The Lawyer UK 200: Top 100 2020 / US Top 50 Firms in London 2020）。

三、3 个行业变革

“虚拟律所”的崛起、法律服务的跨界融合与竞争，以及“非律师”拥有律所是近年全球律师业最为关注的三个行业变革。这三个变革意味着传统律师业在技术手段与经营模式、产品研发与业务领域、组织形式与人员结构上开始逐渐发生改变。

（一）“虚拟律所”崛起

2020 年的新冠肺炎疫情，对于律所来说是一次无法预料到的“技术练兵”，并导致了“虚拟律所”的崛起。

所谓“虚拟律所”，也被称作“云端律师事务所”，是指不受传统律所物理办公空间束缚，运用技术手段为客户提供法律服务的律师事务所。其区别于传统律所的优势在于：其一，虚拟律所以远程办公的方式，节约了办公场地开销及运营成本；其二，虚拟律所的商业模式使其在费率上比传统律所更具竞争力，而由于运营成本的下降和提成比例的提升，合伙人/律师的收入却得到了提升；其三，虚拟律所的工作方式更加灵活，使律师能自由支配工作时间。

2015 年，美国勒策尔和安德烈斯律师事务所诉讼团队的 8 名律师集体加盟 Fisher Broyles，成为当时传统律所与虚拟律所之间最大的横向团队变动。2019 年 10 月，亚马逊推出知识产权加速器（intellectual property accelerator），帮助电商卖家在亚马逊平台快速找到知识产权律师，办理包括商标申请在内的业务。目前，在伦敦设立首家海外分所的 Fisher Broyles 已将眼光瞄准了新加坡、印度、中国香港和意大利米兰等国家和地区。

那么，虚拟律所是否会取代传统律所成为法律服务市场的主流模式？短期内应该不会。其原因在于：首先，对于律所来说，是否适合采用虚拟办公，很大程度上取决于其自身业务类型、管理模式和文化特点等因素；其次，虚拟律所需要律师自己开拓案源，因而该模式较为适合业务量充足的资深律师；最后，虚拟律所缺乏专业协同、品牌运营、人际互动、培训指导、业务管理等方面的支撑，在一定程度上会制约律师的长期发展。

未来，虚拟律所将会与传统律所并存，并在特定的律师群体和细分的业务领域中以技术优势和更低的成本与传统律所进行竞争、合作、融合。

（二）跨界竞争与融合

根据近期一项研究报告显示，在美国律所 100 强中，有 35 家律所构建了专属的替代性法律服务部门/品牌（Captive ALSPs）。在全球律所 100 强与美国律所 100 强的并集中，这一数字达到 48 家。〔1〕

在律所设立的专属替代性法律服务部门/机构中，均会同时引进法律专业人士和其他领域的专家，高度依赖技术手段、大数据分析和标准化流程来提供产品和服务，并以独立的管理架构进行独立运营、独立核算。拥有专属的替代性法律服务平台，意味着律所可以通过“专业 + 技术 + 服务”的综合实力，在法律服务市场中确立自身优势。从产品和服务的角度来看，也有越来越多的客户希望律所成为“整体服务提供商”，推出更多法律与财会金融、风险咨询相结合的“整体产品”。

独立的替代性法律服务提供商、“四大”会计师事务所、咨询公司踏入法律行业提供服务，律师事务所亦在其主营的法律服务领域之外，进入风险咨询等领域。“法律 +”的综合性服务模式将会在国际层面成为越来越多专业服务机构的选择，法律服务业的跨界竞争与融合将会持续加强。

（三）“非律师”拥有的律所：Law on Call 的成立

2021 年，美国出现了第一家完全由非律师拥有的律所：Law on Call。客户每月只需支付 9 美元，即可获得不限时长的持证律师电话咨询；如有需要，还能以每小时 100 美元的价格获得法律服务。

Law on Call 是根据犹他州最高法院 2020 年 8 月通过的“犹他州最高法院第 15 号令”设立的。该法令旨在实施创新法律改革，重点是允许非律师所有的和提供非传统法律服务的律师事务所在该州一个被称为“监管沙盒”（regulatory sandbox）的项目中运营。〔2〕

〔1〕 资料来源：Baretz + Brunelle NewLaw：Captive ALSP Report。

〔2〕 参见《美国第一家完全由非律师持股的律师事务所成立：犹他州的创新“监管沙盒”项目》，载微信公众号“DHH 华盛顿特区”2021 年 4 月 7 日。

其实，美国在推进允许非律师持有律所股份（non - lawyer owned law firm）方面的进展，相比于英国是较慢的。2011 年，英国《2007 年法律服务法》（Legal Service Act 2007）生效，允许获批取得替代性商业结构（alternative business structure，ABS）牌照的非律师公司提供法律服务。这也直接推动了“四大”会计师事务所向“全球多领域、全方位专业服务公司”（multidisciplinary professional firms，MDP）转型，在全球提供一般公司法和商法咨询服务。

从目前的趋势来看，一方面，在英美国家，技术和资本的结合会逐渐重塑法律服务行业的生态；另一方面，英美国家监管机构会逐步放开政策，允许非律师持有律所股份，在律师事务所的组织架构和经营模式上进行持续的探索。

结语

智合研究院是智合旗下专注于法律产业观察与分析的行业智库，针对中国乃至全球法律市场的发展现状、行业趋势、前沿问题、政策走向等，进行基于理论与实证的研究与解读，为法律市场的监管机关、业界领袖、服务机构、专业人士提供信息参考和决策依据。

根据我们观察到的 4 个宏观趋势、全球市场的发展以及 3 个行业变革，《中国法律市场观察（2020—2021）》相应地划分为“宏观趋势篇”“全球市场篇”“区域市场篇”“律所管理篇”“规模布局篇”“业务拓展篇”“行业变革篇”7 个章节，共计 63 篇文章。本书内容皆取自业内专家的观点、评论以及智合研究院在过往 3 年时间里的思考、总结。我们希望能够为读者呈现既带有本土化实践经验，又具有全球视野的内容。

《反脆弱性》的作者纳西姆·塔勒布说：“风会熄灭蜡烛，却使火越烧越旺。对随机性、不确定性也是一样，你要利用它们而不是躲避它们。你要成为风，渴望得到风的吹拂。”

虽然眼下全球局势与市场需求的变化对中国法律市场的发展带来了一丝不确定性，但我们始终相信，只要能够坦然面对过去所取得的成绩和所经历的失败，关注当下的感受、当下的判断以及当下最应该做的事，并始终不带固定预期地对未来拥有开阔的想象，能够抓住趋势和变化，中国律师业必能迎来更高质量的发展和更加光明的未来。

是为序。

目 录
CONTENTS

宏观趋势篇

区域市场篇

律所管理篇

规模布局篇

业务拓展篇

行业变革篇

全球市场篇

宏观趋势篇

2021 年中国法律市场：长期主义的坚守*

| 智合研究院

2020 年，全球疫情肆虐，人员往来与商贸活动受阻，众多企业与个人感受到了前所未有的经济压力，涉外行业尤其如此。经济虽在逐步恢复，但疫情至今仍未消散，且国际局势中被疫情催化的裂痕可能长期持续。

2020 年，中国成为全球唯一实现经济正增长的主要经济体，同比增长 2.3%，GDP 首次突破至 100 万亿元级别。同年，最高决策层提出了“双循环”发展模式，发展以国内大循环为主体、国内国际双循环相互促进的新发展格局。

几十年后回望 2020 年，或许会发现，百年未有之大变局，于此刻划出了一道清晰的“分水岭”。

疫情不过是变局中的催化剂，未知与风险将长期存在。2020 年的逆势增长，体现了中国经济的韧性，面向久远的未来，需要更长期的定力。国家如此，企业如此，个人亦如此。

法律服务行业的脉动往往与经济发展同频。2020 年，中国的法律市场经历了怎样的风雨，有了怎样的发展？2021 年乃至此后 10 年、20 年，中国律师行业应当坚守什么，又当作出怎样的改变？

所谓的行业内卷是否真的存在，法律专业者的长期定力又该锚定何处？

本文将从律师业务趋势、律所战略与发展、国内区域性法律市场的发展、中国律所的国际化之路四个角度出发，对中国法律市场的宏观趋势进行总结和梳理。

一、优化业务结构，提升“抗风险性”

动荡起伏的 2020 年已然落幕。根据国际货币基金组织预测，2020 年全球经济将萎缩 4.4%，中国或将成为全球唯一实现正增长的主要经济体。

---

* 本文首发于微信公众号“智合”2021 年 2 月 12 日。

对中国律所而言，2020 年年初开局不利，新冠肺炎疫情打破了人们原有的工作节奏和年度计划，而中国的疫情防控和复工复产之迅速，为律师业争取到了宝贵的发展机会。许多中国律所表示，2020 年下半年的增长基本能够弥补第一季度的相对停滞，因此对自身的财务状况依然保有信心。

（一）提升业务的多元化程度

全球经济下行，律师业务量增长放缓，在这场“黑天鹅”事件中，有些业务领域遭受重创，有些业务领域却迎来了增长。我们看到，很多律所依然保持了较高的增长态势，那些定位精准、把握关键领域的律师在逆境中获得了先机。

过去一年，医药健康行业备受瞩目，医药健康行业的发展被提至新的高度，也成为法律服务行业的一个新的增长点，带动了与医疗医药企业相关的并购重组、投融资、知识产权、商业秘密、医患矛盾纠纷解决等业务的增长。

破产法律事务亦出现了高速增长，破产是典型的逆经济周期业务。企业利润出现下滑，企业破产数量上升，对于那些以破产业务见长的律所，其业务量明显提升，破产业务律师也比以往更加繁忙。有的律所甚至设立了多支破产业务团队，律师多达五六十名。

经济性裁员、用工纠纷、合同争议、工伤认定等问题频出，推高了市场对劳动法律服务的需求，劳动法律师的表现也可圈可点。此外，很多律师还在争议解决、并购重组、资本市场、TMT、数据合规、基础设施等领域把握住了潜藏的业务机会。

面对外部形势的变化，那些瞄准关键业务领域或提供综合性法律服务的律所稳住了阵脚。他们紧跟市场需求，加大在重点业务领域的投入，同时提升业务的多元化程度，对冲经济形势变化对律所业务带来的风险，得以在逆境中稳步向前。

（二）发现新形势下的机遇

《民法典》的颁布在司法界、律师界、法学界掀起了学习热潮，《民法典》填补了之前的法律空白，创新制度不一而足。与互联网有关的打赏、网购，与人格权有关的隐私权保护、个人信息保护，与财富传承有关的遗产管理人等内容中，无不隐藏着海量的律师业务机会。《民法典》带来法律条文的大量更新，将快速放大律师在业务水平上的差距。能够潜心研究学习新知识，进行差异化竞争的律师，极有可能在不久的将来取得突破性的发展。

2020 年，境内资本市场迎来了较大的发展。在新《证券法》出台，以及一系列监管政策的变化之下，中国律所的资本市场业务并未因为疫情受到太大影响，反而分享了资本市场改革带来的红利。

2019年6月，科创板开启注册制试点，时隔一年，注册制转型全面推广至创业板；新三板精选层横空出世，转板上市规则亦步入了征求意见稿的阶段。相较而言，科创板更侧重“硬科技”，创业板更强调“成长型创新创业企业”以及传统产业与创新的融合，供拟上市的科技企业作出选择。

2020年全年，A股新上市企业共396家，比2018年、2019年A股上市企业数量之和还要多出88家。这396单IPO业务由57家律所承办，其中40%以上的项目由国浩、中伦、锦天城、国枫、金杜5家律所主导。除此之外，资产重组、再融资、债券发行等业务也呈现良好的发展局面。资本市场“严刑峻法”的时代到来，也对律师尽到勤勉尽责义务提出了更高的要求。

自2018年起，加强“新型基础设施建设”有关内容连续三年被写入政府工作报告。目前来看，“新基建”主要涉及5G基站、特高压、工业互联网、城际高速铁路和城际轨道交通、新能源车充电桩、人工智能、大数据中心7个领域。随之而来的是，建筑工程领域以及与之匹配的知识产权、投融资、数据合规、争议解决等领域成为律师业务发展的新增长极。

紧跟市场需求，中国律所在合规领域的布局加大加深，更多律所组建了专门的合规团队，服务范围也更加全面，延伸至各个行业以及反垄断、反腐败、商业秘密、海关贸易、数据安全、环境保护等各个领域。

2020年12月，历经8年磋商的《区域全面经济伙伴关系协定》（Regional Comprehensive Economic Partnership，RCEP）最终签署，一个当前世界上人口最多、经贸规模最大、最具发展潜力的自由贸易区有望最终形成。这一协议的签署，不仅将会以中国的庞大市场为基础，以产业链为纽带，建立一个内外市场联动的经贸运行体系，为后疫情时代全球经济的复苏提供了有力支撑，还会促进中国法律市场的进一步开放，带动涉外法律服务业的发展。

新冠肺炎疫情、国际局势、经济发展等外部因素的变化，对未来律师业务的影响不可避免。在不确定性之下，机遇总是与挑战相伴而生。对于律所而言，以下经验可供借鉴：

1. 专业化建设依然是重中之重。律所可通过培养或引进专业律师人才、组建专业团队、打造具有自身特色的法律服务产品等，不断增强业务实力。

2. 以客户需求为导向，调整业务结构。无论是“精专所”还是“综合所”，业务布局必然围绕市场需求展开，提高业务的“抗风险性”是律所对抗外部形势不确定性的利器。

3. 提升行业洞察力，从专业化走向行业化。为客户提供更符合所在行业特点、更具针对性的专业建议。

4. 优化法律服务体验，提质降本增效。合理利用IT技术，推动服务产品的标准化、流程化、在线化，将有效推动律所开源节流，推动业绩增长。

二、律所战略与发展：从概念到具象化

（一）规模化还是精品化？

2019年5月，大成宣布，其在全球范围内拥有1万名律师。根据Acritas近期发布的2021年全球精英律所品牌指数（2021 Global Elite Law Firm Brand Index）显示，大成位居第3名，相比去年上升了8位，成为Acritas排名有史以来涨幅最大的律所。

2020年10月，盈科宣布，其中国律师人数突破1万人。截至2020年12月底，盈科中国区共有88家分所，执业律师总人数10,596人，员工总人数14,933人，盈科中国区2020年营业收入65.73亿元。如何进一步实现专业协同，全面实现数字化转型，整合全球资源，成为盈科下一个五年需要思考的问题。

在过去十年间，越来越多的中国律所在拓展规模、强强合并、扩大布局，而两家“万人大所”的诞生，以及当前市场的不确定性，不禁让中国律师业开始重新审视——中国律所的规模红利还能持续多久？是坚持规模化发展还是走精品化路线？规模化布局的基础是什么？

首先，从数据来看，中国律师业的整体创收以每年10%以上的速度在高速增长，从2018年起，在律师人数增长方面，中国律师行业进入了高速发展的“5万人时代”，区域市场、细分领域和利基市场的法律服务需求不断增加。通过扩大规模，律师事务所的实力可以进一步壮大，而客户对律师事务所的信任亦有很大一部分来自律所规模、律师数量，因而通过规模带动更多客户是一个长期的趋势。

其次，从精品化到适度规模化，再到综合化、网络化，是当前许多中国大所发展的路径，即在律所/团队发展的早期，选择一条主赛道进行深耕，精准解决客户的需求；当发展到一定阶段，再围绕核心业务领域和客户的需求，探索新的领域，研发新的产品和服务模式，通过培养和横向引进外部团队，实现适度规模化；最后，根据市场的空间和自身战略需要，构建法律服务的网络。但无论发展到哪一阶段，专业品质仍是其本质和底色。

最后，律师事务所的规模化布局需从宏观和微观两个层面进行分析。从宏观层面来看，相关市场的经济总量、产业结构和营商环境是规模化发展的充分条件；从

微观层面来看，律师事务所的文化基因、业务结构、管理模式是扩张的必要条件。无论是规模化还是精品化，衡量的标准均是律所的底层基础设施搭建情况，这也对应了律所规模化的微观层面。而目前，中国法律市场在尚无健全的评价体系、客户又难以辨识服务品质的情况下，“大”本身就是品牌，就可以为其中的律师提供品牌上的加持。但在“大”的前提下，仍需精准定位事务所的品牌，并与市场受众的感知需求相连。

根据智合研究院的观察，法律服务市场对于“大所”的评判标准主要有4个，分别是人员规模、总创收、行业影响力、市场占有率。对于“强所”的评判标准也有4个，分别为合伙人/律师人均创收、同年级律师的人均薪酬、主要客户的市场地位及品牌影响力、平均客单价。

无论是规模所还是精品所，均可在以上四个指标上设定短、中、长期目标，推动整个组织的新陈代谢与进化升级。而究竟是进行规模化扩张还是保持精品化的战略定位，要根据自身的实际情况而定。

（二）管理层交替所引发的业界思考

2020年4月中旬，方达创始人周志峰退出合伙并加入一家客户公司。4月30日，方达宣布选举产生由7位合伙人组成的新一届管理委员会。韩亮当选新一届管理委员会主任，高旸为管理合伙人。

2020年10月，君合2020年合伙人大会落幕，新一届管委会由君合82名无限合伙人选举产生。其中，合伙人华晓军当选为管委会主任，肖微、赵锡勇、张平、余永强、武雷等五位合伙人当选为管委会委员。

若从中国律师制度恢复起算，中国律师业已历经40多年发展，管理层交替已是一个迫在眉睫的话题。“红圈所”与许多国内的一线律所（如隆安、志和智、阳光时代、金鹏、金诚同达、联合）大多已完成了管理层交替。它们留给业界的思考是——首先，为了文化的延续性，许多律所的“老一辈”合伙人将会陪伴继任者共同管理律所一段时间；其次，当前复杂的经济环境与国内外形势，给继任者既带来了机遇，也带来了挑战；最后，随着行业变革的加速，对继任者的考验将不仅体现在其战略眼光与管理能力上，也将体现在其对新技术的理解与运用上。

成功的管理层交替，不仅表现在律所管理权力的交接，更意味着核心资源由“人”向“组织”转移。能否平稳交棒，往往决定了这家律所后续能否健康发展。

（三）明确战略定位，寻找差异化的路径

在迈克尔·波特看来，战略就是选择一套行动方案使企业能够善于在市场上创造持续性差异。持续性差异能够向客户传递的价值超过竞争者，或者在相同价值下提供更低的成本。他说：“差异化源于行动方案及其实现方式的选择。”

对于中国律所来说，面对市场趋势的变化与行业变革的到来，唯有明确使命、愿景、价值观，找到属于自身的差异化之路，方能立于不败之地。

在市场层面，应当找到核心战场，作出资源取舍，聚焦于“高费率”、高增长、擅长的核心业务领域；在客户层面，应围绕核心客户，提供优质、高效的法律服务，并根据市场的需求，持续产品研发和创新；在内部运营和流程层面，应通过创新流程不断提升产品和服务的研发能力，通过专业协同与资源整合提升组织运行的效率；在学习与成长层面，则应优化内部治理和分配制度，探索职业经理人制度，为律师建立明确、清晰的职业赛道和晋升路径，构建多元化、多层级的培训体系，并以信息化、智能化为律所的发展赋能。

未来，中国律师业的发展一定会更加关注市场与客户的需求，更加注重产品和服务的品质，更加依赖律所的内部治理、平台化发展以及律师服务能力的持续提升。

从过去五年的趋势来看，律师事务所的战略与发展，经历了从一个虚幻的概念到逐渐具象化的过程。而且，当中国律师业加速进入变革期，律所的组织形式、律师的办案模式均迎来了数字化、信息化的转型与升级。

2020 年 10 月，以管理制度、分配制度、业务模式、协作网络、技术创新、灵活性等多个角度为标准，汤森路透旗下的《亚洲法律》杂志公布了“2020 律所先驱者”排名，共有 10 家在原创力和创新力方面表现突出的中国律所上榜。

三、东西部差距依旧明显，二、三线城市寻求突围

中国法律市场快速发展，以“中国速度”形成了如今的规模：截至 2019 年年底，全国共有律师 47.3 万人，近五年平均增长率 11.18%，每万人拥有律师数达 3.38 名；共有律所 3.2 万余家，律师人数过百的律所超过 320 家，年办理业务总量达 1117.75 万件。[1]截至 2020 年年底，全国共有律师 51 万人，已然稳步向司法部在《全面深化司法行政改革纲要（2018—2022）》中制定的目标靠近。可预见的是，未来两年，中国将新增 10 万名以上的律师。中国律师行业各项发展指标如表 1所示。

〔1〕 资料统计截至 2019 年年底，来源：司法部。

表 1　中国律师行业各项发展指标

年份	律师人数/万人	每万人拥有律师数/人	律师行业创收/亿元	律师行业创收/GDP/%
2019 年	47. 30	3. 38	1558	0. 16
2022 年（目标）	62. 00	4. 20	2000	0. 16

整理、制表：智合研究院。

然而，律师队伍的跨域式扩张也为市场的供给端带来了压力，行业竞争越发激烈。纵观全国及各区域法律服务市场的发展，呈现以下特点：

（一）东西部律师行业市场分化明显

我们根据地理区位将我国（除港澳台地区）地划分为东部、中部、西部和东北部四个区域，[1]以律师人数、律所数量、律师业务量、律师行业创收为指标，各区域律师行业发展情况如图 1 所示。

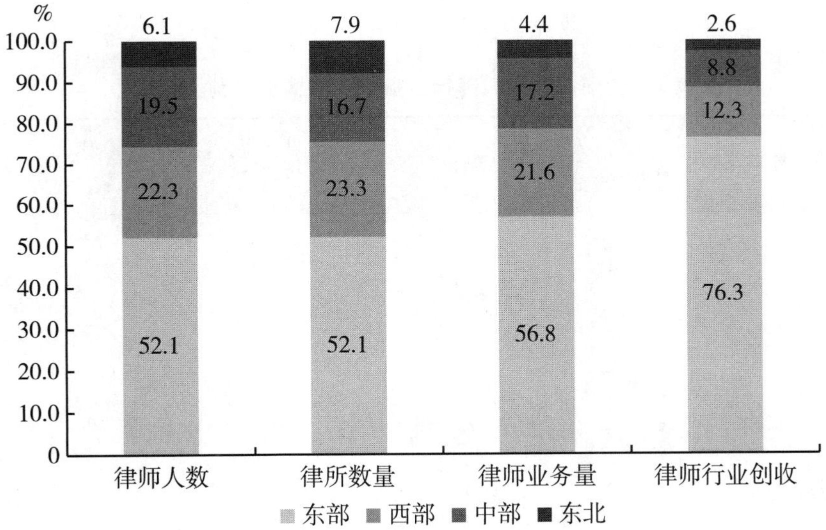

图 1　我国各区域律师行业发展情况

整理、制图：智合研究院。

东部律师规模占据了中国律师行业的半壁江山。经济规模、地理位置、产业结构、企业集中度等重要因素，很大程度上决定了东部律师行业的发展规模，加上法治环境、政策扶持、人才供应、律师执业环境、行业基础设施和行业纪律规范等因

[1] 我国（除港澳台地区）区域划分：东部包括北京、天津、河北、山东、江苏、浙江、上海、福建、广东、海南；中部包括河南、山西、湖北、湖南、安徽、江西；西部包括内蒙古、青海、宁夏、甘肃、陕西、四川、重庆、贵州、广西、云南、西藏、新疆；东北部包括辽宁、吉林、黑龙江。

素的多重作用，东部律师得以占领市场高地。

在律所及律师规模上，东部地区集中了全国半数以上的律所和律师，西部地区次之，之后是中部地区、东北部地区。相比之下，中部、西部地区律师及律所增长速度更快，远超全国平均值，但资历尚浅的新律师在市场上的占比相对较高。

在律师业务量方面，东部律师包揽了全国 56.8% 的业务量，若以业务类型划分，东部律师则办理了全国 58.05% 的诉讼业务、73.7% 的非诉业务，以及 60.72% 的法律顾问业务，其优势地位可见一斑。东部不仅业务量庞大，还集中了大量大型项目和高端业务，进一步推高了东部律师行业总创收，在业务单价、人均收入方面东部律师也领先于其他地区律师。与此同时，市场上也涌现了一大批专业实力过硬、品牌声誉较好、市场占有率较高的律所，以及业务能力强、职业水准优良、市场认可充分的高素质律师人才。

在区域市场，围绕城市群、经济圈的区域性法律市场发展迅速，其中京津冀城市群、长三角城市群、粤港澳大湾区尤为突出。以七大律师行业发展指标为维度，我们得出了“各省市律师行业竞争力”的综合排名，详见表 2。

表 2 全国各省市律师行业指标排名情况（前 10 名）

省市	律师人数	每万人拥有律师数	律所数量	律师行业创收	GDP 贡献度	律师人均收入	业务量
北京	2	1	2	2	1	2	7
广东	1	5	1	3	5	5	1
上海	5	2	5	1	2	1	8
浙江	7	6	6	4	4	4	3
江苏	3	8	4	5	8	6	2
山东	4	13	3	6	9	10	4
四川	8	15	7	7	11	14	5
重庆	15	7	13	9	7	7	17
福建	14	12	11	8	12	8	11
天津	22	3	15	13	6	9	25

注：本排名依据各省市 2019 年律师行业发展相关数据统计得出，表格仅列出前 10 名，供参考。
整理、制表：智合研究院。

可以看出，“北上广”几乎包揽了所有指标的前两名，北京市每万人拥有律师数最多，律师行业对 GDP 的贡献度最高；广东省律师人数、律所数量及业务量居全国首位；上海则以律师行业创收、律师人均收入为最。

（二）区域性律师行业的先行示范

律师业发展水平靠前的各个省市，多是改革创新的先驱。2020 年 5 月，上海自贸区临港新片区发布了《中国（上海）自由贸易试验区临港新片区促进法律服务业发展若干政策》，从机构落户奖励、办公用房扶持、人才保障与便利、高端法律服务奖励、其他扶持措施 5 个方面为新入驻的境内外法律服务机构提供一系列奖励与扶持。

上海临港新片区自揭牌以来，新增注册企业已超过 21,000 家，同比增长 62.5%，覆盖制造业、服务业、高科技、进出口贸易等各个领域。伴随市场活跃度的提升，法律纠纷及相关案件也逐渐增多，主要涉及商事纠纷、跨境贸易纠纷、知识产权保护等方面且案件涉外因素明显。帮助企业解决法律需求，是临港新片区的重要课题，也是出台上述政策的契机。该政策旨在完善临港新片区商事纠纷“诉讼、调解、仲裁”一站式解决功能，着力营造一流的国际化、法治化营商环境。

事实上，在打造法律服务聚集区的做法上，上海并非个例。2020 年，江苏自贸区南京江北新区、苏州片区先后出文鼓励国内优质法律服务机构集聚，广东自贸区广州南沙新区片区出文打造“高端法律服务集聚区”，这类政策扶持力度较大，鼓励法律服务机构共建平台、共享资源、降本增效。

在粤港澳大湾区，港澳律师到内地执业的政策放宽。广东省九市开展试点工作，符合条件的香港法律执业者和澳门执业律师通过粤港澳大湾区律师执业考试，取得内地执业资质的，可以从事一定范围内的内地法律事务。这有助于更好地实现港澳律师与内地律师的交流，为粤港澳大湾区建设提供重要的法律支持和良好的法治环境。

《海南经济特区律师条例》自 2019 年 10 月实施以来，热度不减，海南引进及新设立的律所层出不穷，到 2020 年 11 月时已达到 118 家，新增律所占比 47.77%，其中不乏来自北京、上海、广东、江苏、四川等地的全国知名律师事务所分所。

值得关注的是，2020 年 10 月，《海南省律师服务收费指引》颁布，明确了律师事务所收费的业务范围、律师服务费的收费方式以及收费标准。该指引的颁布，为国内其他区域性律师行业制定收费标准提供了参考和借鉴。

（三）二、三线城市律师行业亟待突围

从全国的整体情况来看，各区域之间的发展差距较大。一线城市在产业、政策、区位、人才、资金等方面尽显优势，在律师行业的发展上也是如此。二、三线城市的律师行业往往受到案源不足、律师人才储蓄力量不足、律所管理水平欠缺、专业化发展受阻等方面的困扰。

随着一线城市的部分大所、强所向二、三线城市拓展市场，将对当地律所及律师的生存环境产生一定的冲击，但同时也将促进当地律所在管理模式、培训机制、专业协同、客户渠道方面的变革与思考。目前，国内越来越多的省市将法律服务业纳入高端现代服务业体系，以规模化、专业化、规范化、市场化、品牌化、信息化为发展路线，在律师行业党的建设、律师行业自律管理、律师执业环境优化、律师队伍建设、律师事务所管理与创新、律师业务领域拓展、律师业务创收能力等方面进行发力。

如何紧跟市场需求，探寻并把握行业发展的下一个风口，实现战略升级与突围，是二、三线城市的本地律所未来需要加以思考的问题。为推动律师行业均衡式健康发展，如何以先进带动后进，给予律师业发展较弱地区以指导与扶持，也是值得各方探讨的问题。

四、法律市场持续开放，国际化之路任重道远

（一）中资所海外布局受阻，外资所撤离中国市场

过去一年，受到国际局势和国外疫情的影响，涉外业务遭受了一定的冲击，很多中国律所放慢了境外布局的步伐，也有一部分律所依然在积极拓展海外市场。

例如，金杜今年上线了多家云办公室，总数已达 24 家，其中海外云办公室包括新西兰、韩国两家；京师设立了莫斯科、喀麦隆、匈牙利、肯尼亚等办公室，京师欧洲版图雏形渐成，非洲网络亦在搭建中；锦天城开启了新一轮国际化战略布局，将第三家境外分所开在了美国西雅图；盈科建立了美国、韩国、澳大利亚、柬埔寨、哈萨克斯坦、阿联酋等 9 家海外直营律所，并加快了“盈科全球一小时法律服务圈”的布局；大成 Dentons 继续海外拓展，新增 20 余家办公室，完成了与美国、新西兰、韩国、乌拉圭、阿根廷等地律所的合作。

与此同时，部分外资律所撤出中国市场，对其全球战略进行重新聚焦，详见图 2。

据统计，1992～2012 年的 21 年间，平均每年有 12 家外国律所的中国办公室开业。而近几年来，外资所驻华代表机构数量整体呈下降趋势，根据司法部公告显示，通过 2019 年度检验的外国律所驻华代表机构有 185 家，达近几年最低值。

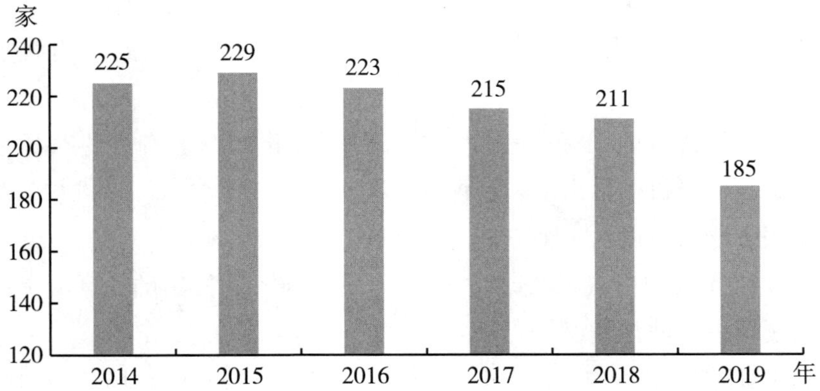

图 2 外国律所驻华代表机构数量变化

2020 年，中国境内仅有的一家以色列律所驻华代表机构退出中国，1997 年便在中国开展业务的美国律所文森·艾尔斯先后关闭了北京、香港办事处，英国律所罗夏信关闭了北京办事处，Osborne Clarke、奥睿、洛克亦宣布退出香港法律市场。

由于外国律所在中国执业存在法律规定上的壁垒以及近年来外商投资业务的缩减，外国律所在华拓展业务的难度增加。随着中国律所的快速成长，外国律所在薪资、业务、平台上的优势不再突出，与中国律所之间的直接竞争有所加剧。

（二）中国律所国际化之路仍在继续

尽管海外布局受到影响，国际化依然是当下中国律所的发展趋势。中国律所的国际化发展主要通过直投直营、与外资律所联盟或联营、开设法律服务公司、加入国际性律所联盟、与境外律师事务所签订合作备忘录等模式。

北京已有 36 家律师事务所通过直投、联营、合作、联盟等方式设立了 231 个境外分支机构，其中，有 25 家律师事务所的 74 个境外分支机构已经通过北京市司法局审查并予以备案。[1]

上海涉外律师已接近 3000 人，占全市律师总数的 10%，有 233 家律所从事涉外业务，其中 13 家总部在上海的律所在境外开设分支机构。随着英国安理国际律师事务所与上海朗悦律师事务所达成联营，上海自贸区中外联营办公室达到 7 家。

江苏提供涉外法律服务的专业律师有 845 人，2019 年全省涉外法律服务业

〔1〕 参见北京市律师协会：《“走出去”布局全球丨最新北京市律师事务所境外分支机构分布图发布啦!》，载微信公众号“北京市律师协会”2020 年 10 月 29 日，https：//mp. weixin. qq. com/s/1l2z94yvh6z3dRW25p375Q。

务收费达2.3亿元。[1]2019年以来，在江苏省司法厅等部门的牵头下，江苏建成并运营了16个海外法律服务中心，基本形成了覆盖“一带一路”沿线主要国家的网络格局。

律所如何衡量自身的国际化程度，在践行国际化的路上有哪些对标参照的指标？某国际法律评级机构给出了一套评价标准，可供律所参考。该机构认为，对于律所的跨境服务能力可以从4个方面进行评价：

1. 作为主要负责律师（lead counsel），为发生在不同国家的关联交易、诉讼程序或监管问题提供协助与建议。

2. 在境外拥有分支机构（global reach），为客户提供全球市场范围内的高质量法律服务。

3. 为客户提供无缝衔接和综合性的法律服务，并在跨境服务方面打造良好的客户体验。

4. 通过在全球性法律服务部门或行业实践上所积累的特定知识或经验，帮助客户处理国际事务。

（三）开放与合作依然是行业发展的主旋律

一个行业的发展与进步，离不开开放与合作。高水平、高质量的开放和发展，也理应成为中国法律服务业的主基调之一。

自2014年上海推出《中国（上海）自由贸易试验区中外律师事务所互派律师担任法律顾问的实施办法》《中国（上海）自由贸易试验区中外律师事务所联营的实施办法》两个办法以来，中国法律服务业的对外开放亦呈加速之势。这类文件提出的主要措施为：联营、互派律师及中国律所聘请外籍律师担任法律顾问。

开放不是目的，通过开放与合作实现业务的增长，提高法律服务能力，才是中国律所及律师得以在国际市场长远立足的关键。

结语

美国人类学家格尔茨在《农业的内卷化》（*Agricultural Involution*）一书中写道，所谓“内卷”，即指一种社会或文化模式在某一发展阶段达到一种确定的形式后，便停滞不前或无法转化为另一种高级模式的现象。

有观点认为，法律服务市场的容量有限，而律所数量和律师人数不断增加的情况，势必导致律师行业的内卷化。但本文认为，中国法律市场的发展潜力与空间仍

---

〔1〕参见江苏律协：《发布丨全势促进江苏涉外法律服务业的发展，强力推进江苏海外法律服务中心建设》，载微信公众号“江苏律协”2020年11月18日，https://mp.weixin.qq.com/s/Rtrm-gSuOfnO1CYbHeXZ1w。

然巨大，只要中国律所能够秉持专业主义的精神，在传统业务领域精深挖掘新需求、在新兴行业创新拓宽业务领域、在服务方式上注重差异化创新，减少律师人才和业务同质化竞争，就能有效避免内卷化。

对于一个组织来说，只要在长期的维度上看清行业发展的趋势，真正为市场创造价值，就能走在康庄大道之上。

面对新冠肺炎疫情和全球市场的不确定性，中国律所一定要时刻关注客户需求之变、行业格局之变、竞争业态之变、科技创新之变，坚守长期主义的价值理念。因为长期主义者，前期波澜不惊，后期增长迅猛。

2020年中国法律市场：变则通，不变则壅*

| 智合研究院

如何评价中国律师业40年的发展？

过去40年，中国律师业从废墟中起步，在起步中发展，在发展中壮大，以每年新增2000家律所、5万名律师的速度雄踞亚太，笑傲全球。当世界律师大会在中国举办之时，我们知道，中国律师已然站在了世界的舞台。

在过去的2019年，中国法律市场又经历了怎样的变化？

一方面，中国律所用战略，用勤勉，用制度，劈波斩浪，用优质的服务满足市场的需求，在国家法治和社会经济的各个环节发挥着重要的作用；另一方面，由于全球局势动荡、经济发展、技术破壁、巨头跨界，让未来的发展透露出了些许不确定。

塔勒布在《反脆弱性》中写道："风会熄灭蜡烛，却能使火越烧越旺。"

2020年，风云激荡。变的，是时代，是技术；不变的，是中国律师的品质与雄心。

一、40年巨变：律师行业的"中国速度"

40年来，中国律师业已发展成为规模较大、组织体系完整、地域分布与覆盖广泛、业务门类及服务方式多种，行业生存与发展生态趋好、社会关注及吸引度高的行业。

从中国律所的增长速度来看，根据国家统计局公布的数据，在改革开放初期的1982年，中国的GDP只有5333亿元，世界排名位居11位。经过30多年的发展，到2018年中国的GDP达到了900,309亿元。

在改革开放之初的1982年，中国仅有律师事务所2350家。1986年，中华全

---

* 本文首发于微信公众号"智合"2020年1月1日。

国律师协会成立，标志着中国律师业的发展进入了新的历史阶段。根据《中国法律年鉴》的统计，1986 年，我国共有律所 3198 家。但在 32 年后的 2018 年，中国律所的数量增长到了 3 万余家。在这期间，中国律所增加了约 2.7 万家，增长了近 10 倍。在最近十年，中国律所的数量亦实现了翻倍式增长。详见图 1。

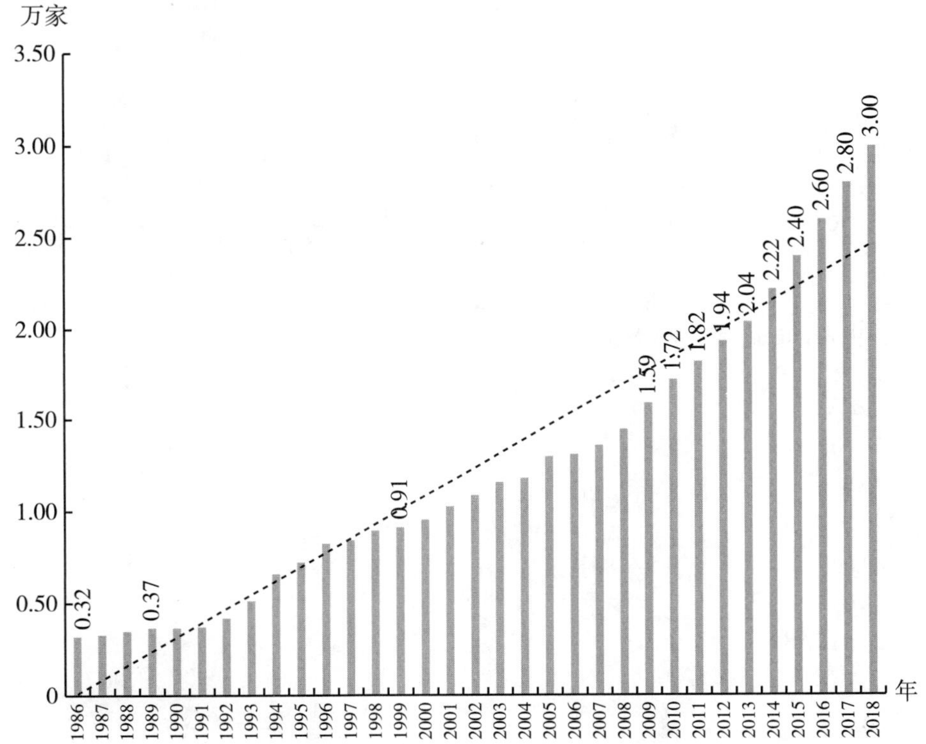

图 1　1986 ~ 2018 年中国律所数量变化

注：篇幅所限，仅列出关键年份数据。

1979 年，美国律师的人数为 498,249 人，远超中国律师行业刚起步时的律师人数规模。1979 ~ 2018 年美国律师总人数发展情况详见图 2。截至 2018 年年底，我国全国共有执业律师 42.3 万余人，每万人拥有律师人数达 3.2 人，而美国每万人律师数达到了 40.6 人。在过去 15 年间，我国律师人数的增长率为 196.84%；美国律师人数的增长率仅为 26.45%，详见图 3。

自 1979 年始，特别是 1992 年之后，我国律师执业人数逐年呈较大幅度增长态势。2018 年年底，我国执业律师已从 1979 年的 212 人增加到 42.3 万人，其中，专职律师 36.4 万人，兼职律师 1.2 万人；律师与人口总量之比已达 3‰。

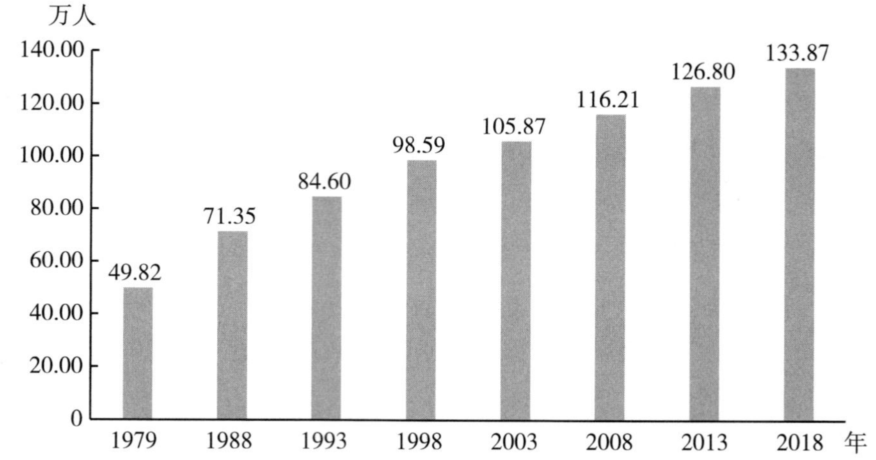

图2　1979～2018 年美国律师总人数

注：篇幅所限，仅列出关键年份数据。

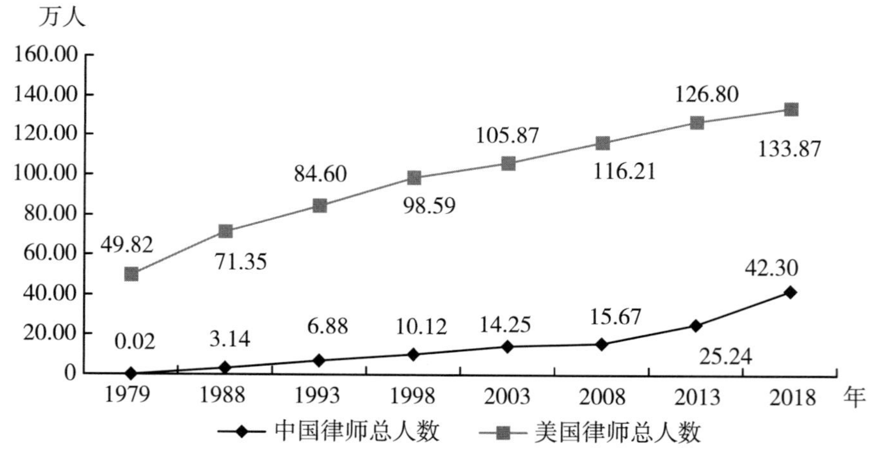

图3　1979～2018 年中美两国律师人数

从近 5 年的年均增长来看，中国每年将新增 5 万名执业律师。青年律师代表着行业的未来。眼下，在律师协会层面，优化了青年律师的培训机制，制定专项计划，利用互联网技术创新培训的模式，尤其注重对青年律师中涉外法律服务人才的培养。而在律所层面，则建立了明确的晋升机制，并形成多元化、常态化、多层级的培训体系。针对律师的职业培训，将成为行业未来发展的主题之一。

《全面深化司法行政改革纲要（2018—2022 年）》提出，到 2022 年，我国执业律师人数将达到 62 万人，每万人拥有律师数达到 4.2 名。

中国律师业用了 40 年的时间，发展成今天这样的规模，堪称律师行业的“中国速度”。但律师人数的跨越式增长，也为市场的供给端带来了压力，行业竞争愈发激烈。未来，中国律师业将从关注规模的提升，到更加注重发展的质量，律所内部的管理升级，进行专业资源的整合，以提供符合市场需求的服务和产品。

当前，中国律师业的头部效应明显，尤其是北上广深等城市，已有许多律所单体办公室的人数规模超越百人，部分律所的全所执业律师人数已达到了五百人，甚至一千人、两千人、五千人的规模，其治理结构、管理水平、软硬件设施均已与国际接轨。从境内分所布局来看，已有许多中国律所的分所数量达到了10家以上，甚至20家、30家以上的规模，覆盖了国内经济发达的主要城市和地区，形成了集团军的态势，并朝着分所一体化协同的方向发展。

但我们也应看到，中国律师队伍的规模、结构、区域分布仍然不能完全适应经济社会发展需求，东部地区与中西部地区的行业发展水平存在一定差距。许多中西部地区大所正扎根本地市场，寻求突围之道。

在目前中国的3万多家律所中，有93%规模在30人以下。对于中国律师业的整体发展而言，“红圈”、千人、亿元确实代表着先进生产力，但行业的未来，是由千千万万的中小型律所推动的。因此，促进先进带动后进，大所带动小所，使得律师行业整体均衡式的快速发展，进而推动中国的法治建设，是当代中国律所和律师的责任和使命。

二、全球布局：中国律师角逐国际市场

2019年，世界律师大会在中国举行。本届大会以“科技进步与法律服务”为主题，会议期间成立的“一带一路”律师联盟为中国律师参与全球治理提供了新的平台。中国律师的国际化时代到来，涉外法律服务的井喷效应将会到来。

从全国层面来看，截至2018年年底，中国律所在境外开设了122家分支机构，派出或聘请国内外律师为企业提供相应服务，其中美国24家，占比为19.67%；欧洲国家17家，占比为13.93%；亚洲国家和地区53家，占比为43.44%；其他国家和地区28家，占比为22.95%。2018年，中国律所在境外分支机构共办理各类法律事务3.2万多件。

2018年我国涉外律师共办理涉外法律事务近12.7万件，其中跨境投资并购类1.49万余件，占比为11.76%；知识产权类7.44万余件，占比为58.58%；“两反一保”类800多件，占比为0.63%；在境外参与诉讼、仲裁3400多件，占比为2.68%；其他3.34万余件，占比为26.35%。共服务中国国企1600多家、民企6900多家。

从地区层面来看，北京目前共有涉外律师2200余人，占律师总数的6.5%，

涉外律师数量居全国领先地位。

上海从事国际投资和国际金融的涉外律师快速增加，许多上海律师已进入高端法律服务领域，并由过去仅在国际项目中发挥辅助作用，到现在越来越多地牵头主导跨境法律事务。2019 年 8 月，科伟与史密夫斐尔在上海自贸区联营，成为上海自贸区内开设的第 6 家联营办公室。目前，上海正朝着打造面向全球的亚太仲裁中心努力。

利用粤港澳大湾区的发展契机，广东推广粤港澳合伙联营律师事务所，吸引港澳律师事务所在广东设立代表处，协同港澳成立了粤港澳大湾区仲裁联盟、粤港澳大湾区调解联盟，建立了粤港澳三地律师服务专业领域名录，目前广东省律师执业机构中共有外国、港澳律师所驻粤代表处 31 家，粤港（澳）合伙联营律师所 11 家。

浙江根据地缘因素，建立了全省法律服务海洋经济律师人才库和“浙江海洋经济法律服务网”，向全社会推介服务海洋经济的优秀律师，对接涉海、涉外法律服务需求。

2019 年 7 月，江苏发布了《关于加快海外法律服务中心建设的指导意见》，表明将在阿联酋、俄罗斯、巴西、安哥拉、埃塞俄比亚、印度尼西亚等 6 个国家推动建立海外法律服务中心，形成覆盖“一带一路”主要区域的海外法律服务站点布局。

从律所层面来看，随着“一带一路”倡议的持续推进，亚太地区、独联体国家（CIS region）、非洲的新兴经济体国家在能源、基建、农业领域有着大量的投资需求。这是中资所发展涉外法律业务，进行国际化布局的绝好机会。

目前，中资所在与外资所的竞争与合作中，尤其是在与“一带一路”有关的项目当中的优势逐渐显现。在政府主导的大型项目（government-run political project）中，中资所除了服务好客户之外，还需与中国的银行进行密切合作。在大型复杂跨境涉公司、资本市场、金融法律业务中，中资所还需熟悉美国或英国等国家的法律法规及政策，客户通常会让中资所与外资所之间进行通力合作。

开设海外分所、与境外律所合资办所，跨国合并，瑞士法人结构，“Best Friend”，品牌联盟，跨国联盟、联营，加入国际律师组织等，是中国律所国际化的主要模式。

根据智合的调研，企业在“走出去”过程中选择涉外律师时对于费用并不特别敏感，更希望其能在企业税收减免、优惠政策方面提供专业建议。同时，在合作过程中，律师对新情况的反应速度、察觉甲方需求的能力、境内外信息传递的准确性和及时性，以及甲方的参与度，都是企业所看重且期望律师能够做到的。企业选聘律师的考量因素详见图 4。

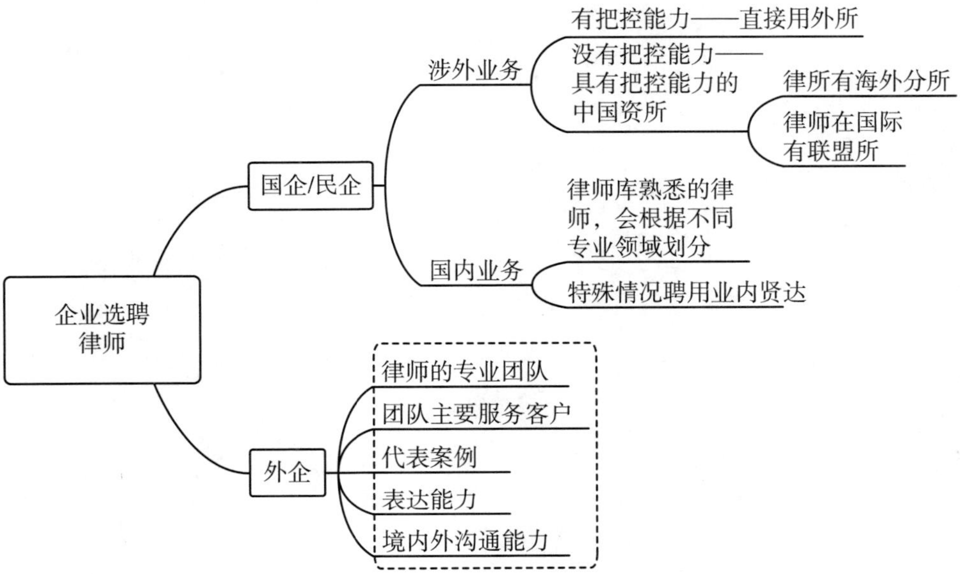

图 4　企业选聘律师的考量因素

三、区域突围：地区性律所的战略升级

2019 年 2 月，国家发展和改革委员会发布《关于培育发展现代化都市圈的指导意见》。意见指出，都市圈是城市群内部以超大、特大城市或辐射带动功能强的大城市为中心、以 1 小时通勤圈为基本范围的城镇化空间形态。这是我国第一份以“都市圈”为主题的中央文件，标志着都市圈时代正式来临。

以中心城市为引领的都市圈城市群是支撑中国经济高质量发展的主要平台，是中国当前以及未来发展的重点。其中尤以京津冀协同发展、长江经济带发展、粤港澳大湾区建设、长三角一体化发展带来的变化最大，需求最多。

围绕都市圈、城市群，中国的区域性法律市场将迎来更快的发展。基于国家政策和本地市场的需求，区域性律所深耕当地，寻求战略升级和突围之道是当前中国律师业的发展主题之一。

在 2020 年钱伯斯《亚太法律指南》中，在“公司/商事”领域，共有 45 家律所位居各省市的第一等，其中既有区域性的本地强所，亦有京沪大所的分所，纵横交错。而且，最新一期榜单新增了“公司/商事：中部”与“公司/商事：西部（陕西/甘肃/山西）”两个领域，凸显了其对中西部法律市场的关注。详见表 1。

表1　2020年钱伯斯《亚太法律指南》“公司/商事”领域第一等律所

地区		律所
东部沿海	北京	观韬中茂、嘉源
	天津	国浩、四方君汇、金诺
	山东	德衡律师集团、众成清泰、康桥、文康
	江苏	法德东恒
	上海	协力、虹桥正瀚
	浙江	京衡律师集团、国浩、阳光时代、天册、六和
	福建	天衡联合、联合信实
	广东	华商、德恒、竞天公诚、君合、金杜、中伦
东北部	吉林	大成、吉林功承
	辽宁	恒信、辽宁法大
西部	重庆	重庆索通、中豪律师集团
	内蒙古	内蒙古建中
	陕西/甘肃/山西	甘肃正天合、陕西稼轩、陕西永嘉信
	四川	国浩、金杜、泰和泰、中伦
	云南	大成、云南八谦
中部	—	湖北得伟君尚、湖南天地人、湖南启元、中伦

资料来源：2020年钱伯斯《亚太法律指南》：中资律所榜。
整理、制表：智合研究院。

在当前中国法律市场，一方面，市场中的高端业务向头部大所集中，“首例”项目/案件多由“红圈所”、大所承办；另一方面，大所纷纷布局区域性市场，以其先进的管理模式、培训机制、专业协同、客户渠道为当地带来了活力。挑战之下，也为区域性律所走出本地市场，思考前沿问题，进行自我革新，创造了机遇。眼下，我国的区域性法律市场已经诞生了许多百人以上、亿元体量、人均创收破百万元的大所、强所。

其实，规模化和精品化，是律师事务所发展的两条路径，但二者并不矛盾。规模化，可以让律所满足客户的多元化需求，构建全产业链的法律服务体系；而精品化，事关品质，决定了区域性律所能否占据市场的头部。

深耕本地，战略布局，创新驱动，专业化、产品化、规范化，是区域性律所突围的重点与核心。

四、律所管理：朝着平台化、生态化的方向推进

2019 年，中国律所在规模和创收的道路上继续狂飙突进。以大成为例，至 2019 年年底，其已在全球 73 个国家设立 181 家办公室，全球执业律师超过 1 万名。

如表 2 所示，2019 年 11 月，《亚洲法律》杂志（以下简称 ALB）公布了 2019 年中国规模 30 强律所排名。ALB 收集了各家律所中国办事处合伙人和律师人数，对于未提交数据的律所，ALB 根据调研的数据进行排名，未能全部覆盖所有规模大所，因此该数据仅代表 ALB 的调研结果，仅供参考。数据显示，盈科、大成、锦天城、德恒、国浩名列前五，12 家律所位居千人大所之列。

表 2　2019 年 ALB 中国律所规模 30 强　　单位：人

律所	合伙人数量	律师数量	律师总人数
盈科	838	7064	7902
大成	1824	4359	6254
锦天城	672	2018	2772
德恒	695	1809	2504
国浩	752	1623	2375
金杜	380	1482	1869
德和衡	131	1327	1828
中银	312	1284	1596
中伦文德	610	784	1394
中伦	309	979	1288
隆安	271	899	1277
泰和泰	350	857	1223
浩天信和	273	701	974
广和	263	636	929
金诚同达	290	618	910
汉盛	216	687	903
段和段	230	588	900
海华永泰	180	572	894
康达	140	729	869
天驰君泰	268	515	796

续表

律所	合伙人数量	律师数量	律师总人数
观韬中茂	221	515	745
汇业	162	556	728
明炬	81	642	723
广信君达	168	543	718
君合	184	511	714
中闻	259	374	663
华商	144	468	612
天元	140	427	567
万商天勤	202	286	489
京都	120	341	461

资料来源：汤森路透 ALB。
整理、制表：智合研究院。

律所发展应该选择规模还是选择品质？答案是：规模是手段，品质是目的，律所发展的最终检验标准是能够更好地服务客户。“从做大到做强”，是大所发展的必然。

为了满足市场的需求，提高律所的集约化水平，释放规模效益，一体化管理和公司化管理进入律所管理者的视线，分配机制的改革、管理模式的完善、市场部门的构建、职业经理人的引进、专业部门/团队的划分、风险控制和利益冲突避免成为近十多年中国一线大所讨论的专题。

一体化和公司化，是一种律所发展的理念和愿景，强调紧密的整体、一以贯之的战略、制度，业务互补和人员的统一调配，由律所和团队提供综合服务，其内部有跨专业、跨行业的紧密协作。

但在合伙制下，由于律所的产权高度分散，导致许多律所除非有超凡绝伦的“强人”出现，否则在一体化和公司化的改革中可能会出现反弹。由此，律师事务所的合伙人可回归律所的“所有者”和“业务承担者”的本色，聘用专业的经理人团队，并辅之以科学的分配与激励制度，将事务所朝着“平台化”“生态化”的方向推进。当良好的平台与生态建立，系统内就会产生新陈代谢，优秀的团队脱颖而出，核心、特色、新兴业务交相辉映。事实上，目前已有许多中国律所引入了职业经理人或准职业经理人的角色，他们不承担业务，但大量的时间都投身于制度建设、市场研判等工作中。

2019 年 9 月，《海南经济特区律师条例》的颁布引发律师界强烈关注。其第 15 条鼓励设立公司制律师事务所，第 18 条降低了特殊普通合伙的设立条件，第 34 条允许非律师担任律师事务所的合伙人，并明确扩大了律师业务的范围，比如招商引资、商事及不动产登记业务。这一地方性法规，反映了律师行业长期以来对于自身发展的思考和突破，反映了中国律师对世界律师行业创新性探索的关注和借鉴。

时光追溯至 2007 年 10 月，英格兰和威尔士通过了《法律服务法》（Legal Services Act 2007），该法案为英国法律行业带来了剧变，其创设的替代性商业结构（alternative business structure，ABS）允许律师和非律师人员共同成立律师事务所，为“四大”运用 MDP 计划（跨学科专业服务机构，multi-disciplinary practice，MDP）角逐法律服务市场打开了大门。

星火之变，不可不察。但无论怎样，以管理产生效益，以管理促进协同，以管理谋求发展，已成为中国律所发展的共识。

如果我们审视当代律所的发展，或可将其划分为三层境界。第一层境界的律所提供满足当下市场需求的产品和服务；第二层境界的律所具备良好的基因，可以不断进化、创新、传承、自我革命；第三层境界的律所创造了社会基因或思想基因，它们引领市场和行业的发展，超越了法律服务的边界，输出了理念。

五、逆势生长：多元化布局，寻找下一个风口

2020 年，既是充满挑战和压力的一年，也是充满机遇和希望的一年。

一方面，根据世界银行发布的《全球营商环境报告 2020》，中国营商环境在全球的排名已从 2018 年的第 46 位跃升至今年的第 31 位，提升 15 位，首次进入世界前 40 位。营商环境的提升，为中国的经济发展和投资注入了强心剂，中国的新经济独角兽企业数量仅次于美国。这为律师业的发展带来了机遇。

另一方面，近年来，中国经济的增长速度放缓，经济下行压力加大，稳增长处于更重要的位置。建设高水平的市场经济和开放体制是中国需要研究的重大课题。资本市场寒冬和产业转型之下，中国企业的发展将会更加艰难。而在这一背景下，企业针对法律服务的预算下降可能会使得律所收入的增长放缓。

同时，中国正推动新一轮改革开放，展现开放自信，释放巨大的发展潜力。这不仅是贸易摩擦外部形势倒逼所致，更是中国经济社会发展自身的需要。同时，对内对外一视同仁开放，建立公平竞争透明的市场环境，对外资开放的同时对民企开放，消除所有的所有制歧视，提振各类企业家和投资者信心。

冰火两重天，面对挑战，看见机遇，成为中国律所必须面对的形势。

塞缪尔·亨廷顿说：“一个大国的崛起，意味着新的利益调整周期的开始。”而对于律师行业而言，这意味着专业分工的细化和新型业务的出现。

每十年，世界经济似乎都会面临一个周期，2008 年的金融危机，让只有单一业务结构的律所遭遇了一次危机。而在当时，提早针对争议解决、破产重组等业务进行布局的律所渡过了难关。

对于中国律所来说，须以眼光和定力作出布局：其一，既看到新的业务机会，也向市场的纵深挺进；其二，进行专业化、行业化的布局，在确定专业细分方向的同时，还要根据行业的不同设定更为灵活的组织形式，构建全链条的法律服务体系，增强业务的“抗周期性”；其三，以客户为中心，注重专业协同、产品研发、资源整合，并保障法律服务的品质。

眼下，争议解决、合规监管、商事行政、并购重组、破产重整、不良资产处置、私人财富管理、围绕新经济企业的创投和上市以及 A 股注册制的推行等，均给律师业务的拓展带来了机遇。与此同时，紧跟国家战略，在“一带一路”的背景下，律师要从交易的全局角度为客户提供政治安保、金融环境、法律监管、产业政策等全方位的建议，承担项目总协调人的角色。

境内境外，必遂必专，逆势生长，探寻法律服务的下一个风口，是中国律师业未来一年的主题。但无论形势，无论风口，专业主义是跨越寒冬的不二法门。

六、技术破壁和巨头跨界：法律服务的新战场

技术破壁和巨头跨界，是当前全球法律市场的两大主题。

2018 年，全球法律科技领域融资总额达到 16.63 亿美元，较 2017 年实现了 713% 的爆炸式增长。根据彭博的统计，截至 2019 年 10 月初，全球法律科技投资总额为 12.29 亿美元，其中第一季度为 4.08 亿美元，第二季度为 1.22 亿美元，第三季度则接近 7 亿美元。2019 年全球法律科技市场投资总额与 2018 年基本持平。

当前，法律科技产品形态众多，依据法律服务流程大致可分为三个类别：第一类是赋能型技术，主要为通用型技术如云盘、定制化技术如法律协作平台等；第二类是管理运营类技术，涉及如人力资源管理、业务开发、客户关系管理、会计到账单和财务等各个过程；第三类是解决方案类技术，其第一个分支是高度标准化的法律服务产品，通常由在线工具的形式提供；第二个分支是协助律师完成工作中可以标准化的部分，如合同模板；第三个分支则是辅助律师完成更为复杂的工作，如判例数据分析等。

一方面，法律科技正在“渗透”法律服务流程的不同环节；另一方面，替代性法律服务的全球市场规模已超百亿美元。替代性法律服务提供商的五大类型。

根据美国评级机构 Acritas 的全球替代性法律服务提供商排名，安永、普华永道、毕马威、德勤均位列前五。可以说，“四大”是全球替代性法律服务提供商中的“领头羊”，详见表 3。

表 3　2019 年 Acritas 全球替代性法律服务提供商排名

排名	机构	品牌指数
1	安永	100
2	普华永道	98
3	汤森路透	95
4	毕马威	61
=5	Axiom	58
=5	德勤	58
7	律商联讯	43
8	LOD（Lawyer On Demand）	23
9	Elevate	20
10	威科先行	19

资料来源：Acritas。

整理、制表：智合研究院。

从创收构成来看，“四大”的创收来源大致分为审计、咨询和税务三大部分。以税务领域为例，长期以来，“四大”均占据优势地位，并且逐步将业务范围从传统税务咨询业务向“税务 + 法律”服务延伸。以毕马威为例，其 2019 财年（截至 2019 年 9 月 30 日）的全球业绩为 297.5 亿美元，其中税务及法律服务增长率为 7.8%，达到了 66.2 亿美元。

2019 年，“四大”中的毕马威在上海成立了名为上海睿威的律所，正式登陆我国内地法律市场。至此，上海成为中国内地第一个集齐“四大”律所的城市。截至目前，除毕马威之外的其他“四大”均已在香港、北京和上海设立了分所。

2019 年 11 月，“四大”之外，巨头入场。

国际著名管理咨询公司埃森哲宣布推出合规服务（compliance as a service，Caas），旨在服务于银行、保险公司、资本市场和其他组织的合规部门，扩展埃森哲的托管服务，包括客户管理、反洗钱、合规监测、隐私数据管理等。这项合规产品利用埃森哲的智能引擎“智赢”（SynOps）实现数据、智能、技术、人才的融合协作，帮助金融机构管理日趋复杂的监管合规要求。这标志着大型外包服务提供商进入法律领域。

巨头跨界之下，大型律师事务所与巨头在法律服务领域的“正面厮杀”将会大量上演，人才流动将会愈发频繁；同时，律所的业态将会改变，从单纯的法律服务产品提供者向“法律＋技术”产品提供者转变，就替代性法律服务设立单独平台的律师事务所将会增多。

结语

时间是最冷酷的见证者，这个世界只有变化是永恒的，唯一不变的只有变化本身。

所谓变则通，不变则壅。“强大”的定义并非一成不变，追求稳定性反而常常带来失败，只有保持弹性才能无往不利。拿捏分寸、全局考量、抓住时机，赋予规模、空间、时间同等的尊重，目标与能力一致，并根据环境的变化适时调整，可谓战略。

萧伯纳说：“我不相信造化弄人，世界上出类拔萃的人，都主动找寻他们想要的环境，要是遍寻不获，他们就创造一个。”

对于中国律师业来说，时代推移、技术破壁皆是外因，唯有不断反思、调整、重塑，方可基业长青。未来 40 年，中国律师业将探寻更高品质的发展，在时代洪流中完成自我的升级与迭代，在全球的目光中迈向卓越。

命运在天，选择在己；不念过往，不畏将来。2020 年，律界竞技场风云激荡，你准备好了吗？

中国律师业：2019 突围，2020 破局*

宁思甜** | 智合研究院

2019 年适逢中国律师制度恢复 40 周年，也是中国律所持续探索、寻求突破的一年。一年来，中国法律市场高速发展，我们看到了中国律所在规模化、国际化道路上的尝试与探索，看到了中国律所深耕业务、追求品质的初心，也看到了更多中国律所盘踞各大国际榜单，以一线律所的姿态站在世界舞台之上。

回顾 2019 年，中国律所取得了哪些成绩，展现出怎样的市场格局？本文将从行业数据、规模、业务、榜单四大维度进行解读。

一、律师行业最新数据：多地律师增幅超 10%，全国律师人数迈向 50 万人

数据显示，2018 年年底全国共有 42.3 万名律师。2019 年 8 月，全国律协新闻发布会公布的数据显示，全国律师人数已达 46 万人。

过去几年，我国律师人数增长速度愈发迅猛。2010 年全国律师约为 20.4 万人，2015 年年底已接近 30 万人，2018 年达 42.3 万人。5 年时间，我国律师人数从 20 万人增至 30 万人，而从 30 万人到 40 万人只用了不到 3 年的时间。

我国在律师人数基数较大的情况下，依然保持了较快增速。2017 年全国律师人数的增幅约为 11.5%，2018 年增幅为 15.8%。按这两年的平均增长率计算，预计到 2022 年，中国律师人数有望突破司法部《全面深化司法行政改革纲要(2018—2022 年)》制定的 62 万人目标。

---

* 本文首发于微信公众号“智合”2020 年 5 月 11 日。

** 宁思甜，智合研究员，专注于中外法律服务市场方面的研究，参与撰写多篇律师行业分析报告及行业观察文章。

（一）京沪：高速增长的“双城记”

2018 年，北京市成为继广东省之后全国第二个律师人数超过 3 万人的省市。截至 2019 年年底，北京市共有执业律师 34, 755 人，较 2018 年年底的 32, 205 人增长了近 8%；共有律所 2732 家，较 2018 年的 2570 家增长了 6. 30%。

上海市截至 2019 年年底共有律师 26, 520 人，律所 1660 家。从律所规模来看，上海的“百人所”已达 37 家，30 人以下律所占比为 91. 4%。从创收规模来看，46 家律所创收超过 1 亿元，4 家律所创收在 10 亿元以上。2019 年京沪两市律师及律所数据如图 1 所示。

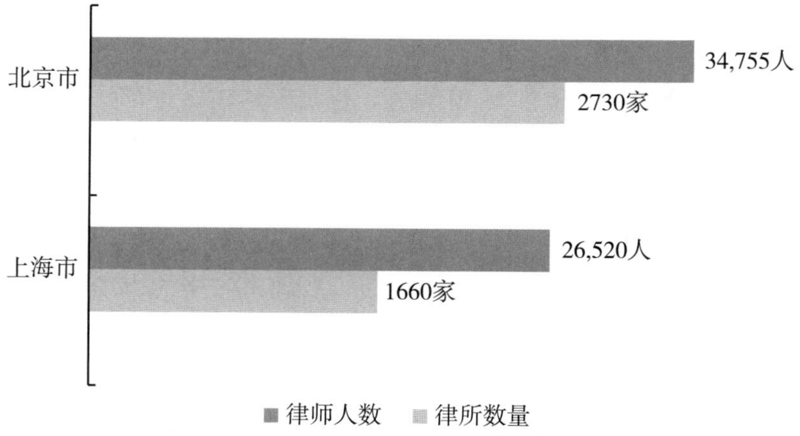

图 1　2019 年京沪两市律师及律所数据

（二）广深：广东律师率先超 5 万人，广深占六成

广东省律师人数多年占据全国律师人数榜首。继 2018 年 6 月广东省律师人数在全国率先突破 4 万人大关以来，2019 年 4 月，广东省第 50, 000 名律师诞生，广东省律师人数占全国律师总人数 46 万人总数的 11%。

粤港澳大湾区凭借傲人的经济体量，吸引了众多律所成立于此。其中广州、深圳均为律所布局的重点，汇集了大量优秀律师。广东省的 5 万余名律师中，广州、深圳两地的律师人数总和就超过 3 万人。

目前，广州律师人数略多于深圳。2019 年年底，广州共有律师 15, 516 人，深圳共有律师 14, 727 人。而从律所数量来看，深圳又略多于广州。2019 年年底，广州共有律所 770 家，深圳共有律所 909 家。2019 年广深两市律师及律所数据如图 2 所示。

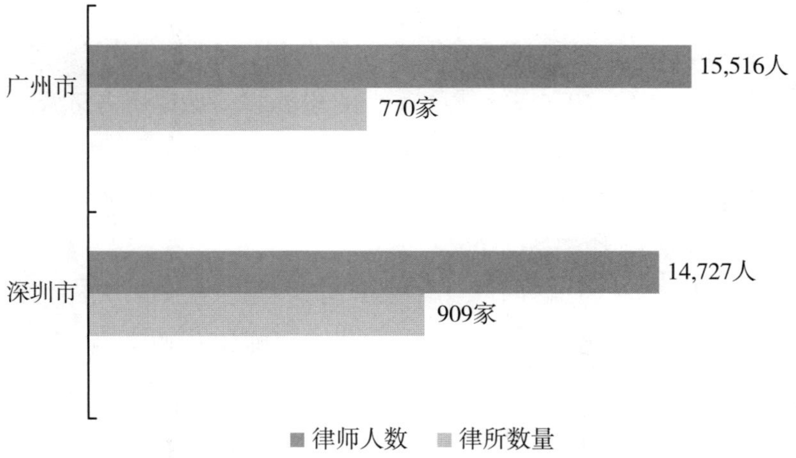

图 2　2019 年广深两市律师及律所数据

（三）江浙：律师人数高速增长，涌现多家亿元所

江苏省律师人数突破 3 万人大关，成为第三个律师人数破 3 万人的省份。江苏省内律所达 2043 家，与去年同期相比增长 8.6%，其中，“百人所”达 9 家，业务收入超亿元的律所达 6 家。

浙江省共有执业律师 23,637 人，律所 1572 家，律师行业年总创收达 114.65 亿元。其中，杭州市律师人数占全省的 39.23%，达 9274 人，律所数量达 545 家。杭州律师 2019 年收费为 59.07 亿元，占全省的 51.52%，杭州全市共有 13 家律所创收破亿元。2019 年江浙两省律师及律所数据如图 3 所示。

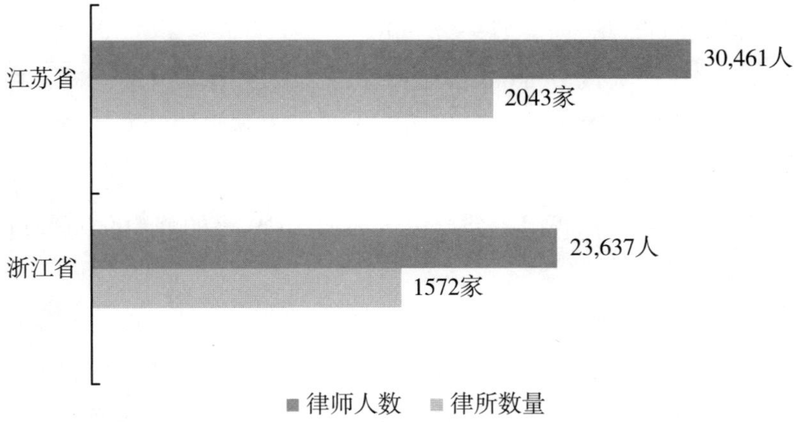

图 3　2019 年江浙两省律师及律所数据

（四）律师人数高速增长，万名律师成多省市标配

除了以上省市之外，多个省市的律师人数也呈现快速增长的态势，增长率均在

10%左右。

陕西省共有执业律师11,446人，与去年同期相比增长11.4%；共有律所654家，与去年同期相比增长10.4%，律师人数在30人以下的律所占92%，“百人所”有7家。

福建省律师人数达13,184人，与去年同期相比增长12.06%；律所数量达1025家，与去年同期相比增长11.66%。

四川省律师人数达23,481人，与去年同期相比增长9.7%；律所数量达1531家，与去年同期相比增长5.0%。四川省律师年创收总计47.6亿元，较2018年增加8.57亿元。

根据2018年的数据，已有18个省市的律师人数在1万人以上，其中，广东、北京、山东、江苏、上海、浙江、河南、四川8个省市律师人数超过2万人。

二、“规模化”发展：从服务网络看中国律所影响力

规模布局一定程度上体现了律所在各个地域的影响力及响应能力，规模大小也直接关系到律所专业化程度的高低。在过去的2019年，“规模化”依然是律所发展的关键词。中国律所继续在国际、国内市场上纵向发展，设立分所或办事机构，大量吸纳优秀律师及核心合伙人，进一步增强团队实力，发挥规模优势。

从国内布局来看，省会城市、副省级市城市依然是律所新设分所的热门地区，除了福州、杭州、宁波、南京、无锡等东部沿海地区城市之外，乌鲁木齐、西宁、银川、兰州、昆明等地也引起了律所的关注。另外，率先完成全国布局的规模大所开始加密重点区域的布点，向县域一级下沉。

从国外布局来看，大成Dentons继续向非洲、拉丁美洲国家迈进，并大举进军美国法律市场。其余律所除了着眼于纽约、东京等发达城市之外，在“一带一路”倡议的不断推进之下，“一带一路”沿线国家也成为新的战略之地。

结合智合的持续观察，我们将部分中国律所2019年的规模化发展成果梳理如下：〔1〕

大成全球规模发展稳中求进，全球执业律师已经超过10,000人。一年来，大成先后在新西兰、韩国、委内瑞拉、智利、洪都拉斯、阿根廷、乌拉圭、美国、安哥拉、摩洛哥、莫桑比克、乌干达、赞比亚、津巴布韦等国家开设了新办公室。至

〔1〕 文中各家律所的信息和数据均来自相关律所已公布的2019年年终盘点以及各个评级机构公布的榜单，本文节选了各家律所在版图扩张、业务发展、榜单表现三个方面的表现，并不代表其2019年取得的所有成绩，仅供参考。律所按名称拼音首字母排序。

2019 年年底，大成已在全球 73 个国家设立 181 家办公室。

德恒 2019 年落子银川、南昌、厦门、西咸新区以及香港特区，踏上了发展新征程。德恒吸收了不同业务领域的优秀合伙人、顾问，律师总人数稳步上升，青年律师占比越来越高。

段和段新增了塔什干、沈阳、纽约、宁波、太原 5 家办公室，全球办公室数量攀升至 27 家，员工总数达 1290 人。未来，段和段还将继续升级上海总部以及拓展海外“朋友圈”，提升专业实力以及品牌影响力。

德和衡 2019 年创收达 13.6 亿元，执业律师达 1963 人，较 2018 年新增近 500 人，合伙人 496 人。德和衡在全球范围内共拥有 47 家分所，其中境内分所 38 家，海外分所 9 家。

海华永泰上海总部创收超 4 亿元，较去年同期实现了 28% 的增长率，全国各地执业律师超 700 人，总人数突破千人。除此之外，海华永泰的规模化布局亦有序推进，在全国拥有 16 家分所，杭州、昆山等地分所也在筹建中。

汉坤在京、沪、深、港四地的规模扩大 10%，新加入和内部晋升合伙人 10 人，员工 500 多人，其中 400 多人为专业人员。

华商截至 2019 年 12 月总所人员达 1100 余人，并新设三亚分所，在海南设立首家琼港联营所，珠海、惠州、光明、黄山等分所和林李黎（前海 · 广州）联营所亦落地。华商全球范围内联营所达 6 家，分所达 11 家。

汇业在规模化发展方面取得较大进展，2019 年新开业 8 家办公室，占汇业目前 23 家办公室的 1/3。汇业已基本完成长江经济带的布点，2020 年将在国内沿海经济带新设 6 家办公室，预计在全球突破 30 家办公室。

锦天城的规模也稳步扩张。2019 年，锦天城长春分所、武汉分所正式开业，乌鲁木齐分所获批成立。同时，锦天城加入了国际律师协会，律师人数突破 2900 人，员工人数突破 4000 人。

竞天公诚的服务网络进一步扩张，2019 年香港分所开业，三亚分所落成，杭州分所、广州分所成立。同时，竞天公诚的人员规模也在不断扩大，新增合伙人 35 人，人员规模总数净增加 143 人。

京师规模稳健增长，已设全国分所 44 家，联盟所 351 家。在境外布局上，京师新增了 5 家海外办公室和 29 家国际联盟所，覆盖全球 30 个国家。2019 年，京师全国律师收费达 15 亿元人民币，同比增长 53.31%，其中北京总部律师收费达 6 亿元，同比增长 56.65%。

隆安2019年承办各类案件超过2万件，创收达7.7亿元，较2018年增长28%。全所人员数量超过1600人，各地办公室数量达到26家。

六和2019年全所创收近5亿元，总所创收跃过3亿元大关，达到近3.5亿元。六和晋升了6位高级合伙人、8位合伙人，并迎来2位律师以合伙人身份加盟，总分所人数超500人。

泰和泰深入推进全球战略布局，尼泊尔分所完成注册，西宁、南京办公室先后成立，目前泰和泰已在全球拥有20家办公机构，遍布中国及世界主要城市的服务网络和客户群已凸显。

万商天勤人员规模达450余人，新增16位合伙人。V&T Alliance联盟机构新增6家境外联盟成员，来自丹麦、澳大利亚、美国、新西兰、意大利、加拿大等国家。

炜衡在2019年设立了中国福州、昆明、无锡、海南、太原（筹备）、兰州（筹备）、乌鲁木齐（筹备），越南河内8家分所，在全球范围内的分所数量已近40家。

协力全国员工人数已达510人，律师人数达360人，较上一年度增长24%。2019年中，国内的济南、福州分所，日本东京分所开业，并引进了一批专业人才。

瀛和律师机构各所创收整体突破10亿元，网络发展布局也取得了重大突破。瀛和全球律所数量达500家，遍布86个国家，员工总数超万人。瀛和在各地的律所多次与当地优秀律所合并整合做大，其中22家律所人数过百。

盈科在中国版图上又点亮了21座城市，分所已达74家，中国区执业律师总数达8862人，市场份额达52.70亿元。2019年是盈科在境外设立分所最多的一年，不仅在美国、韩国、哈萨克斯坦、吉尔吉斯斯坦、乌兹别克斯坦完成注册，盈科美国还整合资源，在纽约、洛杉矶、尔湾三个城市设立了办公室。

正策步入规模化转型发展已有2年，现拥有执业律师208名。2019年，正策河内分所成立，迈出了国际化发展的重要一步。2019年正策全年创收达1.03亿元，较2018年增长54%。

三、业务“成绩单”：从各领域业绩看中国律所竞争力

我国律师业务涵盖刑事诉讼、民事诉讼、行政诉讼、非诉法律事务等类型。从近几年数据来看，我国律师代理民事诉讼案件数量占比最高，占比在60%～70%；其次是非诉法律事务，占比在15%～20%；刑事诉讼辩护及代理案件数量占比在12%～16%；行政诉讼案件数量占比最低，为1%～3%。

2019年，多家律所在资本市场创下佳绩。科创板推出、注册制改革释放了资本市场改革红利，A股市场回暖，境内新上市企业数量从2018年的100家增长为

202 家，承办境内 IPO 业务的律所数量也从 34 家增加至 47 家。其中国浩、中伦、金杜、锦天城、君合、国枫承办 IPO 业务量较多，均在 10 单以上。

在香港 IPO 市场上，共有 35 家中资所承办了 126 单涉及中国业务或资产的港股 IPO 项目。从业务量来看，竞天公诚、通商、金杜、君合、天元、嘉源、锦天城、中伦承办业务量在 10 单以上。从募资金额来看，金杜、方达、通商、竞天公诚、君合表现抢眼。

中国并购市场有所降温，根据彭博的数据，中国并购市场成交量和交易数双双下滑。2019 年，我国（除台湾地区）并购成交量合计 432, 142 亿美元，交易数合计 5487 单。

根据彭博公布的我国（除台湾地区）并购法律顾问成交量排行榜数据显示，2019 年，方达、金杜并购业务成交量都在 246 亿美元以上，中伦、海问、天元、天册并购业务的成交量也较高。根据我国（除台湾地区）并购法律顾问交易数排行榜数据显示，方达、金杜、中伦、国浩、竞天公诚、锦天城、嘉源并购业务量较多，7 家律所全年共承办了 206 单并购业务。

部分律所 2019 年的业务发展成绩如下：

德恒在多个领域成果丰硕，助力国联股份、七彩化学、保利物业、康德莱医械、恒发光学等企业上市，襄助卓越新能、鸿泉物联、航天宏图和心脉医疗登陆科创板。德恒还积极服务中国重工、云南白药等企业混合所有制改革和三峡集团绿色可交换债券发行等创新标杆项目。境内外 IPO、并购重组、债券、跨境投融资等业绩获得大丰收；德恒代理了众多诉讼和仲裁案件，胜诉案件数量稳中有升，在刑事、民商事、知识产权保护、竞争法、劳动法等领域成绩斐然。

国浩各项业务发展良好。在境内外上市方面，国浩为 30 家企业境内上市提供了法律服务，为十余家企业境外上市提供了法律服务。另外，国浩还助力 13 家企业在新三板挂牌、助力 13 家公司完成重大资产重组项目、助力 12 家上市公司非公开发行股票，在企业融资与并购领域也有优秀表现。

汉坤在多项业务上的表现可圈可点。在 IPO 业务上，汉坤承办了鹏爱医疗、玖富集团、斗鱼、跟谁学、云集、新氧等公司美国上市项目，和泓服务集团有限公司、家乡互动、维港环保等公司香港上市项目。汉坤在兼并收购业务上也成果颇多，比如，代表喜力与华润换股合作、代表唯品会收购杉杉商业集团 100% 股份、代表迈博斯生物与奕安济世生物药业合并成立公司等。汉坤还代表众多基金和公司客户完成了数百个境内外架构的私募基金投资项目，并在银行与金融、知识产权、商事争议解决、反垄断、生命科学与健康领域取得了一系列成果。

环球完成了诸多重大项目交易及案件。在公司与并购领域，环球助力新风天域收购和睦家医疗、助力百济神州完成与安进公司在生物医药领域的重大交易、助力苏宁易购收购家乐福中国、助力招商公路等六方联合体收购土耳其路桥项目等。此外，环球在资本市场与证券化、知识产权/争议解决、基础建设/项目融资等领域也取得了骄人的成绩。

华商2019年案件量突破10,600件，2018年业务营收在广东省排名第一，2019年继续保持强劲增长势头，增幅超过25%。华商在专业耕耘上亦有所突破，受聘担任深圳地铁集团常年法律顾问、深圳市发展和改革委员会常年法律顾问，助力南方新媒体创业板上市、国际海运集装箱（集团）公开发行公司债券、佳兆业集团发行第二期资产支持专项计划等。

金诚同达在资本市场上成果颇丰，承办了9单A股IPO业务，完成30多笔境内外发债项目，融资额超1000亿元，还承办了多个创新型证券化及衍生品项目。

君合在境内外IPO方面的业绩抢眼，全年共完成IPO项目33个，其中A股11个、港股20个、美股2个，包括中国东方教育、贵州银行、康龙化成等具有代表性的上市项目。此外，君合在A股市场重大交易领域也有出色表现，比如代表招商蛇口与前海控股共同完成自贸投资公司重大资产重组项目、代表闻泰科技以近200亿元收购安世集团的控制权、助力哈药集团事实混合所有制改革等。

锦天城业务创收较2018年度上涨21%，在资本市场领域成绩突出。2019年，锦天城共助力18家公司A股上市过会、14家公司通过港交所聆讯、3家公司美国上市。此外，锦天城还助力12家上市公司公开或定向发行股票、发行可转换为股票的公司债券，助力9家上市公司发行股份购买资产项目过会。锦天城国际贸易团队也取得了佳绩，如代理中国政府在澳大利亚对华铁道轮毂反补贴调查获无税结案、代理新西兰钢管反补贴案获零税率、代理中国钢铁企业应诉土耳其钢铁保障措施调查促成无税结案等。

竞天公诚业务收入再创历史新高，在多个领域成绩喜人。一年中，竞天公诚共助力59家企业境内外上市，其中港股47家、美股6家、A股6家，由香港分所承办的有8家。竞天公诚完成了境内发债40余个、境外发债50余个；设立70多个境内外基金，总募集金额超过500亿元人民币；完成各类资产证券化项目近30个，发行总规模超过700亿元人民币；完成多个银团贷款、并购贷款、债务重组项目，总规模超过500亿元人民币；完成130多个信托项目，总募集规模超过600亿元人民币。竞天公诚还完成了众多投资并购、私募融资、海外投资与“一带一路”、房地产与基础设施、知识产权、破产与清算项目，处理了多个合规案件、20多个网络安全与数据保护项目及案件，代理了众多诉讼和仲裁案件，总案件涉及金额达百余亿元人民币。

嘉源新开发和执行项目较往年持续增长。嘉源全年协助客户融资 6156 亿元，比 2018 年增长 14%。作为发行人律师，嘉源助力 7 家公司 IPO 项目通过中国证券监督管理委员会股票发行审核委员会审核；作为发行人及券商律师，助力 8 家公司科创板项目通过审核。嘉源亦为 11 家境外融资上市提供法律服务，募资折合超过 106 亿元人民币。嘉源在并购业务上也有突破，代表性案例有新劲刚重大资产重组项目、美的集团换股吸收合并无锡小天鹅项目等，还参与了中国铝业、中国中铁等众多公司市场化债转股项目。

天元在资本市场领域表现优异。在境内资本市场，天元协助 10 家企业 A 股上市，完成 9 个上市公司重大资产重组项目以及若干上市公司再融资项目。在境外资本市场，天元作为中国内地法律顾问助力 17 家企业港股上市，作为中国香港法律顾问助力 5 家企业港股上市，还作为中国法律顾问为 7 家企业美国上市提供法律服务。在投资与并购领域，天元的代表性项目有长江电力以 35.9 亿美元收购秘鲁配电公司股权、韦尔股份以 155 亿元收购图像传感器芯片供应商北京豪威等。天元在金融与资产管理、反垄断与合规、争议解决、家事与财富管理、教育、医疗大健康等方面均有丰硕成果。

万商天勤 2019 年业务创收达 3 亿元，较 2018 年增长 30%。万商天勤共承办案件或项目 4323 件，较 2018 年增长 40%，其中诉讼案件 2285 件，增长 106%，非诉案件 1062 件，增长 19%，常年法律顾问 699 件，增长 90%。万商天勤在争议解决，房地产、建筑工程与基础设施，公司与资本市场领域表现突出，在争议解决、私募基金与投资并购、公司与资本市场领域新增客户最多。

中伦在多项业务领域成绩斐然，其中 IPO 业绩亮眼。一年中，中伦完成发行上市的企业数量为 20 家，完成申报科创板上市的企业数量为 22 家，此外，中伦还协助 11 家企业完成香港上市、协助 4 家企业完成美国上市，其中包括康龙化成、锦欣生殖、宏桥高科、嘉楠科技等代表性案例。

四、榜单“势力值”：从五大榜单看法律市场格局

各大律所在业务领域斩获丰硕成果的同时，也获得了全球专业评级机构和法律媒体的认可及推荐。第三方机构作出的评价、颁发的奖项亦从一个侧面反映了中国律所的生态与格局。

根据 2020 年钱伯斯《亚太法律指南》榜单数据显示，中伦、金杜、大成、君

合、方达、环球、锦天城、德恒、观韬中茂、国浩、竞天公诚、天元、汉坤、金诚同达、通力 15 家中资所在 7 个及以上业务领域获得推荐，上榜次数占据了律所榜单的 50% 以上。而从律师榜来看，近六成的上榜律师都是这 15 家律所中的一员，详见表 1。

表 1　2016～2020 年钱伯斯《亚太法律指南》15 家中资所上榜次数统计

年份	律所榜		律师榜	
	15 家律所/次	占比/%	15 家律所/次	占比/%
2016	182	51.70	283	57.40
2017	187	52.20	324	56.60
2018	199	54.10	370	58.90
2019	205	52.16	410	58.24
2020	224	50.45	455	58.04

数据来源：钱伯斯官网。
整理、制表：智合研究院。

近 5 年来，“15 所效应”在历年的钱伯斯《亚太法律指南》中都十分明显。经最新统计，这 15 家律所在钱伯斯、The Legal 500、《亚洲法律概况》、《国际金融法律评论》、《中国法律商务》五个业内受关注度较高的榜单中的表现详见表 2。

表 2　15 家律所在五大榜单推荐次数综合表现　　单位：次

律所	钱伯斯	The Legal 500	《亚洲法律概况》	《国际金融法律评论》	《中国法律商务》	总计
中伦	30	24	27	7	6	94
金杜	27	24	25	7	3	86
君合	21	18	21	7	4	71
方达	17	15	17	7	9	65
环球	16	18	21	7	—	62
大成	21	15	8	4	1	49
汉坤	8	14	15	6	3	46
观韬中茂	12	11	15	7	—	45
通力	7	11	18	7	—	43
竞天公诚	10	11	11	7	3	42
锦天城	14	12	9	5	—	40

续表

律所	钱伯斯	The Legal 500	《亚洲法律概况》	《国际金融法律评论》	《中国法律商务》	总计
德恒	13	13	7	2	—	35
天元	9	8	9	4	2	32
国浩	11	10	5	5	—	31
金诚同达	8	9	8	5	1	31

整理、制表：智合研究院。

注：上表数据整理自2020年钱伯斯亚太地区中资律所榜、2020年The Legal 500亚太地区中资所榜、2019年《亚洲法律概况》中国律所榜、2020年《国际金融法律评论》全球金融和公司业务领先律所排名、2019年《中国法律商务》杂志中国法律大奖。

从五大榜单的数据来看，中伦、金杜、君合、方达、环球的上榜数量最多，位居前五。

中伦在五大榜单中表现出色，共获推荐92次。中伦共有30个业务领域获钱伯斯推荐，系该排名中获奖数量最多的律所；在《亚洲法律概况》上榜全部业务领域；在The Legal 500上榜全部20个业务领域排名和其中4个地域排名；在《中国法律商务》中国法律大奖的评选中在3个业务领域被评为“年度杰出律所”，一项交易被评为“年度融资交易”，2位律师被评为家族与私人客户、房地产与工程建设“年度杰出律师”。

金杜在五大榜单中的表现也很抢眼，共获推荐86次。在钱伯斯亚太地区中资所排名中，金杜共有27个业务领域获推荐；在The Legal 500上榜全部20个业务领域排名和其中4个地域排名，且在21个领域/地域位列第一梯队；在《国际金融法律评论》上榜全部业务领域；在《亚洲法律概况》上榜25个业务领域；被《中国法律商务》评为生命科学领域“年度杰出律所”，有两项交易分别被评为“年度股权融资交易”“年度融资交易”。

君合在各大榜单中表现同样优秀，共获推荐71次。其中，君合有21个业务领域获钱伯斯推荐，21个业务领域获《亚洲法律概况》推荐。君合还在《国际金融法律评论》上榜全部领域，在The Legal 500上榜了18个领域，并在多个领域位列第一梯队。在《中国法律商务》中国法律大奖的评选中，君合有3项交易分别被评为“年度融资交易”“年度并购交易”“年度电信、媒体及科技交易”，1位律师被评为竞争法领域“年度杰出律师”。

方达在五大榜单共获推荐65次。其中，方达各有17个业务领域获钱伯斯、《亚洲法律概况》推荐，在全部业务领域获《国际金融法律评论》推荐。方达在

The Legal 500 中上榜 15 个业务领域，并在其中 12 个领域/地域位列第一梯队。在《中国法律商务》中国法律大奖的评选中，方达是获奖数量最多的律所，不仅获得了“年度中国律师事务所大奖”，还在 4 个业务领域获得“年度杰出律所大奖”，3 项交易分别被评为“年度对外投资交易”“年度工程与能源交易”“年度电信、传媒及科技交易”。

环球在五大榜单共获推荐62 次。其中，有16 个业务领域获钱伯斯推荐，21 个业务领域获《亚洲法律概况》推荐，在《国际金融法律评论》全部业务领域获得推荐。在 The Legal 500 上榜 18 个业务领域，并在银行与金融、医疗与生命科学、通信媒体领域位列第一梯队。

结语

中国律师队伍快速扩张，以“中国速度”形成了如今的规模。但律师人数的跨越式增长也为市场的供给端带来了压力，行业竞争愈发激烈。当前，中国律师行业市场分化明显，头部律所占据优势。

“红圈所”、规模和创收体量较大的全国性律所已然走在中国律师行业的前列。地域上，他们纷纷布局区域市场，不少律所的国内分所已达 10 家、20 家甚至 30 家以上，遍及国内主要城市及地区。同时，他们通过开设海外分所，与境外律所联营、联盟，加入国际律师组织等方式构建海外服务网络。业务上，他们是诸多大型企业客户的首选，承办了市场内多数高端业务、“首例”项目及案件。他们在治理结构、管理水平、软硬件设施方面也日渐与国际接轨。多方优势使其成为国内外各大榜单、排名上的常客。

区域性法律市场上的律所亦开始发力，许多百人以上、亿元体量、人均创收破百万元的大所、强所涌现。他们扎根本地市场，凭借已有的专业经验、客户关系、人脉资源等本地优势，引领区域性法律市场向前发展，并寻求突围之道，走向全国市场。

在目前中国的 3 万多家律所中，30 人以下规模的律所仍占 90% 左右。这些中小型律所发展水平参差不齐，整体业务体量相对较小、管理水平有待提升。中小律所的发展水平决定了中国律师行业能否均衡而快速地发展，关乎中国律师行业的未来。

未来，中国律所的竞争格局仍将不断变化，中国律所的规模扩张还将继续，围绕都市圈、城市群，中国的区域性法律市场将迎来更快地发展。除了规模化之外，中国律所将更加注重向专业化、规范化发展，更加注重律所内部的管理升级，步入发展质量提升阶段。

然而，以上仅仅是中国律所面临的律师行业的内部竞争。2020 年，面对新冠肺炎疫情、国际局势变化、经济发展、技术升级、替代性法律服务变革等外部环境带来的不确定性，如何探寻并把握法律服务行业的下一个风口，实现自我转型与升级，是中国律所这一年所须思考的问题。

挖掘市场潜力，灵活调整业务结构，增强业务的抗风险性；聚力提升法律服务的质量，满足客户多元化、复杂化的法律服务需求；注重客户维护，切实解决客户难题……这些思考或许能为中国律所提供借鉴。2020 年，我们期待中国律所给出自己的答案。

2020 中国律所费率调查：市场竞争激烈，律所收费几何？*

伊晓俊** ｜ 智合研究院

今年的“特殊情况”下，你的律所“收成”如何？面对预算压力，企业客户更青睐哪种收费模式？

近年来，随着中国法律市场的竞争愈发激烈，越来越多律所希望抵制低价竞争，营造公平的市场环境；许多企业法务部门出于对外部法律服务“性价比”的关注，产生了对法律行业市场价格进一步了解的需求。

在此背景下，智合进行了一次中国律所的小时费率调研。本次调查由 26 个省、自治区、直辖市的律师计时收费标准汇总分析、21 家律所调研数据、多位律师与企业法务总监采访等构成。

以下为核心看点：

（1）全国大多数省份有涉及律师计时收费标准的规范。

（2）本次调研中，中国律所的平均小时费率为人民币 2271 元。

（3）不同律所的法律服务价格存在巨大差异。

（4）为满足客户需求，中国律所常采用多种灵活计费方式。

一、全国各省、自治区、直辖市律师计时收费标准一览

此次调研中，我们了解到，部分地区物价监管部门、行业协会对律师行业“小时计费模式”收费有明确规范或指引。通过信息检索，我们汇总了 26 个省、自治区、直辖市的相关规定，以反映行业的大致基准。具体规定详见表 1。

---

* 本文首发于微信公众号“智合”2020 年 11 月 16 日。

** 伊晓俊，智合研究院编辑、研究员，长期从事中外律所组织、技术和管理创新等方面的研究。

表 1　全国各省份律师行业计时收费规定一览

省区市	规定名称	小时收费/元	具体规定	发布机构	发布年份
安徽	《安徽省律师服务收费标准》	60 ~ 1200	实行政府指导价，60 ~ 1200 元/小时，超过 30 分钟不足 1 小时的，按 1 小时计算；不足 30 分钟的，不收费	安徽省物价局　安徽省司法局	2016
北京	《北京市司法局　北京市律师协会关于全面放开我市律师法律服务收费的通知》	—	自 2018 年 4 月 1 日起，全市律师法律服务收费全面实行市场调节价	北京市司法局　北京市律师协会	2018
重庆	《重庆市律师服务收费指导标准》	300 ~ 4000	计时收费方式适用于所有实行市场调节价的律师服务。计时收费的，律师计时费率为 300 ~ 4000 元/小时	重庆市律师协会	2016
福建	《福建省物价局　福建省司法厅关于重新规范我省部分律师服务收费标准的通告》	100 ~ 2400	实行政府指导价，计时收费标准：100 ~ 2400 元/小时	福建省物价局　福建省司法厅	2018
甘肃	《甘肃省律师服务收费指导意见》	500 ~ 5000	实行市场调节价，可以采用计时收费的方式。法律服务事务可协商按计时收费。计时收费标准可在 500 ~ 5000 元/小时的幅度内，由律师事务所与委托人协商确定	甘肃省律师协会	2016
广东	《广东省物价局、司法厅律师服务收费管理实施办法》	200 ~ 3000	代理实行政府指导价的案件；按计时收费方式收费的收费标准：200 ~ 3000 元/小时，收费标准允许上下浮动 20%	广东省物价局　广东省司法厅	2006

续表

省区市	规定名称	小时收费/元	具体规定	发布机构	发布年份
广西	《广西壮族自治区律师服务收费管理实施办法》	200～2000	计时收费适用范围：全部律师服务事项；收费标准：200～2000元/小时	广西壮族自治区物价局 广西壮族自治区司法厅	2013
海南	《海南省律师服务收费指引》《关于更正〈海南省律师服务收费指引〉的通知》	300～3000	选择计时收费的，可按每位律师300～3000元/小时，或者每半个工作日600～6000元收取律师服务费	海南省律师协会	2020
河北	《河北省律师服务收费指导意见》	500～3000	实行市场调节价的法律服务事务，可协商按计时收费，计时收费标准可在每工作小时500～3000元幅度内议定，具体价格由律师事务所与委托人协商确定	河北省律师协会	2016
河南	《河南省律师协会律师服务收费行业指导意见》	100～3000	计时收费标准，100～3000元/有效工作小时。律师办理法律事务，必要的在途时间以及准备时间减半计入有效工作时间	河南省律师协会	2016
黑龙江	《黑龙江省律师服务收费管理办法》	—	实行计时收费应按律师办理法律事务的有效时间计算，包括向委托人提供法律咨询、调查取证、查阅有关资料、起草诉讼文书和法律文件、出庭、参与调解和谈判、代办各种手续和办理其他法律事务的时间。实行政府指导价的律师服务不实行计时收费	黑龙江省物价监督管理局 黑龙江省司法厅	2016

续表

省区市	规定名称	小时收费/元	具体规定	发布机构	发布年份
湖北	《湖北省司法厅关于律师服务和基层法律服务收费不再实行政府定价的通知》	—	实行市场调节价，提供法律服务的收费标准由律师事务所和基层法律服务所同委托人协商确定	湖北省司法厅	2018
湖南	《湖南省律师服务收费行业指导标准》	500～2000＋	计时收费标准以律师工作时间为单位确定收费，具体计时方法、收费标准由律师事务所在以下标准的基础上与委托人协商确定：计时收费可适用于全部法律事务。执业3年以下的律师，每工作1小时收费不低于500元；具有初级职称或者具有硕士学位或者执业3年以上、8年以下的律师，每工作1小时收费均不低于1000元；具有中级职称或者具有博士学位或者执业8年以上、15年以下的律师，每工作1小时收费均不低于1500元；具有高级职称或者执业15年以上的律师，每工作1小时收费均不低于2000元，出差超过一天的，每天按8小时工作时间收费；赴工作地往返途中的时间按相应标准的50%计时收费	湖南省律师协会	2017
吉林	《吉林省律师法律服务收费行业指导标准（试行）》	500～3000	计时收费可适用于各类法律事务。非诉讼业务按时收费的标准为1000～3000元/小时，复杂法律服务项目可以在不超过前述标准的2倍内收费；担任常年法律顾问采用年度计时收费方式，计时收费的标准为500～3000元/小时，涉外、证券、知识产权、税法等专门领域的常年法律顾问的小时费率可以在前述标准基础上再上浮不超过2倍收费	吉林省律师协会	2017

续表

省区市	规定名称	小时收费/元	具体规定	发布机构	发布年份
江苏	《江苏省物价局　省司法厅关于明确我省律师服务收费试行标准的通知》	200～2500	实行政府指导价的案件采取计时收费的，200～2500元	江苏省物价局　江苏省司法厅	2017
江西	《关于印发〈江西省律师收费管理办法〉和〈江西省律师服务收费指导价标准（暂行）〉的通知》	50～1000	计时收费政府指导价标准：计时收费为50～1000元/小时	江西省发展计划委员会　江西省司法厅	2003
辽宁	《辽宁省律师服务收费管理实施办法》	—	计时收费可适用于全部法律事务。涉及政府指导价管理的计时收费标准，委托各市物价、司法部门根据本地区的实际情况制定	辽宁省物价局　辽宁省司法厅	2007
内蒙古	《内蒙古自治区律师服务收费标准》	100～2000	计时收费适用范围：全部法律事务；收费标准：100～2000元/小时	内蒙古自治区律师协会	2010
宁夏	《宁夏回族自治区律师业服务收费指导意见》	500～2000＋	计时收费标准以执业律师的有效工作时间单位收费确定，具体计时方法、收费标准由各律师事务所在以下标准的基础上与委托人协商确定：执业3年以下律师每工作1小时收费一般不低于500元；执业3年以上、8年以下律师每工作1小时收费一般不低于1000元；执业8年以上律师每工作1小时收费一般不低于1500元；执业20年以上律师每工作1小时收费一般不低于2000元	宁夏回族自治区律师协会	2015

续表

省区市	规定名称	小时收费/元	具体规定	发布机构	发布年份
山东	《山东省律师服务收费管理办法》《山东省实行政府指导价律师服务收费标准》	150～3000	代理实行政府指导价的案件。计时收费标准为150～3000元/小时，不足一小时的按一小时计；办理法律服务事项花费在旅途的时间，折半计算	山东省物价局　山东省司法厅	2017
山西	《山西省发展和改革委员会　山西省司法厅关于完善律师服务收费管理的通知》	200～3000	计时费率适用于实行政府指导价的全部律师服务事项。收费标准：200～3000元/小时	山西省发展和改革委员会　山西省司法厅	2016
陕西	《陕西省律师服务收费管理办法》	—	计时收费可适用于全部法律事务。采取计时收费的，律师事务所应当向委托人出具律师具体办理事项的内容和工作时间清单	陕西省物价局　陕西省司法厅	2016
上海	《上海市律师服务收费管理办法》《上海市律师服务收费政府指导价标准》	200～3000	代理实行政府指导价的案件，计时收费标准为200～3000元/小时。律师事务所按照本办法所指的重大、疑难、复杂诉讼案件与委托人协商收费时，可在《上海市律师服务收费政府指导价标准》规定标准5倍之内（含5倍）确定收费，不得重复累加收费	上海市发展和改革委员会　上海市司法局	2017
四川	《四川省发展和改革委员会　四川省司法厅关于规范律师法律服务收费管理有关问题的通知》	200～1500	实行政府指导价的案件可采取计时收费，计时收费标准为200～1500元/小时。办理重大、疑难、复杂的刑事诉讼案件，经律师事务所与委托人协商一致，可以在规定标准5倍之内（含5倍）协商确定收费标准，但不得重复累加收费	四川省发展和改革委员会　四川省司法厅	2018

续表

省区市	规定名称	小时收费/元	具体规定	发布机构	发布年份
云南	《云南省律师协会关于印发〈云南省律师服务收费行业指引标准〉的通知》	300～3000	诉讼、非诉讼、常年法律顾问等各类业务均可根据实际情况采取计时收费方式，计时收费的标准为300～3000元/小时	云南省律师协会	2017
浙江	《浙江省司法厅、浙江省物价局关于制定律师服务收费标准的通知》《浙江省律师服务收费标准》	200～3000	按照规定应当实行政府指导价的法律事务，律师服务计时收费标准为每小时200～3000元	浙江省物价局 浙江省司法厅 浙江省律师协会	2011

资料来源：各省级政府部门、行业协会相关规定。

整理、制表：智合研究院。

注：除港澳台地区以外，新疆、西藏、青海、贵州、天津未收集到律师计时收费相关规定。

全国26省、自治区、直辖市的计时收费标准，颁行时间跨度长达10余年。其中，颁布时间最早的广东省《律师收费管理实施办法》出台于2006年，并实行至今；海南省的最新规定发布于2020年10月。

值得注意的是，各地关于计时收费的规定，适用于4种不同的情形之下：

一些地区规定，所有类型的法律服务皆可采用小时收费；部分地区规定，实行“政府调节价”（如刑事诉讼、群体性诉讼、国家赔偿等业务）的法律服务可采用计时收费；一些地区则仅对“市场调节价”（“政府调节价”以外的案件类型）的法律服务实行计时收费；而北京、湖北等地律师收费全面实行市场调控，未涉及具体的收费模式及价格标准。各省、自治区、直辖市律师行业计时收费规定情况详见表2。

表2　各地律师行业计时收费规定类别及分布情况

序号	规定类别	省/自治区/直辖市
1	各类法律服务，采用计时收费的	河南、陕西、吉林、辽宁、湖南、海南、广西、内蒙古、云南、宁夏
2	实行政府指导价的法律服务，采用计时收费的	上海、山东、广东、江苏、山西、浙江、江西、福建、安徽、四川

续表

序号	规定类别	省/自治区/直辖市
3	实行市场调节价的法律服务，采用计时收费的	重庆、河北、黑龙江、甘肃
4	法律服务实行全面市场调节价，未对计时收费做明确规定	北京、湖北

资料来源：各省级相关部门、行业协会规定。
整理、制表：智合研究院。

各地的计时收费标准差异较大，幅度从几十元至数千元不等。具体来看，部分地区按诉讼、非诉讼、常年法律顾问等不同业务类型，对收费标准进行区分；有的地区根据案件疑难、复杂程度等，允许费用在标准之上相应浮动或翻倍。

部分城市也有关于小时收费的规范或指导意见。本次调研中，广州金鹏律师事务所负责人表示，该所一直严格按广州市物价局核定的计时收费标准——200～3000 元/小时进行计费。

整体来看，在中国法律行业，计时收费模式呈现市场化（如部分地区规定，律师收费实行全面市场调节，收费标准由律所同委托人协商确定）、精细化（部分地区明确了可计入工作小时的情形；具体收费标准根据律师级别、年限不同而有所区分；允许律所根据案件情况在一定范围内浮动）等特点。

二、中国律所的平均小时费率

本次调研共 21 家中国律所参与。从规模及业务类型来看，既有专长某些领域的中小型精品律所；也有业务类型广泛，人数在 500 人以上的大型律所。这些律所分布于北京、上海、广州、重庆及其他一些城市。

由于参与调研的律所规模与发展情况各不相同，且样本数量较小，调研结果旨在反映服务收费的大致趋势，未必能代表整个中国法律市场的实际情况，数据仅供参考。2020 年中国律所平均小时费率情况详见图 1。

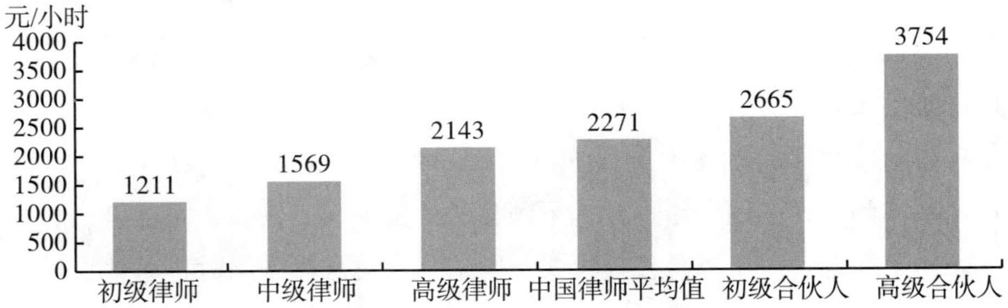

图 1　2020 年中国律所平均小时费率

由图 1 可知，中国律所的律师费平均小时费率为 2271 元。具体来看，初级律师的平均小时费率为 1211 元，中级律师的平均小时费率为 1569 元，高级律师的平均小时费率为 2143 元。合伙人层面，初级合伙人的平均小时费率为 2665 元，高级合伙人的平均小时费率为 3754 元。

此外，调研结果还反映出不同律所服务价格间存在着巨大差别。例如，初级律师费用从最低每小时 240 元至最高 3000 元；初级合伙人费用则从最低每小时 1000 元至最高每小时 5000 元。详见表 3。

表 3　2020 年中国律所最低及最高小时费率情况　　单位：元

律师级别	最低小时费率	最高小时费率
初级律师	240	3000
中级律师	300	4000
高级律师	500	5000
初级合伙人	1000	5000
高级合伙人	2000	5300

资料来源、制表：智合研究院。

在调研中，多数律所表示，在计费模式上，除按小时计费外，常见的还有计件收费、按标的收费、固定收费、固定 + 奖励收费、风险代理收费、封顶收费等模式，多种收费模式还可以组合使用。

某知名律所负责人在采访中表示，通常情况下，在资本市场和投融资项目中，该律所一般按固定计费模式收费。大部分争议解决案件，按照风险代理模式收费。其他一些领域则按小时计费，但根据情况会有不同的“封顶”（最高费用限制）。“今年由于疫情等特殊情况，更多的项目采取了灵活收费模式，封顶收费的项目越来越多。”

一家位于北京的一体化管理的律所称，小时计费约占其计费模式总体的 50%。因其收费模式一向比较灵活，小时计费、固定费用以及综合加权费用等均在平行适用，以尽量满足客户需求。

中化国际（控股）股份有限公司法律部总经理蒋文璐在采访中表示，该公司在聘请外部律师时，更倾向于可控、可预测的计费模式。例如，聘用争议解决的律师时，倾向于固定费用 + 风险代理模式；聘请项目类法律顾问时，通常采用固定费用的模式；使用常年法律顾问时，则愿意尝试采用计时收费。

综上，在中国法律市场，中国律所普遍采用灵活多样的收费模式，以适应不同的客户需求。

三、按时计费的优劣势分别是什么?

按时计费是欧美国家律所的典型收费方式之一，兴起于20世纪60年代，费率通常根据律所的水平层级、所处地域、业务类别而有所不同。

根据普华永道《美国律所25强权益合伙人标准小时费率10年变化趋势》报告分析，2016年左右，美国公司、诉讼、房地产三个领域权益合伙人的平均费率突破1000美元大关。今年疫情期间，企业的“倒闭潮”助推多家美国律所破产律师小时费率上涨。

对于律所而言，按时计费的便利在于其简单易行且适用性广泛，用工作小时乘以小时费率便可计算法律服务费用，并且能使律所牢牢掌握计费主动权。对于客户而言，按时计费亦是一种易于理解的方式。

然而，我们通过调查发现，这一国外律所普遍采用的模式，在中国市场并未得到普遍应用。参与本次调研的律所中，采用小时收费模式的法律业务占比普遍未超过50%。甚至在部分律所的收费模式中，计时计费的采用比例不足1%，详见图2。

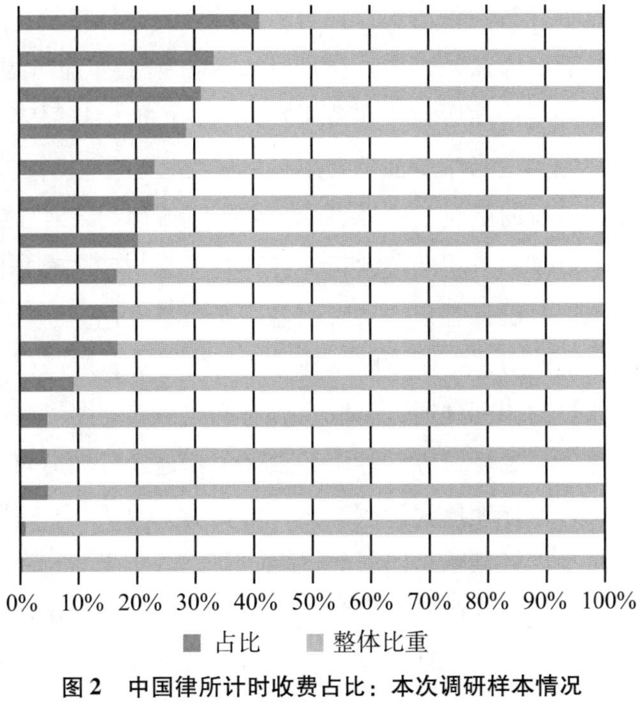

图2　中国律所计时收费占比：本次调研样本情况

资料来源、制图：智合研究院。
注：此为隐去律所名字的脱敏图，仅显示占比情况。

“此种计费方式，往往会增加最后费用结算的不确定性，甚至大大超出案件立项时的预算，为公司带来难题。”清华同方法务部总经理苏云鹏在采访中表示，“从公司角度，我们希望在采用小时计费制时，能用‘计时＋阶段性费用封顶’方式，既能控制项目总体预算、减少合规风险，又能实实在在体现律师的工作价值。”

某国内上市企业法务部负责人同样认为，国际律所按时计费可能引发的问题，常因“计费时间”的不确定而产生。此外，业内对于评估律师工作用时尚无较为明确的操作指引，常常让客户“很难把握”预算。相比之下，中国律所的多种灵活收费方案，对客户来说更加“接地气”，性价比也更高。

不过，在某些场景下，计时收费或许能在一定程度上控制和减少公司外部法律费用支出。例如，中化国际的蒋文璐表示，该公司尝试将常年法律顾问的收费模式从固定计费调整为按小时，以实际发生的工作量来结算，由此来避免“可能存在的常法工作量不饱和的情况”。

北京海勤律师事务所在采访中透露，目前，其计费方式以项目整体计费为主，辅以计时单。计时单的目的，大多是为了让客户更清晰地了解律师所做的工作以及工作进度。而按计时单计算的价格，往往会超出项目的整体报价。

除计费模式的灵活多样以外，中国律所在收款方案上亦能考虑客户整体利益、实际需求等因素。部分受访律所称，在费用安排上，可能会接受客户分期付费的要求。在费用收取上，也会适当减少前期费用，后续再适当予以增加。

海南昌宇律师事务所的王航兵律师表示，今年疫情期间，对于付款能力受影响严重的客户，昌宇实行了服务费减免政策。在计费上会与客户充分协商，对有困难的客户予以适当减免，且确保客户的实现利益高于服务费用。

清华同方的苏云鹏认为，企业不应仅基于费用的考虑，就降低选聘外部律师的各项标准，但可以通过与律师沟通，争取达成有利付款条件。“例如，通过延长付款周期来减小公司的资金流转压力。再比如在按工作进度付款的项目中，可以考虑更加细致地划分律师的工作阶段和进度，摊薄各阶段的费用。”这些方式，既能增加公司资金的流动性，也能兼顾外部服务机构的利益。

本次调研发现，小时计费在中国法律市场上并非一种普遍化选择。中国律所倾向于更加灵活多样的计费方式，且能根据业务类型以及客户需求，提供更具市场契合度的费用方案。

小时计费具有其天然的优缺点。律所与客户之间关于这种模式本身的讨论，往往能够折射出法律行业的一些根本问题：律师计费的内在依据为何？律师的价值如何在计费过程中体现？律师和客户的关系呈现怎样的面貌？这些问题将留待我们今后的费率调研中进一步探讨。

可以肯定的是，对于律所与客户而言，在计费模式选择上，没有最“完美”的，只有最适合的。

附：此次调研收集到的律所费率情况

2020 年中国律所小时费率调研情况

律所名称	市场覆盖（遍及全国、区域为主）	业务领域（综合所、精专所）	律师总数（100 人以下、100～500 人、500 人以上）	初级律师（元/小时）	中级律师（元/小时）	高级律师（元/小时）	初级合伙人（元/小时）	高级合伙人（元/小时）	律所平均值（元/小时）	计时收费在收费模式中占比（%）
北京安杰律师事务所	遍及全国	综合所	100～500 人	1500	1800	2000	2500	3500	2260	70
北京海勤律师事务所	遍及全国	综合所	100 人以下	240～280	300～450	500～800	1000～2500	2500～5000	1357	20
北京天达共和律师事务所	遍及全国	综合所	100～500 人	1000～1500	1500～1800	1800～2200	2200～2800	2800～5000	2260	—
重庆志和智律师事务所	区域为主	综合所	100～500 人	200～500	500～1000	1000～2000	2000～3000	3000～5000	1820	5
广州金鹏律师事务所	区域为主	综合所	100～500 人	—	—	—	—	—	3000	—
北京竞天公诚律师事务所	遍及全国	综合所	500 人以上	2200	2800	3000	3500	4800	3260	30
上海邦信阳中建中汇律师事务所	遍及全国	综合所	100～500 人	1500	2000	2500	3000	3500	2500	25
上海原本律师事务所	遍及全国	精专所	100 人以下	1500	1500	2000	2500	3000	2100	45
天津四方君汇律师事务所	区域为主	综合所	100～500 人	500～3000	800～4000	2000～5000	2000～5000	3000 +	2788	1

续表

律所名称	市场覆盖（遍及全国、区域为主）	业务领域（综合所、精专所）	律师总数（100 人以下、100 ~ 500 人、500 人以上）	初级律师（元/小时）	中级律师（元/小时）	高级律师（元/小时）	初级合伙人（元/小时）	高级合伙人（元/小时）	律所平均值（元/小时）	计时收费在收费模式中占比（%）
以下律所视费率为隐私数据，故采用匿名形式发布										
律所 1	遍及全国	综合所	500 人以上	2500	2800	3000	3300	3800 ~ 5000	3200	20
律所 2	遍及全国	综合	100 ~ 500 人	650 ~ 1300	650 ~ 1300	650 ~ 1300	1300 ~ 1900	3300 ~ 5300	1765	—
律所 3	遍及全国	综合所	500 人以上	500 ~ 1000	500 ~ 1000	1200 ~ 1800	1500 ~ 2500	2000 ~ 5000	1700	—
律所 4	遍及全国	综合所	100 ~ 500 人	800 ~ 1500	1000 ~ 1800	1500 ~ 2500	2000 ~ 3000	2500 ~ 4000	2060	5
律所 5	遍及全国	综合所	100 ~ 500 人	1500	2000	2500	3000	3500 ~ 4000	2550	20
律所 6	遍及全国	综合所	100 ~ 500 人	1800 ~ 1950	2000 ~ 2250	2300 ~ 2850	2900 ~ 3300	3350 ~ 4000	2675	30
律所 7	区域为主	综合所	100 人以下	100 ~ 150	200 ~ 300	400 ~ 500	500	500 ~ 1000	415	5
律所 8	区域为主	精专所	100 人以下	500	800	1200	1800	3000	1460	10
律所 9	区域为主	综合所	100 ~ 500 人	800	1000	1500	2000	2500	1560	50
律所 10	遍及全国	精专所	100 人以下	1000 ~ 1500	1500 ~ 2000	2000 ~ 2500	2500 ~ 3000	3000 ~ 4500	2350	40
律所 11	遍及全国	综合所	500 人以上	500 ~ 2000	1000 ~ 5000	2000 ~ 10, 000	2000 ~ 10, 000	5000 ~ 10, 000	4750	0. 3
律所 12	遍及全国	精专所	100 人以下	—	1000 ~ 1500	1500 ~ 2000	2000 ~ 4000	4000 ~ 5000	2625	—
行业平均值				1211	1569	2143	2665	3754	2271	

资料来源：各律所提供。

整理、制表：智合研究院。

注：所有被引用的费率数据均由参与律所提供，智合研究院不会对其进行核实。

就律师服务收费异常现象的几点思考*

沈田丰**

近年来，随着国家法治建设的加强，社会总体法律意识的提升，律师行业迅速发展，律师执业机构与执业人数不断增加，随之而来的律师行业的市场竞争也日趋激烈。

最近我们了解到，律师们反映比较多的涉及律师收费的问题有两个：

一是律师行业内部出现了低价竞争，甚至出现了0元律师费报价的现象。

二是有法律服务的需求方，为了获得质优价廉的律师服务，采用招标的方式，召集多家执业机构进行竞争性报价，以最低价或底价中标的方式选择服务提供者；更有大型单位利用其地位、行业等优势，要求律师以明显低于市场价格的方式提供服务。

上述现象的产生，无疑是对律师行业发展生态环境的一种冲击，对律师行业的发展轨迹以及原有的规则产生重大影响。

一、如何认识这种现象？

律师是一个在法治队伍中具有市场化特征的独特队伍。市场化特性要求律师的收费应该是一种具有市场化竞争特征的服务性收费。

律师收费的高低由成本决定，律师成本由三个部分组成，一是有形成本，即房租、员工薪酬、税收、业务研究推广成本、业务开展成本等；二是无形成本，包括律师培养所需要的时间及经验累积成本、维持律师社会形象所需要的成本；三是机会成本，律师的工作是一种创造性的智力活动，即使是在如今的信息化时代，人工智能尚无法替代真正核心的律师法律服务，从这个角度讲，律师的工作仍是一种人力密集型工作，必须依赖于专业人员的亲自劳作，律师的成本就应包括牺牲其他工

---

* 本文首发于微信公众号“杭州律协”2020年6月12日。

** 沈田丰，杭州市律师协会会长。

作、休闲、学习、家庭生活等机会的成本。

律师作为一个专业性服务行业，其无形成本非常高，缺少原材料等可扣除的有形成本。由于律师的成本大量体现于无形成本，律师收费的毛利率必须远高于生产性企业的毛利率，才能有效维持其服务能力水平与服务质量。高毛利率是律师行业的一个基本特征，也是维持这个行业持续发展的基本立足点。

近期律师业内争议较多的情况是，一些机构与企业在需要律师服务时，就一定金额以上的服务要求采用招标方式，且大多以低价中标，或者以低价因素作为综合评判的重要标准，导致律师采用低价竞争方式，甚至以明显低于必要成本的方式承揽业务。

二、会员的诉求

针对这种现象，我们收集到的会员诉求有三点：

1. 由律师行业采取集体行动，抵制以低价中标方式确定法律业务提供者的招标行为。

2. 对明显低于市场价格投标的律师事务所进行整顿或给予行业处分。

3. 以律师行业名义制定一个律师行业的最低收费标准，制止律师行业的低收费情况。

相信上述的三种方法可以立竿见影地解决目前存在的问题，但这些是否有利于律师行业的长期发展？能否根本性地解决问题关键？还有待推敲和验证。

三、为什么会出现前述律师行业的价格乱象？

我们认为，原因之一是律师行业收费曾经长期受到政府计划价与指导价标准的规范，近年来才开始完全由市场定价，律师收费的市场化特征越来越明显。另一个原因则是律师行业不再是一个供应短缺的行业，律师的人数增长已达到了一个空前的高度，而律师业务主要集中在同类业务上，差异化不明显，导致律师业务在局部领域里竞争激烈。这就产生了一些地位优势与市场优势明显的法律服务需求者，利用其优势要求律师以相对低的价格提供服务。而律师服务市场的新进入者，或者特定业务领域的新进入者，在面临生存压力与新业务发展的双重驱动下，要进入缺乏竞争优势的领域，只能低价收费，甚至贴钱，这成为他们强行进入已有市场的重要砝码。我们注意到，低价竞争的反对者，主要来自在律师行业内已经取得了竞争优势的群体。毫无疑问，一味低价竞争，不仅会有损律师行业形象，更可能会影响律师行业的生态，和律师行业的健康发展。

以律师行业名义制定最低收费标准，制止律师低价收费行为，有可能违反《反垄断法》第 11 条、第 16 条的规定，及《反垄断法》第 46 条“行业协会违反本法规定，组织本行业的经营者达成垄断协议的，反垄断执法机构可以处五十万元以下的罚款；情节严重的，社会团体登记管理机关可以依法撤销登记”的规定作为以维护法律正确实施为使命的律师协会，通过制定行业最低收费标准的方法来制止低价收费，这无疑是一种“杀鸡取卵”、自绝后路的行为。

四、以行业处分的方式来制止低价竞争的行为是否合适?

律师协会是一个自律性行业，处分违规的会员是行业协会的权利，但我们注意到，律师行业的新进入者面临着生存的压力，在经验、能力不足的情况下，低价可能是他们唯一的竞争优势。他们需要业务来累积经验，他们需要业务来维持生计，他们需要业绩来为后续的业务打下基础并参与真正具有内在实力的竞争。我国的《反不正当竞争法》并没有把低价列为不正当竞争的行为。那些已经在市场中占有优势的群体需要用这种方式来阻止行业新进入者的成长吗？对于那些业务流程已经成熟且风险较小的业务，是否可以让年轻的律师们去积累他们的业绩？不给青年律师成长机会，我们还能奢谈青年律师是我们行业的未来希望吗?

以律师行业的力量来抵制以低价中标的招标者，或许会收到一定的成效，但这也是一种市场中自损的行为，而且最终可能恶化律师行业与其他行业的关系。律师可能因此与客户形成一种对立的状态，而律师是以维护当事人合法利益为工作出发点的，这样的结果也有悖律师行业自身的价值取向。

五、我们的立场

第一，正视市场竞争，引导合理的市场竞争行为。律师行业真正走向充分竞争才区区几年。我们曾经习惯了的，在国家指导价有限市场环境里竞争的时代已经结束了，律师服务供应不足的情况在律师业务比较发达的中心城市也已经结束了。律师与行业协会要熟悉与习惯市场竞争带来的压力，这是一个转变的过程。这种转变不会是和风细雨，而是会有剧烈的阵痛，带来许多新规则的产生，竞争局面的改变一定会带来严酷的冲击。总体而言，律师这个行业需要一定的竞争，但过度的竞争与过度的商业化，也会扭曲律师的职业特征，败坏律师的职业道德，动摇律师行业作为民间理性力量的形象。但是没有竞争也会使律师行业“死水一潭”，不思进取。不改善律师的服务水准，也同样会有损律师行业的发展与进取。作为律师，需要时刻牢记自身的职业使命，不排斥市场，主动地利用市场力量来推动律师行业的良性发展。律师与律师协会必须自觉地认识到律师行业的崇高价值、对于社会的重要性，以及如何自觉珍惜并共同维护行业形象。

第二，要让社会明白律师是一个特殊的提供法律服务的行业。律师行业是需要长期积累的高成本的严谨的知识服务业，律师工作是一项关系财产利益归属、社会家庭和谐幸福，关乎人身自由与社会保障的工作，而并非一项玩弄字眼，信口开河的形式上或程序上的简单工作。对于当事人来讲，律师服务是一项比较昂贵的服务，以低价中标的方法是难以获得真正有价值的法律服务的。合理的价格才能获得真实的、有价值的法律服务。我们倡议，社会法律服务的需求者应抛弃以低价中标的落后思维，而应在综合评价的基础上，以平均价偏上价格确定律师服务费用的价格。

第三，律师的服务是一种个性化的服务；每一个律师的服务内容与方法千差万别；每一个案件都是特定的，难以用唯一的标准来量化律师工作。所以，用传统的方法对律师的服务进行评价是比较困难的，不同律师的观点或工作内容，可能是完全不一样的，而且结果也可能有很大差异；不同的律师工作在成本结果方面的差异，也难以用统一的标准来衡量。真正的高水平的律师服务是一种让客户用低成本获得高收益的结果，而这种高收益与低成本的结果差额，恰恰是客户需要支付给高水平律师的超过其他服务者的收费的部分。高水平的服务应当获得高于普通水平的收费，这才是客户与律师行业都希望看到的结果。我们建议，各个律师事务所根据市场需求自行制订收费标准，同时每年根据市场的情况和自身服务的能力，适当调整收费标准。

第四，以往律师在很多情况下，是根据经办的案件类型与特点，按标的额的一定比例来进行收费。这并不能反映律师行业的服务特征，因为律师服务不仅不同案件之间有很大的差异，而且不同的律师提供服务的方式与内容也有很大的差异，更何况不同的案件类型，实在难以用一个标准来衡量收费。按标的额的一定比例来收取律师费用，这种收费方法是基于标的额的大小与案件的难易程度呈正比例关系，但事实证明，这种正比例关系是不精确或不准确的。在法律服务中，标的额小的案件，有时候反而存在非常复杂的法律关系。而且，按标的额的比例收费是无法区分经办律师的不同层次与不同水平的，使不同水平、不同层次的律师都趋向于办理标的额大的案件。这样的结果，导致律师在同一层面上竞争，不利于律师的差异化竞争。为了避免律师间同质化与同层面的竞争，鼓励律师收费的差异化，我们强烈建议律师行业考虑对律师收费采用分级别的计时收费方式，也就是根据律师水平、经验、能力的不同确定不同的计时收费标准。因为律师的服务难易程度主要反映在律师的工作层级与工作时间上。通过分级计时收费，不同层级的律师可以适用不同的收费标准，使案情相对简单的案件分流向收费较低的初级律师，而将复杂艰深、对当事人至关重要的案件流向水平高、经验丰富但收费相对较高的资深律师，避免资深律师与初级律师在同一类案件、同一层面上进行激烈竞争，挤压初级律师的生存空间，降低资深律师的收费水平。对于客户而言，由于资深律师经验丰富，可能工作时间也会相应减少，从而使同一案件中律师的总费用并未比低级别的律师高出太多。

第五，目前按标的额的一定比例收费，或按胜诉结果收费的模式，一方面鼓励了律师的功利化倾向，另一方面也可能导致律师为了案件的胜诉而不顾律师的职业道德，出现提供伪证，夸大宣传，行贿相关人员等不良现象。如果律师收费不直接与诉讼标的或胜诉结果相关联，则可以引导律师更多地关注服务的内容与质量。有利于提升律师的职业形象与社会地位。我们建议律师行业应当以分级计时为主要收费方法，按标的额或胜诉结果的一定比例收费作为一种补充的收费模式。

有人认为，按级别计时收费会导致客户对律师工作成本的无法预计，也会使个别无良律师故意拖延工作时间，以获取更多的律师收费，或者律师无用的工作反而耗费了客户的成本。要解决这个问题，一方面，需要律师协会制定详细的计费工作时间标准，让客户能知道费用的预计以及可能存在的风险；另一方面，律师的所有工作记录都必须经客户确认后才能作为其向客户主张律师费用的合理依据。通过这两个方面工作，相信律师的计时收费的推广是可以被客户所接受的。

律师工作复杂多样，但都可以用时间来量化，如同在商品社会里，一切有价值的东西最后都会用货币来计量一样。有了一个统一的度量标准，再复杂的事项都可以相对准确地被计量了。

第六，律师协会要关注律师行业的低价竞争问题，因为，这是一个关乎律师行业发展的大事。对于明显不合理的低收费，律师协会有责任向相关律师事务所问询：律师事务所如何在低价的情况下保证向客户提供符合预期的律师服务？律师的低价收费行为是否属于一种不正当的对服务对象的误导行为？对于律师提供的法律服务明显不符合质量要求，以及律师事务所明显误导服务对象的不正当竞争行为，律师协会可以进行必要的查处与纪律惩戒。

第七，收费的标准应该由律师事务所制定，并向律师协会进行备案，以便律师事务所识别自己的收费行为是否属于不正常的收费行为。同时，律师协会也可以据此了解行业的收费情况与趋势，以便平衡律师行业发展与社会公众利益在律师收费上的关系。对于分级计时的收费方式，律师协会需要制定一定的分级计费的方法与准则，增强公众对律师分级计费方法的理解与信任，消除社会公众对律师计时收费的恐惧心理，形成分级计时收费的友好环境与生态。

行业洗牌："内循环"对于律所为什么重要？*

| 智合研究院

最近，"内循环"频频刷屏，以国内大循环为主体、国内国际双循环相互促进的发展格局备受各界关注。

经济学家管清友近期在题为《双循环与新基建》的演讲中，提到内循环发展的6个核心词汇：平行世界、内需主导、统一市场、数字基建、区域变局、产业链重构。

这6个词汇，对于律所而言意味着什么？"内循环"将给法律行业带来哪些新机遇？

平行世界——*未来的世界，从国际贸易等角度看，很难再回到全球化最繁荣之时，国际投资风险增加。全球产业链布局与国际投资可能需要重新考虑"目的地"。*

虽然国际贸易面临挑战，但全球化潮流已势不可当：2020年上半年，外资企业持续扩大在华投资，投资额1亿美元以上的项目达320个；2020年前8个月，中国企业对"一带一路"沿线国家非金融类直接投资118亿美元，同比增长31.5%。

中国律所的国际化亦在不断升级。截至2019年年底，中国律所在境外设立分支机构154家。今年以来，多家中国律所迈开坚实步伐，进行全球战略布局。可以预见，中国企业"走出去"不会停滞，海外投资来华不会缩减，中国律所的全球布局仍将继续。

内需主导——*启动国内需求不是简单的刺激消费，而是需要一系列体制机制改革。内需的持续增长，将成为今后中国经济的重要主题。*

内需导向的市场结构，不仅为新兴经济培育、传统行业升级等创造机遇，还将催生更多行业的投资和法律服务机会。

---

* 本文首发于微信公众号"智合"2020年11月12日。

同时，如今的法律服务已日渐“行业化”。律师的专业意见不止于法律服务本身，还需对行业、市场和经济趋势保有敏锐嗅觉。越来越多的律所开始推出“行业化”的概念，对内开展“专业＋行业”的专业化建设，对外提升法律服务产品的市场契合度。未来，懂市场、懂行业、懂经济、懂客户的律师也势必更受市场青睐。

统一市场——当前内外形势变化，对市场“统一性”提出更高要求。今后，不同区域、行业间藩篱的进一步打破，将推动产业整合与国内统一市场形成。

形成国内统一市场的举措之一，就是促进各类要素有序流动，推动产业链上下游联动与协调发展。

对法律行业而言，能够提供全链条、多元化、全周期服务的律所或许更适应统一市场的发展趋势。

近年来，已有一批精品化律所在资本市场等领域单点突破，继而围绕“上下游”布局，开发了私募股权、并购重组、合规及争议解决等业务链条，具备“资本运作全流程”的服务能力。今后，随着国内统一市场的形成，或将带动更多中小精品律所继续挖掘客户相关业务需求，以此保持客户“黏性”，在竞争激烈的市场中实现突围。

数字基建——数字基建对于中国最大的意义，将是基础设施的“升维”。

数据等新型生产要素，将为中国数字经济发展提供重要支撑，并将催生许多新的机遇与可能。

《数据安全法》的横空出世，既为数据的顺畅流通明确了“底线”规范，也将推动数据合规等新兴法律服务的发展。为满足客户需求，一些知名律所开始整合内外部资源，组建网络与数据安全等领域的大合规团队，着力开展新兴领域法律服务。将来，以数字经济为主导的经济模式，或将孕育更多新兴热点与创新思路。

区域变局——许多城市的经济功能，要面临重新定位或区域的大洗牌。

有专家认为，“内循环”时代，人口规模大、交通便利、商业活力与创新能力更强的城市将迎来更多机遇。相反，经济“对外依存度”高的城市或将面临更大压力。

2020 年以来，为抢占区域发展先机，中国律所频频进行规模化布局：全国知名律所纷纷在粤港澳、环渤海、长三角、成渝经济圈等重点地区延伸，规模大所将脚步下沉至县域，区域律所以跨地域“战略合并”的方式抵挡外部冲击。国内律所将继续在新一轮区域变革中，开辟独属自己的发展之路。

产业链重构——国际分工变化，倒逼技术革新、产业升级，竞争将日益激烈。

在这个变化的时代，创新是企业发展的“护城河”。唯有不断创新，才能使组织实现持续进步。

对律所而言，亦是如此。物联网、5G、区块链等前沿技术不断拓展法律服务边界。国内头部律所主动求变，纷纷开展服务与产品创新；中小律所也在积极拥抱变化，用科技创新来增加“弯道超车”可能。未来，技术与法律之间的融合将更加紧密，以适应产业重构的加速趋势。

“内循环”之下，6 组关键词各有深意：平行世界是前提，统一市场是基础，内需主导是动力，数字基建是提升，区域洗牌和产业重构是结果。

而对于中国律所而言，在新时代的大潮中，竞争国际化、业务多元化、服务行业化，将是维持稳定之锚；新兴热点、创新机遇、革新技术，是不断前行之帆。

区域市场篇

北上广深成渝杭，哪里律师业增速最快？*

蔡 凡** | 智合研究院

2018 年，全国律师 42.3 万人，净增 5.8 万人，中国律师业进入人数增长的“5 万人时代”。

2019 年，全国律师 47.3 万人，又添 5 万人，增幅 11.8%，中国律师队伍仍在快速壮大。

近期司法部及全国多地律协陆续发布了年度数据，在中国律师行业快速发展的大背景下，哪些城市跑在了更前面？各地行业发展又有何特点？

一、中国律师行业大数据

（一）2019 年又添 5 万名律师，增幅 11.8%

2019 年，全国共有执业律师 47.3 万人，比上一年增长 5 万人，增幅 11.8%。

2015～2019 年的五年间，中国律师人数从 29.7 万人增至 47.3 万人，共增长 59.3%，五年年化增长率 12.3%。

近五年的律师人数增量及增长幅度分别为：2015～2016 年，增长近 3 万人，增幅约 9.8%；2016～2017 年，增长近 4 万人，增幅约 12%；2017～2018 年，增长 5.8 万人，增幅近 16%；2018～2019 年，增长 5 万人，增幅约 11.8%；2015～2019 年全国执业律师人数变化情况详见图 1。

---

* 本文首发于微信公众号“智合”2020 年 7 月 10 日。文中数据统计至 2019 年 12 月底。截至 2020 年 12 月 31 日，北京市共有律所 2887 家，执业律师 37,351 人；广州市的执业律师突破 1.7 万人。截至 2021 年 2 月 23 日，深圳市共有律所 991 家，执业律师 16,416 人。2020 年 9 月 16 日，杭州律师人数破万。

** 蔡凡，智合研究院编辑、研究员，长期从事中国律师行业宏观观察、中外律所组织及管理创新方面的研究。

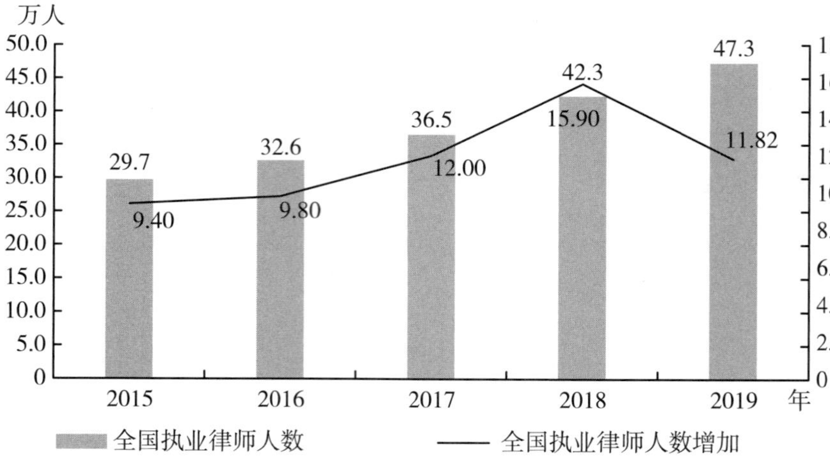

图1　2015～2019 年全国执业律师人数变化情况

律师人数增量及增长幅度，2018 年均为近 5 年最高。根据司法部“2022 年全国律师总数预计达到 62 万人，每万人拥有律师数达 4. 2 名”的目标，智合观察到，在律师人数增长方面，2018 年中国律师行业进入了高速发展的“5 万人时代”。

2018 年，全国律师人数首次突破 40 万人。2019 年，在此基础上保持 5 万人的增幅，仍处于律师人数高速发展的阶段。

过去 10 年，中国律师人数增加了近 17 万人。截至 2010 年年底，全国律师人数约为 20. 4 万人，到 2015 年年底近 30 万人。从 20 万人增至 30 万人用了 5 年时间，而从 30 万人到 40 万人只用了 3 年不到。2019 年，全国律师人数突破 47 万人，可见从 40 万人到 50 万人，将有望在 2 年内实现。

2019 年，全国共有 18 个省（市）律师人数超过 1 万人，与 2018 年保持一致。其中，律师人数超过 3 万人的省（市）有 4 个，除了广东、北京，新增了江苏、山东。此外，广东省律师人数于 2020 年 4 月突破 5 万人，约占全国律师总数的 10. 6%。

（二）律所规模化依然是趋势

2019 年，全国共有律所 3. 2 万余家。律师 10 人（含）以下的律所 2. 1 万余家，新增约 2000 家；律师 11～50 人的律所 10,280 余家，减少约 220 家；律师 51～100 人的律所 620 余家，新增约 50 家；律师 100 人（含）以上的律所 320 余家，详见表 1。

表 1　2017 ~ 2019 年不同规模律所数量变化情况　　　　单位：家

律所规模	律所数量		
	2017 年	2018 年	2019 年
10 人以下	17, 000 +	19, 000 +	21, 000 +
11 ~ 50 人	10, 000 +	10, 500 +	10, 280 +
51 ~ 100 人	500 +	570 +	620 +
100 人（含）以上	200 +	260 +	320 +

资料来源：司法部。
整理、制表：智合研究院。

从数量上看，全国律所新增 2000 余家，其中增量最大的是律师 10 人（含）以下的律所。

从规模上看，50 人以下的律所占比三年来均维持在 96% 以上，即目前中小型律所仍然占据全国律师行业的主流。百人所数量从 260 余家增至 320 余家，新增约 60 家，增幅与 2018 年一致。

“规模化”是近年来律所发展的关键词。2017 年起，各区域市场的头部次未争夺愈发激烈，京沪大所的布局扩张激活了多地本地法律市场的应激反应。区域整合加速，百人所的新增是其中最为重要的标志之一，多家本地所合并成为百人甚至两百人大所的现象也越发普遍。

二、北上广深律师数据

（一）律师数

2019 年，北上广深四个城市的执业律师总数超过 9 万人，占全国律师总数的近 20%；其中，北京律师人数最多。四地律师占比情况如图 2 所示。

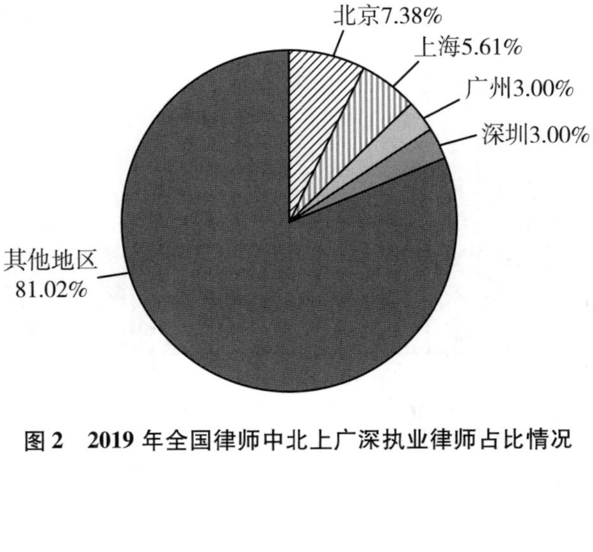

图 2　2019 年全国律师中北上广深执业律师占比情况

1. 北京

2019 年北京共有执业律师 34, 907 人，比上年净增 2702 人，增长 8. 39%。

专职律师 31, 516 人，兼职律师 945 人，外地分所派驻北京律师 506 人，公职公司律师 1940 人。

2. 上海

2019 年上海共有执业律师 26, 520 人，比上年净增 2545 人，增长 10. 62%。

31 ~50 岁的律师最多，有 15, 794 人占比为 59. 56%；其次是 21 ~30 岁的律师，有 6088 人占比为 22. 96%；51 ~60 岁的律师，有 2371 人占比为 8. 94%。

执业 0 ~5 年的律师最多，有 10, 979 名律师占比为 41. 40%；执业 6 ~10 年的律师有 5803 人占比为 21. 88%；执业 11 ~30 年的律师有 8959 人，占比为 33. 78%。

3. 广州

2019 年广州共有执业律师 16, 024 人，比上年净增 2072 人，增长 14. 85%。

31 ~50 岁的律师最多，有 9827 人占比为 61. 33%，这一比例与上海相当；30 岁以下的律师比例并不高，有 3374 人占比为 21. 00%。这一比例甚至低于 51 ~60 岁律师，有 3967 人占比为 24. 76%。

4. 深圳

2019 年共有执业律师 14, 727 人，比上年净增 1592 人，增长 12. 12%。

执业 5 年以下的律师，有 7220 人占比为 49. 03%；执业 6 ~10 年的律师，有 4461 人占比为 30. 31%。近八成律师执业在 10 年以下。

从律师增量和增长幅度来看，2019 年，北京、上海的律师人数仍有较大增量，但其律师队伍基数大，增长幅度略低于全国平均增幅（全国 11. 8%，北京 8. 4%，上海 10. 6%）。相较之下，广州、深圳两地的律师人数较北京、上海仍有一定差距，均未突破 2 万人，但其 2019 年的增长幅度要高于全国平均增幅（广州 14. 9%，深圳 12. 1%）。2015 ~2019 年北上广深执业律师人数变化情况如图 3 所示。

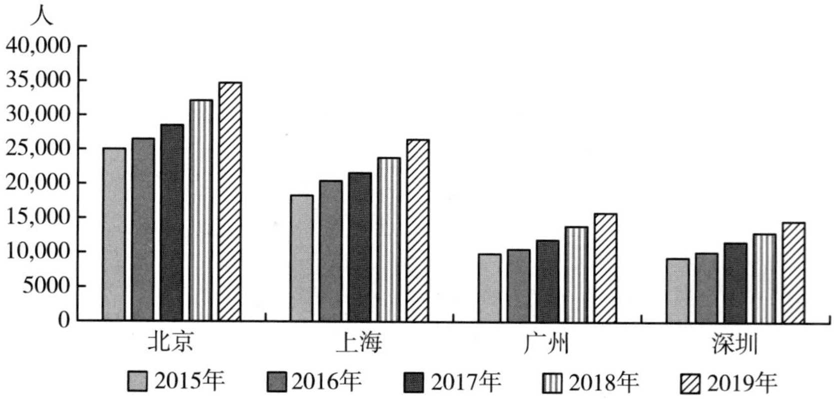

图 3　2015 ~2019 年北上广深执业律师人数变化情况

（二）律所数

2019 年，北上广深四地律所总数超过 6000 家，约占全国律所总数的 19%。其中，北京律所数量最多，其次是上海，广州、深圳两地的律所数量与北京、上海相比仍有一定差距，详见图 4。

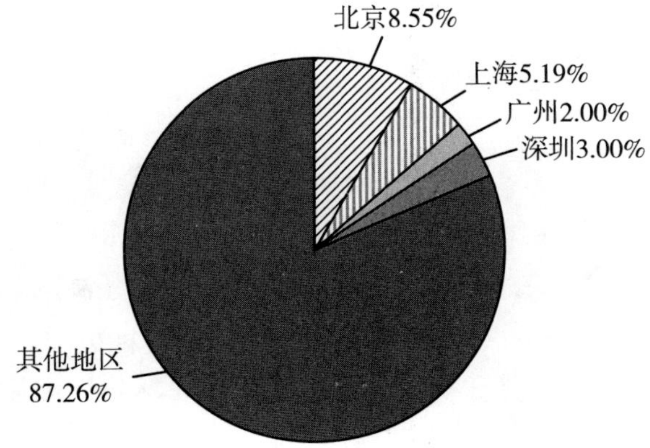

图 4　2019 年全国律所中北上广深律所占比情况

1. 北京

2019 年北京共有律所 2735 家，比上年净增 165 家，增长 6.42%。

普通合伙所 1628 家，占比为 59.52%；个人所 961 家，占比为 35.14%；特殊的普通合伙所 33 家，占比为 1.21%；外省分所 113 家，占比为 4.13%。

2. 上海

2019 年上海共有律所 1660 家，比上年净增 55 家，增长 3.43%。

“百人所”37 家，比 2018 年增加了 1 家，是 2010 年“百人所”数量的 6 倍，此外，91.4% 的律所人数在 30 人以下，31 ~ 100 人的律所有 105 家，占比为 6.33%。

在上海的 37 家“百人所”中，有 23 家为上海本地律师事务所，其余 14 家均为北京律师事务所在上海的分所。在律所规模排行榜中，共有 14 家律所规模超过 200 人，锦天城以 1100 名律师位列第一，盈科、大成、中伦、国浩在上海的分所紧随其后，详见表 2。

表 2　2019 年上海“百人所”

律所名称	人数	律所名称	人数
锦天城	1100	君合（上海）	171
盈科（上海）	806	金茂	163

续表

律所名称	人数	律所名称	人数
大成（上海）	486	君澜	156
中伦（上海）	361	明伦	151
国浩（上海）	346	君悦	146
申浩	262	通力	138
海华永泰	256	融力天闻	137
金杜（上海）	242	瀛泰	131
汉盛	234	瀛东	127
汇业	224	炜衡（上海）	124
金诚同达（上海）	218	段和段	124
正策	214	众华	122
隆安（上海）	203	协力	121
观韬中茂（上海）	203	德禾翰通	121
方达	199	华诚	118
德和衡（上海）	199	竞天公诚（上海）	116
京师（上海）	189	华荣	105
邦信阳中建中汇	178	融孚	102
德恒上海	176		

资料来源：上海律协。
整理、制表：智合研究院。

上海共有150家外省分所，约占全市律所数量的9.03%。其中以北京律所最多，共89家，占比59.33%。江苏、广东律所分别以12家、9家位列第二、三位。

创收10亿元以上的律所有4家，相比2018年增加了1家；创收1亿元以上的律所有46家，新增了7家；创收在1000万元（含）以上的律所有312家，新增了44家。

3. 广州

2019年广州共有律所共756家，比上年净增11家，增长1.48%。

普通合伙所438家，占比为57.94%；个人所205家，占比为27.12%；特殊普通合伙所16家，占比为2.11%。此外，外省分所97家，占比为12.83%，其中以京沪律所居多。

100人以上的律所26家，占比为3.44%；3～10人的律所最多，以376家占比近50%；少于3人的律所79家，11～20人的律所142家。总体上以20人以下的小型律所为主，共597家，占比近80%。

人数排名的律所有广东广信君达、盈科广州、广东法制盛邦、大成广州、广东金桥百信、国信信扬、广州金鹏、广东天穗、广东格林，大多是广州本地律所。这些律所的律师总人数超过3000人，接近广州律师总人数的20%。

4. 深圳

2019年深圳共有律所909家，比上年净增65家，增长7.70%。

普通合伙所600家，占比为66.01%；个人所294家，占比为32.34%；特殊合伙所8家；前海联营所7家。此外，外省分所共114家，占比为12.54%，这一比例高于北京（4.13%）、上海（9.03%）。

100人以上的律所22家，占比为2.42%；50~100人的律所27家，占比为2.97%；30~50人的律所37家，占比为4.07%；90.54%的律所的人数在30人以下。

在深圳的22家“百人所”中，12家为广东省本地律所，10家为外省分所，且多为京沪律所。律师人数超过200人的律所有10家，盈科深圳以562名律师位列第一，广东华商、广东广和、大成深圳紧随其后。其中，于2018年5月设立的京师深圳，不到两年时间，律师人数就已突破200名。具体情况如表3所示。

表3　2019年深圳“百人所”

律所名称	人数	律所名称	人数
盈科（深圳）	562	广东普罗米修	170
广东华商	523	中伦（深圳）	159
广东广和	464	广东信达	153
大成（深圳）	308	泰和泰（深圳）	134
德恒（深圳）	261	广东诚公	129
广东卓建	256	隆安（深圳）	122
广东国晖	252	广东星辰	120
锦天城（深圳）	230	金杜（深圳）	107
京师（深圳）	228	广东君言	106
广东晟典	214	君泽君（深圳）	104
广东商达	179	广东德纳	104

资料来源：上海律协。

整理、制表：智合研究院。

2015~2019年北上广深律所数量变化情况如图5所示。

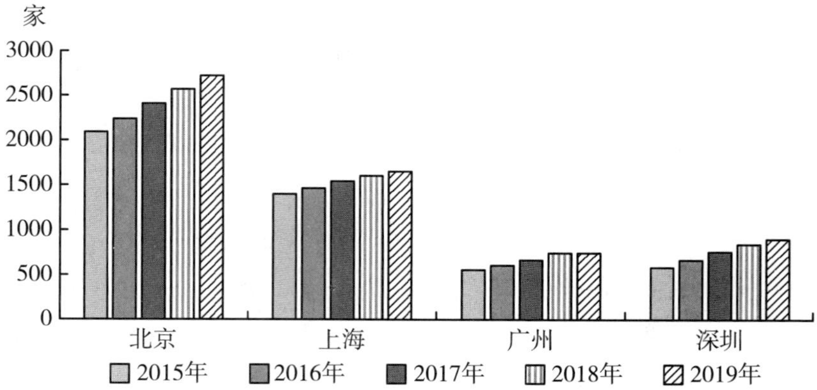

图5　2015～2019年北上广深律所数量变化情况

三、风头正劲的“新一线”城市

（一）成都

根据最新统计，截至2020年4月，成都市共有执业律师15,660名，约占四川省律师人数的2/3；共有律所815家，约占全省律所数量的1/2。

相比2018年，成都市律师人数净增2579人，增幅达19.7%；律所数量净增84家，增幅11.5%，增长迅猛，且高出全国平均增幅不少。

从规模上看，成都市30人以下的中小律所共700家，占比为85.89%，其中10人以下的律所432家，占比为53.01%。10～30人的律所268家，占比为32.88%。此外，50～100人的律所30家，100人以上的大所已突破20家，较去年增长了4家，其数量位居中西部城市第一。20家百人大所与30家50～100人的律所都设在主城区，特别集中于高新区。

（二）重庆

2019年，重庆共有律师11917人，相较于2018年净增1208人，增幅达11.28%；律所904家。律师行业总创收38.75亿元，较上一年度增加8.12亿元，增幅达26.51%。

2019年，重庆律师办理各类诉讼案件15万余件、非诉讼法律事务1.6万余件、法律援助案件2.7万余件，提供各类公益法律服务10.4万余件次，为1.9万多家党政机关、企事业单位担任法律顾问。

（三）杭州

2019年，杭州市共有律师9274人，约占浙江省律师人数的39.23%；律所545家，约占全省律所数量的34.67%。对比2018年年底的数据，杭州市律师人数净增1221人，增幅约15.16%；律所数量净增27家，增幅约5.21%。2019年杭州律所和律师地域分布情况如图6所示。

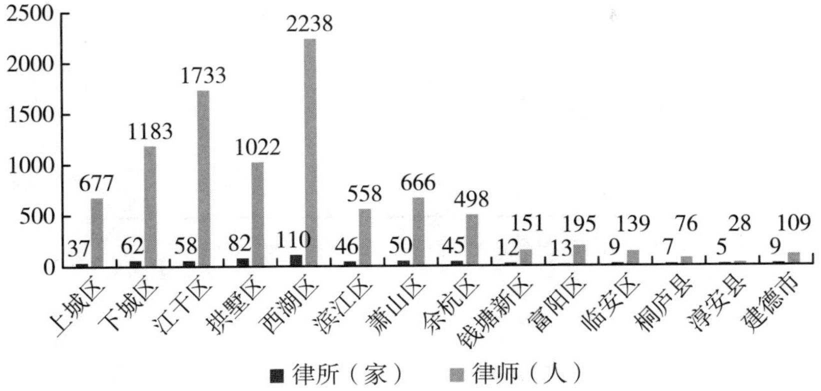

图6 2019年杭州律所和律师地域分布情况

资料来源：杭州律协。

杭州有70家律所分所，包括56家浙江省外律所的杭州分所（其中包括北京34家、上海19家）和14家浙江省内律所的杭州分所。杭州本地律所在浙江省内设立分所59家，在浙江省外设立分所19家。

30人以下律所占89.3%，其中307家律所人数在10人以下，180家律所有10~29名律师；30~40人的律所30家；50~99人的律所17家；100人以上的律所7家。

行业年度创收59.07亿元，占浙江省律师行业创收的51.52%。其中，杭州市创收上千万的律所有104家，创收过亿的律所有13家。

（四）南京

截至2020年7月6日，南京市有律师7700人，律所469家。其中，100人以上的律所10家，详见表4；30人以上的律所47家。

表4 2019年南京“百人所”

律所名称	人数
大成（南京）	309
国浩（南京）	248
盈科（南京）	209
法德东恒	195
新高的	183

续表

律所名称	人数
中银（南京）	129
锦天城（南京）	128
圣典	120
炜衡（南京）	105
致邦	102

资料来源：江苏省法律服务机构法律服务人员信息公开平台。
整理、制表：智合研究院。
注：统计截至2020年7月9日。

2019年，江苏省有律师30,461人，首次突破3万人大关，同比增长14.6%；律所2043家，同比增长8.6%。全省县域基本实现律师人数50人以上，近90%的县域实现律师万人占比在1‱以上。

对比四川、浙江、江苏三个省份，会发现各省的律师分布均有向省会城市聚集的情况，但程度略有不同。聚集程度较高的有四川省，成都市的律师人数约占全省律师人数的2/3；其次为浙江省，杭州市律师人数占全省的近40%，而在江苏省，南京市的律师人数在全省占比不超过1/3。这与各地区经济发展特点相关。

结语

在中国律师行业中，北京和上海是绝对的一线城市。2019年，我们看到这两座城市的律师人数仍有较大的增量，净增均在2500人以上。

与此同时，我们也看到了广州、深圳两座一线城市，以及成都、杭州等其他“新一线”城市律师人数的增长迅猛。

大量新鲜血液不断注入，将更加激发各大城市律师行业的生机，促进进一步的升级。未来，整个行业又将如何？

海派律师是否可以自成一派？[*]

董冬冬[**]

近期笔者主持了一场上海律师品牌沙龙，邀请了沪上多位知名律界大咖参加，演讲中多次提到了“海派律师”的品牌概念，本土的优秀同行多以“上海律师”的定位而自豪。场下笔者又与智合 CEO 洪祖运等多位上海律师行业观察人士交流，认为上海律师已经超越了地域的概念，深得沪上同人的认可，成为集体自觉。

其实，这一话题私下谈论可以，是否公开探讨笔者曾有所顾虑，因为上海律师的行事风格历来低调内敛。不过，从上海市委市政府的施政方针里，我们可以找到与本文话题的暗合之处：上海市委书记李强在 2017 年甫一上任，就提出了“全力打响上海服务、上海制造、上海购物、上海文化四大品牌，以追求卓越的品质着力构筑上海在全国的战略优势”。所以，笔者斗胆就“海派律师品牌形成的内部外部基础条件”、“上海律师品牌现在面临的问题”以及“如何进一步提升竞争力”等几个话题谈谈自己的浅见。

一、海派律师可否成一派？

海派律师、海派律所，是否可以成为独具特色的集体品牌？笔者的答案是肯定的。

从历史文化传承看，上海是最早诞生律师的地方，1912 年就成立了全国最早的上海律师公会，成为当时上海滩一支重要的社会力量，活跃于法律、传媒、政治、革命舞台之上。

笔者曾经在复兴中路 301 号的上海律师公会旧址内，看到吴凯声为被捕的共产

---

* 本文首发于微信公众号“智合”2020 年 10 月 6 日。

** 董冬冬，上海市瀛东律师事务所管委会主任。

党员廖承志、陈赓辩护；章士钊为陈独秀辩护；张志让、张耀义为“七君子”辩护的相关史料。作为中国的“七君子”之一的史良大律师，曾任中华人民共和国司法部首任部长、全国政协副主席、全国人大常委会副委员长、中国民主同盟两届中央主席。他是司法工作的开拓者，也是中国妇女运动的领袖之一。

中国律师制度恢复四十余年来，上海律师凭借专业影响力，薪火相传，领衔行业。先后诞生了一代又一代的知名大律师，如老一辈的李国机、郑传本、傅玄杰等。其中，李国机律师创建了全国第一家私人律师事务所。伴随着上海进一步改革开放，陶武平、朱洪超、朱树英、吕红兵等知名本地律师也成长起来。这些律师无论是从职业道德、业务水准、办案能力，还是从社会担当、性格气质等方面来看，都深深镌刻着海派文化的印记。

尤其是近十年，上海律师行业的发展速度可谓惊人，笔者清晰地记得，2010年2月到上海时，上海全市律师人数不足10,000人，超过100人的律所只有锦天城1家。截至2019年年底，上海共有律所1660家，同比增长3.43%；执业律师26,520人，同比增长10.62%，超过100人的律所已有40余家，律师人数占上海常住人口比例提升至11‱，接近发达国家水平。

据不完全统计，上海市律师2019年全年办理各类诉讼案件31.56万件，非诉讼案件15万件，总创收273亿元，同比增长16.9%，人均创收超过100万元，同比增长5.8%，总创收和人均创收居全国领先地位。且以上成绩的取得基数是上海执业律师人数仅为全国第三名，少于北京与广东的律师执业人数。

从规模与发展质量上看，海派律师都称得上是全国同行艳羡的一个群体。本地律所中，诞生了诸如方达、锦天城、通力、海华永泰、虹桥正翰、协力、段和段等全国知名品牌。更让人惊奇的是，从北京发源，落户上海的知名律所中，有的发展质量与规模甚至超过了北京总所，本地化的特征也非常明显。在上海，规模律所占据了相对优势，如君合、中伦、金杜、国浩、大成、盈科等，这体现了上海法律服务的市场化水平，包容短长，开放进取。

从行业执业口碑看，无论司法界还是律师界，上海律师有着鲜明的城市烙印：精干、务实、专业，谦逊有风度。笔者曾经与各地的法官交流，他们普遍评价上海律师在庭审内外均展现出了良好的职业素养，不但敏锐、善算，而且风度翩翩，外表清爽。

那么，用什么词可以高度概括这一独特群体呢？其实用上海城市精神的十六字，就恰如其分：“海纳百川，追求卓越，开明睿智，大气谦和。”前八个字代表了行业的开放创新、专业高效、包容共享，后八个字则代表的是实现前者的路径，以及应该具备的精神气质与品格。

二、海派为何成一派?

海派律师、海派律所，这一概念从被小心翼翼地抛出，到慢慢被行业认可，有着深厚的海派历史文化风格，也有着独特的政经区域环境因素。

“海派”来自文化自觉。海派律师的概念衍生于海派文化，是上海开埠后形成的独特商业文化，代表着国际性、地域性、时代性鲜明特征，这一特征有如海派国画、海派文学、海派电影、海派日化等，使得上海成为一个时髦与流行的代表。20世纪30年代，文学上有“京海之争”，鲁迅、沈从文等纷纷“参战”，海派这个概念自此被赋予了更多文化符号色彩。

“海派”有浓厚的地域特征。百年以来江苏、浙江籍移居到上海的人口成为人口主流。长三角地区的方言、习俗、人情相通，商业交流频繁密切，文化互动相承，而沪上的长三角地区籍贯律师也相应占到了主流。

“海派”律师得益于全球最大的经济圈哺育。经济兴盛，特别是民营企业与外商投资兴盛，律师才兴盛。长三角地区拥有面向全球、辐射亚太、引领全国的世界级城市群，在国家现代化建设大局和开放格局中具有举足轻重的战略地位，是中国参与国际竞争的重要平台、经济社会发展的重要引擎、长江经济带的引领者，也是中国城镇化基础最好的地区之一。长三角城市群经济腹地广阔，拥有现代化江海港口群和机场群、健全的高速公路网、密度领先的公铁交通干线。

“海派”律师得益于上海良好的法治营商环境。新冠肺炎疫情期间上海市人大常委会立法发布的《上海市优化营商环境条例》，让人眼睛一亮。上海市政府在持续优化营商环境、激发市场主体活力、维护企业的合法权益方面，可谓不遗余力。上海市各级政府的治理能力、现代化水平至今保持着国内领先，法治环境为企业界称道。

“海派”律师在上海受到的扶持力度也让人印象深刻。近年来，全国诸多城市在高调扶持律师行业发展，做大做强律所的举措不断出台。其实，在十几年前上海市各级政府就对上海的律所提供了普惠性的财政补贴政策，如果创收达到一定程度还可以一事一议提供更大力度倾斜，特别体现在税收征收上，能够提供最大限度的支持。

与上海律师行业整体200多亿元的创收相比，上海市政府更看重律师这一群体对当地经济的溢价效应、对公共法律服务环境的带动作用。例如，在静安区，无论是担任人大代表或政协委员的人数，还是组织评选的领军人才数量，律师行业都是占比最多的行业之一。

总之，上海正在致力于成为“卓越的全球城市”“具有世界影响力的社会主义现代化国际大都市”，律师行业有机会参与，为市场主体提供全方位法律服务，有潜能为城市治理贡献民间智慧，未来可期。对此，笔者满怀期待。

三、跟京派律师比，海派律师还有哪些短板？

海派律师独特的文化自觉，是其在全国乃至全球范围领先或崛起的重要基础。不过，从公开的数据来看，海派律所无论是与北京律所相比，还是与全球知名律所相比，尚有很长的一段路要走。

从国际上看，虽然上海律师人数占比接近发达国家水平，但在总创收和人均创收上，与发达国家或地区差异较大，美国律师 2019 年人均创收 100 万美元（折合人民币 700 万元），上海律师的人均创收是其 14%；排名第一的凯易律师事务所，2019 年总创收近 42 亿美元（折合人民币 300 亿元），一家律所的创收便超过了全上海律师业一年的总创收。

上海社会科学院法学研究所研究员史建三老师通过钱伯斯、智合等公开渠道的资料，用数据将北京与上海的头部律所作了有趣的对比，详见图 1、图 2、图 3，从图表中的数据可以看出京沪律师的行业差距，无须多言就可以判断：海派律所和京派律所在战略目标与国际影响力、业务专业化与市场占有率等方面的差距相对较大。

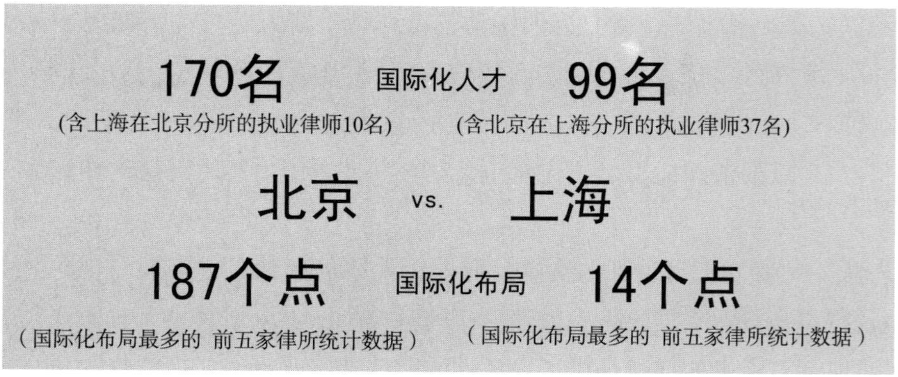

图 1　司法部 2019 年公布的《全国千名涉外律师人才名单》

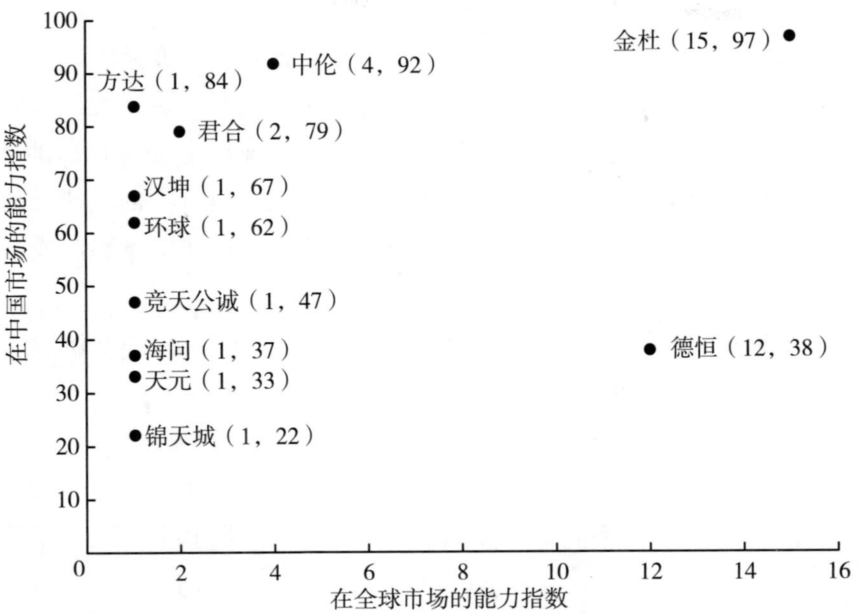

资料来源：钱伯斯官网。

整理、制图：智合研究院。

图 2　2020 年钱伯斯全球榜：中资所国际及跨境交易能力

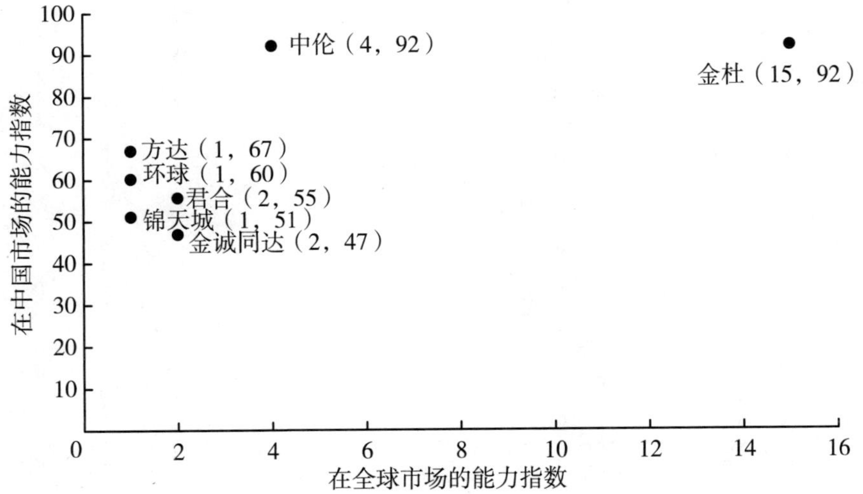

资料来源：钱伯斯官网。

整理、制图：智合研究院。

图 3　2020 年钱伯斯全球榜：中资所国际及跨境争议解决能力

图 2、图 3 反映了中资所在中国法域及国际上的国际及跨境业务竞争力。纵轴代表在中国法域内，该律所国际及跨境业务的实力及影响力，以该律所的榜单排名、国际及跨境业务各项指标以及客户反馈为基础。横轴代表律所国际及跨境业务

的海外影响力，以律所海外办公室的数量为基础。

根据钱伯斯的介绍，“国际及跨境能力”主要包含4项评价标准：（1）作为主要负责律师（lead counsel），为发生在不同国家的关联交易、诉讼程序或监管问题提供协助与建议；（2）在境外拥有分支机构（global reach），为客户提供全球市场范围内的高质量法律服务；（3）为客户提供无缝衔接和综合性的法律服务，并在跨境服务方面打造良好的客户体验；（4）通过在全球性法律服务部门或行业实践所积累的特定知识或经验，帮助客户处理国际事务。

京派律所和海派律所的差距，也体现在钱伯斯和The Legal 500所发布的中国律所排名中，详见表1、表2：

表1　2020年钱伯斯中国律所影响力排名

北京律所vs. 上海律所

北京律所	上榜执业领域数	上海律所	上榜执业领域数
中伦	30	方达	17
金杜	27	锦天城	14
大成	21	通力	7
君合	21	瀛泰	4
环球	16	建纬	3
德恒	13	虹桥正翰	2
观韬中茂	12	恒信	2
国浩	11	汇衡	2
竞天公诚	10	协力	2
天元	9	保华	1
汉坤	8	邦信阳	1
金诚同达	8	段和段	1
安杰	5	海华永泰	1
达辉	5	华诚	1
浩天信和	5	汇盛	1
天达共和	5	江三角	1
海问	4	君悦	1
嘉源	4	蓝白	1
君泽君	4	融孚	1
康达	4	融力天闻	1

注：限于篇幅，略去北京律所中上榜3个执业领域以下的律所30余家，上海律所中上榜1个执业领域的律所10家。

表 2　2020 年 The Legal 500 亚太排名：中国律所榜

北京律所 vs. 上海律所

执业领域	第一梯队 北京 vs 上海	第二梯队 北京 vs 上海	第三梯队 北京 vs 上海	第四梯队 北京 vs 上海	第五梯队 北京 vs 上海
反垄断与竞争法	5:1	3:10	5:12		
银行与金融	4:1	5:1	3:1		
资本市场	2:1	7:0	5:1	2:1	
公司并购	3:1	6:1	4:1	3:0	3:0
争议解决	2:1	5:0	5:0	5:2	
金融科技	2:0	3:0			
医疗与生命科学	2:1	3:0			
知识产权（诉讼）	7:1	4:1	4:3	4:1	
知识产权（非诉）	4:0	6:1	5:1	1:1	
投资基金	3:1	2:0	5:2		
劳动法	3:0	1:4	7:2		
私募股权	3:1	2:0	5:1	7:0	1:1
项目与能源	3:0	4:1	2:0		
房地产与建筑工程	2:1	1:0	3:3	2:2	
监管与合规	1:2	2:0	1:0		
破产重组	2:0	1:1	3:0		
海商海事	1:1	2:0	2:0		
电信、媒体和科技	4:1	4:0	5:1		
税务	2:0	2:0	5:0		
WITO/国际贸易	3:0	5:0	2:1		
总计	58:13	68:10	71:19	24:7	4:1

如果说因上述两大国际评级机构过于钟情京派律所或因海派律所过于内敛而未申报，有可能导致统计数据失真，那么，表 3 统计则是完全根据公开数据整理，基本上不存在失真情况。以并购交易为例：2019 年，我国（除台湾地区）并购成交量合计 4008.16 亿美元，交易数合计 5194 单。其中，北京占有市场份额为 10.3%，上海占有市场份额仅 2%，锦天城占有市场份额为 0.3%。

表 3　我国（除台湾地区）已公布交易法律顾问排行榜（交易数排行）

法律顾问	排名	市场份额/%	成交量/百万美元	交易数/单
方达	1	2.6	10,284	84
金杜	2	5.2	20,958	36
中伦	3	1.6	6563	25
瑞生	4	1.2	4860	18
国浩	5	0.4	1545	17
高伟绅	6	2.0	7920	16
奥睿	6	0.2	774	16
竞天公诚	8	0.5	2102	15
贝克·麦坚时	9	1.5	6006	13
欧华	9	0.5	1979	13
世达	11	1.2	4802	12
富而德	11	0.7	2700	12
年利达	13	3.0	11,982	11
达维	13	0.7	2655	11
伟凯	15	1.8	6998	10
司力达	15	1.1	4292	10
锦天城	15	0.3	1066	10
盛信	18	1.1	4408	9
英国安理	19	2.4	9459	8
嘉源	19	0.7	2614	8
合计			400,816	5194

资料来源：彭博。
整理、制表：智合研究院。

基于此，史建三教授提出了两个问题：

1. 为什么两城执业律师总数和业务创收相差无几，头部律所在国际化、专业化、市场化等方面的差距却那么大？

2. 海纳百川、兼容并蓄是海派文化的精髓，海派律所在汲取国际一流律所文化（含管理文化）方面为什么却远远落后于京派律所？

史建三教授邀请笔者以下列京派律所发展的影响要素为对照，与大家一起分析。笔者认为，以下这些影响要素选取得非常合理，不过每一项的权重有所不同而已，没有样本数据我不敢妄下结论，期待具有国际视野、大格局思维的团队、律所、行业管理者能共同探讨，为中国律师业的发展贡献一份力量。

（1）京派文化的熏陶；

（2）率先汲取国际一流律所文化，具有使命担当；

（3）具有大格局思维；

（4）具有“跳一跳”能实现的战略目标；

（5）政治、法治、央企中心的资源优势；

（6）以利益共享分配机制为引领的管理体制；

（7）创始人的睿智与人格魅力；

（8）先发先占效应；

（9）律所领导力和战略执行力。

在笔者看来，史教授提及的影响要素，可以从取势、明道、优术的结构分析，也可以从竞争力结构模型展开。首要的因素就是海派律所应该塑造战略能力与领导力，以良好的战略能力叠加组织能力，匹配外部资源整合，创造卓越的律所平台。

笔者在 2013 年阅读完《中伦的秘密》一书后，于同年 6 月 3 日在微信朋友圈写下如下读后感——

读完《中伦的秘密》一书后，又见了本书的作者申欣旺记者，也总结了中伦风云二十年成功的几点体制经验：

1. 雄才伟略的领军人物：领袖搭建强大的平台，平台成就优才梦想，具备博大的胸怀、无私的人格、开放的国际视野，站在行业发展前沿，强力推进变革的韧性与勇气。

2. 顺势而为的发展眼光：洞察并紧跟市场需求的变化，分析国内外竞争对手，找准业务定位，对标强者，坚定不移走律师专业化之路，树立在行业主要业务领域上的竞争优势。

3. 不断优化的分配机制：从公司制到提成制再到计点制，收入模糊化，考核公平，在公共福利与个体激励方面不断寻找平衡。

4. 持续推进的一体化：市场本土化，服务全球化，全球合伙人管理决策一体化，投入与分配更是在一个“池子”中流进流出，一张资产负债表和损益表。当然，支撑一体化的不仅是科学化管理体制，还紧密依赖于律所强大的知识管理系统与协同信息技术。

5. 民主决策与价值认同：无论张学兵是否担任主任（事实上张学兵长达 8 年

时间不担任所主任），无论合伙人数量多少，整个律所重大事项都是合伙人以一人一票的方式民主决定的。百名合伙人没有发生重大民主决裂的基础是因为有着强烈的价值认同感和使命感，并通过张学兵、乔文俊、吴鹏等领袖人物渗透影响全所，把控律所的发展方向。

6. 立足中国对标国际：相比于欧美几百年的律所、律师发展经验与制度沉淀，中国律师虽经三十年的发展却仍处于初长期，中国律所更要向国际一流律所学习管理体制、业务能力、信息技术、人才培养、区域协同、客户拓展等，张学兵及大批合伙人的海外学习经历，奠定了中伦国际人才引进等国际化之路。

在高铁上撰写此文时，心里感慨万千，余生若能在上海和北京这两座城市，塑造一家真正有行业影响力的律所，也不枉自己在京沪专注律所管理十年的积累与付出。

幸亏在创业路上，遇见越来越多的同路人。微斯人，吾与谁归？

（本文鸣谢智合 CEO 洪祖运提供的数据，感谢史建三教授提供的观察视角与图片。）

上海涉外律师简史：卌年岁月，叁代征程*

蔡宸劼

如果用一个词来形容上海，很多人第一时间都会想到“国际化”。无论是经济、教育还是文化、娱乐，你总能在上海这座城市中发现来自世界各个国家的印记，法律行业亦是如此。

中国律师行业刚刚起步的时候，上海涉外律师就已活跃在对外开放的第一线，而今，在经济不断发展、全球化趋势越发明显的当下，国际化更是成为上海这座城市的代名词，上海涉外律师队伍的发展，串联起一个又一个10年。

一、1980~2000年：“起步”

1978年12月18日，中国共产党十一届三中全会召开，改革开放政策全面实施，广东、福建、上海等地先后被批准在对外经济活动中实行特殊政策、灵活措施，[1]催生涉外法律服务需求。1980年春，上海发生的一桩看似不起眼的法律案件却在之后被载入史册：中国银行上海分行法律顾问受理债务持有人委托代办索债手续，经与美国律师先后3次的谈判，最终圆满解决。[2]这桩案件即是改革开放以来上海的首例涉外法律事务，拉开了上海涉外律师40年故事的序幕。

1982年，随着涉外业务数量的逐步增加，在上海市司法局的筹办下，上海第三法律顾问处正式成立。第三法律顾问处以上海市律师协会涉外组为基础，并从第一法律顾问处、第二法律顾问处抽调了一批拥有涉外经验的律师，专门从事涉外业

---

* 本文首发于微信公众号“智合”2020年11月26日。

〔1〕1979年7月15日中共中央、国务院《批转广东省委和福建省委关于对外经济活动实行特殊政策和灵活措施的两个报告》发布，广东、福建两省成为第一批对外开放的省份。1984年4月，中共中央、国务院根据邓小平的意见召开沿海部分城市座谈会，并于同年5月4日发出《沿海部分城市座谈会纪要》的通知，确定进一步开放14个沿海港口城市，包括大连、秦皇岛、天津、烟台、青岛、连云港、南通、上海、宁波、温州、福州、广州、湛江、北海。

〔2〕参见《上海通志》编纂委员会：《上海通志》（第9册），上海人民出版社2005年版，第1185页。

务。[1]1984 年，第三法律顾问处改称第三律师事务所（又称上海市对外经济律师事务所、上海市海事律师事务所、上海市侨务律师事务所），成为上海第一家从事涉外业务的律师事务所。

1985 年，国务院批准长江三角洲为沿海经济开放区，涉外业务需求进一步增加。1988 年，司法部发布《关于下发〈合作制律师事务所试点方案〉的通知》，允许试建不占用国家编制的合作制事务所。此时，上海第一律师事务所的吴伯庆律师洞悉法律市场潜藏的机遇，与另 3 名律师联合创办上海经贸律师事务所（后改称上海市金茂律师事务所），成为上海最早的合作制律师事务所之一。[2]金茂率先进军涉外业务，为上海诸多基础设施建设提供涉外法律服务，同时也积极投身证券业务，逐渐成为 20 世纪 90 年代上海律所的领军者。

1992 年年初，邓小平南方谈话再一次确立经济制度改革对于中国社会主义发展的重要性。正式开发开放上海浦东新区，大大促进了跨国公司在沪投资的热情，形成了持续的投资潮。据统计，1990 年上海律师办理涉外法律事务 630 件，至 1995 年，这一数字已达 3024 件。同时，这一阶段律师业务类型也逐渐呈现多样化，除传统的诉讼业务外，金融证券、投资并购、仲裁、知识产权等新兴市场也开始出现，对外开放进入了全新阶段。上海多家涉外律所均于此时先后成立，如上海市浦栋律师事务所、上海段和段律师事务所、上海市方达律师事务所等。

浦栋原名浦东涉外律师事务所，1992 年在上海市司法局的组织下正式成立，主任毛柏根是上海最早的一批涉外律师，创始人均为全市各律所涉外业务骨干，境外执业经历丰富。[3]从成立之初，浦栋就明确了以跨境业务为核心服务。在经济发展的影响下，浦栋上升势头迅猛，其涉外业务占全所业务总量的比重高达 60% 以上，成为 20 世纪 90 年代上海滩最具影响力的律师事务所之一。

将目光瞄准涉外市场的还有段和段。1993 年，中国刚刚开放市场，外企进入中国寻找发展机会，正需要律所为其提供法律服务。在美国华盛顿大学攻读完硕士学位的段祺华决定回国创办律所，开拓涉外业务市场，推动中国经济发展。同年，上海段和段律师事务所正式挂牌成立，作为中国第一家私人合伙制律所，段和段很快便在涉外业务领域打响品牌，并于 1994 年在美国西雅图设立了第一家海外分支

〔1〕 李海歌、刘小禾：《我筹办了上海首家涉外律所　陈泽政律师访谈摘要》，载《上海律师》2017 年第 10 期。

〔2〕 参见上海市司法局：《30 年走出国际律政“拓荒路”，上海三代涉外律师的真实故事》，载澎湃网 2019 年 12 月 9 日，https：//www. thepaper. cn/newsDetail_forward_5189635。

〔3〕 参见刘大力：《律师的一年级到九年级》，载有章网 2020 年 5 月 16 日，https：//www. ilawpress. com/material/detail/495912179719995904。

机构。

同样是1993年，在第三律师事务所执业不到三年的李骐、黄伟民、秦悦民，以及刚从复旦大学毕业的周志峰、吕晓东等人提交办所申请，并于一年后拿到了上海市司法局批文，成立上海市方达律师事务所。[1]凭借证券市场与跨境争议解决两项业务特色，方达在十余年的时间内迅速崛起。

随着上海涉外业务增势迅猛，越来越多的律所将涉外业务纳入律所专业板块中。1995年，北京市金杜律师事务所看到上海的地域优势，决定来到上海建立办公室，开拓涉外领域；1998年6月，北京张涌涛律师事务所、上海万国律师事务所、深圳唐人律师事务所合并成立中国第一家集团律师事务所——国浩律师集团事务所，特设团队发展涉外业务；同年9月，俞卫锋、秦悦民、韩炯等众多拥有海外背景的律师回国，合伙创办上海市通力律师事务所，在国内率先提出“精品化”“专业化”“一体化”战略；12月底，姚重华创办上海市协力律师事务所，开拓涉外领域，主攻日本业务；1999年，锦联、天和、长城三家上海律所合并，上海市锦天城律师事务所正式成立，涉外业务成为其重要板块。

临至千禧年，涉外市场愈发热闹，“入世”的消息不胫而走，社会各界掀起了关于涉外业务的大讨论。各家律所的律师们纷纷摩拳擦掌，盼望着21世纪的到来。

二、2000~2010年：“飞跃”

2000年，中美达成关于中国加入世界贸易组织的协议，2001年12月11日，中国正式加入世界贸易组织。对外开放战略效果立竿见影，“入世”不足两年，中国即成为世界第四大贸易国，来华投资的外商数量大幅增加，国外市场对中国产品也逐步开放，越来越多的中国企业向世界进发，“引进来”和“走出去”成为实现中国经济飞跃的两个支柱。

与此同时，“入世”也促进了中国法律法规条例的修改与完善。为了改变中国知识产权立法落后、与世界贸易组织规则不相适应的局面，中国先后修改了《专利法》《商标法》《著作权法》《计算机软件保护条例》《植物新品种保护条例》《集成电路布图设计保护条例》等知识产权领域的法律、法规，此后多年，中央政府又陆续制定、修改了《对外贸易法》等3000多部法律、法规和部门规章，覆盖了货物贸易、服务贸易、与贸易有关的知识产权保护以及透明度、贸易政策的统一

---

〔1〕第三律师事务所对方达有很深的影响，方达最早的客户群即来自三所的客户，参见刘晓笑：《独家专访丨钱伯斯中国最顶级律师，君合律所（硅谷）合伙人李骐》，载搜狐网2017年4月10日，https://www.sohu.com/n/133033600_6509020。

实施等各个方面，[1]为涉外律师行业提供了更完善的保障，也带来了大量的新机遇。

锦天城第二任主任吴明德曾表示：“加入世贸之后，上海律所的创收迎来了成倍的增长。”[2]以锦天城为例，1999 年成立时，锦天城仅有 45 名律师，年创收不足千万元；经过“入世”后多年的发展，2007 年，全所律师数量超过 250 名，创收达 1.36 亿元，比成立之初增长了 15 倍。

另外，“入世”又对上海涉外律师提出了更高要求，除了法律专业知识外，涉外领域的律师既要熟悉世界贸易组织规则，又要精通不同法域的法律和文化。因而，各家律所、各个律师之间纷纷开启新一轮应对措施。

2001 年，浦栋律师事务所风头正盛，业务创收位居上海乃至全国前列。所内的青年合伙人乔文骏却感到一丝担忧：浦栋业务虽强，管理体制却相对松散，合伙人之间泾渭分明，未能形成合力。乔文骏意识到，在中国“入世”的巨大机遇背后，是科学律所管理的重要性，涉外业务若想进一步发展，离不开业务制度与管理模式的革新。

于是，在北京市中伦律师事务所主任张学兵的邀请下，乔文骏离开浦栋，加入成立未满两年的北京市中伦（上海）律师事务所并担任负责人，从此开启了一段全新的征程。[3]凭借公司化的管理模式与涉外团队的优势，中伦迅速在上海崛起，站稳脚跟。当年，中伦上海的业绩即达到 350 万元，超出了预期目标；2002 年创收翻倍，2003 年上升到 2500 余万元。[4]

同样是在 2001 年，协力发生了一件大事：青年知识产权律师游闽键加入协力，成为重要合伙人，在他的带领下，协力进行了业务结构性调整，正式开启专业化道路，并一直持续至今。在知识产权、财税、金融并购、劳动法、婚姻家庭等领域，协力均组建起了专业团队，涉外业务的优势也在此时得到进一步加强。凭借专业化策略，两年内协力即实现了创收业绩翻倍。

2002 年，上海的一家传统诉讼律所亦收获新生。为了与世界接轨，这家名为“古北”的小律所更名为“海华永泰”，并通过扩展涉外业务领域、大规模招揽人才、迁址核心商业区等措施，迅速实现专业能力与行业口碑的提升。

---

〔1〕 参见刘敬东：《入世 10 年对中国法治建设的影响评述》，载《国际经济法学刊》2011 年第 3 期。
〔2〕 杜娟、王秋蓉：《入世让中国律师行业步入快车道》，载《WTO 经济导刊》2016 年第 12 期。
〔3〕 参见申欣旺：《中伦的秘密》，中信出版社 2013 年版，第 195～201 页。
〔4〕 参见彭飞：《乔文骏：律师要从法律专家走向行业专家》，载《法人》2016 年第 3 期。

“入世”的10年，对于方达来说，是走向国际市场的10年。2000年，方达抢占先机，进军珠三角，设立深圳办公室，拓宽对外窗口。2004年，方达迎来重要合伙人季诺的加盟，并将外资企业定为主要客户人群，借助经济全球化的红利，实现跨境涉外业务的迅速腾飞，这也为方达进一步国际化布局提供了契机。不久之后，方达便正式设立我国香港特区办公室，作为发展跨境业务的桥头堡，放眼全球、进军世界。

10年间，上海涉外业务需求不断增加，法律市场越发繁荣，昊理文、江三角、瀛泰、元达、原本、大邦、虹桥正瀚、四维乐马、融孚、星瀚……越来越多的律所合并、成立，加入涉外市场中。此外，联合、九州丰泽、申达、光大、华诚、汇盛、毅石、邦信阳、华益、君悦、汇业等成立于20世纪的老牌律所的涉外业务在此阶段亦稳步发展。

但与此同时，涉外业务的竞争也越发激烈。自1992年司法部允许外国律师事务所设立中国办事处之后，外资所同样进入快速发展阶段。[1]与之相比，国内律师专业程度不足、缺乏竞争力的劣势逐渐暴露出来，在涉外市场繁荣，律师广泛短缺的情况下，仍出现大量律师接不到业务等情况。

行至2010年前后，随着中国增速开始逐步放缓，涉外律师专业性的问题又一次成为上海律师界聚焦的核心关键问题。

三、2010~2020年：“转型”

2010年前后，“入世”带来的经济红利期效果已不再如同初期一般明显，连续几年，中国发展的上升姿态渐趋平稳，正式进入经济新常态，[2]在这个阶段，经济增速放缓，经济结构优化，经济动力逐渐向创新驱动过渡。

2013年9月和10月，习近平主席分别提出建设“新丝绸之路经济带”和“21世纪海上丝绸之路”的构想，积极主动地发展与沿线国家的经济合作伙伴关系。其中，“一带一路”倡议为法律市场带来的最明显的变化，是涉外业务结构的调整。跨境投资、兼并、收购、重组等业务日益增长，中国企业和人员在不同国家、地区之间频繁流动，衍生了跨国交易谈判、国际知识产权保护、国际经济合同纠

〔1〕1992年5月26日，司法部、国家工商行政管理局发布《关于外国律师事务所在中国境内设立办事处的暂行规定》。

〔2〕参见王敬文：《习近平“新常态”表述中的“新”和“常”》，载中国新闻网2014年8月10日，http://www.chinanews.com/gn/2014/08-10/6477530.shtml。

纷、跨国刑事犯罪等各类涉外法律服务的需求。[1]

涉外业务的高要求、与国外律所的激烈竞争、自身专业性的不足，都在推动上海律所转型，着力培养精通相关领域业务和国际规则，具有国际化视野、丰富执业经验和跨语言、跨文化的法律运用能力的高素质、复合型上海涉外律师。

2013年，以涉外业务起家的段和段意识到：在经济逐步转型的当下，精品所的定位已经无法满足日渐复合化的业务需求。于是，段和段正式启动“适度规模化”发展战略，转型升级。凭借专业和品牌优势，段和段成功吸引各地精英加盟，用五六年的时间构筑起20余家办公室、逾1000名律师的全球服务网络规模，[2]业务领域也随之逐步扩展，在合规、跨境贸易纠纷领域均获得大量机遇。至2019年，段和段已经是一家名副其实的综合化规模大所。

无独有偶，北京大成（上海）律师事务所同样在这一时期启动战略调整。2001年成立伊始，大成上海是一家典型的传统律所，尽管规模在不断扩张，但律所内部人员相对松散，专业化程度较低。面对经济转型对于高精尖专业性人才的要求，2010年开始，大成上海决定长期分阶段推进专业化转型，并取得了较为显著的初期成果，涉外业务水平日益精进。2015年，大成与跨国律师事务所Dentons合并，加速战略升级转型，向着专业化的方向继续深耕。

2014年，协力律师事务所与上海对外经济贸易大学合作，全国首家由律师事务所与全日制综合性大学联合办学的律师学院协力巨匠律师学院正式成立。通过“律所+学校”的模式，协力为复合型涉外人才的培养开创了一条具有前瞻性意义的道路，协力自身的专业化策略也得以落实，内生涉外人才亦大量开始涌现。

与此同时，除了律所自身的转变之外，宏观政策也在推进涉外市场的开拓升级。2013年上海自由贸易试验区设立，2014年上海市司法局颁布《中国（上海）自由贸易试验区中外律师事务所互派律师担任法律顾问的实施办法》，允许外国律师事务所驻华代表处在上海自由贸易试验区内与国内律师事务所实行联营。这一政策标志着中外律所之间全新合作模式由此诞生，双方可以通过互派法律顾问的方式进行业务合作，进行跨境资源整合。

2015年4月，上海自由贸易试验区首家中外律所联营办公室诞生，贝克·麦坚时国际律师事务所和北京奋迅律师事务所联合成立“奋迅·贝克麦坚时”联营

---

〔1〕 参见张由：《中国涉外律师的国际视野》，载中国律师网2020年4月19日，http：//www. acla. org. cn/article/page/detailById/28593。

〔2〕 相关数据参见段和段律师事务所网站（http：//www. duanduan. com/index. php/default/category/62. html）。

办公室。联营后，双方互派律师进行磨合发展、交流互助，三年时间内，双方的合作项目超过400件。

随后，上海瀛泰和英国夏礼文、福建联合信实与霍金路伟、北京观韬中茂与澳大利亚亚司特、上海昭胜与英国年利达、上海科伟与英国史密夫斐尔、上海朗悦与英国安理也相继成立联营办公室。

短短5年间，即有7家中外联营所在上海自由贸易试验区成立，全新的运营模式与业务结构加速推动着上海涉外律所的调整升级，为涉外律师带来了新一波的业务繁荣。

据统计，截至2019年，在律师队伍层面，上海从事过涉外法律服务的律师有3000多人，超过了全市律师总数的10%，在律师事务所层面，上海共有280余家律师事务所从事涉外法律服务业务，此外，逾200家外国律所在中国设立分所，其中150余家位于上海。[1]

经济步入新常态，律所走向多元化，涉外律师转型升级，一切都向着积极的方向转变。然而，就在2020年年初，一场突如其来的疫情却打破了原本的部署，各行各业受影响严重，涉外业务遭遇的打击尤为突出。

四、2020年至今："新生"

2020年年初，新冠肺炎疫情暴发，原油价格跳水，10天之内美股4次熔断，全球陷入百年难遇的经济震荡中。餐饮、旅游、酒店等服务行业收入骤降，大量跨境商业项目取消，对涉外法律服务市场带来冲击，直接表现便是2020年第一季度涉外律所业务总量和创收总量的同时滑坡。

谈到涉外业务遭遇的影响时，金杜上海副主任陈青东指出："近年来，大国之间互相博弈、国际格局不断变化，其实已经对涉外业务造成一定冲击，疫情只不过加速了这个过程的演变。"根据英国著名法律杂志《律师》（*The Lawyer*）发布的营收调研报告显示，2018～2019年，随着中美贸易摩擦的不断升级，大部分涉外律所的创收增速表现出明显的放缓。在近些年金杜承接的业务中有大量外资撤退、国内企业收购其境内资产的案例，因而察觉涉外业务中暗藏的风险，不断完善管理模式，提前进行着业务多元化布局。

从建立伊始，金杜的所有办公室之间便采取公司化、一体化的管理模式，人员调度、收入分配、重大事项的决策都交与总部统一进行，在业务资源上也实现全球

---

〔1〕参见《如何有效推动涉外法律服务？经验分享在这里!》，载中国律师网2019年12月11日，http：//acla.org.cn/article/page/detailById/26315。

各办公室之间的共享，因而，律所业务的综合性和抗风险能力得到了很大的提升。陈青东认为，一体化不仅能够及时响应，调整渡过突发危机，同时也能帮助金杜提前布局，迎接疫情之后的法律市场。

换言之，疫情只是暂时的影响，对于上海涉外律所而言，更重要的是如何迎来阴霾散去之后的新生。

疫情暴发初期，锦天城便进行了工作形式上的调整，值班与远程办公相结合，使用线上协助手段解决人事、行政管理、财务、风险控制、业务宣传等各方面的信息技术需求。通过一整套完善的线上工作流程，全所3000余名律师、总计4000余名员工得到了充分的后台支持。锦天城主任顾功耘表示："虽然涉外业务受疫情影响较大，但事务所今年整体发展战略不会改变，锦天城相信国家在金融、经济政策等方面都会采取更积极的举措，全体律师需要更加务实笃行，努力克服困难，积极开拓业务，保持事务所各项工作的平稳推进。"

2020年7月，全球疫情影响仍未散去之时，锦天城已开始了新一轮国际化战略布局，正式落户美国西雅图，这是继我国香港、英国伦敦之后锦天城开设的第二家海外分所。与此同时，段和段正积极筹备在英国伦敦、日本东京、斯里兰卡科伦坡设立办公室，其余地区的海外办公室也在紧锣密鼓的联络和建设。段和段主任吴坚认为："涉外律师一直是国际关系最早的感知者，疫情之后，段和段将进一步推动涉外业务规模化、专业化战略，成为中国律师在国际上的一柄'尖刀'。"

随着国内疫情的逐渐稳定，通力等律所的分所布局战略亦开始重启。10月20日，通力深圳分所正式开业，作为一体化精品强所，通力正式进军华南，深入粤港澳大湾区的腹地，开拓华南地区的涉外业务法律市场。通力主任俞卫锋表示："通力将会坚持着务实的原则，以业务需求为导向，一步一个脚印，与中国企业一起走向世界。"

眼下，国内的服务行业逐步开放，疫情所带来的后续影响慢慢减小，国外的疫情最终也将逐渐平息，迎来经济复苏。在经历了短暂的寒冬之后，上海涉外律师终将完成优化升级，重迎开春曙光。

结语

涉外律师40年，从起步到腾飞，从挫折到低谷，始终站在时代的最前沿，感知着法律市场的起落兴衰。而今，它再一次站在十字路口，迎接着下一个全新十年的到来。

时代的变幻、经济的发展、市场的繁荣、城市的兴旺，涉外律师是这座城市最好的见证者，涉外律师的历史，即这座城市的历史。

“海纳百川、追求卓越、开明睿智、大气谦和”，2020 年，只不过是一个起点，未来，上海涉外律师将会秉承着这 16 个字的城市精神，伴随着这座步履不停的城市，将历史继续书写下去。

40 年法律行业创新，深圳特区的起与兴*

陈琼青** | 智合研究院

《论语·为政》中写道："三十而立，四十而不惑。"1980 年 8 月 26 日，全国人大常委会决定批准国务院提出的在深圳市、珠海市、汕头市和厦门市设置经济特区的建议。同一天，《广东省经济特区条例》获批，这是国家有关经济特区的首部法规。深圳经济特区取得了自己的"出生证明"。

40 年，已到不惑之年的深圳特区，发展依旧高速，成为中国律师业发展的重要基石。而今，当我们回望律师执业机构这一漫漫长河的起源时，将目光放至 40 多年前，这才惊觉如今随处可见的"律师事务所"，在当时是再新鲜不过的事物。

1983 年 7 月 15 日，深圳市蛇口律师事务所正式挂牌成立，成为中华人民共和国第一家律师事务所。它打破了律师工作机构的传统命名模式，是中华人民共和国首个以"律师事务所"名称挂牌开业的机构。[1]

而江河齐汇，潮水奔流，终究跨过千山万险，汇集成汪洋浩瀚。

一、崛起：1980 ~1990 年

"1979 年，那是一个春天，有一位老人在中国的南海边画了一个圈，神话般地崛起座座城，奇迹般地聚起座座金山。"这是属于深圳老一辈人的独家记忆。

在那一年之前，深圳还不叫深圳，"宝安县"才是她的代名词。1979 年，宝安县升格为深圳市，"深圳"这一名称随之开始为人所知——也是这一年，全国律师

---

* 本文首发于微信公众号"智合"2020 年 12 月 2 日，文中数据截至 2020 年 8 月。

** 陈琼青，智合研究院编辑，长期从事国内律所、律师生态及行业现象等方面的研究。

〔1〕 1983 年 3 月 15 日，深圳市司法局向广东省司法厅呈报的报告中，律所名为"蛇口工业区律师事务所"，1983 年 7 月 15 日正式挂牌开业时，采用的名称为"蛇口律师事务所"，参见《广东蛇口律师事务所所銡》，载蛇口律师事务所网，http：//120. 25. 216. 47：10082/Portal/Portal. aspx？type = content&CID = 7121&ArticleID = 352。

制度的恢复，让律师们再次有了“名正言顺”的头衔。

1980年的初秋，深圳的大街小巷还弥漫着夏末的余热，路边凉茶摊的生意依旧络绎不绝。10月，距离全国律师制度恢复已接近一年，与此同时，在原宝安县委印刷厂的一间仓库内，深圳市法律顾问处应运而生。当时深圳全市仅有3名在职律师和1名兼职律师，分别是曾博华、谢鲁冠、麦宗炬和兼职律师姚峰。[1]曾博华成为国内恢复律师制度以来深圳的第一位律师。[2]

20世纪80年代的深圳罗湖车站，路面还是土路，风一吹，尘土飞扬。深圳特区刚建立，不少人都看中这里的发展机遇，纷纷赶往深圳。西南政法学院毕业的徐育康成为1976年后第一个分配到法律顾问处工作的大学生，而后毕业的陈鲁涛成为深圳历史上第一位女律师。[3]

3年后，在蛇口工业区海景广场大门左侧的一间竹棚里，全国第一家以“律师事务所”命名的律所——蛇口工业区律师事务所[4]诞生。

这家全国“第一家”律所的面积仅百余平方米，办公设备十分简单：一套灰色海绵沙发、一部电话、一台打字机、两个文件柜和四套台凳，构成了律所的全部家当。成员仅有四人：主任吴念祖、律师姚峰、英文翻译员倪学林、打字员兼财务叶素君。[5]

借助当时地处中国最早的经济开发区蛇口工业区的优势，蛇口律师事务所对律师业务进行了大胆的探索，最早开展了律师见证、为企业股份制改造出具法律意见书、担任三资企业常年法律顾问等当时法无明文规定的非诉讼业务。

1981年10月深圳蛇口港与香港油麻地港的航线正式通航，[6]来深投资的外商纷至沓来、络绎不绝。受香港商业影响，深圳的商业历史拉开帷幕。

说起20世纪80年代的深圳商业，就不得不提起位于盐田区沙头角街道与香港

---

〔1〕参见深圳市司法局：《深圳特区40年‖打破“铁饭碗”，律师走向市场》，载搜狐网2020年8月13日，https：//www. sohu. com/a/412772224_120083644。

〔2〕参见深圳市司法局：《深圳特区40年‖打破“铁饭碗”，律师走向市场》，载搜狐网2020年8月13日，https：//www. sohu. com/a/412772224_120083644。

〔3〕参见深圳市司法局：《深圳特区40年‖深圳律师业伴随深圳特区共成长》，载搜狐网2020年8月31日，https：//www. sohu. com/a/415775900_120083644。

〔4〕批文为：粤司（1983）25号，http：//1872. cmhk. com/zhizui/302. html。

〔5〕参见《蛇口律师事务所——中国首家律师事务所》，载和振宇律师网（广东蛇口律师事务所）2018年5月1日，http：//www. 0755148. net/？ p＝474。

〔6〕参见深圳市司法局：《深圳特区40年‖打破“铁饭碗”，律师走向市场》，载搜狐网2020年8月13日，https：//www. sohu. com/a/412772224_120083644。

特别行政区北区交界处的中英街。[1]早年“卖黄金”[2]的中英街，是当时深圳最繁华的地方。这股“黄金热”让中英街成为当时中国第一条“黄金街”。除了“卖黄金”，早年间的中英街还聚集着各种电器商家，巅峰时期，中英街曾创下日接待游客近10万人的纪录。[3]

商业开始繁荣，深圳特区引进外商投资的窗口打开，法律需求也开始慢慢增多。随着《中外合资经营企业法》颁布实施，[4]深圳市政府组建特区涉外仲裁机构，受理涉外经济贸易纠纷案件，独立行使仲裁和调解权。

除此之外，在蛇口工业区律师事务所成立后，深圳市委政策研究室条法处又紧锣密鼓地拟制了《深圳经济特区律师条例》的草稿，内容对当时的律师体制进行了多项突破，提出设立多家合伙制的律师事务所，把律师的身份由国家法律工作者变为社会法律工作者，律师的管理由国家机关管理改为行业自律管理。

1983年，对于深圳法律界来说是一个特别的年份，对于中国法律界亦是如此。中国第一个破产重组案件东湖破产案、中国第一个计算机贪污案、中国第一个律师出具见证书、中国第一个企业上市法律意见……这些是属于深圳这个城市的作为和深圳律师的作为。

1984年1月2日，全国第一家不纳入国家行政编制、自收自支的律师事务所——深圳特区经济贸易律师事务所正式成立。[5]截至1987年，深圳全市共7家律师事务所，在职人员92人，其中正式律师43人，实习律师7人，律师工作人员42人，兼职律师76人。[6]

1988年5月4日，深圳诞生了全国第一家合作制律师事务所——段武刘律师事务所，[7]该所只用缴纳律师事务所的年检注册费，其他业务收入自行支配。

---

〔1〕20世纪80年代初开始，中英街以毗邻香港的特殊地理位置和免税店物美价廉的优势，吸引了来自全国各地的游客，被誉为“购物天堂”。

〔2〕从1986年开始，黄金首饰成为中英街的销售热点，华界沙头角（今称沙头角镇）一侧的金铺从最初的3家迅速发展到47家。

〔3〕参见乔心、陈华、张慧娇：《1979—2019：敢试敢闯的深圳，迅猛发展的商业丨外商投资研究》，载亿欧网2019年10月30日，https://www.iyiou.com/analysis/20191030116765。

〔4〕《中外合资经营企业法》（已失效）规定，中外合资各方如发生纠纷，由中国仲裁机构进行调解或仲裁，也可由合营各方协议在其他仲裁机构仲裁。

〔5〕《中外合资经营企业法》（已失效）规定，中外合资各方如发生纠纷，由中国仲裁机构进行调解或仲裁，也可由合营各方协议在其他仲裁机构仲裁。

〔6〕参见深圳市司法局：《深圳特区40年‖深圳律师业伴随深圳特区共成长》，载深圳市司法局网2020年8月31日，http://sf.sz.gov.cn/xxgk/xxgkml/gzdt/content/post_8046736.html。

〔7〕段武刘律师事务所由段毅、武伟文、刘雪坛三人共同创办，现为广东劳维律师事务所，参见《口述历史——深圳律师业回顾与展望纪录片》，载腾讯视频网，https://v.qq.com/x/page/z0386hrbrls.html?start=534。

1989 年，全市律师体制初步形成以公有制为主体，集体所有制和个人所有制并存的管理格局，为全省、全国积极而又谨慎地探讨律师体制改革提供有益的借鉴。1989 年 6 月 8 日，全国第一家以创办人名字来命名的个人律师事务所——深圳市李全禄律师事务所成立。[1]

1979～1990 年是深圳发展的黄金时期，招商蛇口、天虹等企业都是那个时期成立的，如今都是赫赫有名的地产企业。毗邻香港的深圳，有着“近水楼台先得月”的优势。

二、发展：1991～2000 年

20 世纪 90 年代的深圳虽然商业经济已经开始发展，但总体还称不上富裕，大部分的区域除了荒芜的地皮就是几个不成样的港口。那时候深圳的 GDP 只有 1.96 亿元，还不足同期香港的 0.2%。学习香港的工厂模式，是深圳成立特区做的第一件事。在特区成立的初期，深圳遍地都是制造业加工厂。

那时的深圳车站，是一座简陋而又其貌不扬的小车站，却迎来了数不清的南下打拼者。发展中的深圳被看作“遍地黄金”的新兴特区城市，怀揣致富梦想的人们纷纷来到这里淘金。

1990 年 12 月 1 日，在这片热土上诞生了新中国第一个证券交易所——深圳证券交易所。在红砖瓦搭建的深交所大厅楼内，深圳最早的一批股民正屏息盯着电子屏上滚动的股票信息，有人欢喜有人忧。当时，几乎整个中国的人们都以新奇、迟疑的目光，揣测着这个“新事物”的命运。

1992 年 9 月，深圳律师参与股票上市责任保险，成为全国律师界一项创新之举。不久，原深圳市体制改革办公室和深圳市司法局联合发布《关于律师参与股份制改革若干问题的通知》，通知要求国有企业申请上市必须出具法律意见书，自此，法律意见书成为公司上市申请必备的材料。[2]

在此之前的当年 7 月 1 日，全国人大常委会授予深圳经济特区立法权。从此，这座年轻的城市驶入了“快车道”，以“深圳速度”和敢为人先的精神开展立法工作，为改革开放提供了法治保障。事实证明，深圳几乎所有重要的改革都与特区立法相伴，二者有机融合。

---

〔1〕 参见广东律协：《改革开放 40 年广东律师行业走在前列 40 个事件》，载中国律师网 2018 年 12 月 10 日，http://acla.org.cn/article/page/detailById/24497。

〔2〕 深圳康佳股份有限公司股票上市法律意见书，是 1991 年在我国对公司股票上市出具法律意见书尚无任何规定及先例的情况下，由郭星亚律师率先就股票上市出具的法律意见书，是我国内地第一份律师证券业务法律文书。

1993 年 12 月，广东省司法厅批复同意了首批 12 家合伙制律师事务所[1]，不占国家编制，合伙人必须辞去公职，律所在行政上和业务上受深圳市司法局领导和管理，经济上实行独立核算、自负盈亏，按章上交管理费和律师会费，拉开了律师体制改革的序幕。华商、信达、星辰等律所赫然在列。

1995 年 2 月 24 日，《深圳经济特区律师条例》经深圳市第一届人民代表大会常务委员会第 28 次会议通过，并于同年 5 月 1 日公布实施。《深圳经济特区律师条例》是我国律师体制全面改革后的第一个地方性律师管理法规，打破了所有制的束缚，推动律师行业突飞猛进地发展，律师从具有公职身份的国家法律工作者，转变为社会法律工作者。

也正是这一年，广和律师事务所诞生。1995 年创立于深圳的广和律师事务所，是国内最早成立的合伙制律师事务所之一，如今已是华南领先、全球布局的“千人大所”。

不仅如此，深圳也是最早施行的最低工资保障制度和劳动合同用工制度的城市，公平和包容的环境，让年轻人们更乐于留在深圳，打拼自己的生活，而这也促进了深圳律师的活跃。那一年，深圳拥有了 47 家律师事务所和 494 名律师，[2]相较 10 年前，人数翻了 10 倍。

华为、中兴、创维、科健等高新科技企业也迅速崛起。1997 年深圳高新技术产品产值达到 472 亿元，高新技术产品产值占工业总产值的比例达到 34.6%[3]；1998 年，马化腾、张志东、许晨晔、陈一丹、曾李青在深圳创办腾讯，而这些高新科技企业的出现也大大激发了深圳法律服务的需求。1998 年，成立仅 5 年的金杜便迈开步子，率先闯入深圳。

1999 年，深圳全市有律师事务所 96 家，律师人数 901 人，办理诉讼业务达 13,320 件，非诉讼业务 8950 件。

20 年，无论是对于深圳法律人还是对于深圳这座城市来说，都相当年轻。步入 2000 年的深圳，向全世界输送着活力，用它的朝气感染着每一个人。

三、加速：2001 ~2010 年

新的时代是“年轻与包容”的时代，深圳也不例外。2007 年，深圳率先建立

---

〔1〕 1993 年国务院批准了司法部《关于深化律师工作改革的方案》，广东省于当年 12 月便开始积极推动。

〔2〕 参见张玮玮：《打破“铁饭碗”，律师走向市场》，载深圳商报读创网 2020 年 8 月 31 日，http://duchuang.sznews.com/content/2020－08/13/content_23451029.html。

〔3〕 参见周路明、程树军：《深圳出台新政策 扶持高新技术产业进一步发展》，载《广东科技》1998 年第 3 期。

非户籍人口居住证制度，实现“来了，就是深圳人”，给追梦者带来无限的机会。

在2000年年底，深圳全市律师脱钩改制工作全部完成。深圳13家市属国资律所中，有12家改为合伙所，1家改为合作所，130多名律师及辅助人员全部得到合理安置，全市律师事务所全部为合伙所或合作所，其中合伙所占90%以上。

2001年，深圳全市有律师事务所143家，律师1541人。全年共办理律师机构事项217件，办理律师证照事项1455件，为深圳市当时历年之最，也是全广东省之冠。广东金卓越律师事务所同年在深圳开设分所，成为首家三线城市到深圳特区开设分所的律所。

之后4年内，中伦、德恒、隆安、君泽君、锦天城纷纷南下，在深圳生根发芽；晟典、普罗米修、君言、商达等本地所也纷纷冒尖，法律服务市场一片繁荣。

2005年，深圳市律师数量达3440余人，律师事务所201家，另有407名实习人员。深圳人均拥有律师数位居全国第一，律师平均年收入位居全国第一。同年9月13日，来自北京金诚同达律师事务所深圳分所的香港居民吴志强在深圳申领律师执业证，成为广东省首位获准在内地执业的港澳居民〔1〕。

2007年，随着合伙制律所的概念广而传播，深圳的卓建、德纳等本地所开始活跃于法律市场；2008年，大成深圳分所落地，在本地所兴起与外来所频频南下的助推之下，深圳法律服务市场如日中天。同是2008年，深圳率先建立规范行政处罚裁量权制度，首创标准化执法“度量衡”。

从改革开放到中国“入世”，再到如今的“一带一路”，随着中国经济的快速增长，深圳以得天独厚的地理优势、政策扶持吸引了无数人聚集在这片热土。深圳律所在特区成立的第30个年头，开始真正踏入国际法律服务的棋局之中，向世界展示中国法律人的英姿。

在陪伴深圳一起成长的国浩律师事务所创始合伙人李淳看来，深圳法律人有“六不”——第一不信命，第二不较真，第三不欺生、第四不杀熟、第五不江湖、第六不居功。他如此总结深圳：“有过贡献，但这是历史的；有过作为，但这是以往的；有过担当，但这是昨天的。”

深圳，她的目光永远在前方。

四、飞跃：2011~2020年

4月的深圳盎然生机，一切都来得静悄悄。2011年的春天，对于深圳青年律师

---

〔1〕参见《吴志强律师成为我省首位获准在内地执业的香港人——市司法局石岗副局长亲自为吴志强颁发律师执业证》，载深圳律师网2005年9月13日，http://www.szlawyers.com/info/7e732b64194184e33f152bd567f5748b。

的未来发展来说，是不可忘怀的一天。2011 年 4 月 10 日，深圳市律师协会第七届理事会第二次会议审议通过了《深圳市青年律师发展扶助基金管理办法》，保障和帮助深圳青年律师成长与发展，为深圳青年律师搭建了更好的舞台，供其发光发热。

同年，深圳律师业“十年千人”人才培养计划正式启动，创办青年律师发展基金，为高精尖的法律服务市场输送“术业有专攻”的高质量法律服务人才。

2012 年，盈科从北京派出职业经理人前往深圳，一跃成为深圳人数最多的律所；2013 年，泰和泰从四川出发，落子深圳，趁着进一步改革开放的发展大潮扎根本地诉讼仲裁、政府法务、房地产及建设工程、公司商务等传统业务，建立起一支不可小觑的法律队伍。

2014 年，全国首家深港合作联营所——华商林李黎（前海）联营律师事务所设立，深圳依托香港架起了通往世界的法律桥梁，为中国律师走出国门、推介中国法治、服务“一带一路”提供了机会。

受粤港澳大湾区和社会主义先行示范区的影响，全国各地的律所都看好深圳这片沃土，开始在深圳扎根发展。那一年，深圳全市拥有律师事务所 514 家，律师人数 8561 人，粤港联营所的设立被评为 2014 年深圳市十大法治创新事件之一。

2015 年 1 月，最高人民法院第一巡回法庭“落户”深圳，被深圳人称为“家门口的最高人民法院”，刚一亮相就备受外界瞩目。

作为最高人民法院第一巡回法庭所在地，深圳对于诉讼法律服务提供者的意义不言而喻。北京天同律师事务所一直以只做高端民商事诉讼案件且保持高胜诉率著称，在业内是“小而精”律所的典型代表，却也因最高人民法院第一巡回法庭而于 2016 年选择深圳。

2016 年 3 月，中共中央政治局召开会议，审议通过广东、[1]天津、福建自由贸易试验区总体方案。3 月 24 日，深圳前海合作区万科企业公馆 13A 栋一楼正在进行一场立案听证，窗外，五星红旗飘扬。[2]

地处连接香港、放眼国际的深圳，前海蛇口自由贸易试验区诞生伊始就被赋予了非凡的使命，一个是深圳最具“国际范”的区域（前海），另一个是深圳改革打响“第一炮”的地方（蛇口），前海蛇口自由贸易试验区充分利用经济特区立法权，在金融服务、电信服务、专业服务等领域率先按照国际标准进行立法探索，营

〔1〕 2015 年 3 月，中共中央政治局召开会议，会议审议通过广东（三大片区：广州南沙自贸区、深圳蛇口自贸区、珠海横琴自贸区）、天津、福建自由贸易试验区总体方案。

〔2〕 参见肖波：《深圳法院：演绎特区版“速度与激情”》，载《人民法院报》2018 年 10 月 15 日，第 1 版。

造国际标准的法律环境。

从前海法院成立不到4年的时间，深圳龙华区法院、深圳坪山区法院、深圳知识产权法庭、深圳金融法庭、深圳光明区法院和深圳市行政审判中心这7个审判机构相继在这座城市诞生。

2016年，深圳律师人数突破1万人大关。深圳律师业务的发展与创新呈现多元化格局，传统业务不断创新，新型业务不断拓展，律师业服务经济社会发展的作用更加凸显。

2017年，粤港澳大湾区[1]作为国家战略正式提出，由围绕中国珠江三角洲地区伶仃洋组成的城市群，成为中国人均GDP最高，经济实力最强的地区之一。

这一背景不仅会促使律师业重新布局，也会带动珠三角地区及香港、澳门之间法律服务市场的再平衡。但跨境法律服务需求的增加，也会为律所和律师带来挑战。一时间，全国各地的律所纷纷开始抢滩大湾区，仅2018～2019年，就有高朋、浩天信和、京师、立方、安理、奋迅、中闻、海华永泰、汇业、兰迪、瑛明等数十家北京或上海的律所在深圳设立分所。

2018年3月，第一家专业的商事调解机构——横琴新区国仲民商事调解中心在珠海横琴成立，由珠海国际仲裁院、横琴新区金融行业协会、横琴新区消费者协会共同发起设立。值得一提的是，其利用珠港澳商事联合调解中心工作机制，可以实现与港澳跨境调解合作。

2019年12月10日，经广东省司法厅批准，中国第一家粤港联营律师事务所分所——华商林李黎（前海·广州）联营律师事务所正式成立。此次华商林李黎所的布局，旨在进一步实现内地和港澳法律事务跨区域和跨法域的合作，这标志着粤港澳三地法律服务业的交流进一步加深。

能取得这样的成绩，对于深圳来说绝不是偶然，李淳这样说道："我认为深圳法律市场能取得这样的作为，来自六个方面，第一是体制的创新，第二是机制的创新，第三是产权制度的创新，第四是人事制度的创新，第五是律师管理的创新，第六是执业范围的创新。"

但事实上，深圳在某种意义上是一个"另类"，"深圳从来没有评选过十大律师、优秀律师，深圳也从来没有认定自己为哪个派别律师，亦没有出现过特别著名的律界大咖，或是'红圈所''蓝圈所'，深圳没有的东西太多了。"但深圳却从不

---

[1] "粤港澳大湾区"于2015年首次在国家发展和改革委员会、外交部、商务部联合发布的《推动共建"一带一路"愿景与行动》中提出，2017年被国务院总理李克强纳入《政府工作报告》，2019年中共中央、国务院印发《粤港澳大湾区发展规划纲要》。

惋惜，正是如此，才造就了深圳法律市场和谐共赢的局面，“如果有了这些东西，我相信就不是深圳了。”

深圳，这座平均人口年龄仅有32.5岁的年轻城市，也正以饱满的活力拥抱新的时代。

结语

截至2020年8月，深圳律师总人数为15,597人，位列北京、上海、广州之后，居全国大中城市第四名，成为非直辖市、非省会城市中执业律师最多的城市。

在改革开放之前，深圳还是一个人烟稀少的边陲小镇。20世纪80年代，160米高的国贸大厦以“三天一层楼”的速度创造了“深圳奇迹”；20世纪90年代，383米高的地王大厦又以“九天四层楼”创造了新的深圳速度。经过40年的发展，深圳已经跻身中国的“一线城市”。

历史的鸿篇巨制一旦开启，每一页都是崭新的。“特区是个窗口，是技术的窗口，管理的窗口，知识的窗口，也是对外政策的窗口。”1984年，邓小平首次来到深圳，便为深圳经济特区的发展和全国改革开放指明了方向。

如今，全国优秀律所扎根深圳，法律市场发展大步向前。在未来，深圳律师行业的竞争必将更加激烈，而行业洗牌亦将重新开始。

湾区“双雄”：广州、深圳法律市场的十年竞速*

蔡 凡** | 智合研究院

广州，自唐宋时就已对外通商。近代，广州是中国最早开放的通商口岸，也是中国第一座现代意义的城市，领开放之先，其商业气息千年不变。同时广州的生活气息亦十分浓厚，“一盅两件”的早茶是粤式慢生活的标志。

“时间就是金钱，效率就是生命。”从20世纪80年代起就伫立在蛇口的标语牌，是深圳发展故事的缩影。40年时间，从小渔村到蜚声海外的大都市，深圳的“快”是举世共睹的。

两座紧挨着的城市，气质却迥异。城市特点也对社会、经济和行业发展产生了影响。本文将从以下3个角度进行分析。

（1）广深两地律师业，其人数、创收、业务有何不同？

（2）伴随全国性律所“南下布局”，本地所该如何应对？

（3）湾区经济中，律师业将迎来哪些机遇？又该如何把握？

一、广深律师业：有何不同？

2020年4月1日，第5万名广东律师诞生，广东成为全国首个律师人数突破5万人的省份。其中，广州、深圳两地的律师人数总和就超过3万人。

截至2019年年底，广深两地各有律师15,516人和14,727人，规模基本相当。广州律师人数略高于深圳，并从2010年起持续至今。相关数据情况如图1所示。

---

* 本文首发于微信公众号“智合”2020年4月10日。文中数据截至2019年12月底。截至2020年12月31日，广州市的执业律师突破1.7万人。截至2021年2月23日，深圳市共有律所991家，执业律师16,416人。

** 蔡凡，智合研究院编辑、研究员，长期从事中国律师行业宏观观察、中外律所组织及管理创新方面的研究。

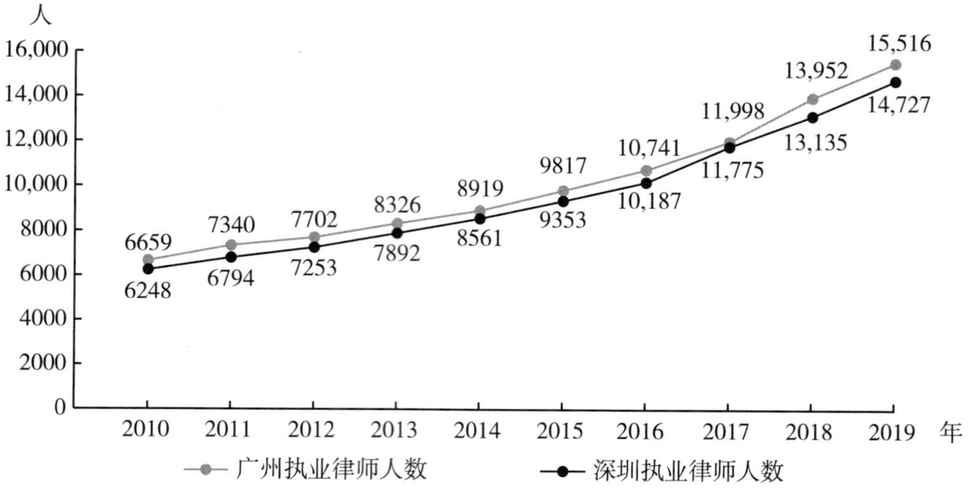

图 1　2010～2019 年广深两地执业律师人数变化情况

2010～2019 年的 10 年间，广深两地执业律师人数增速相近，两地年均增长率分别为 9.85% 和 10.00%。

从律师万人比的数据来看，广州每 1 万人平均拥有律师 10.14 名，深圳则为 10.96 名，相差不多，并且都远高于全国平均水平。但与北京每万人 16 名律师相比，还有一些差距。可见，广深两地的律师在未来几年中仍有较大的增长空间。

有句话说，广州是广东人的广州，深圳是全国人的深圳。

这一特点也体现在两地的法律服务市场中。深圳律师队伍中，外来人员比例略高于广州。

深圳的高校数量少，经济发展快速，对外地人才吸引力大。广州有中山大学、华南理工大学、暨南大学等全国排名前列的大学，为广州各行业输送人才。“在广州，有很多律师会说粤语，但在深圳就很少。”华商律师事务所主任、首席合伙人高树说。

深圳是一个典型的移民城市，客商遍地，移民的人口特性造就了其独特的包容性和创新优势，这与广州强烈的区域文化形成鲜明对比。另外，深圳高速发展的互联网和创新企业也激发了当地的市场活力，包括律师行业。

“深圳的律师业务更多是大项目，并且和全国各省市有交易合作。”锦天城律师事务所高级合伙人郭重清说。他也认为，深圳的律师行业发展带有更强的创新性、开放性，广州则对广东省内的业务辐射能力更强。

2019 年，深圳由经济特区跃升为先行示范区，其在国家战略中的地位得到提升。“深圳更多面向全国，现在侧重点可能还面向香港特别行政区。”广东广悦律师事务所主任黄山说，“但从行业受益来看，广州和深圳暂时还没有明显差距。”

业务类型上，广州是省会城市、省高级人民法院所在地，政治资源、司法资源更为丰富，争议解决业务优势显著，不少在深圳发生的案件也要前往广州开庭；毗邻香港的深圳是全国的创投热土，金融与资本市场业务、科技创新类及相应的知识产权业务数量更为突出。

根据最新数据，2018 年广州律师行业创收 57.2 亿元，人均创收约 41 万元；深圳则为 67.46 亿元，人均创收 51.36 万元，分别高出广州 10 亿元和 10 万元。

过去九年间，深圳的律师行业创收持续高于广州，律师的人均创收亦是如此。

“这与两地法律服务市场的特点有关。”高树表示，深圳作为特区，其律师业务面向全国各地，乃至境外；广州是省会城市，对广东省内市场的辐射能力更强，带有明显的本地化特点。

“目前的行业情况是深圳客户群体的支付意愿高于广州。”黄山认为，收入差别可部分反映当地市场的消费意愿，但两地律师业的总体格局并没有很大差别。

由图 2 的变化趋势可以看出，2010 ~ 2014 年的 5 年间，广深两地的创收差距逐步缩小，2014 年最为接近；但在这之后，深圳的律师行业创收增长明显提速，两地差距逐渐拉大。

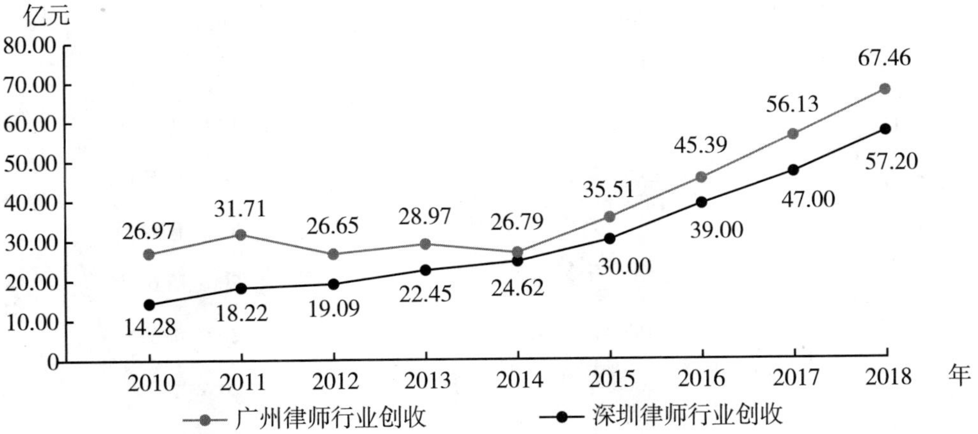

图 2　2010 ~ 2018 年广深两地律师行业创收变化情况

广州的创收增速更为平稳，其 8 年间的年均增长率为 18.94%，而深圳在 2010 ~ 2014 年呈波动性增长。2014 年之后，两地的创收增速均有提升，但深圳表现更为强劲。2014 ~ 2018 年，广州的年均增长率为 23.46%，深圳则达到了 25.97%。

从最近的数据来看，相比于上一年度，两地增幅都比较大，2018 年广州的律师行业创收增长了21.7%，深圳增长了20.19%。

二、律所布局：深圳在先，广州在后

广深两地的经济体量都很大，但其法律服务市场有诸多不同。

“锦天城深圳分所开设以来，涉及广东省内的业务并不多。”郭重清表示。2005年，锦天城开设了深圳分所。发展至今，深圳分所的执业律师已超过200人，2019年度创收近4亿元，规模和创收体量仅次于锦天城上海总部。

“另一方面，在广州如此大体量的争议解决业务中，锦天城作为规模所，却没有在当地开设分所。这从全国资源配置的角度来看，是不合理的。”郭重清说。2017年，在深圳分所开设12年后，锦天城广州分所设立。

事实上，在2010年之前，全国性律所均较少在广州设立分所，而更多地将布局点放在了深圳。从表1就可看出，除个别律所外，深圳分所设立时间基本要早于广州分所。而部分尚未在广州设点的律所也已在深圳布局，如通商、天达共和、环球等。

表1　全国性律所在广深两地设立分所的时间统计

律所	广州分所设立时间	深圳分所设立时间
国浩	1994年4月	1994年2月
通商	无	1998年4月
金杜	2002年7月	1998年7月
君合	2011年5月	1999年5月
天达共和	无	2000年12月
方达	2017年8月	2001年6月
德恒	2000年12月	2002年5月
中伦	2006年2月	2002年6月
金诚同达	无	2003年1月
观韬中茂	2012年12月	2003年11月
君泽君	2012年3月	2004年1月
隆安	2009年6月	2004年12月
锦天城	2017年10月	2005年3月
炜衡	2015年9月	2005年3月

续表

律所	广州分所设立时间	深圳分所设立时间
竞天公诚	2019 年 12 月	2007 年 7 月
大成	2001 年 6 月	2008 年 4 月
环球	无	2011 年 11 月
天元	无	2012 年 11 月
段和段	无	2013 年 6 月
德和衡	2016 年 11 月	2013 年 12 月
海问	无	2015 年 12 月
浩天信和	2010 年 6 月	2018 年 4 月
汇业	2014 年 6 月	2019 年 5 月

资料来源：广州市及深圳市律协官网。
整理、制表：智合内容部。
注：本表格仅选取部分律所为代表，以深圳分所设立时间先后排序。

截至 2019 年年底，广州市共有律师事务所 770 家，其中合伙所约占 72%，个人所约占 28%；深圳市共有律师事务所 909 家，其中合伙所约占 69%，个人所约占 31%。

深圳比广州多了 139 家律所，但在五年前，深圳律所数量一直略低于广州，第一次反超出现在 2015 年。相关数据变化情况如图 3 所示。

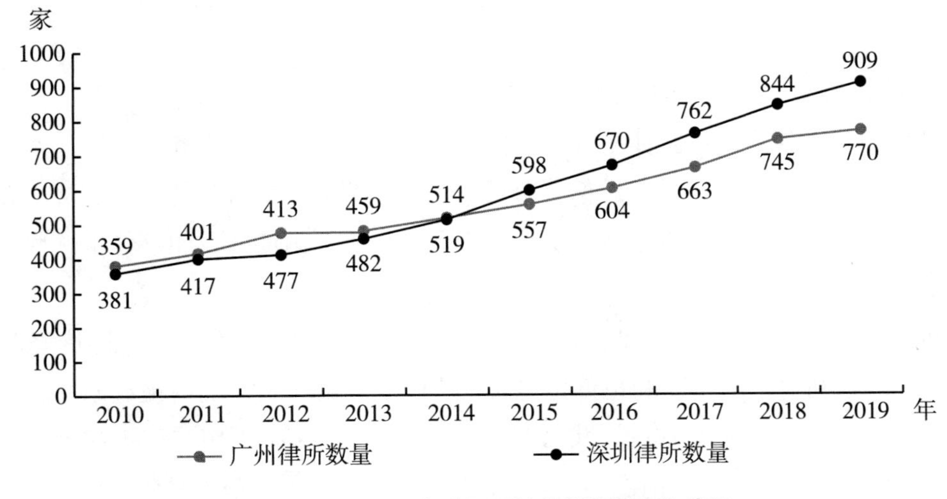

图 3　2010～2019 年广深两地律所数量变化情况

2010～2019 年的 10 年间，深圳律所数量的年均增速均高于广州，其年均增长率为 10.87%，广州则为 8.13%。而在近 6 年来（2014～2019 年），深圳律所数量的年均增速达到了 12.08%，广州则依然维持在 8% 左右。

两地的律师人数相当，但深圳的律所数量却略多于广州。近年来，两地的律所数量均保持一定增速，但深圳的增长势头更猛一些。

三、大所“南下”：本地所该如何应对？

粤港澳大湾区以其傲人的经济体量，吸引了众多京沪大所前来开设分所，并将之视为布局重点。

“这给广东律师业发展传递了一个好讯息。”高树表示，无论是加强律所的战略构建还是提升律师队伍的专业能力，外地律所进驻带来了更多交流与融合。但也给本地律所带来一个新课题——如何迎面竞争？

“一些本地律所翻牌变成分所，在此局面下，如果不建立本地律所品牌，全部变成全国性律所的分所，那么广东律师业是否可能被空心化？”高树说。

“2010 年盈科进驻广州，之后‘南下’广州布局的全国性律所明显增多。”黄山回忆道。近几年，像锦天城、竞天公诚、康达等京沪大所陆续到广州设点，大所数量骤增，这给本地律所带来很大的竞争压力，包括当时刚创立两年的广悦。

大所具有显著优势，品牌能力普遍比本地所优秀，其全国布局基本完成，平台内部的业务合作也更广泛、更成熟。

大所进驻，最直接的影响是人才流失。尤其是规模性律所，其广州分所开设前后会导致一批本地所的中青年骨干律师转所。一旦人员流失不能补回，会对本地所造成很大打击。

如何在大所“南下”的激烈竞争中杀出重围？

黄山表示，很多大所整体实力强，但也存在部分人员素质不齐的情况。本地所若在某些细分领域占据头部，并保持市场占有率，便可形成自身的竞争优势。尤其在广州，海事海商、互联网产业、房地产等业务居于全国前列，能够催生这些领域的优秀本地律所。

创业之初，广悦就定位于高端商事业务，以一体化管理模式，打造坚强的“（合伙人）利益共同体”和精英化的人才队伍。坚定不做传统的提成制律所，黄山将这一对策称为“你打你的，我打我的”。他表示，如果采用传统提成制，无论是与“南下”的京沪大所相比，还是与本地规模大所竞争，都不具备优势。

高树认为，本地所要建立自身的防御阵地，建构自身的发展体系。在大湾区全国各地乃至境外律所共同发展的环境中，相互借鉴更好的发展理念。本地所不仅要塑造自身品牌，更进一步的是“走出去”，在开放的世界中，把市场越做越大。

四、湾区经济：律所如何把握发展机遇？

作为中国参与全球竞争的“重量级选手”，粤港澳大湾区的发展备受瞩目。

大湾区“9+2”城市群的发展趋势下，将会加速城市分工。郭重清认为，利用各市优势跨地作业的经营方式会催生大型集团企业。

这类企业客户的法律服务需求也是跨地域的，并且涉及多个专业领域。律所需要多网络渠道为其提供服务，发挥各办公室、各业务部门的专业优势，提供平台统一的服务标准，并减少客户与各办公室间的沟通成本。

“广州分所、深圳分所、香港分所以及香港分所与史蒂文生黄律师事务所的联营，构成了锦天城的‘3+1’，相互协调，为珠三角的集团客户提供更好的法律服务。”

经过两年多发展，锦天城广州分所的律师人数已过百人。郭重清表示，下一步广州分所会吸纳合伙人团队增强其业务实力，如海商海事、国际贸易相关的争议解决、知识产权等业务领域。广深两地办公室发挥各自优势，两相呼应，在珠三角法律服务实践中继续深入。

“双轮驱动，协同发展”，是高树对广深两地律师业发展的思考。无论是律师规模还是市场体量，广深两城的总和在全省的占比都超过大半。“但在此前，广深两地的律师业并未建立良好的协同发展机制。”高树表示，大湾区发展强调区域协同，这也是华商发展的重要战略，通过协同合作实现“1+1>2”的效益。

3月29日，华商法治营商环境研究院暨华商法治营商环境广州研究院正式揭牌，这是全国首家以律所发起成立的法治营商环境研究院。

“两个研究院同时在深圳和广州设立，并且研究院接受了广州市政府的委托，开展营商环境测评、优化等业务。我认为这是协同发展的一个典范。”高树表示，2019年12月成立的华商林李黎（前海·广州）联营律师事务所，也是华商为了区域法律服务业进一步协同发展作出的重要布局。

2020年3月，广悦迎来王敬、王伟圣、符拉利、赵硕等20余位合伙人、律师团队合并。其中，王敬是广东敬海律师事务所的创始合伙人，连续多年被钱伯斯《亚太法律指南》评为“海商海事”领域“业界贤达”。

“这是对广悦涉外业务领域的补强。”黄山表示，广悦原有团队以国内业务为主，王敬是国内海商海事领域的领军人物，随着他及其他律师的加入，将搭建起广悦的涉外法律服务板块。

“与此同时，广悦的律所定位也从‘只做复杂商事诉讼’调整为‘打造大湾区一流的涉外商事法律服务平台’。”

黄山说，广悦将继续通过横向合作的方式扩展业务领域，吸引更多行业内的领军人物共同建设平台。大湾区建设背景下，涉外、互联网及高新科技、金融与资本市场、争议解决等业务领域发展趋势明显。此外，广悦也计划2020年在深圳开设分所。

广州和深圳，一个是千年商都，另一个是改革开放的排头兵。

尽管广深两地现在在律师人数、律所数量或行业创收方面与北上相比都还有一些差距，但在大湾区融合发展的时代背景下，广深律师业将走出一条独具特色的道路。

港澳律师来内地，对广东律师产生怎样的影响？*

张宏姝** | 智合研究院

2020年8月11日，第十三届全国人民代表大会常务委员会第二十一次会议通过《关于授权国务院在粤港澳大湾区内地九市开展香港法律执业者和澳门执业律师取得内地执业资质和从事律师职业试点工作的决定》（以下简称《决定》），授权国务院在粤港澳大湾区广东省广州市、深圳市、珠海市、佛山市、惠州市、东莞市、中山市、江门市、肇庆市九市开展试点工作。

这也意味着，符合条件的香港法律执业者和澳门执业律师可以通过参加粤港澳大湾区律师执业考试的方式取得内地执业资质，在粤港澳大湾区九市从事一定范围内的内地法律事务。

不仅如此，有受访律所主任认为，未来国家很有可能将执业范围由粤港澳大湾区内地九市放开至全国范围。

此次政策的出台背景如何，又对律师行业产生了哪些影响？智合采访了多位广东律师，他们给出了答案。

一、《决定》出台意欲何为？

（一）回应港澳律师界的长久呼吁

《决定》实际上回应了长久以来港澳律师界对从事内地法律服务的期望。

早在2004年，很多港澳律师就希望能够进入内地市场。[1]尽管当时司法部已

---

* 本文首发于微信公众号“智合”2020年9月9日。

** 张宏姝，智合研究院编辑，曾参与智合多个重要访谈、调研项目。

〔1〕参见林洁：《香港执业律师何时能进入内地市场?》，载新浪网，http：//news. sina. com. cn/c/2004 - 09 - 19/16033711139s. shtml。

经允许港澳居民参加内地的司法考试，[1]但由于法律观念、文字繁简差异等问题，港澳律师的司法考试通过率一直较低。截至2020年8月，广东省内取得国家法律职业资格的港澳居民仅179名。[2]

在广和律师事务所主任童新看来，内地执业对于港澳律师来说是实现业务拓展、增加收入的好机会，有助于更好地实现港澳律师与内地律师的交流，从而改变港澳年轻一代面临的困境。

近两年，香港经济呈现下滑趋势，且经济发展频频呈现疲软态势，[3]对比经济高速发展的深圳，香港居民的焦虑、迷茫的程度在不断加深。这种焦虑在年轻人的身上有更直观的表现——花费高额成本接受高等教育，却仍因飞涨的物价、房价而无法立足。近些年来，香港年轻人越来越频繁地参加游行活动，某种程度上成了这种焦虑、迷茫的宣泄口。

此次试点工作的出台，恰恰为香港年轻人的职业发展提供了新的方向，某种程度缓和近年来港澳社会与内地的矛盾。越来越多的港澳律师前往内地执业，能够给港澳年轻一代在内地创业、发展带来信心和保障。

“过去内地发展很快，发展的红利却没有为港澳青年带来实惠。目前的政策至少对港澳年轻人释放了一个善意的信号，那就是内地欢迎港澳年轻人来内地发展。”童新说道。

对于年长、经验成熟的律师来说，其业务结构、收入均已稳定，参与考试取得内地职业资格的可能性并不大。而对于资历尚浅的年轻律师而言，前往内地执业是其拓展业务领域、积累经验的好时机。

（二）实现粤港澳大湾区法律服务的互通融合

近年来，企业不断增加的涉外法律服务需求与粤港澳三地间的法律互通障碍，是此次试点工作出台的另一驱动。

前不久，《财富》杂志公布了2020年世界500强企业榜单，粤港澳大湾区上榜的企业数量从2011年的7家增加到2020年的21家，[4]大显蓬勃之势。这些企业在跨境业务上的法律需求日增月益，但由于粤港澳三地律师并无互通，这些法律需

---

〔1〕参见邓新建：《港澳台考生参加国家司法考试实现同等待遇》，载中国新闻网2012年9月24日，https://www.chinanews.com/tw/2012/09-24/4207592.shtml。

〔2〕参见《消除制度衔接障碍，粤港澳大湾区融合加速　港澳律师可到内地9市执业》，载《南方日报》2020年8月21日，第A03版。

〔3〕参见九个头条网：《见证历史？香港首次出现经济连续两年下滑》，载百家号“新浪财经”2020年8月17日，https://baijiahao.baidu.com/s?id=1675264795710267341&wfr=spider&for=pc。

〔4〕参见彭琳等：《2020年〈财富〉世界500强发布　21家粤港澳大湾区企业上榜》，载《南方日报》2020年8月11日，第A01版。

求未能很好地满足。因此，要打破互通障碍，三地律师的交流、融合是十分必要的。

“粤港澳大湾区建设就如同一盘棋，港澳律师内地执业试点工作是关键一步。它释放了一种资源互通、专业整合的信号，大家可以在一个具体平台上实现频密的交流合作，长远考虑，这对粤港澳大湾区法律服务规模的提升是有益的。”华商律师事务所主任高树如是说。

这种益处，源于不同制度下法律工作者的衔接。在一个共同的平台上开展跨市、跨法域的合作，实际是对人才、物资、资金、信息等资源的多项整合。以资源整合打破三地律师之间的互通障碍，增进对三地法律制度、业务办理的认识，从而实现三地法律服务的无缝衔接，建设“你中有我、我中有你”的“一条龙”法律服务。

广信君达律师事务所高级合伙人肖硕彬认为，“取得内地执业资格后，熟悉港澳法律和国际规则的港澳法律执业者，可以实现大湾区投融资和争议解决无缝对接，对港澳法律执业者和湾区企业都能带来积极、正面和深远的影响。”

锦天城律师事务所深圳分所主任高田甚至对未来大湾区的法治建设进行了构想：未来大湾区的法治建设，将“在‘一国两制三法域’的背景下，推动三地制度、机制和规则的互认、共生、融合和衔接，推动建立多元化纠纷解决机制”。

二、竞争还是合作？

试点工作的出台对于内地律师来说，可谓机遇与挑战并存。

港澳两地的律师制度已有超过百年的历史，两地律师相比内地律师更熟悉国际规则，在律师队伍的人才培养和业务办理方面，都有着更为成熟的经验。对于内地律师来说，一方面，其希望在与港澳律师的合作中学习、提升；另一方面，更高层次法律人才的出现必然会在内地的法律服务市场中抢占一定份额。

那么，三地律师间究竟是合作更多还是竞争更多？

高树认为，此次试点工作在三地律师合作方面的意义大于竞争：“过去，深圳和香港、珠海和澳门地理距离很近仍存在沟通与合作的问题；现在，港澳法律职业者带来的机会更多，有助于实现‘1+1大于2’的局面。”

“1+1大于2”表明，港澳律师的加入，对于国内律师来说并非将目光始终聚集在内地市场，而是通过三地律师的沟通合作放眼国际布局，实现更大的价值。

然而，竞争的激烈程度似乎并不能小觑。童新认为，港澳律师以提供高端优质的法律服务著称，其进入内地市场，提高了“优质法律服务”的上限。这对于一些从事高端优质涉外服务的内地律所来说具有很大的挑战。内地律师通过港澳律师的加入实现自我提升，实际上是“以市场换技术”。

在竞争方面，君合律师事务所广州分所主任张平发表了截然不同的观点。他认为，一方面，从《决定》授权试点的内容来看，符合条件的香港法律执业者和澳门执业律师通过粤港澳大湾区律师执业考试、取得内地执业资质后，才可以从事一定范围内的内地法律事务，此次中央出台的政策说明仍是有条件限制，这决定了试点政策实施后的一定期间内来内地执业的港澳律师在数量上仍只是少数。

另一方面，伴随粤港澳大湾区的建设，各企业在跨境交易、国际商事、高科技、粤港法律事务等领域的需求也会不断扩大，对于掌握着大量本地外向型企业客户资源的珠三角内地律师事务所来说，如果能够利用试点政策及时吸引优秀的港澳律师加入，将会迎来更大的机遇。

客观来讲，无论合作还是竞争，对于内地律师而言，提升个人专业能力永远是不变的需求。要想在大湾区法律服务建设中抢占先机，内地律师需要保持不断学习的心态，积累专业知识和经验。

三、业务与人才布局如何调整?

（一）短期内业务重心稳定不变

港澳律师的到来增强了港澳企业开拓内地市场的趋势。这似乎释放了一个信号：随着企业业务重心的转移，企业的法律服务需求也在慢慢改变。

对此，诸位受访者纷纷表示，对于广东律所来说，业务办理方面可能存在一定的影响，但短期内不会出现业务重心转移的情况。

高树对此特别表示，无论是内地企业“走出去”，还是港澳企业“走进来”，港澳律师带来的是一个双向转变的过程，总体而言业务结构仍处于平衡的状态。伴随港澳从业人员向内地流动，港澳企业可能更加信任内地的投资创业环境。从这个方面来说，港澳律所业务结构变动的概率更大。

高田对此持不同意见，港澳律师行业以“小而专”为主，短期内业务结构变动并不显著。

以香港律所为例，其律师事务所规模大多较小，注重某一业务的纵向发展，而非横向的广度拓宽。因此本地律师的人员流动并不会对其业务结构产生太大影响。

（二）“吸纳更多的港澳律师加入”

问及律所的未来布局，各位受访者纷纷表示，将会加强与港澳律师的合作，考虑吸纳更多的港澳律师加入团队中，深化律所一体化法律服务建设。

对于一些已在港澳建立分所的律所而言，进一步加强与港澳律师的互通，鼓励港澳律师尽早来湾区执业是其主要诉求。早些时候，华商着手于律所的国际化、一体化建设，在香港、澳门分别设立了分所和联营所。

“我们一直在加强与港澳律师的业务合作。此次政策到来，我们会更好地把它与联营所建设融合，吸纳更多港澳律师加入。”高树如此说道。

结语

粤港澳大湾区的试点是国内区域发展政策的一大创新，在实现法律工作者跨法域联动的深度和广度上是前所未有的。它凸显了法律行业对经济环境的价值：通过高水平的法域、人才衔接实现区域内营商环境的改善。

疫情之下，经济下行，国际形势变幻，我们相信大湾区的法律工作者能够发挥自己的智慧，在复杂多变的国际形势下解决不断涌现的法律问题，实现一个又一个创新。

利通天下，海南自贸港的建设宏图*

李俊辰** | 智合研究院

2020年6月1日，中共中央、国务院印发《海南自由贸易港建设总体方案》（以下简称《总体方案》），迅速成为各大媒体平台的重磅新闻。这一规划覆盖总面积达3.39万平方千米的海南全省，围绕货运、金融、人才、数据推出全方位的政策部署——无论从格局、规模、政策广度来看，海南自贸港的建设都是一个罕见的宏大项目。

新加坡、中国香港等自贸城市的发展都始于巨量的转口贸易。前者靠扼守马六甲海峡的区位优势，后者是中国内地的对外连接点。巨大的货流意味着资金的汇聚，从而带动金融的发展，而金融的发展又需要高端的专业人才和及时的市场信息。人气意味着财气，人才汇聚所产生的消费需求又带动了其他各行各业的发展。

恰当的地理位置、庞大的市场腹地，是上述发展模式的前提条件。在此前提下，制定科学的发展战略，并在既定的规划框架下实现符合条件的货物、资金、人员和信息等各要素的合法、高效流动，是发展自贸区的基础。

海南具备所需的地理位置和市场腹地。《总体方案》便是在各发展要素的流动上做文章，提出了共11项制度设计，在建立有效风险防控体系的同时，推动贸易、投资、资金流动、人员、运输等方面的自由便利，将区块链等技术运用于数据的安全有序流动和社会治理，建立针对自贸港发展需要的法治环境。

为了吸引投资和人才，《总体方案》不仅对审批管理制度作出了不少简化，提出“极简审批”“承诺即入”“非禁即入”，更提供了力度颇大的税收优惠，在全省推行“零关税”之余，更对符合要求的企业和个人的所得税实行低税率。

---

* 本文首发于微信公众号“智合”2020年7月30日。

** 李俊辰，智合研究院主编，专注于全球重大法律动态、法律行业发展趋势的观察与分析；曾担任国际法律媒体主编，多年主持或参与业内广受认可的交易、律所及律师评选。

海南自贸港将致力于建设现代产业体系，大力发展旅游业、现代服务业和高新技术产业，不断夯实实体经济基础，增强产业竞争力。

在提出制度设计规划之后，《总体方案》还提出了分步骤、分阶段实现海南自贸港建设的任务规划：

（1）2025 年前：围绕贸易投资自由化、便利化，在有效监管基础上，有序推进开放进程，推动各类要素便捷高效流动，形成早期收获，适时启动全岛封关运作。

（2）2035 年前：进一步优化完善开放政策和相关制度安排，全面实现贸易、投资、跨境资金流动、人员进出、运输来往方面的自由便利，以及数据的安全有序流动，推进建设高水平自由贸易港。

最终的目标，是到 21 世纪中叶，将海南全面建成具有较强国际影响力的高水平自由贸易港。

海南自贸港这个概念的第一次提出是在 2018 年 4 月 13 日，习近平总书记在庆祝海南建省办经济特区 30 周年大会上宣布，党中央决定支持海南全岛建设自由贸易试验区，支持海南逐步探索、稳步推进中国特色自由贸易港建设。

决定以整个省的规模投入到自贸区建设中，也有应对当前全球贸易环境的需要。

在整个世界范围内，逆全球化趋势日益明显。以世界贸易组织的停摆为标志，贸易全球化正面对巨大的挑战，与此同时，贸易保护主义和区域化、割裂化的趋势却在上升。今年的新冠肺炎疫情更加速了这一趋势，世界政治、经济格局以肉眼可见的速度进入了“百年未有之大变局”。

“海南自贸港建设的宏观背景为逆全球化趋势，近些年来的英国脱欧，美国阻碍 WTO 上诉机构法官的选任，美国倡导双边协定、扬言退出 WTO、主导达成《美墨加协定》，挑起中美贸易摩擦等现象，体现了国际经贸关系进入了新的调整期。”海华永泰律师事务所高级合伙人余盛兴表示。

而中国作为经济全球化和产业全球分工的受益者，在此时选择进一步对外开放，也向世界展示了支持经济全球化、多边主义和倡导人类命运共同体的明确立场。

“我理解，从中国发展的战略高度来说，海南自贸港是中国应对全球产业转移的提前布局，对中国产业链中的高端链条发挥了补充作用，有利于整个中国的产业升级，并促进三大产业的均衡发展，同时也是中国改革开放的重要窗口和试炼场。”北京律协国际投资与贸易法律专业委员会主任、金杜律师事务所海关与外汇业务团队牵头合伙人刘新宇说。

除此之外，海南自贸港的建设，还有地缘政治层面的重要意义。海南是中国面向南海的门户，而南海是中国重要的货运和能源通道，南海的稳定对中国的发展具有重要意义。

“南海拥有广阔的面积和充满潜力的待开发资源，同时也面临着周边复杂的地缘关系，自贸港的腾飞将带动整个雷州半岛和南海地区的经济发展，具有重大的现实意义和深远的战略意义。”竞天公诚律师事务所资深基金专家王勇说。

南海的稳定，需要政治、外交、军事、经济等各个层面的支撑。一个经济繁荣的海南，如果能成为南海地区贸易和产业链的枢纽，打造一个以之为核心的经济辐射带，那么就可以为南海的稳定提供经济支点。

对于企业而言，海南自贸港这项意义重大、时间跨度达几十年之久的规划，必然意味着众多的机遇。同时，开放不等于放任，自贸港的监管重点也是有意在海南一展身手的企业所必须关注的。

一、货物流通："一线"放开、"二线"管住

根据《总体方案》的制度设计，海南将建设成为全岛封关运作的海关监管特殊区域，实行“‘一线’放开、‘二线’管住”的进出口管理制度，对货物贸易采取以“零关税”为基本特征的自由化、便利化制度安排。

（一）一线放开

“一线”设立在海南与关境外其他国家和地区之间，主要负责安全准入/准出监管，包括公共卫生安全、生物安全、食品安全、产品质量安全等。除了禁止、限制清单上的货物，清单外的其他货物可自由进出。在允许自由进出的货物中，除了进口征税商品目录上的货物之外，目录外的货物进入海南自贸港免征进口关税。

关于禁止、限制进出口清单，刘新宇推断，这个清单与现有的禁限类清单相比，肯定会有较大幅度的放宽：“相关货物进出口许可证要求可能会降低和取消，对于在海南自贸港外地区进出口受限的部分货物，企业可以在海南开展相关经营活动，可以说自由度更高，对企业来说也是新的商机。”

有了全岛“零关税”的基础设定，《总体方案》进一步提出了“货物在海南自由贸易港内不设存储期限，可自由选择存放地点”，这为海南注入了成为物流中心的潜力。

“‘一线’放开，区内自由，货物在自贸港内无存储期限和存放地点的限制，海南自贸港的海关新政为货物在中国境内集拼、存储、中转、分销、配送等物流相

关业务要素提供了众多便利，这些便利非常契合跨国公司全球或区域物流中心的要求。”环球律师事务所合伙人周和敏说。

（二）“二线”管住

“二线”设立在海南与中国关境内的其他地区之间。货物从海南进入内陆其他省市时，视同进口，照章征收关税和进口环节税。

不过，《总体方案》同时规定：“对鼓励类产业企业生产的不含进口料件或者含进口料件在海南自由贸易港加工增值超过30%（含）的货物，经‘二线’进入内地免征进口关税，照章征收进口环节增值税、消费税。”

换言之，即使企业生产需使用来自境外的原材料，但只要在海南自贸港内的加工增值不少于30%，那么该产品就能符合本地化要求，原产地可变为海南，因此在通过“二线”销往内陆其他省市时，就无须再缴纳进口关税（但仍需征收进口环节增值税、消费税）。

“30%的加工增值应该很容易完成，所以对于制造类的国内外企业是很有吸引力的。”余盛兴说。

周和敏也表示：“该新政可以为企业进口节约大量税费成本，特别是对于某些因贸易摩擦导致的高税负进口货物，新政对其意义重大。可以预见，海南自贸港的这一新政将吸引更多的生产型企业在海南岛投资。”

德勤咨询（海南）有限公司合伙人林珏表示，“二线”进口的相关免税规定，“有利于贸易与加工制造产业协同发展，有效补足海南目前制造业‘短板’，推动产业转型升级，打造自身特色品牌，同时有力推动海南深度融合全球产业链分工，打开全球市场。”

海南自贸港的规模和基建优势，也为其发展制造业和成为物流中心提供了保障。

“海南自贸港的面积远超其他自贸区和世界主要自贸港，其丰富的土地储备可供企业加工生产及物资仓储，四通八达的交通系统提升物流运输效率，总体上提高企业贸易便利化程度。”林珏表示。

（三）海南优势

周和敏表示，中国目前已有的自贸区监管模式通常具备四个特点：（1）物理围网；（2）区内不能有居民；（3）规模与功能有限；（4）海关存在特殊监管。

除了符合“物理围网”这个特点之外，海南自贸港的监管模式在其他三个方面都存在与其他自贸区不同的特点。海南自贸港将海南全省纳入范围，总面积达3.39万平方公里，是一个规模庞大、覆盖城市和众多居民的海关监管特殊区域，自身具有巨大的发展综合性经济的潜力，这些是其他自贸区无可比拟的优势。

在海关监管方面，海南自贸港与目前既有的其他自贸区相比也更为简洁。

王勇表示，传统的海关特殊监管区，其监管不仅涉及安全问题，也涉及许多货物的进入，在“一线”也需要履行一些必要的申报和相应的手续。

而在海南这个海关监管特殊区内，王勇表示，主要会以安全监管为主，比如国家安全、生物安全、生态环境安全等，“一线”同样会加强对这些安全因素的监管。“但是对于货物的进出，‘一线’的监管会大大放宽，这是一种特殊的海关监管模式。”

这样的监管安排，在“一线”基本打通了海南与关境外其他国家和地区之间的货物流通。在吸引货流的基础上，《总体方案》也在吸引资金和人员方面做出了制度安排。

二、优质资金、高端人才

《总体方案》设定的2025年之前的重点任务中，其中一项是优化税收政策安排：对于在海南自贸港经营的企业和工作的个人，如果能符合特定要求，该企业或个人所得税都能享受优惠税率。

根据《总体方案》提出的制度设计规划：

（1）对在海南自贸港注册并实质性运营的鼓励类产业企业，按15%征收企业所得税；

（2）对在海南自贸港设立的旅游业、现代服务业、高新技术产业企业，其2025年前新增境外直接投资取得的所得，免征企业所得税；

（3）对企业符合条件的资本性支出，允许在支出发生当期一次性税前扣除或加速折旧和摊销；

（4）对在海南自贸港工作的高端人才和紧缺人才，其个人所得税实际税负超过15%的部分，予以免征。

财政部和国家税务总局于2020年6月23日发布了《关于海南自由贸易港企业所得税优惠政策的通知》《关于海南自由贸易港高端紧缺人才个人所得税政策的通知》，将《总体方案》中的前述计划付诸执行。两份通知的执行期都是2020年1月1日至2024年12月31日。

余盛兴表示：“这样的税收优惠范围要大于（内地）其他自由贸易区，同时也低于我国香港特区和新加坡的16.5%、17%。”

林珏表示，在2025年前，旅游业、现代服务业、高新技术企业的新增境外直接投资所得可以免征企业所得税，“这一点对于中国企业走出去、在‘一带一路’投资建设运营，是巨大利好，内地其他自贸区无可比拟。”

在对高端人才和紧缺人才的税收优惠方面，“不同于其他自贸区先征后返，（海南自贸港）高端人才和紧缺人才个人所得税实际税负超过15%的部分，直接予以免征。”林珏说。

而“二线管住”模式又为鼓励类企业打开了一道门，即符合原产地要求的产品可以免征关税。可以预见，这样的税收优惠组合可以吸引不少符合国家需要的生产型企业前来投资。

在“零关税”、低税率的优惠政策之外，《总体方案》还提出了“简税制”的目标，海南自贸港将结合我国税制改革方向，探索税制的简化，改革税种制度，降低间接税比例，降低税负水平。

除税收安排之外，《总体方案》在推动投资便利化的制度设计中，提出了实施“承诺即入”的市场准入制，落实“非禁即入”。对具有强制性标准的领域，原则上取消许可和审批，代之以备案制度。

换言之，市场主体只需承诺符合相关要求并提交相关材料进行备案，即可开展投资经营活动。政府备案受理机构仅实行事中及事后监管。

林珏表示：“商事备案制度相对减少了行政成本。企业设立也以电子证照为主，办理方式从线下转为线上，缩短了办理时间，提升了效率。创新性的投资宽松政策为外资企业进入中国市场提供了良好的平台。”

对外商投资，海南自贸港将实施“准入前国民待遇 + 负面清单”管理制度，大幅减少禁止和限制条款。而海南版的负面清单，应该会比其他现有的自贸区更加开放。

根据《总体方案》的行动安排，在2025年之前，将落实“极简审批”投资制度，制定出台海南自贸港放宽市场准入特别清单、外商投资准入负面清单。2035年之前，实现投资自由便利，除涉及国家安全、社会稳定、生态保护红线、重大公共利益等领域外，全面放开投资准入。

虽然特别清单和负面清单目前都尚未出台，不过，余盛兴预计，负面清单的类别和限制会更少，以严格落实“非禁即入”。“但在生态环境方面应该会设立更高的标准，对高能耗、高污染、高排放和低端制造业方面提出比国家更严格的要求。”他说。

刘新宇也认为海南自贸港对外商投资会进一步开放。他认为，在其他自贸区通用的《自由贸易试验区外商投资准入特别管理措施（负面清单）》（2020年版）的基础上，可能进一步开放的领域有：

（1）采矿业方面，可能会开放海底放射性矿产、钨的开采；

（2）制造业方面，可能会取消新能源汽车的外资比例限制；

（3）交通运输业方面，可能会对国内水上运输公司部分业务开放；

（4）信息传输、软件和信息技术服务业方面。关于电信行业，《总体方案》已提出“开放增值电信业务，逐步取消外资股比等限制”“安全有序开放基础电信业务”；

（5）教育业方面，《总体方案》已提出“允许境外理工农医类高水平大学、职业院校在海南自由贸易港独立办学，设立国际学校”；

（6）医疗业方面，《总体方案》已提出“支持海南大力引进国外优质医疗资源”，据此可能会允许外商独资的医疗机构；

（7）文化业方面，可能会放开文艺表演团体的外资比例限制。

鼓励类产业有哪些？如前文所述，被视为鼓励类产业的企业无论在所得税还是“二线”关税上都享有优惠安排。因此，界定“鼓励类产业”的依据是什么？是许多企业关心的一个重要问题。

根据财政部和国家税务总局6月23日发布的《关于海南自由贸易港企业所得税优惠政策的通知》，海南自贸港的鼓励类产业目录包括：

（1）《产业结构调整指导目录（2019年本）》；

（2）《鼓励外商投资产业目录》（2019年版）；

（3）海南自由贸易港新增鼓励类产业目录。

但需要注意的是，符合“鼓励类”定义的企业，必须是以鼓励类产业目录中规定的产业项目为主营业务，且其主营业务收入占企业收入总额60%以上的企业。

并且企业要符合实质性运营要求，即企业的实际管理机构设在海南自由贸易港，并对企业生产经营、人员、账务、财产等实施实质性全面管理和控制。

前两个目录已于2019年发布。至截稿时，海南自由贸易港新增鼓励类产业目录尚未发布。

《产业结构调整指导目录（2019年本）》旨在引导产业结构转型升级，促进经济高质量发展，其中鼓励类产业共分四十七个大类，既有传统产业，也有人工智能等新兴行业。既注重新技术、新产品、新业态的发展壮大，也鼓励传统产业运用互联网、物联网、大数据、云计算、人工智能等新一代信息技术改造升级。

《鼓励外商投资产业目录》（2019年版）旨在促进外资在现代农业、先进制造、高新技术、节能环保、现代服务业等领域的投资。

余盛兴表示，《产业结构调整指导目录（2019 年本）》和《鼓励外商投资产业目录》（2019 年版）所涵盖的各个行业，与《总体方案》中聚焦发展旅游业、现代服务业和高新技术产业的目标是相匹配的。

“海南自由贸易港新增鼓励类产业目录会扩大、细化这些产业类别，比如现代物流业里增加从事推动保税仓储、国际物流配送、转口贸易、大宗商品贸易、进口商品展销、流通加工、集装箱折拼箱等业务的企业；城镇基础设施中加入海洋服务基础设施；信息产业中增加区块链、数字贸易；服务业中增加保税维修、飞机船舶的融资租赁等。”余盛兴说。

三、资金跨境流动更便利

在制度设计中，《总体方案》提出要重点围绕贸易投资自由化、便利化，分阶段开放资本项目，有序推进海南自由贸易港与境外资金自由便利流动。

王勇表示，跨境资金自由流动的基础是在确保有序的情况下，让境外资金进得来、出得去，让境内资金出得去、回得来。实现这一有序流动的基础，是要有一个便捷的账户体系。

关于跨境资金流动，《总体方案》提出了多项制度设计，其中第一条就是“构建多功能自由贸易账户体系”，以国内现有本外币账户和自由贸易账户为基础，构建海南金融对外开放基础平台。

王勇介绍说，自由贸易账户，或简称“FT 账户”，可以实现本外地一体化的自由兑换，为跨境资金的自由进出提供一个非常便利的基础。

“目前境外融资的成本，相对来讲比境内低一些，而有一个多功能的自由贸易账户体系，在海南的企业以后进行融资会比其他地方更加便利，同时还能降低成本。”王勇说，“这样的举措，如同为海南金融改革奠定了‘架构基石’，搭建了‘高速公路’。对于在海南的企业和市场主体来说，是一个非常大的利好消息。”

在设立自贸账户的基础上，《总体方案》还提到了“便利跨境贸易投资资金流动”“扩大金融业对内对外开放”“加快金融改革创新”等规划。

余盛兴表示，海南岛对新形态跨境直接投资模式的探索值得关注。

2020 年 6 月 8 日上午，中国人民银行副行长、国家外汇管理局局长潘功胜出席《总体方案》新闻发布会时，提出支持海南自贸港建设的金融政策总体框架，其中第一项便是金融服务于跨境贸易和投融资的自由化、便利化。在跨境直接投资方面，潘功胜提出在海南自由贸易港内试行 QFLP 和 QDLP 两项制度。

QFLP，指合格境外有限合伙人（qualified foreign limited partner），该制度允许

符合资格的境外机构投资者（limited partner，LP）将其境外资本兑换为人民币，通过在中国设立的外资私募股权基金，在国内进行私募股权投资或风险投资（简言之，境外募集、境内投）。

QDLP 指合格境内有限合伙人（qualified domestic limited partner），该制度允许符合资格的境外投资机构在中国境内设立私募基金，面向符合资格的境内 LP 募集人民币资金，并将所募集的资金投资于海外市场（简言之，境内募集、境外投）。

“在准入前国民待遇 + 负面清单的背景下，试行 QFLP 和 QDLP 两项制度，为境外募集、境内投资与境内募集、境外投资提供了合法渠道。”余盛兴说。

“若这项开放措施能够很好地设计及落实，那么投资的门槛、程序、外汇限制都会得到一定程度的降低与简化，可以扩大海南岛资本市场的开放程度，加强与其他国家的投资合作。”

王勇表示：“在海南自贸港建设过程中，‘便利跨境贸易投资资金流动’是基础，而试行 QFLP 和 QDLP 两项制度，是实现便利跨境资金自由流动的有效手段。在海南自贸港内试行 QFLP 制度，对于外商投资股权投资管理企业在境外募集资金进而投资境内未上市企业股权会产生极大影响，而 QDLP 制度在便利境内投资人投资境外证券市场及各类境外基金，乃至境外企业股权、不动产等方面将发挥巨大作用。”

王勇还关注海南省在 QFLP 和 QDLP 方面将出台的更多利好政策。

比如，海南省金融监督管理局局长陈阳 2020 年 7 月初在接受第一财经记者专访时表示，海南今年在 QFLP 和 QDLP 方面将有两项动作：

第一，在 QDLP 方面，海南的注册资本门槛低于上海、深圳。深圳要求 QDLP 管理企业的最低注册资本不低于 200 万美元或 1000 万元人民币，上海要求不低于 200 万美元或等值货币，而海南只需要不低于 500 万元人民币即可。

第二，在 QFLP 方面，对注册审批进行简化，只要金融监管部门或者是园区出一个推荐函，便可以到市场监管部门进行注册。

除了 QFLP 和 QDLP 两项制度之外，海南还将在市场建设层面发力，包括建设国际能源、航运、产权、股权等交易场，加快发展结算中心。

根据《总体方案》的规划，在 2025 年之前，海南将推进产权交易场所建设，研究允许非居民按照规定参与交易和进行资金结算，并支持海南自由贸易港内已经设立的交易场所在会员、交易、税负、清算、交割、投资者权益保护、反洗钱等方面，建立与国际惯例接轨的规则和制度体系。

王勇认为，在海南自贸港将采取的资金跨境流动举措，意味着“海南自由贸易港的金融配套措施正对标国际最高标准的自由港金融开放政策”。

四、自贸港的监管重点

《总体方案》中包含的开放措施前所未有，但开放并不意味着放任自流。企业在关注各项自由化、便利化措施的同时，亦须重视自贸港的监管重点。

在“‘一线’放开、‘二线’管住”的管理模式下，海南自贸港的海关监管会在“一线”关注进出的货物是否符合各类安全标准，在“二线”监管各类个人或企业的走私行为。

针对自贸港既有的监管规则，企业应当设立相应的合规体系。“如进出口企业应当确保‘一线’货物符合一系列安全要求，免税商店相关经营方应当做好货物销售渠道评估工作，确保免税品销售范围、对象、品种、额度等均符合法律法规的规定。”周和敏表示。

“通过二线进入内地的货物视为进口，所以所有‘进口’货物的申报应如实、准确，特别是税号、原产地、价格等涉税类项目，其判断和认定具有很强的专业性，企业应寻求外部专业人士的专业支持。”

在日常经营中，刘新宇提醒企业应该重点留意以下几点：

（1）在商品归类上要注意税号准确性，避免因错误申报导致漏缴进口关税等问题，并进而导致企业需承担严重的法律责任；

（2）注意保管好相关单证和电子记录等，以便更好应对海关的后续稽查；

（3）“一线”放开的同时，自贸港也会强化口岸公共卫生安全、国门生物安全、食品安全及产品质量安全管控，所以不排除未来海关会对涉检类案件加大查处力度，需要重视及有效防范相关风险；

（4）坚持定期进行企业自查，必要时引入专业机构对企业的进出口情况进行合规内审，确保合法规范经营。

海南自贸港的第二个监管重点在于滥用税收优惠政策的行为。

开曼群岛、英属维尔京群岛等离岸岛，由于常年施行低税率，一度成为全球众多公司的避税天堂，汇聚了大量资金，为其发展成为离岸金融中心提供了基础。

然而，海南自贸港的发展目标显然不是成为一个“金融大省”那么简单，更不是为了提供避税好去处，而是为中国需要的产业提供更好的发展机会。可以预计，相关部门将强化对税基侵蚀和利润转移行为的监管。《总体方案》中也明确提出，要防止海南成为“避税天堂”。

为了避免海南成为一众“空壳公司”的聚集地，前文提到的《关于海南自由贸易港企业所得税优惠政策的通知》明确规定，符合“鼓励类”定义的企业，除了必须以鼓励类产业目录中规定的产业项目为主营业务，且其主营业务收入占企业收入总额60%以上之外，还必须要符合实质性运营要求。

所谓“实质性运营要求”，就是企业的实际管理机构必须设在海南自贸港，并对企业生产经营、人员、账务、财产等实施实质性全面管理和控制。只有这样，才能享受自贸港对鼓励类企业的税收优惠政策。

“但是，具体如何从生产经营、人员、账务、财产等角度判定实际管理机构所在地，目前并未有更为具体的规定。”林珏说。

不过林珏注意到，《关于海南自由贸易港企业所得税优惠政策的通知》的相关要求与居民企业的认定条件基本一致。“参照居民企业认定的实践，常见判定标准可能包括是否在海南自由贸易港召开企业股东会、董事会或其他管理层决策会议，企业在海南自由贸易港是否具有固定办公场所，企业资金及账务资料是否在海南自由贸易港留存并处理等。”他说。

“适用优惠的企业需要注意保留上述相关决策会议记录、人员常驻海南及企业相关账务处理行为的记录文档，以备后续相关监管部门的检查。同时，企业也应关注对该事项的下一步细则或当地税务局的执行口径。”

五、行稳致远

海南自贸港的建设是中国力度空前的一项重大开放举措，也是中国为应对外部日益严峻的挑战而做的布局。同时，海南也可视为一块试验田，让中国在对外开放的过程中更成熟地驾驭各种监管方式和尺度，在确保国家利益与安全的同时，继续为推动经济全球化作出贡献。

海南自贸港是一个庞大的项目，《总体方案》中的制度安排涉及方方面面，诸多具体工作有待未来落实，本文不能尽述，权当抛砖引玉，愿更多人关注海南未来的发展动向。

2018 年南京律师行业大数据：419 家律所、7170 名律师创收近 30 亿元*

南京市律师协会、智合研究院

经过多年的耕耘发展，大批南京本地律所在客户中树立了良好口碑，成为本地的品牌律所。随着最高人民法院第三巡回法庭选址南京等一系列利好消息的涌现，北京、上海、杭州等地的外埠知名品牌律所来宁发展，南京法律市场形成了欣欣向荣的良好风貌。

本文将回顾总结南京市律师行业的发展历程和发展成果，展现南京律师的社会责任与职能作用，并展望和预测未来南京律师行业的发展前景。

一、取势东风，南京律师行业发展驶入快车道

南京市律师行业的发展大致经历了三个阶段：恢复和重建阶段、改革和规范阶段、发展和壮大阶段。

1980 年 1 月 1 日，由 12 名律师组建的南京市首家法律顾问处正式开业，标志着中断了 22 年的南京律师工作得以恢复。随后，南京市及各区的法律顾问处相继成立。1990 年 12 月，南京市律师协会召开成立大会，会上通过了《南京市律师协会章程》，并选举产生了由 21 名理事组成的第一届理事会。

从 1996 年起，南京市律师事务所陆续改制，由国办所改制为合伙所、合作所，并于 2000 年全部改制完毕，南京律师业呈现出全新的发展格局。自成立以来，南京律师协会积极探索律师自律性组织管理体制，相继成立了维护律师合法权益委员

---

* 2019 年 3 月，智合研究院受南京市律师协会委托，参与编写并联合发布了《南京市律师行业发展报告》，本文内容为该报告的摘录。首发于微信公众号“智合”，2019 年 6 月 12 日。文中数据统计截至 2018 年 12 月底。截至 2020 年 12 月底，南京市共有律师事务所 486 家，律师 8679 名（其中包括专职、兼职律师 8237 名，公职律师 308 名，公司律师 107 名）。

会、律师纪律委员会、律师业发展研究等 9 个专门委员会，以及刑事、民事、行政等 14 个专业委员会，规范的自律管理体系逐渐成形。

近年来，南京市律师行业的发展驶入了快车道，在机构总量、律师数量、业务收费、规模化、专业化、品牌化等方面实现了大跨越的发展。法德永衡、新高的、东恒、圣典、亿诚等本地品牌律所不断涌现，金杜、中伦、大成、国浩、天同、竞天公诚等外埠知名律所纷纷落子南京。截至 2018 年 12 月底，南京市律所已达 419 家，执业律师人数达 7170 人。南京律师已成为法律职业共同体中富有朝气、充满活力的重要组成部分。

二、跨越式增长，聚焦南京律师业发展成就

近年来，南京律师行业实现了跨越式的增长，取得了令人瞩目的成就。

（一）律师人数达 7170 人，队伍快速壮大

截至 2018 年 12 月底，南京市律师人数已达到 7170 人，五年内平均增幅达 29.30%。全市每万人拥有律师数达 8.6 人，是全省平均数的 1.86 倍，详见图 1。

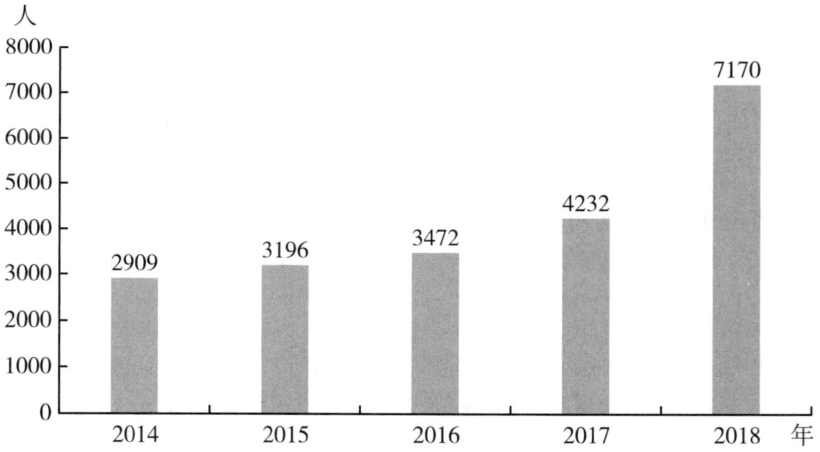

图 1　2014～2018 年南京律师人数

从律师年龄来看，南京律师年龄分布较为年轻。30 岁以下的律师最多，占比为 26%。31～35 岁的律师占比为 16.2%，36～40 岁的律师占比为 18.0%。40 岁以上各年龄段的律师人数逐渐递减。

从律师执业年限来看，南京律师执业年限集中于 6～20 年。执业 6～10 年的律师最多，其次是执业 11～20 年，执业不满一年的律师也较多，执业 4～5 年的律师最少。

从律师政治面貌来看，南京律师有半数以上是群众，中共党员占律师总数的 34%，比例较高。

（二）律所数量达 419 家，规模大所涌现

近年来，南京市律所数量激增，已突破 400 家。2014 年全市共有律所 296 家，2015 年发展到 325 家，2016 年上升到 350 家，2017 年则达到 392 家，截至 2018 年 12 月底，南京市律所共计 419 家，详见图 2。

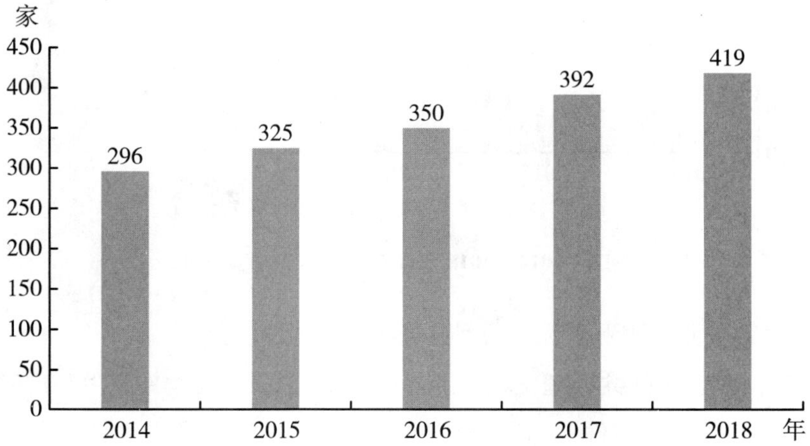

图 2　2014～2018 年南京律所数量

从规模上看，南京律所主要以 30 人以下的小型律所为主，占比为 90.40%。律师人数 31～50 人的律所占比为 3.51%，律师人数 51～100 人的律所占比为 4.22%。南京已拥有 9 家 101 人以上的规模大所，占比为 1.87%，详见图 3。

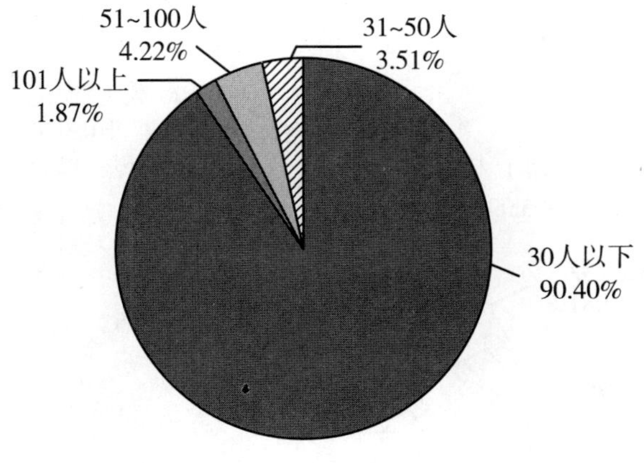

图 3　南京律所规模

从组织形式来看，南京本地合伙所仍占据多数。2018 年，南京本地合伙所有 324 家，个人所有 44 家，外埠分所有 51 家。近年来，个人所数量变化不大，本地合伙所、外埠分所数量增长较快，详见图 4。

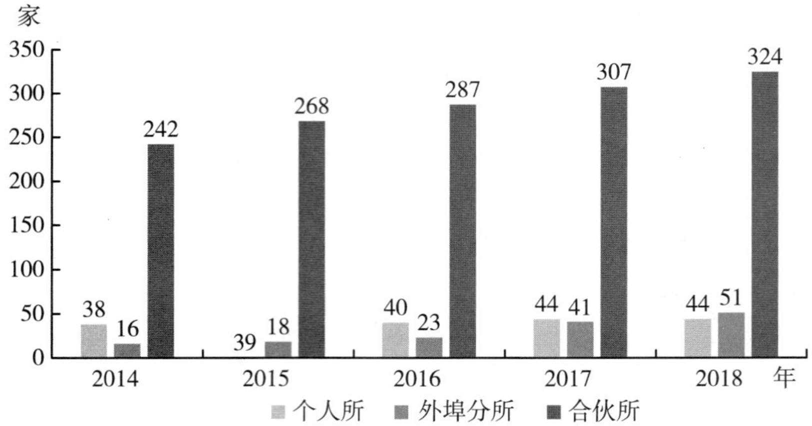

图 4　2014～2018 年南京律所组织形式分布

（三）民商事业务比例占优，新型业务类型凸显

2018 年，南京律师共办理案例 115, 830 件，其中诉讼类案件 97, 176 件，占比为 83. 90%，非诉讼类案件 18, 654 件，占比为 16. 10%。具体来看，南京律师办理业务类型包括民商事、刑事辩护、婚姻家庭、房地产及建工工程、金融证券保险、劳动与社保、知识产权、行政、海商海事、国际业务、能资与环境。其中，南京律师承办的民商事案件数量最多，占总案件数的 60. 38%，其次是刑事辩护案件占比为 9. 03%，婚姻家庭案件占比为 6. 49%。案件数占比在 5% 以上的还有房地产与建筑工程案件（5. 98%）、金融证券保险案件（5. 81%）、劳动与社保案件（5. 09%）。南京律师办理业务类型分布情况具体如图 5 所示。

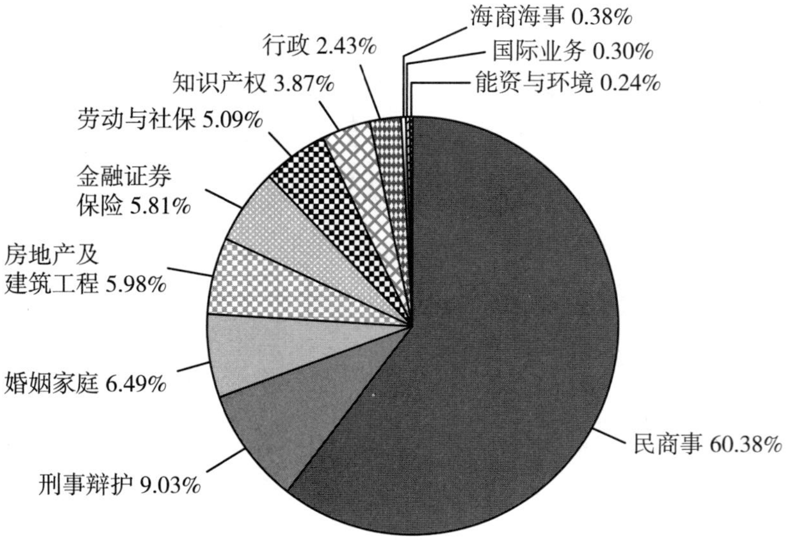

图 5　南京律师办理业务类型分布

2018 年，南京律师承办新型业务共 1649 件。其中，债务与股权（国内发行）案件最多，共 561 件，占比 34.02%；私募股权及风险投资案件共 200 件，占比为 12.13%；私人财富管理案件共 190 件，占比为 11.52%；通信、媒体案件共 159 件，占比为 9.6%。此外，南京律师承办的新型业务还包括财政税务、航空金融与租赁、能源及矿产、债务与股权（香港地区、国外发行）、国际贸易（应诉方）、公司调查（反腐败）、人工智能等，详见图 6。

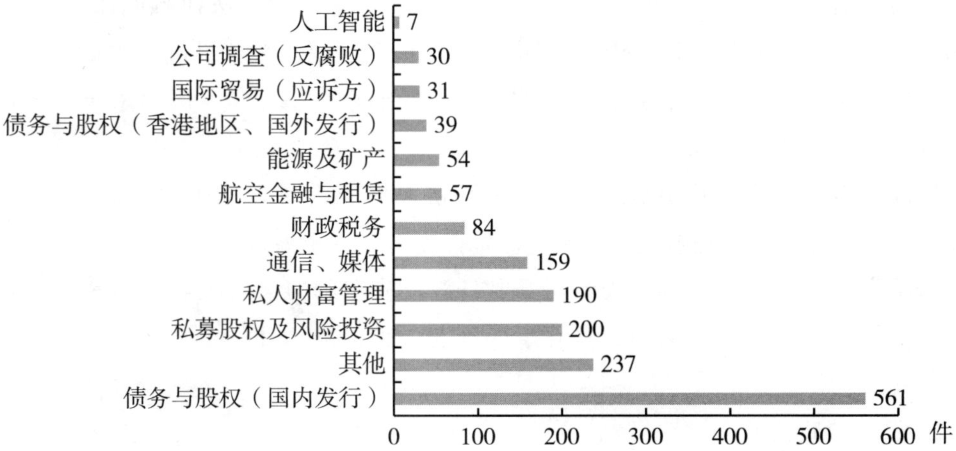

图 6 南京律师新型业务

（四）总业务收费 28.84 亿元，人均创收 44.4 万元

2018 年，随着省直律师分会 38 家律师事务所的并入，南京市律师的业绩大幅提升，总业务收费达到了 28.84 亿元，较 2017 年上升了 21.23%，人均业务创收达到 44.4 万元。详见图 7。

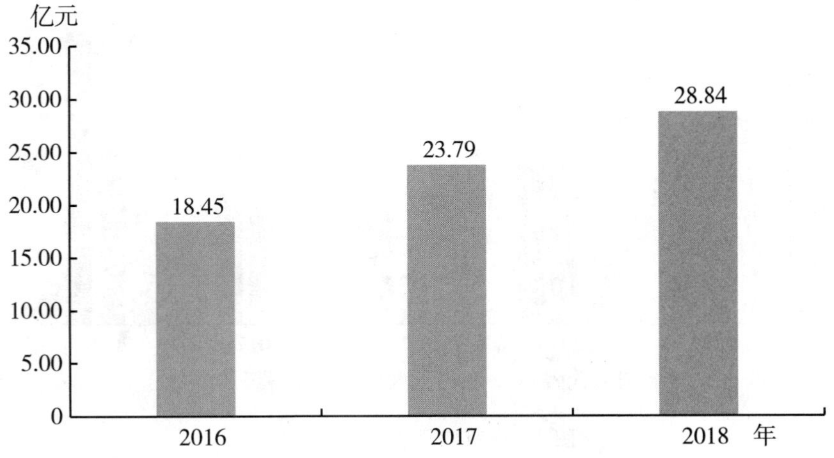

图 7 2016~2018 年南京律师业务收费（含原省直所律师业务收费）

三、发挥职能作用，提供全方位法律服务

近年来，南京市律师在积极参政议政、服务经济发展、维护社会稳定等方面发挥了重要的作用。

（一）参与法治政府建设，积极参政议政

1. 积极参与法律顾问工作

目前，南京市12个板块全部组建或已积极筹备组建政府法律顾问团，60个市级部门已聘请法律顾问，11个区政府均正式出台普遍建立法律顾问制度的意见。

2016年4月，薛济民、张利军、谢满林、汪旭东、丁韶华5名南京律师被聘为江苏省人民政府法律顾问。

2017年9月8日，中共江苏省委聘任薛济民同志为省委法律顾问之一，车捷、王凡、马群、谢满林、陈扬等20名同志为省委法律专家库成员。

2018年1月5日，江苏省委政法委聘任江苏省律师协会会长、江苏薛济民律师事务所主任薛济民为法律顾问，马育、周连勇、谢开顺等17名律师为法律专家库成员。

2. 积极参政议政

2018年，南京市有95名律师当选各级党代表、人大代表、政协委员，30名律师担任全国、省、市、区各级人大代表，58名担任各级政协委员，7名担任各级党代表，详见图8。薛济民律师是全国律师界唯一的一名党的十九大党代表，车捷律师当选为第十三届全国人大代表、魏青松律师当选为第十二届全国政协委员。

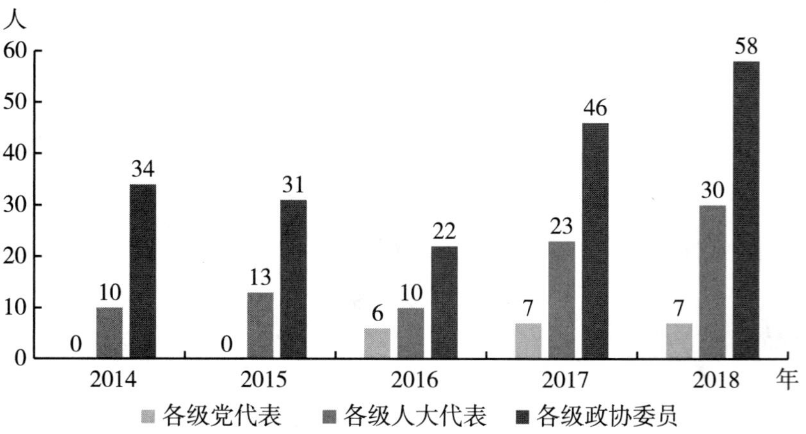

图8　南京律师参政议政情况

各级代表委员律师积极履行职责，提交各类议案提案，涵盖经济建设、政府管理、社会民生、行业发展等多个领域，通过发挥自身专业知识优势，结合本职工作中对百姓真实诉求的深刻体验，在参政议政方面发挥着重要作用。

（二）服务经济发展，拓展涉外业务

1. 承接重大项目，打造法律服务“生态圈”

南京律师以常年法律顾问或专项法律顾问的身份护航国家、省、市重大项目、重大投资活动。

2012 年 8 月，江苏高的律师事务所成为“第二届亚洲青年运动会”“第二届夏季青年奥林匹克运动会”法律服务供应商，共计为青奥组委会赞助了 300 万元对应的工作时长。

2018 年 5 月，江苏泰和律师事务所为溧水六旗山水小镇项目提供法律服务，该项目预计每年可拉动税收 6.4 亿元，提供就业岗位 1.4 万个，年均创造 GDP 约 300 亿元。

2018 年 4 月，全国首家法律服务产业园——南京河西·建邺法律服务产业园开园。该产业园已吸引了包括众多知名律所在内的 90 家法律服务机构入驻，聚集了超过 1000 名执业律师，聚合效应正在显现。

此外，南京律师还通过参与重组、破产清算、知识产权保护、城镇化建设相关法律事务，为各类经济主体提供全方位的法律服务，全力维护社会稳定。

2. 开展涉外业务，服务“一带一路”

南京律师紧紧围绕“一带一路”、中国企业“走出去”等国家重大部署，主动融入全市经济发展服务大局，找准法律服务保障的切入点。

2017 年下半年，北京市高朋（南京）律师事务所协助江苏南通三建集团股份有限公司在新加坡证券交易所发行 3 亿美元境外债券，该美元债券不仅是南通地区第一支境外债券，还是我国境内民营建筑企业公开发行的首支境外债券。该案例也因此获评“江苏省十佳涉外服务案例”。

北京市金杜（南京）律师事务所合伙人马笑匀律师团队经手了近 30 多个“一带一路”国别的投资项目。其中典型的绿地投资项目包括中阿产能合作示范园及阿布扎比金融牌照申请项目、确成硅化法国马赛港投资建厂项目、通用股份 2.9 亿美元泰国罗勇工业园投资项目。

2012 年 11 月，国浩律师（南京）事务所陈发云律师团队为奇瑞汽车股份有限公司与捷豹路虎有限公司汽车合资项目提供全程法律服务。最终成功终结荷兰检方对该企业的刑事指控，达成庭外和解。

（三）热心公益事业，维护社会稳定

1. 高效应对突发事件，化解法律风险

配置政府法律顾问和组织法律服务力量参与突发事件的应急处置，向来是南京市工作的一大特色。在马航事件、“8·2”昆山特大事故、“6·1”湖北监利沉船事件等事故发生后，南京律师立即参与一线善后处理的工作中，在引导群众合理合法地表达诉求等工作过程中，呈现过硬的法律职业素养，对于规范处置流程，完善运作中的法律手续，化解法律风险均起到了重要作用。

2. 热心公益事业，倾力法律援助

2016 年 7 月 28 日，南京市司法局、南京律协助建立西藏自治区林芝市米林县公职律师办公室，系西藏县域第一家公职律师办公室。南京市司法局、南京律协将在未来三年继续选派优秀律师赴该县开展志愿援藏工作，巩固成果。

自 2016 年以来，在由司法部、中华全国律师协会、中国法律援助基金会共同组织开展的“1+1”中国法律援助志愿者行动中，约有 20 名南京律师被选派到云南、内蒙古、西藏、新疆进行为期一年的法律援助。

2017 年 4 月上旬，南京律协启动了法律援助“名优工程”，截至 2017 年上半年，已有 69 名南京律师在该法律援助“名优工程”中履职尽责。

南京律师还参与了众多社会捐助活动。据不完全统计，2018 年，南京律师共举办社会公益咨询活动 2883 次，参与维护社会稳定活动 1109 件，捐资助学金额达 129.9180 万元，向社会捐款、物资金额达 113.4678 万元，律师个人捐款金额达 94.13159 万元。

四、把握机遇，走高质量发展之路

南京经济一直保持平稳增长，显示出较强的经济活力。相比之下，南京市律师行业发展动力稍显不足。但随着南京法律服务需求不断增长以及京沪大所纷纷入驻，南京律师行业的发展潜力逐渐凸显。如何把握机遇，增强自身实力，是南京律师行业需深入探究的问题。

（一）聚焦“三化”发展战略

规模化、品牌化、专业化建设是南京市律师行业未来发展的重点。南京律协将重点培育 10 家在全国有影响力的本地品牌规模所，有针对性地分类创立一批规模大、品牌好、实力强的百人规模所，培育一批专业特色明显、有一定规模的专业所及一批管理规范的小型精品所。

（二）完善律师人才培养体系

对于律师人才培养体系的建设，一方面，南京律协将通过健全培训机构、拓宽培训层次、强化考核标准、保障培训经费，完善继续教育体系；另一方面，将通过组织各类专业沙龙讲座、加强优秀律师领军人才队伍建设等，加强在职培训工作。

（三）探索拓展新的业务领域

在互联网电子时代的背景下，借助“互联网＋”，构建律师业务优化路径：构建律师网络法务平台、妥当定位网络法务运营、构建多元化网络法务营销机制。

在市场经济的进一步发展下，拓展金融类业务，培养高素质涉外律师人才。

在大数据、法律科技的应用带来的全新变革下，优化业务结构、组织部分构架，培养懂技术、充满创造性并且具有跨界思维的综合性法律人才。

（四）加强行业信息化建设

南京律协将通过借助信息化手段实现律师行业管理精细化和服务精细化，完成系统对接和数据采集工作，完善数据安全防护系统，还将不断升级全市律师行业信息化管理办公平台，为广大南京律师提供高效、便捷、低成本的执业条件和执业环境。

苏州第一家百人大所，区域律所的规模化之路才刚刚开启？*

毛姗姗** ｜ 智合研究院

苏州城夜晚的灯光，总让人产生人生处处是美满的错觉。

2019 年 1 月 22 日 20 时，对何丹来说，这一刻倒不算错觉。他正站在地标建筑苏州中心 A 座 31 层巨大的落地窗前，俯瞰着苏州城。脚下正是他和合作伙伴花了一年多时间装修完成的新办公室。他又想起 5 年前去四川考察时的尴尬。

何丹是原江苏剑桥人的首席合伙人，担任江苏省律师协会副会长时，他参加过一个“东部帮扶西部”的行业活动，江苏和四川结对。但他到了那儿才发现，当时的四川已经有 10 家百人大所，而江苏才只有 1 家。

在过去的五年中，中国法律市场发生巨变，江苏同样如此。南京或有最强的危机感：3 年内，超过 20 家北京、上海的一线大所在南京设立分所，抢滩之势昭昭。压力之下，南京的几家本地大所开始寻求合并。而隔壁的苏州律师行业同样开始了律所的“中年焦虑”——苏州什么时候能有本地品牌的百人大所？

连续几年 GDP 总量排行江苏第一、全国第七的苏州，在经济市场上早已跑赢了省内其他城市，为什么却迟迟没有大律所？

2019 年 1 月 23 日，江苏剑桥人和江苏颐华宣布合并为江苏剑桥颐华律师事务所。合并后的剑桥颐华拥有 120 多名律师，成为苏州最大的律师事务所。

这一天，终于来了。

---

* 本文首发于微信公众号“智合”2019 年 3 月 14 日。文中数据截至 2018 年 12 月底。

** 毛姗姗，智合合伙人、高级研究员，采访过上百位中国律所管理者，从事中国法律市场与律所管理等方面的研究。

一、“躺赢”的苏州市场，过去与现在

“天堂”苏州一直是江浙地区经济发展的典范。多年来，苏州的 GDP 一直“领跑”江苏省，位居全国城市前列。

2018 年，苏州依旧以约 1.86 万亿元 GDP 排名全国第七，仅次于上海、北京、深圳、广州、重庆、天津等一线大城市和直辖市，超过成都、武汉和杭州，详见表 1。

表 1　2018 年中国城市 GDP 前十排行

城市	排名	GDP/亿元	人口/万	同比增长率/%
上海	1	3.2679	2418	6.6
北京	2	3.0320	2171	6.6
深圳	3	2.4691	1253	7.5
广州	4	2.3000	1450	6.5
重庆	5	2.0363	3372	6.0
天津	6	1.8809	1557	3.6
苏州	7	1.8597	1068	7.0
成都	8	1.5342	1605	8.0
武汉	9	1.4847	1112	8.0
杭州	10	1.3500	949	7.0

资料来源：国家统计局。

制表：智合研究院。

苏州的发展抓住了 20 世纪 90 年代“开放”的好时机。

在被列为对外开放沿海城市后，苏州又先后获得外贸自营进出口经营权、筹建开发区等政策扶持。苏州高新区、苏州工业园区、昆山经济技术开发区等开发区也成为苏州开放型经济发展的主战场。

目前，苏州拥有国家级开发区 14 家、省级开发区 6 家。苏州提出外贸、外资、外经“三外”齐上策略，外向型经济成为其经济发展的“城市名片”。

在具体产业上，苏州经历了从“制造业”向“智造业”进行了转型。早期，苏州是一个“大工厂”，以加工业和制造业为主，苏州的四大纺织厂、苏州精细化工、苏钢集团都是响当当的大户。

2016 年之后，苏州产业开始向服务型方向转型，依靠科技创新转型成为苏州

政府和党委的发展规划。“目前，苏州的上市公司数量只相当于深圳南山区的数量，若孵化2万家苏州高新技术企业，能出10%的上市公司，再有10%成为独角兽，未来苏州产业链将有一个领军团队出现。”苏州律协会长、原江苏颐华主任李浩江在接受采访时指出。

2018年10月31日，苏州工业园区的信达生物在港交所挂牌上市，发行价13.98港元，开盘当日收盘价16.58港元，2018年收盘价22.30港元。这个成绩也给苏州的医药产业带来很大的信心。

无论过去还是现在，苏州经济市场均有无限潜力。

二、苏州无“大”所，县区“乐”于市区

但是，苏州律师行业的发展程度却并未与其经济地位匹配。

2018年，苏州律所的总创收为20.7亿元，占GDP的0.11%，小于重庆的0.15%，更不及杭州的0.29%。

地处西部的重庆，历来羡慕东部的发达。但西部法律服务市场在客户的开发和深耕上更有“来之不易，更为珍惜”的情结。他们在律所的管理、一体化运营、品牌特色的打造和规模化道路的践行上走得比江苏更远。无论是以泰和泰为典型，目前已有13家百人大所的四川，还是现拥有6家亿元所的重庆，也有索通、中豪作为样板。

可以说，市场的富足促使苏州律师行业稳步发展，但也缺乏跨越式发展的奇迹。在过往中国律师行业繁荣发展的4年里，苏州律师行业也紧跟大潮，2018年苏州律师人均创收逼近50万元，详见表2。

表2　2015～2018年苏州律师行业发展数据

项目	2015年	2016年	2017年	2018年
律师人数/人	3004	3392	3809	4185
律所数量/家	242	268	310	323
律所总创收/亿元	11.80	15.13	17.40	20.70
律师人均创收/万元	39.28	44.60	45.68	49.46

资料来源：苏州市人民政府网。

注：律师人数已经除去两公律师。

截至2018年年底，苏州年创收过5000万元的律所共5家，过4000万元的共7家。虽然人均年创收过百万元的律所并不少，但就规模而言，苏州并不占优势。尤其是在剑桥人和颐华合并之前，苏州没有一家百人大所。

苏州无大所并非没有原因，甚至是律师行业本能选择的结果。

第一，苏州的“富裕”市场机会使得苏州律师竞争压力相对较小。

一个有趣的现象是，苏州市区律所的人均创收要低于县区律所。“原江苏剑桥人律师事务所所在的吴江区，以张家港、太仓、昆山等县级市人均创收较高。相反，苏州市区的人均创收稍低。”李浩江在接受采访时提到。

在国企向周边转移后，县区拥有更多的民营实体经济，如沙钢在张家港，每年可以采购几百万元的法律服务，亨通光电、恒力化纤在吴江，常熟有奇瑞、丰田等。而市区实体经济薄弱，以教育、医疗等服务业为主，传统业务下拥有更多律师数量，复杂业务如并购、上市等多由上海律师接手。市区律所的竞争压力反而更大，寻求更好的业务机会和改变律所管理方式的动因也相对更强。

与此同时，苏州离上海实在太近，绝大多数全国性大所的上海办公室和上海律所均能够覆盖到苏州的业务。大所在苏州县区设点的可能性和必要性非常小。

第二，长期以来，苏州律师行业的业务结构以传统的民商事诉讼和常年法律顾问为主，市场对于需要团队协作的复杂性非诉业务需求不大。诉讼和非诉的业务比例为69:31，详见图1、图2。

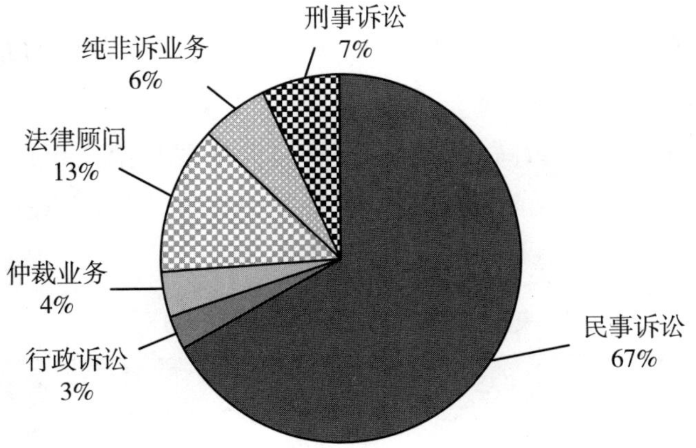

图1　2017年苏州法律市场具体业务类型统计

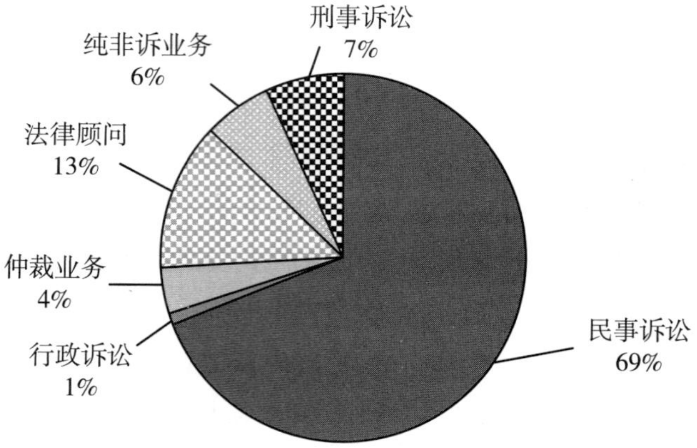

图 2　2018 年苏州法律市场具体业务类型统计

然而，本能的选择并非一个最优的选择。

从发展角度看，小规模生产又能够获得相对高创收的律所始终会遇到律师最长工作时间恒定的瓶颈。更大的发展，依然需要规模化做基础。

对于苏州律师行业而言，始终没有品牌性的规模大所出现，未必是一张令人满意的成绩单。

至少行业的领军者已经感受到危机。

三、压力与挑战，南京的“前车之鉴”

在过去三年的时间里，北京、上海的律所到南京设立分所的有 23 家，超过了 1999 ~ 2015 年 16 年间的总和。

2016 年 12 月 28 日，最高人民法院第三巡回法庭在南京市设立，直接大幅提升了北京、上海大所对于南京法律服务市场的关注度。外地律所入驻南京情况如表 3 所示。

表 3　外地律所入驻南京情况统计

序号	律所	总所所在地	设立时间
1	大成	北京	1999 年 1 月 13 日
2	康达	北京	2001 年 8 月 8 日
3	浩天信和	北京	2005 年 5 月 23 日
4	汇业	上海	2007 年 1 月 9 日
5	高朋	北京	2010 年 4 月 6 日
6	盈科	北京	2010 年 4 月 26 日

续表

序号	律所	总所所在地	设立时间
7	隆安	北京	2010 年 4 月 26 日
8	中银	北京	2010 年 8 月 4 日
9	邦信阳中建中汇	上海	2010 年 10 月 10 日
10	锦天城	上海	2010 年 10 月 21 日
11	天驰君泰	北京	2011 年 7 月 26 日
12	君泽君	北京	2011 年 9 月 30 日
13	惠诚	北京	2011 年 11 月 18 日
14	北斗鼎铭	北京	2011 年 11 月 18 日
15	国浩	上海	2011 年 12 月 20 日
16	德恒	北京	2012 年 2 月 24 日
17	德和衡	北京	2012 年 5 月 17 日
18	中伦文德	北京	2015 年 11 月 18 日
19	京师	北京	2016 年 5 月 5 日
20	协力	上海	2016 年 8 月 3 日
21	建纬	上海	2016 年 10 月 21 日
22	宝盈	北京	2016 年 12 月 20 日
23	策略	北京	2017 年 1 月 16 日
24	天同	北京	2017 年 2 月 15 日
25	东卫	北京	2017 年 5 月 8 日
26	岳成	北京	2017 年 7 月 13 日
27	炜衡	北京	2017 年 7 月 13 日
28	金杜	北京	2017 年 9 月 1 日
29	海华永泰	上海	2017 年 9 月 1 日
30	申浩	上海	2017 年 9 月 14 日
31	明伦	上海	2017 年 10 月 13 日
32	中伦	北京	2017 年 10 月 13 日
33	观韬中茂	北京	2017 年 11 月 20 日
34	京都	北京	2018 年 1 月 11 日
35	星瀚	上海	2018 年 1 月 31 日
36	德贤	北京	2018 年 4 月 28 日

续表

序号	律所	总所所在地	设立时间
37	友恒	北京	2018 年 7 月 25 日
38	博儒	北京	2018 年 9 月 12 日
39	竞天公诚	北京	2018 年 11 月 2 日
40	金诚同达	北京	2018 年 11 月 12 日
41	恒量	上海	2019 年 1 月 25 日

资料来源：江苏省法律服务机构法律服务人员信息公开平台，统计截止日期为 2019 年 3 月 6 日。
制表：智合研究院。

而南京本地律所也开始了一系列“自卫反击战”。从南京司法厅省直律所回归南京市，到南京本地所开始寻求强强联合，试图革新。在何丹和李浩江看来，“这是外地大鳄抢占南京市场后，南京本地所的反击。而这种外因，有时候也非常有必要”。

2019 年年初，薛济民律师事务所和高的律师事务所合并，命名为“新高的”。2019 年 3 月 3 日，法德永衡和东恒联合举办年会，推进合并事宜。

事实上，苏州的外部危机尚未来临得那么快。但是担任苏州律协会长的李浩江觉得时机已经到了。而前几年就在江苏省律师协会担任副会长的何丹早已下定决心：“苏州法律服务市场一定要能和苏州的城市地位相匹配，苏州一定要有本土品牌的大所。”

在律协任职的律师们，往往更能看清整个行业的全貌。“北京的业务来自全国，南京的业务来自全省，苏州的业务来自以苏州为核心的周边地区，上海还要拿走一部分。重庆、四川、湖南这些省份对我们更有参考意义。”李浩江说。

四、为什么合并？苏州第一个百人大所的诞生

如果说南京的例子只是一个外因的刺激，市场的需求和自身发展需要则是江苏颐华和江苏剑桥人合并的两大动因。苏州的律师行业需要有一个引领者出现。

“为什么苏州一定要有本地的引领者？江苏有些地区没有本地所引领，一旦有外地律所在本地翻牌，马上会形成连锁反应，如此一来，3 ~ 5 年内，做大做强的机会就没有了。”李浩江认为这是一个宝贵的机遇期。

因此，当 2016 年年底，何丹在一家火锅店试探性地向李浩江提起合并意向时，双方很快达成了共识。

这是一个苏州律所发展到不得不规模化的阶段。

李浩江几乎思考了颐华发展的所有可能性，但是每个发展的方向都要求规模化，规模化之后很多事才能在苏州这个市场中实现。

首先是市场的需求。苏州法律服务市场有两大主要业务，民商事诉讼和法律顾问。而这两方面需求的深挖，要求更多的律师参与。例如，“法治政府”的推进使得律师能够有更多机会担任政府法律顾问，律师能为政府提供怎样的服务，取决于有多少专业团队，专业律师的数量将决定其能够提供多大规模的服务。

现阶段，苏州企业更愿意相信政府而非律师，由政府为中小企业采购法律服务是新的需求。日益增多的国企招标，也开始看律所规模、参与的律师数量和质量，乃至律所品牌与过往案例。若要满足更多的市场需求，规模化是必由之路。

其次是专业化要求。苏州律师行业很长时间都讲究律师的“小综合”，“小综合”只能解决小问题，涉及需要团队协作的大型复杂项目将难以完成。一旦和北京、上海的多人专业团队竞争，最后的结果或是拿不下项目，或是败阵而归。

精细化管理和信息化更需要一定的规模才有意义。10 人使用一套管理软件划不来，律所达到一定规模以上，成本分析和财务控制才有必要。

“每家律所像算命一样，基本上能够算出你的瓶颈会在哪个点上，当你的规模和人才储备发生怎样的变化时，哪个瓶颈点又在哪里。如果一家律所有 10 个合伙人，你了解每个人的特点，律师最大的成本是时间，你就能够计算出你的业务量。如果这个结构打破不了，始终会处在瓶颈期。”

在对于未来发展的共识之下，合并后的江苏剑桥颐华律师事务所提出了一个宏观方向——四个立足：立足苏州，立足基础，立足专业，立足核心。

立足苏州，意味着扎根苏州本地，培养本地市场。“我们共同认为，苏州的法律服务市场前景非常好。苏州是个外向型城市，年进出口交易总额大概已达到 3500 亿美元，公司林立，各行各业的民营企业、外企、国企都很发达。尤其是民营企业，已经达到了 150 万个市场主体，法律服务的需求非常大。”何丹说。

立足基础，基于民商事诉讼和法律顾问两大业务，明确律所的两大客户群，即大型民营企业和政府。

立足专业和立足核心，意味着明确五大专业领域。

“‘四个立足’的具体量化指标，我们会在今年制定出来。当然，任何的变革都需要大量磨合，即使你在合并初期拟定好了一个目标，但如果合伙人内心还没有真正接受，制度的执行会受限。我们在设计制度的时候，做了一个 0.5 版的升级版，在 1 ~2 年内就会把它变成 2.0 版本。”李浩江说。

因合并事宜尚在推进，从律所管理架构、分配、晋升、薪酬到专业布局，一系列相关制度正在推行，短时间尚看不到成效。但不管怎么说，剑桥颐华已经勇敢地迈出了第一步，为苏州律师行业插上了一面大旗。

而此刻，这面旗帜正在苏州中心迎风飘扬。

西部英豪：成都、重庆法律市场的竞逐争锋*

林 戈** ｜ 智合研究院

川人多坚韧果敢，渝人多豪爽耿直。在三国时期，四川和重庆均属益州，享受大山大河的滋润，同时又是古来兵家必争之地，历经血与火的洗礼，川渝之人多豪气干云，堪称西部英豪。成都、重庆的律师事务所，自然也被注入了这样的文化基因。

从经济发展的角度看，成渝经济区已经带动形成了一个从西北向东南倾斜，直接覆盖中西部几省和一个直辖市的T形经济带，成为与长三角、珠三角、京津冀沿海三大经济圈并驾齐驱的中国经济"第四级"。

2018年，成都的GDP为1.53万亿元，成都律师行业的产值占GDP的比重为0.19%；重庆的GDP为2.04万亿元，重庆律师行业的产值占GDP的比重为0.15%。

这是成渝在GDP和产业布局方面的近况。其实，在1997年成为直辖市之前，重庆隶属于四川省，与成都的联系更加紧密，它们的历史交织在一起。

在过去的十年时间里，成都执业律师人数翻了4倍；而重庆律师行业，则从2011年7.7亿元的行业整体创收增长为2018年的30.63亿元，实现了7年近5倍的增长。

这是属于西部英豪成渝两地竞逐争锋的又一部律师行业"双城记"。

一、成渝律师行业：领先西部，全国前列

截至2018年年底，全国共有执业律师42.3万余人，比2017年底增长了

* 本文首发于微信公众号"智合"2019年5月30日。文中所有数据均截至2018年12月底。

** 林戈，智合合伙人、主编、高级研究员，长期从事中国法律市场宏观趋势、律所战略及管理等方面的研究。

14.8%。律师人数超过1万人的省、市、自治区共有18个，其中便包括重庆；超过2万人的省、市、自治区有8个，分别是北京、上海、江苏、浙江、山东、河南、广东、四川；超过3万人的省、市仅有2个，分别是北京和广东。

若从律师行业整体创收来看，北京和上海均突破了230亿元的门槛。若从人数规模来看，2018年，北京执业律师总数为32,205人，约占全国的7.61%；上海执业律师总数为23,975人，约占全国的5.67%。

从全国目前的市场格局来看，执业律师人数超过万人的城市仅有6个，分别是北京、上海、广州、深圳，以及成都和重庆。虽然四川共有2万名以上律师，但成都占据了半壁江山。

（一）京沪成渝四地律师律所数对比：发展规模大所是未来成渝的方向

如果说北京和上海堪称中国法律市场的头部"双城"，那么成都和重庆就是西部律师行业的"双城"，其律师行业的各项数据指标不仅领先于西部地区，而且走在了全国前列。

若将北京、上海与成都、重庆的执业律师人数、律所数量及律所规模分布数据做一个对比，我们会发现，成都、重庆与北京、上海相比仍然存在较大的差距。尤其是在百人以上律所和50~100人的大中型律所数量方面，差距较大，详见表1。可以说，对律师事务所持续进行专业化、规模化布局，是接下来成都和重庆律师行业需要研究的重要课题。

表1　2018年京沪成渝四地律所、律师数据对比

	北京	上海	成都	重庆
执业律师/人	32,205	23,975	13,081	10,709
律所/家	2570	1605	731	900
百人所/家	43	34	16	7
50~100人所/家	46	40	28	17
30~50人所/家	75	62	58	18
30人以下所/家	2406	1469	629	858

资料来源：北京律协、上海律协、成都律协、重庆律协。

其中重庆律所的规模分布为根据"12348中国法律服务网"的数据统计而来，仅供参考。

整理、制表：智合研究院。

（二）成渝律师行业总创收：年均增长20%以上

2018年，成都律师行业整体创收为29.6亿元；律师人均创收为25.17万元，高于全国平均水平，详见表2。

表 2　2018 年成渝律师行业总创收、人均创收

城市	总创收/亿元	执业律师/人	律师人均创收/万元
成都	29.60	13,081	25.17
重庆	30.63	10,709	28.60

资料来源：《2017—2018 年度成都律师行业发展报告》、重庆市律师协会第六届理事会工作报告。
整理、制表：智合研究院。

根据《重庆律师行业第二个发展规划纲要（2015—2018）》的数据显示，重庆律师业务总创收逐年上升，2012 年 8 亿元、2013 年 10.1 亿元、2014 年 13.37 亿元，年均增幅 22%。希望到 2018 年年底，在 2014 年创收的基础上翻倍，达到 26 亿元，律师人均创收实现每年 10% 的增长，达到 28 万元。

从 2018 年的结果来看，重庆律师行业已超额完成了预期目标。近四年来，重庆律师行业服务收入继续保持高增长，每年上一个新台阶，2018 年达到 30.63 亿元，比 2015 年增长 77%；重庆律师的人均创收为 28.6 万元。

从律师人均创收方面来看，重庆高于成都。

成都、重庆律师人均办案数、行业总收入、律师人均服务收入等主要业务指标处于中西部领先、全国前列。

（三）2009 ~2018 年，成渝执业律师人数均翻倍增长

如表 3、图 1 所示，2009 ~2018 年，成都和重庆的执业律师人数均处于稳定增长的态势，但成都律师的人数增长速度高于重庆。

成都执业律师人数从 2009 年的 2589 人增加至 2018 年的 13,081 人，增长率达到了 405.25%。

重庆执业律师人数从 2009 年的 4311 人增加至 2018 年的 10,709 人，增长率为 148.41%，年化增长率为 10.6%。

表 3　成渝 10 年执业律师人数增长对比（2009 ~ 2018 年）　　单位：人

年份	成都执业律师	重庆执业律师
截至 2009 年年底	2589	4311
截至 2010 年年底	2822	4834
截至 2011 年年底	3078	5467
截至 2012 年年底	3872	5904

续表

年份	成都执业律师	重庆执业律师
截至 2013 年年底	4535	6355
截至 2014 年年底	8063	6798
截至 2015 年年底	9093	7149
截至 2016 年年底	10, 121	8178
截至 2017 年年底	11, 515	9356
截至 2018 年年底	13, 081	10, 709

资料来源：《2017—2018 年度成都律师行业发展报告》，重庆市律师协会第四、第五、第六届理事会工作报告，重庆市律师工作通报。其中，2012 年、2016 年、2017 年重庆执业律师人数由于无法从网络渠道查询获得，只能根据重庆近年来律师人数年化增长率进行估算，因此可能存在误差，仅供参考。

整理、制表：智合研究院。

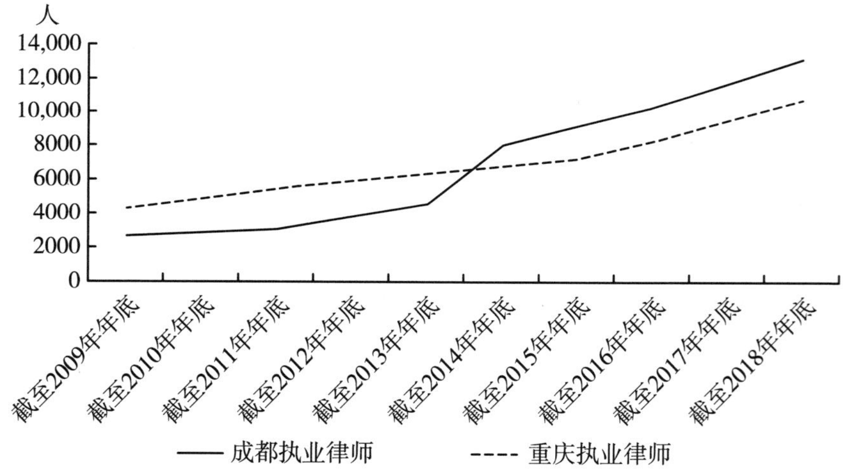

图 1　成渝 10 年执业律师人数增长对比（2009～2018 年）

根据《2017—2018 年度成都律师行业发展报告》的统计，截至 2018 年 12 月，成都律师中博士以上学历的为 231 人，占比为 1. 76%；硕士学历的为 3324 人，占比为 25. 41%；本科（包含双学士）的为 9309 人，占比为 71. 16%。

根据《重庆市律师协会第六届理事会工作报告》的数据显示，重庆律师中双学士、硕士、博士的占比达到了 23%，约为 2463 人。

从学历背景来看，成都和重庆律师的硕博比例大致相当，整体素质均较高。

二、成渝大所：雄踞西南，走向全国

虽然中西部律所无论是规模体量还是管理模式，与东部沿海省市的律所相比存在一定的差距，但成都、重庆作为中国法律市场的西部重镇，已有不少公司化运营、规模化发展，甚至已进行国际化布局的大所。

（一）四川成都：本地大所的规模化布局

在2018年召开的四川省第九次律师代表大会上，“2015～2017年度四川省优秀律师事务所”公布，共有50家入选，其中成都共有23家律所上榜。在这23家律所中，四川本地大所共有18家，京沪大所分所共有5家，详见表4。

表4 2015～2017年度四川省优秀律师事务所——成都

四川得力	四川光时	国浩（成都）	四川恒和信
四川华楚	北京市惠诚（成都）	金诚同达（成都）	四川精伦
竞天公诚（成都）	四川均鼎	康达（成都）	四川明炬
四川普联	四川润方	四川善嘉	四川盛豪
四川蜀缘	泰和泰	四川天润华邦	四川拓泰
四川英特信	中伦（成都）	四川中沛	—

整理、制表：智合研究院。

在2019年4月召开的成都市第七次律师代表大会上，50家“优秀律师事务所”、100名“优秀律师”和120名“优质服务蓉城30周年律师”受到表彰。2017～2018年度成都市优秀律师事务所名单如表5所示。

表5 2017～2018年度成都市优秀律师事务所名单

四川明炬	中伦（成都）	四川蓉城	四川致高
国浩（成都）	四川恒和信	万商天勤（成都）	四川拓泰
四川汇韬	四川泰常	四川英特信	四川君合
中银（成都）	四川凯越	四川文典	四川炜烨
四川迪泰	四川康维	锦天城（成都）	四川思勉
四川力久	四川蜀鼎	四川蓉桦	四川科全
四川原石	四川闰则	四川天智	四川瀛领禾石
四川蜀坤	四川中超	四川元海	四川法邦

续表

四川德斯普	四川恒创	四川方舟达	四川天府
四川显卓	四川信诺达	四川蜀航	四川顺泰
四川蜀正	四川风鸣	四川诚伦	四川众旺
四川理创	四川英贤	四川释然	四川彰正
四川正刚	四川金援	—	—

整理、制表：智合研究院。

若从2016～2019年钱伯斯《亚太法律指南》排名的“公司商事：西部（四川）”领域来看，位居第一等的律所均为国浩、金杜、泰和泰、中伦。全国品牌与四川本地所基本平分秋色，详见表6。

表6　2016～2019年钱伯斯“公司商事：西部（四川）”领域上榜律所

等级	2019年	2018年	2017年	2016年
第一等	国浩、金杜 泰和泰、中伦	国浩、金杜 泰和泰、中伦	国浩、金杜 泰和泰、中伦	国浩、金杜 泰和泰、中伦
第二等	大成	大成	四川康维、大成	四川康维、大成 四川君合
第三等	四川康维、 四川君合	四川康维、 四川君合	四川君合	天元
受认可律所	康达	康达	康达	康达

资料来源：钱伯斯《亚太法律指南》：中资所律所榜（2016～2019年）。
整理、制表：智合研究院。

根据《2017—2018年度成都律师行业发展报告》的统计，成都律师事务所创收过亿元的共有2家，创收超过5000万元的有10家，业务收入过1000万元的共有48家。

在成都律所中，有两家律所的规模化发展已经走在了前列，这两家律所分别是泰和泰、四川明炬。

泰和泰创立于2000年，自创立以来，从西南重镇成都出发，布点及东部，发展于全国，延伸至海外。在西部地区，泰和泰以成都、重庆、西安三个据点形成了坚固的“铁三角”关系。2017年，泰和泰召开了一次战略会议，决定要把泰和泰建设成为一家中国领先的、走向全球的一流律师事务所。

2013年，为了应对京沪大所抢滩布局四川法律市场的局面，30多家四川本地律所合并重组为西部地区规模最大的律所之一——明炬律师事务所。目前，明炬已有500多名律师，并迈入了“亿元所”的行列，被业内誉为四川律所中的“航空母舰”。

（二）重庆：6家律所迈入“亿元所”行列

2015年，重庆开始实施“525”规划，即力争培育5家综合性品牌大所，做到管理精细、专业突出，执业律师人数200人左右，年创收1亿元以上，在全国有一定影响力；20家特色强所，要求管理规范、特色明显，执业律师人数50人左右，年创收2000万元以上，在重庆及西部地区有较高美誉度；500家民生优所，力求管理规范、贴近基层、方便群众，服务有特色、品质有保障。

这一目标，截至2018年年底，已基本实现。

根据重庆律协的统计，2018年，重庆目前共有6家律师事务所创收过亿，加入了“亿元所”的行列，其中百君、坤源衡泰、索通的创收规模均超过了1.5亿元，详见表7。

表7　重庆市6家亿元品牌强所规模及创收情况

律所	人数规模/人	创收规模/亿元
重庆百君	207	1.70
重庆坤源衡泰	218	1.68
重庆索通	157	1.51
中豪	161	1.46
大成（重庆）	166	1.21
德恒（重庆）	143	1.01

资料来源：重庆律协。

制表：智合调研部。

2019年，重庆市司法局和重庆市律师协会发布了“2015～2018年重庆市优秀律师事务所”名单，共有30家律所入选，其中27家为重庆本地律所，详见表8。

表8　2015～2018年重庆市优秀律师事务所名单

重庆百事得	重庆光界	重庆翰墨	重庆华立万韬
重庆嘉陵	重庆静异	重庆夔府	重庆丽达
重庆四方	泰和泰（重庆）	重庆炜林	重庆学苑
重庆志和智	中豪	重庆中世	中银（重庆）

续表

国浩（重庆）	重庆合纵	重庆华升	重庆金牧锦扬
重庆钜沃	重庆坤源衡泰	锦天城（重庆）	重庆索通
重庆伟豪	重庆新源	重庆渝鑫	重庆智豪
重庆中钦国彦	重庆中柱	—	—

整理、制表：智合研究院。

若从2016年到2019年钱伯斯《亚太法律指南》排名的“公司商事：西部（重庆）”领域来看，索通、中豪、百君和中伦一直是榜上有名，四年来一直较为稳定，详见表9。

表9　2016～2019年钱伯斯“公司商事：西部（重庆）”领域上榜律所

等级	2019年	2018年	2017年	2016年
第一等	重庆索通	重庆索通、中豪	重庆索通、中豪	重庆索通、中豪
第二等	中伦、中豪	—	—	重庆百君
受认可律所	重庆百君	重庆百君、中伦	重庆静异、中伦	中伦

数据来源：钱伯斯《亚太法律指南》：中资所律所榜（2016～2019年）。
整理、制表：智合研究院。

2019年5月，重庆市律师协会“年度律师（律师事务所）大奖”颁布，重庆百君律师事务所、重庆静异律师事务所等11家律师事务所和34名律师荣获“年度最佳”称号，详见表10。

表10　2019年重庆律师事务所大奖名单

奖项类型	获奖律所
年度最佳律师事务所	重庆百君律师事务所 重庆静异律师事务所
年度片区最佳律师事务所	重庆睿诚律师事务所（涪陵区） 重庆新盟律师事务所（万州区） 重庆星空律师事务所（武隆区）
年度最佳成长律师事务所	重庆中世律师事务所 重庆丽达律师事务所 北京市中伦（重庆）律师事务所

续表

奖项类型	获奖律所
年度最佳奉献律师事务所	重庆奎龙律师事务所 重庆华升律师事务所 重庆炜林律师事务所

资料来源：重庆律协。
整理、制表：智合研究院。

在重庆市优秀律师事务所和钱伯斯榜单中，索通、中豪、百君、静昇均榜上有名。

三、成渝律师行业当前的主要问题

根据《四川省律师业发展规划（2018—2021）》和《重庆律师行业第二个发展规划纲要（2015—2018）》的，四川和重庆律师行业当前面临的主要问题均包含了以下六个方面。

第一，与我国东部地区的差距较为明显，且业务结构发育不够完善。成都、重庆地处西部地区，受经济社会发展条件的制约，东部地区律师行业发展总体强于成都、重庆，市场需求（尤其是高端、复杂、新兴业务的需求）、发展环境、行业管理能力等方面也优于成都、重庆。

第二，区域发展不均衡现象突出。成都律所和律师的区域性分布呈现了“二八现象”，其中锦江区、青羊区、武侯区、金牛区、成华区和高新区的律师人数占据成都律师总人数的88.8%。由于重庆地处西部内陆地区，集大城市、大农村、大山区、大库区于一体，律师资源主要聚集于主城区和区域中心，其中71%的律师事务所和71%的执业律师集中在主城九区，11%的律师事务所和13%的执业律师集中在万州、涪陵、黔江、江津、合川、永川6个区域中心城市。

第三，青年律师成长速度较慢。随着成都、重庆律师队伍的不断壮大，青年律师的人数会持续增长。除了部分大所、强所之外，大多数律所的规模较小，且管理模式、培训机制与东部地区相比，存在较大的差距。

第四，行业建设发展共识不足。律所发展及管理是行业健康发展的关键所在。在人才培养、案件管理、规范执业、专业品质、诚信收费、公平分配等事关律所发展的基础问题上，部分律所存在观念不一的情形，尤其是在当前激烈的市场竞争和粗放的管理模式下，存在短期化、功利化倾向。

第五，执业保障措施有待完善。近年来，成都、重庆律师的执业环境已经得到了改善，但在部分个案中，律师的执业权利保障仍然需要进一步进行落实。

第六，行业管理规则建设有待进一步加强。规范化管理是律师行业健康、长远发展的基础和前提，如何更好地发挥司法行政管理和行业自律管理的合力，将行业规范建设和行业惩戒相结合，是未来需要继续研究的重要课题。

四、十位一体，打造成渝法律市场的未来

未来，成渝法律市场预计将会围绕以下十个方面进行发展。

第一，围绕产业政策，律师行业的发展需与成渝的经济地位和发展相匹配。

截至2018年9月，在四川和重庆落户的“世界500强”公司已经分别达到335家和281家，处于国内前列。雄厚的制造业基础是外资选择落户的首要原因。从产业维度来看，川渝虽然都大力发展电子信息、航空航天、智能制造、生物医药等战略性新兴产业，有一定交叉和重合，但细分行业的侧重点也不尽相同。

成渝经济区的发展需要与之相配套的法律服务产业，依托成渝的产业结构，不断提升律师行业整体创收在GDP中的比重，将是成渝律师行业未来发展的重点。

第二，专业化发展，不断提升提供高附加值、新型法律服务的能力。

首先，要提升西部地区律师在资本市场、公司并购、知识产权、境外投融资、涉外商事贸易仲裁、国际贸易等领域的法律服务能力。

与此同时，要充分引导，让成都和重庆法律市场上形成一批能够提供多层级、一站式法律服务的精品化、专业化、特色化律师事务所。

第三，依托巡回法庭，提升诉讼法律服务能力。

随着“一带一路”建设，及西部大开发等国家重大发展战略的实施，我国西南地区经济社会快速发展，科技创新能力显著提升，西部地区的司法需求越来越迫切。

2016年年底，最高人民法院第五巡回法庭在重庆市正式挂牌，是全国唯一设在直辖市的巡回法庭，负责审理巡回区（重庆、四川、贵州、云南、西藏5省区市）内跨行政区域的重大行政、民商事案件和刑事申诉案件等，办理来信来访，实现审判重心下移、就地解决纠纷、方便当事人诉讼。

第五巡回法庭吸引了京沪地区以诉讼见长的律师事务所落子布局，也对成渝律师处理大型、复杂案件的能力提出了要求。

第四，提高律师事务所管理水平，完成一体化、公司化转型和升级。

律所管理将成为律所竞争的新战场。随着中国法律服务市场的需求日趋多元，早年间单纯的“跑马圈地”已不适用于绝大多数律所。如何平衡发展的速度与质

量，如何形成有效的、协同的规模化已越发成为布局的关键。

为了满足市场的需求，提高律所的集约化水平，释放规模效益，一体化管理和公司化管理进入律所管理者的目光之中，分配机制的改革、管理模式的完善、市场部门的构建、职业经理人的引进、专业部门/团队的划分成为近十多年中国一线大所讨论的专题，而管理改革、结构化升级将持续成为律所发展的重要命题。

第五，规模化布局，打造西部大所强所。

相比于“东征西伐、北上南下”的京沪大所，西部律所的规模仍然较小。目前，成都和重庆百人以上的规模大所占律所总数的比例仍然较低。未来，需要重点发展一批成都、重庆地区的规模化大所，在西部地区站稳脚跟之后，进行全国乃至全球的布局。

第六，提升涉外法律服务的能级，增强国际竞争力。

作为“一带一路”和长江经济带的交汇点，成都和重庆具有特殊的战略地位。成渝律师行业需围绕推进“一带一路”、自贸区建设等重大国家发展部署，为提升开放型经济水平提供法律服务。

根据司法部公布的全国千名涉外律师人才名单，四川共有 37 名律师入选，重庆有 17 名律师入选。未来，四川和重庆必将涌现更多涉外律师领军人才，更好地为“一带一路”建设等国家重大发展部署、为中国企业和公民“走出去”提供优质高效的法律服务。

第七，加快完善行业管理体系，加强行业规范指引，并改善律师的执业环境。

提升律师行业的准入门槛，充分发挥行业自律管理作用，监督律师严格遵守执业纪律和职业操守。同时，要建立和完善律师执业保障沟通协调机制和律师执业权利救济机制。

第八，不断吸收青年律师的加入，并加大对青年律师的培养力度。

在律协层面，要优化青年律师的培训机制，制订专项计划，利用互联网技术创新培训的模式。而且，尤其要注重对青年律师中涉外法律服务人才的培养。而在律所层面，则要建立明确的晋升机制，并形成多元化、常态化、多层级的培训体系。

第九，在信息化浪潮之下，拥抱法律科技。

借助大数据和信息化手段，提升律师行业服务与管理的质量和效率，打造“数据律协”，加强律师事务所的信息化投入，提升律师法律服务中的智能化成分，将是未来西部地区律师行业发展的必然趋势。

第十，促进成都、重庆各区域律所的均衡式发展。

针对区域性律师行业发展不平衡问题，成都、重庆应当支持远郊区县律师队伍建设；完善远郊区县帮扶措施，逐步壮大区县法律服务力量；并增强区县律所自我发展能力，提升区县律所管理水平和法律服务能力。

结语

根据《四川省律师业发展规划（2018—2021）》，到2021年年底，四川全省律师行业业务总创收在2017年基础上争取翻一番，力争达到50亿元，律师事务所所均服务收入超过全国平均水平，并力争建立起20家综合实力强、在全国具有较强影响力及创收在5000万元以上的规模化律师事务所。成都占据了四川法律市场的半壁江山，必将持续发挥重大的作用。

2012年，重庆制定了中西部地区首个律师行业规划，从战略层面为律师行业发展提供了方向和指导。2015年，重庆制定了第二个发展规划，至2018年，目标基本实现。眼下，重庆即将迎来其第三个发展规划。

成渝，不断创造成绩的西部“双城”。作为西部地区整体创收近30亿元的两大法律服务市场，成都、重庆未来必将继续保持高速增长。

40 年跃变与沧桑：贵阳律师业发展史*

指导单位/贵阳市司法局

发布单位/贵阳市律师协会、智合研究院

改革开放以来，贵阳市经历了一系列发展变迁，随着国家大数据（贵州）综合试验区、国家生态文明试验区、内陆开放型经济试验区三大国家级试验区先后在贵州落地，“大数据”“大生态”等成为贵阳一张张靓丽的“名片”。

律师制度恢复重建40年来，贵阳律师伴随并见证了贵阳市经济社会的发展变迁，也实现了自身的跨越式发展，取得了令人瞩目的成绩。如今，贵阳法律市场形成了立足贵阳、服务全省，精英集聚、面向全国，政治可靠、业务过硬的律师队伍。在新形势下，京沪等地的外地品牌大所陆续进驻贵阳，深耕市场、口碑渐佳的贵阳本地律所也在探索未来发展之路。

2020 年 3 月 31 日，在贵阳市律师协会成立20 周年之际，本文特回顾并总结贵阳市律师行业的发展历程和发展成果，展现贵阳律师的社会责任与职能作用，并展望和预测未来贵阳律师行业的发展前景。

一、回溯历史：贵阳律师业 40 年发展与变迁

1980 年 10 月，贵阳市法律顾问处正式成立，成为贵州省恢复建设的首家律师执业机构。这标志着中断了 20 多年的贵阳律师工作得以恢复。

1985 年，贵州省律师执业机构改革，具有合作性质的贵州经济律师事务所、贵州省联合律师事务所相继成立。

---

* 2020 年 3 月，智合研究院受贵阳市律师协会委托，参与编写并联合发布了《贵阳市律师行业发展报告（2000—2020）》，本文内容均为该报告的摘录。首发于 2020 年 3 月 31 日。文中数据统计截至 2019 年 12 月底。截至 2020 年 12 月 1 日，贵阳市共有执业律师 4762 名（其中专职律师 3820 人、兼职律师 214 人、公职律师 451 人、公司律师 252 人、法律援助律师 25 人），律师事务所 343 家（其中合伙所 178 家、个人所 161 家、国资所 4 家）。

由于案件数量的不断增加、市场需求的持续扩大，社会需要大量的律师提供法律服务。单纯依靠增加行政编制来解决市场问题已经不太现实。于是，无须国家编制和经费的合作制律所在部分地区开始试点。当时的部分贵州省律师工作机构名录见图1。

贵州省法律顾问处（律师事务所）通讯名录

单位名称	成立时间	人数	负责人	地址	电话
贵阳市法律顾问处	1980.10	34	刘代源	贵阳市白沙巷40号	25702
贵阳市第二律师事务所	1984.11	7	张奎铭	贵阳市中华南路128号	27543转
贵阳市云岩区法律顾问处	1984.3	3	果国庆	贵阳市延安路8号	25486
贵阳市南明区法律顾问处	1984.2	2	李会安	贵阳市新隆西巷89号	25314转
贵阳市乌当区法律顾问处	1984.1	3	杨永祥	贵阳市乌当区新添政府大楼内	113转
贵阳市白云区律师事务所	1984.12	2	张前荣	贵阳市白云区人民法院大楼内	113转
贵阳市花溪区法律顾问处	1985.6	1	谢成伦	贵阳市花溪区	113转
六盘水市法律顾问处	1981.5	6	杜向全	六盘水市文化南路政法楼内	
水城特区法律顾问处	1981.6	4	王大平	水城特区威水路政法楼内	
六枝特区法律顾问处	1982.1	2	周镇隆	六枝特区政府大院内	
盘县特区法律顾问处	1981.4	2		盘县特区政府大院内	
六盘水市第二律师事务所	1984.10	4	武　珏	水城特区城关镇特区法院宿舍	
遵义市法律顾问处	1980.9	7	冉崇熙	遵义市司法局内	
遵义县法律顾问处	1980.10	5	蔡春芳	遵义县南北镇	

196

图1　贵州省部分律师工作机构名录

1988年7月，贵阳首家合作制律师事务所——贵州省第一联合律师事务所成立，由专职律师李惠安、刘崇贵、孙新龙3人自愿组合而成。该所是自收自支、提留五项基金、实行效益浮动工资，按规定纳税的律师执业组织机构。

1992年，贵州新设立了贵州省政通律师事务所、贵州黔西南州律师事务所2家合作制律师事务所。截至1992年，贵州省共有合作制律师事务所10家，共有律师事务所103家。

2000年3月，贵阳市律师协会成立，当时贵阳仅有22家律师事务所，执业律师人数仅100余人。贵阳律协的成立，标志着贵阳市律师行业的发展进入了一个新的阶段。从2000年至今，贵阳市律师行业已召开五次律师代表大会，选举产生了五届理事会。图2为贵阳市第一次律师代表大会全体代表的合影。

图 2　贵阳市第一次律师代表大会全体代表留影

21 世纪以来，贵阳律所的数量也在不断上升。根据调研数据[1]显示，218 家贵阳律所中，仅有 3 家律所成立于 1980～1989 年，分别是成立于 1985 年的北斗星、黔鹰和成立于 1986 年的教学。1990～1999 年，有近 20 家律所成立，其中包括驰宇、辅正、心海、朗声、天一致和、泽丰等。2000～2009 年，新增律所已接近 40 家，较 20 世纪 90 年代增长了 1 倍，占 218 家律所总数的 17%。贵达、中创联、黔信、君跃、圣伦达、合兴、恒易、富迪、维拓、鼎尊、慧原、元朗、正哲等律所都成立于这一时期。

2008 年，司法部在全国部署合作制律师事务所改革工作，规定律师事务所可以由律师合伙设立、律师个人设立或者由国家出资设立，不再保留合作制律师事务所。

当时，贵阳市有贵州佳合律师事务所、贵阳威克律师事务所、贵阳智衡律师事务所 3 家合作制律师事务所，贵州省司法厅将贵阳智衡律师事务所作为转制改革试点，先行先试。于是，贵阳智衡律师事务所率先在贵州省完成了转制。

取势东风，近十年贵阳市律师行业驶入了发展快车道。贵阳市律师队伍日益壮大，贵阳市律所的数量不断上升，随着经济发展和社会进步，贵阳律师越来越多地参与到各类事务当中，几乎渗透了政务决策、经济活动、社会生活的各个方面，在提高社会贡献度和影响力的同时，律师的社会地位和形象也得到了很大程度的提升。

在全国范围内，贵州省率先启动了大数据产业：创建首个国家级贵阳·贵安大

〔1〕 如无特殊说明，本文所称“调研数据”是指贵阳律协于 2019 年向贵阳市内律师事务所发放问卷调查表收集到的 218 家律师事务所的相关数据。

数据产业发展集聚区、率先创建国家级贵阳大数据产业技术创新试验区、率先建立贵阳大数据交易所和众筹金融交易所等。

随着国家政策的大力扶持，国家大数据（贵州）综合试验区、国家生态文明试验区、内陆开放型经济试验区三大国家级试验区，以及“数博会”“生态文明贵阳国际论坛”等国际会议先后在贵州落地，“大扶贫”“大数据”“大生态”三大战略强力推进，都为贵阳市律师行业的发展带来新的机遇和挑战。贵阳律协还将肩负起新时代的重任，同心同德、扎实工作、锐意进取，为中国律师事业的繁荣发展作出新的贡献。

40 年来，贵阳律师队伍在服务社会经济发展、保障人民合法权益、维护社会公平正义、推进社会主义民主法治建设等方面发挥着重要作用，并且受到了人民群众和各级领导的认可。未来，贵阳律师将在职业素养、业务水平、涉外服务能力等方面继续提升，贵阳律所将在规模化、专业化、品牌化的道路上继续前进。

二、从大数据看贵阳律师业发展成绩

（一）律师人数达 3771 名

截至 2019 年年底，贵阳市共有律师 3771 人，其中贵阳市律师 3592 人，贵安新区律师 179 人。现贵阳市 3592 名律师中，专职律师达 3139 人，占比为 87.39%；公职律师 222 人，占比为 6.19%；兼职律师 181 人，占比为 5.03%。此外，还有公司律师 28 人、法援律师 22 人，这两类律师占比相对较低。详见图 3。

图 3　2010 ~ 2019 年贵阳律师人数

注：2014 年数据截至 2014 年 9 月底，2018 年数据截至 2018 年 6 月底。

1. 年龄结构呈现“年轻化”，50%以上律师年龄低于35岁

贵阳市律师行业从业人员的年龄较为年轻。30岁以下律师人数最多，占比为33%；其次为41~50岁的律师，占比为21%；31~35岁的律师人数占比为19%；36~40岁律师人数占比为13%；50~60岁的律师人数占比为10%；60岁以上的律师人数最少，占比为4%。

2. 执业年限集中于10年以下，共占75%

根据调研数据，从律师执业年限来看，执业5年以下的律师最多，占比为52%。执业5年以上各年龄段律师的人数递减。执业5~9年的律师人数占比为22%，执业10~19年的律师人数占比为15%，执业20~29年的律师人数占比为8%，执业30年以上律师人数仅占比为3%。

3. 汉族律师占比82%，少数民族中土家族、苗族居多

根据调研数据，贵阳律师中汉族律师占比为82%，少数民族律师占比为18%。少数民族律师中，土家族、苗族律师最多，其次是布依族、侗族、穿青人律师。详见图4。

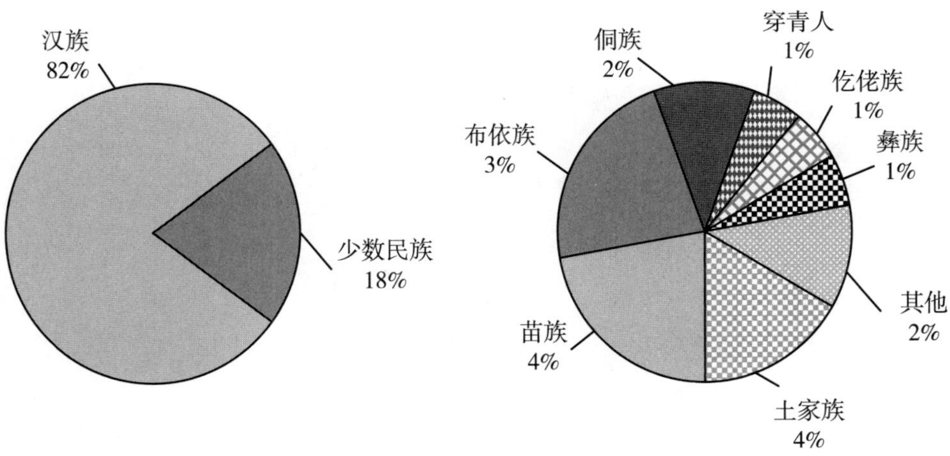

图4 贵阳律师民族分布

（二）律所数量达297家

2010~2019年，贵阳市律师行业发展迅速，律所数量显著上升。2010年，贵阳市仅有律所53家，到2015年已发展到153家，截至2019年年底，贵阳市律所已达297家。详见图5。

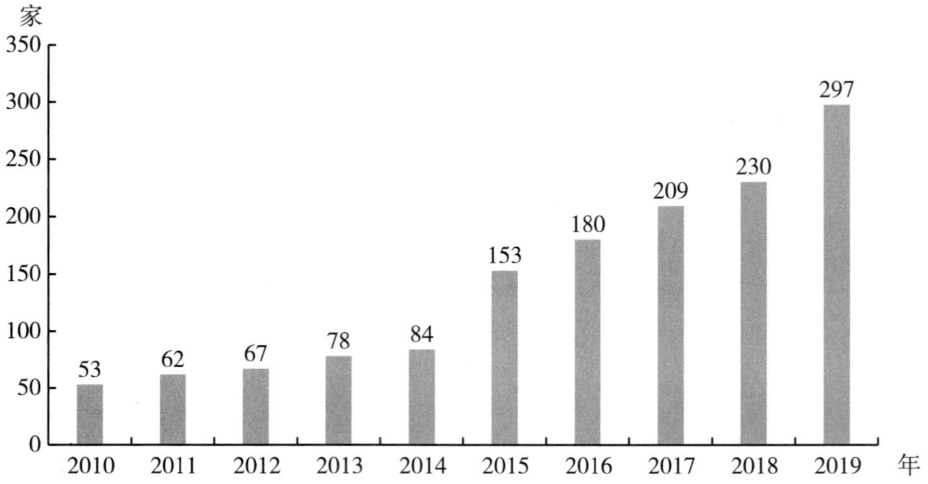

图5　2010～2019年贵阳律所数量

注：2014年数据截至2014年9月底，2018年数据截至2018年6月底。

1. 合伙所多于个人所，国资所有6家

目前，贵阳市律师事务所的组织形式主要有合伙所、个人所、国资所几类。截至2019年年底，贵阳市共有律师事务所297家，其中合伙所最多，共154家，个人所137家，国资所6家。详见图6。

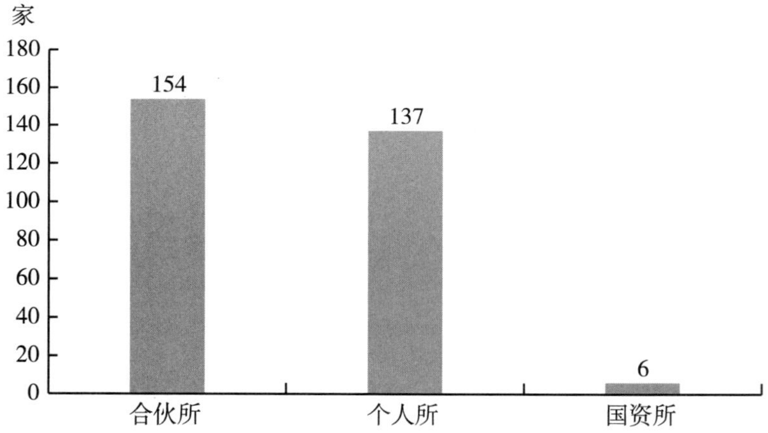

图6　贵阳律所组织形式分布

2. 观山湖区、南明区、云岩区律所较为集中

从区县分布来看，观山湖区律所最多，共94家，占全部贵阳律所总数的31.65%。其次是南明区81家、云岩区63家。这三个区的律所共计238家，占贵阳市律所总数的80.13%。此外，贵安新区22家、花溪区12家、开阳县6家、清

镇市5家、乌当区5家、息烽县4家、白云区3家、修文县2家。详见图7。

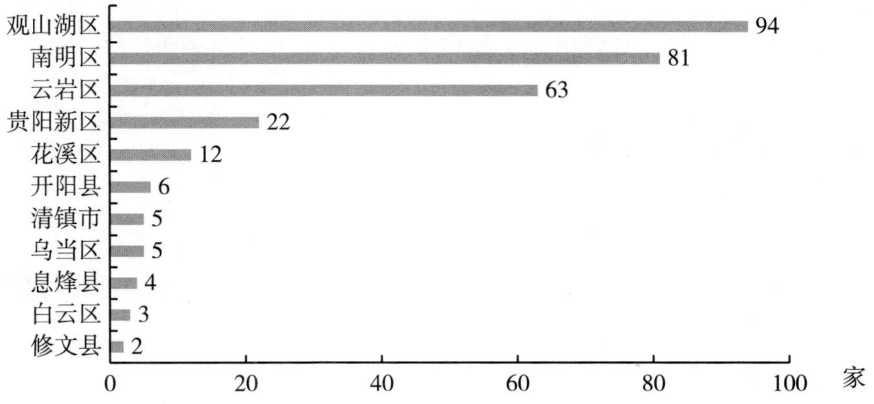

图7　贵阳律所区/县分布

3. 10人以下律所占九成，2家律所人数过百

贵阳律所主要以小型律所为主，根据调研数据，贵阳律所中律师人数在10人以下的律所占比高达90.4%，律师人数11~30人的律所占比为7.2%。截至2019年9月30日，贵阳市共有2家律所的律师人数在101人及以上，贵州贵达律师事务所（总所，不含分所）共有执业律师119人，北京盈科（贵阳）律师事务所共有执业律师103人。详见图8。

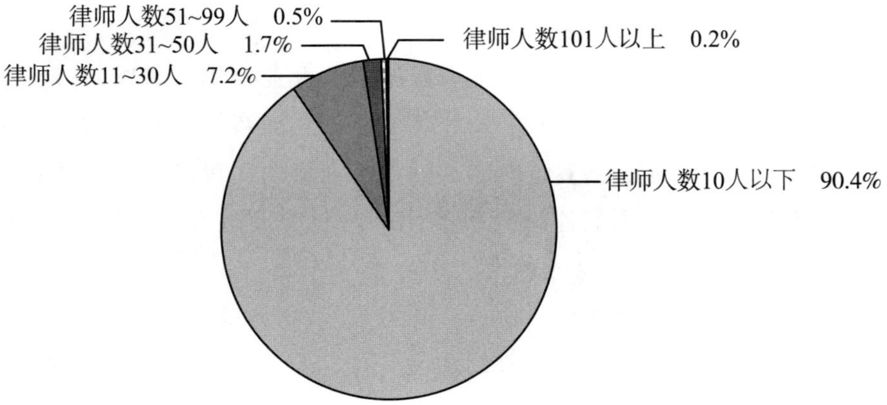

图8　贵阳律所规模情况

4. 律所分所数量较少，集中于贵州省内

根据调研数据，共有贵州黔信律师事务所、贵州黔成起智律师事务所、贵州贵达律师事务所、贵州泽丰律师事务所、贵州辅正律师事务所、贵州崇实律师事务所、贵州瀛黔律师事务所、贵州君跃律师事务所、贵州中创联律师事务所9家贵阳

律所在贵州省内设立了分所，设立地点包括六盘水、毕节、贵安、遵义、都匀、贵定、兴义、榕江、雷山等。其中2家律所还在省外设有分所，贵州贵达律师事务所设立了北京、重庆分所，而贵州泽丰律师事务所设立了深圳分所。

三、提供全方位服务，共建法治贵州

（一）推动贵阳法治建设

贵阳律师的身影出现在贵阳市政建设工作的各个方面，贵阳律师参政议政的作用日益突出，在政府立法工作中建言献策，全面参与贵阳公共法律服务网络建设，为贵阳人民群众提供高效便捷、均等普惠的法律服务。

1. 积极参政议政

2016年8月，贵阳律协成立了律师人大代表与政协委员工作委员会，鼓励贵阳律师担任市人大代表、市政协委员，推动当地经济社会发展的同时，也为律师工作的开展营造了良好的舆论氛围。

据不完全统计，2019年贵阳市人大十四届四次会议、市政协十二届三次会议召开期间，贵阳律师中的人大代表和政协委员向大会提交的议案、提案共17件，经审查立案14件，其中市政协主席会议督办重点提案1件。[1]这些议案提案反映了党委、政府亟待解决和人民群众普遍关注的问题，很多意见和建议得到各承办单位的重视和采纳。

2. 推动科学立法、公正司法

贵阳律师积极参与地方立法，发挥“智囊团”专业作用。2012年5月，贵阳市第十三届人大常委会建立了“市人大常委会地方立法咨询专家”参与地方立法的制度，贵阳律师在政府立法工作中建言献策，先后两次参加修订《贵阳市促进生态文明城市建设条例》调研座谈会，参加市人大《贵阳市城市社区工作条例》（暂定名）立法研讨会，提出修改意见。

3. 服务公共法律服务体系

截至2017年年底，贵阳市市直部门和区（市、县）政府及部门的法律顾问制度建设覆盖率已经达到90%以上，建立了以政府法制机构人员为主体，吸收专家和律师参加的法律顾问队伍；贵阳市搭建了四级公共法律服务实体平台，其中市级公共法律服务中心1个，区（市、县）公共法律服务中心10个，乡（镇、社区）公共法律服务工作站143个，全市1461个村（居）实现法律顾问全覆盖，“一小

〔1〕 参见贵阳市律师协会参政议政与律师代表联络专门委员会：《2019年律师人大代表与政协委员议案提案及办理复文汇编》。

时公共法律服务圈”已经初步形成。[1]

（二）助力经济社会发展

贵阳作为省会城市，在改善民营企业发展法治环境工作中充分发挥带头作用，贵阳律师也积极投入服务和保护市场主体、维护市场秩序、保护企业权益等工作中。

1. 助力优化营商环境

2019 年 3 月，贵阳市司法局与贵阳市工商联合会部署“法治体检”进民营企业专项动员活动。贵阳律师深入重点民营企业提供法治体检服务，了解企业生产经营和依法治理情况，分析企业法律需求，帮助查找制度漏洞和薄弱环节，并引导企业家强化法治意识，维护企业健康发展。

2. 服务重大工程、项目

2018 年贵州省新开工省重大项目 919 个、建成 554 个，省重大项目完成投资 9512 亿元。中央预算内投资执行情况获国家监测评比综合排名第 1 位。[2]贵阳市重大工程、项目中的法律服务需求持续增加，贵阳律师充分发挥服务扩大开放和对外合作中的法律审核把关作用，帮助政府和企业防范法律风险，防止经济损失。

3. 服务贵阳市生态文明建设

贵阳公众环境教育中心，是贵州省唯一一家具有环境公益主体资格的环保类非政府组织。贵阳服务团律师免费担任贵阳公众环境教育中心常年法律顾问，其作为原告提起的环境公益诉讼案件，全部由服务团律师代理。

2010 年 12 月，“贵阳公众环境教育中心和中华环保联合会诉贵阳乌当区定扒造纸厂水污染环境公益诉讼案”被最高人民法院选为典型案例。

2012 年 9 月，“贵阳公众环境教育中心环保志愿者蔡长海诉清镇市屋面防水胶厂负责人龙兴光环境公益诉讼案”，系全国首例个人作为原告的环境公益诉讼案，被评为当年度“十大公益诉讼案件”。

2017 年 3 月，全国首例生态环境损害赔偿磋商司法确认案作为生态环境损害赔偿制度改革典型案例，成为“贵州经验”被中央电视台“焦点访谈”栏目报道。

（三）维护社会和谐稳定

贵阳律师积极参与处理重大突发事件，化解社会矛盾，结合律师自身优势，作为双方沟通的桥梁，协调双方高质高效解决纷争。

---

〔1〕参见钱丽：《贵阳实现村（居）法律顾问全覆盖》，载搜狐网 2017 年 12 月 13 日，https：//www. sohu. com/a/21017004_610793。

〔2〕参见《2019 年度十大法律服务新趋势》，载贵达律师网，http：//www. guidalaw. cn/info/0bcd88c0151e440a695dbc098feb857。

1. 协助政府做好信访接待工作

2011 年 7 月，时任中央政治局委员、中央书记处书记、中宣部部长刘云山同志曾来到贵阳市群众工作中心，慰问了当时参加信访接待工作的汪晓迅律师，并对贵阳律师参加信访接待工作给予了高度评价。

“贵阳模式”的主要做法是积极选派政治素质好、业务能力强的优秀律师每周定期到贵阳市群众工作中心（贵阳市信访局）值班；后又紧跟形势发展需要，主动加压，主动作为，实现律师参与信访接待工作周一至周五全覆盖。

2016 年 4 月，贵阳市涉法涉诉信访法律服务律师工作室在贵阳市公安局、贵阳市中级人民法院、贵阳市人民检察院、贵阳市法律援助中心 4 家单位分别挂牌成立，详见图 9。贵阳律协按照政治上靠得住、业务精通、有奉献精神的要求，遴选出 108 名律师组建“贵阳市涉法涉诉律师工作专家库”，又于 2018 年 5 月、2019 年 4 月组织增补了 90 余名律师入库。

图 9　2016 年 4 月 27 日贵阳市涉法涉诉法律服务律师工作室挂牌

截至 2019 年 11 月，贵阳律协已安排值班律师 940 余人次，接待信访案件 700 余件，接待信访人 1000 余人次，共组织了 73 名专家库律师参与评查了 64 件信访案。

2. 解决群体性、重大突发事件

贵阳律师参与处理群体性突发事件，以法律为依据处理诸如赔偿或补偿等一系列善后处置事宜，防止矛盾激化，获得了民众和政府部门的一致好评。

例如，2014 年 2 月 27 日贵阳市白云区发生一起公交车纵火燃烧事件，造成 6

死35伤。贵阳市6家律师事务所的14名志愿者律师组成法律服务团，为有法律需求的受害人、政府和相关单位提供服务，并帮助3名死者家属进行赔偿调解。

2015年5月20日，因山体滑坡地质灾害，贵阳市云岩区头桥社区宏福景苑第21栋居民楼第3、第4单元部分垮塌，涉及35户114人。在贵阳市司法局的安排下，贵阳律协组织律师团队赶赴现场，协助政府维护秩序、疏导群众、救助救灾、协商赔偿等事宜，最终受灾群众得以妥善安置。

四、把握机遇，打造西部律师业发展典范

（一）党建引领，筑牢行业发展根基

贵阳市律师行业始终把党的精神贯彻落实到全市律师行业的各个领域、各个方面、各个环节，实现党的组织和党的工作全覆盖。截至2019年12月，贵阳市律师行业党委下辖61个党支部，包括57个独立党支部、4个联合党支部，组织关系在行业党委的党员有557名。

未来，贵阳市律师行业将进一步提高政治站位，持续深入组织学习贯彻习近平新时代中国特色社会主义思想，加强律师行业意识形态领域教育和管理，提高党员律师的政治责任，实现律师行业党的组织建设规范化的目标，以党建引领所建。

（二）规范管理，提高行业治理水平

贵阳市律师行业将通过对事务所内勤工作的指引，实现管理的规范化、流程化，并通过推行和完善“全国律师综合管理信息系统”，为贵阳律师提供更好的服务。贵阳市律师行业将继续完善律师工作联席会议制度和维护律师执业权利快速联动处置机制，推动与有关部门建立常态化的工作交流机制，定期研究律师执业惩戒和律师执业权利保障工作有关问题。

（三）规模发展，实现律所管理升级

律师行业要实现质的飞跃，发展规模大所是其题中之义，律所的规模化优势不仅体现在人数和分所的数量上，更体现在分所以及律师整体的交流和业务整合上。

1. 规模化布局，打造大所、强所

从整体上看，贵阳市律师行业的规模不大，规模大所、综合强所、一体化、公司化的律所数量不多，律所管理的规范性仍待加强。

贵阳市律师行业需要重点发展一批贵阳地区的规模化大所，在西部地区站稳脚跟，继而在全国乃至全球进行布局，沿着“一带一路”方向“走出去”，为在黔企业参与“一带一路”建设保驾护航。

2. 提高律师事务所管理水平，完成转型和升级

律师事务所的管理能力是律师事务所的核心竞争力之一。随着中国法律服务市场日趋多元，一体化管理、规范化管理的律师事务所成为时代所需、发展所需。贵阳律所将学习国内外先进经验，加强交流与合作，进一步提高管理水平和专业化水平，实现律所管理的转型与升级。

3. 品牌化经营，提升律所形象

打造品牌是贵阳律所走向高端化、精品化发展的必由之路。在充分认识文化建设和品牌宣传重要性的基础上，贵阳律所将结合地域特色，准确定位品牌战略目标，构建品牌战略实施的组织架构，加强名所、名师、名品的培育，以提升律师社会美誉度、律师行业公信力和律所竞争力。

（四）专业拓展，适应行业发展需要

随着人们对于法律服务需求的提升，律师的作用日益突出，贵阳市对于涉外律师、高层次专业律师的需求也不断增大。

1. 服务产业政策，多元共同治理

贵阳市作为首批政府数据开放平台试点城市和生态文明城市，迫切需要相关专业的律师精英。由此，贵阳市律师行业将加强专业的法律服务队伍建设，培养和引进一批高层次、专业的律师人才。

贵阳律师还将积极参与到多元共治的社会治理中去，即政府主导、企业为主、社会公众参与、律师协同、司法联动的治理模式，服务中心大局，服务经济、社会与环境发展。

2. 主动谋求创新，提升新型法律服务能力

贵阳律师将提升在资本市场、公司并购、知识产权、境外投融资、涉外商事贸易仲裁、国际贸易等领域的法律服务能力。与此同时，贵阳市律师行业将充分发挥作用，引导并推动形成一批能够提供多层级、一站式法律服务的精品化、专业化、特色化律师事务所，既要运用创新性思维，探索法律业务模式，又要迎合区域发展趋势，积极拓展业务领域。

3. 提升涉外法律服务的能力，增强国际竞争力

贵阳是“一带一路”重要的节点城市，为贵阳律师行业涉外业务的发展起到极大的推动作用。但是，涉外法律服务人才，尤其是高端涉外法律服务人才的不足也成为贵阳市律师行业不得不面临的挑战。因此，培养储备一批通晓国际规则、具有世界眼光和国际视野的高素质涉外律师人才势在必行。

（五）发挥职能作用，履行社会责任

1. 积极服务法治贵州建设

贵阳市律师行业将推行律师“两代表一委员”联席工作机制，完善“两代表一委员”的参政推荐机制，激发贵阳律师参政议政的积极性，鼓励律师写出高质量、具体实际的提案，并加大与统战部门、法律职业共同体及主流媒体的沟通及合作，充分展示贵阳律师形象，提高贵阳律师地位。

2. 积极参与社会治理

贵阳市律师行业将从四个方面推进律师参与社会治理工作：（1）组织和引导律师参与信访、领导接访和群体性事件处置，继续推行律所及律师在政法机关、信访部门轮流值班制度；（2）组织律师参与化解和代理涉法涉诉信访案件，探索申诉案件律师代理制度；（3）加强律师参与物业纠纷、医患纠纷、损害赔偿纠纷等领域的专业调解；（4）加大对律师办理重大、敏感及群体性案件的指导，完善报备制度。

3. 积极服务三大攻坚战

贵阳市律师行业将主动服务中央重大决策部署，围绕防范化解重大风险、精准脱贫、污染防治三大攻坚战展开法律服务。[1]

“防范化解重大风险”居于“三大攻坚战”的首位，防范化解金融风险又被视为“防范化解重大风险”的“首要战役”。对此，贵阳律师将积极参与金融风险防控、市场化法治化债转股、金融类企业兼并重组、处置存量债务、专项债券发行及重大纠纷处理等法律服务。

贵州是我国贫困人口较多的省份，是脱贫攻坚的主战场。近年来，律师已然成为全省脱贫攻坚不可或缺的重要力量，贵阳市律师行业将继续扎实推进精准脱贫，探索建立完善残疾人律师帮扶公益行为与津补贴制度长效机制。

生态文明建设是贵州省治理能力现代化水平的体现。贵阳市律师行业以打造贵州省环境、资源、能源领域最专业的法律服务团队为愿景，进一步为各级人民政府的生态环境、自然资源、农业农村、林业、水利、城市综合执法等职能部门及相关企事业单位提供专业、高效的法律服务。

---

〔1〕参见贵州省司法厅：《2018 年全国普法依法治理工作要点》，载贵州省司法网 2018 年 4 月 11 日，http：//sft. guizhou. gov. cn/zwgk_97/xxgkml/jcxxgk/zcwj/201905/t20190516_2550108. html。

县政府重金扶持律师业，能给行业带来什么？*

吴梦奇** | 智合研究院

一、一县政府的“投石问路”

2020 年 4 月 20 日，江苏省连云港市灌南县人民政府发布了一则通知，开始施行《灌南县律师业发展奖励扶持办法》（以下简称《办法》）。作为业内罕见的县域政府扶持措施，这份通知很快在法律圈里扩散。

根据《办法》，县内律师事务所每吸引 1 名外地户籍律师前来执业，便可获得一次性奖励 20,000 元，被引进律师也会在 3 年内获得每年 10,000 元的补助；到灌南开设分所的外地律所能够一次性获得 30,000 元的办所补助，执业律师超过 10 人则能够一次性获得 50,000 元的办所补助，“全国优秀律师事务所”“省级优秀律师事务所”还能在此基础上分别另增补助 100,000 元、50,000 元。

此外，《办法》还支持法检系统以外的财政供养公职人员辞职加入执业律师队伍，免受回避期限限制，并能获得 30,000 元奖励——这也是这一文件下发后全网转发的原因之一。

这并不是灌南县第一次出现在法律圈的视线之内。此前，为了解决律所、律师资源不足的问题，灌南县曾以县公共法律服务中心为轴心，在辖区 11 个乡镇布点构建了法律援助网络，并联合第三方开发设立了 6 处互联网无人律所。

灌南县为什么要下这么大气力提振本地律师行业？这一政策对于当前县域法律服务行业具有怎样的意义与启示？

二、县域律师行业发展难点何在？

县域律所承担我国 70% 以上人口的法律服务，与之相对应的，则是县域律师

---

* 本文首发于微信公众号“智合”2020 年 7 月 15 日。

** 吴梦奇，智合研究院编辑，长期就中国律师行业发展状况、律所及律师生态等方面进行观察研究。

行业发展水平的相对滞后。

截至2020年5月9日，人口超过80万人的灌南县仅有海西、灌江两家律师事务所，执业律师22人，是江苏省执业律师人数最少的县。事实上，以江苏省为例，截至2017年年底，江苏省61个主城区以外的县域中，律师人数不足50人的就有19个。虽然其中大部分集中在经济不够发达的苏北地区，但沿海地区尚且如此，内地县域法律服务市场的发展水平可想而知。

受限于县域既有的经济、社会环境，目前县域法律服务市场仍存在几个主要的难点：

第一，经济环境相对落后。相比依靠资金、技术、人才发展的城市经济，县域经济收入来源以农林牧渔业和中小微企业为主，这使得对应的律所客户付费意愿较低，难以支撑律所、律师的生存需要。

第二，业务类型相对单一。经济的欠发达使得县域法律服务类型仍以传统诉讼和简单非诉业务为主，律师很难得到其他业务类型的锻炼，这让律师、律所的发展空间都受到了较大限制。

第三，法治建设相对不足。限于经济体量等因素，当前我国县域往往无法给律师行业提供足够政策支撑，县域律协等法律服务行业组织也因规模等因素难以发挥其应有作用。

诚然，在客观事实面前，单靠县域自身力量难以推动行业整体发展。灌南县的选择，便是一次引进与借势。

三、大所下沉？尚待探索

当前我国县域律所仍以两种构成为主：规模体量小于10人的小型律所，以及部分外地律所开设的小型分所。

全国性大所有没有在县域市场进行布局？答案是“有”。江苏江阴和河南汝州两地已有全国性大所的分所。

但这两个城市具有一定特殊性：江阴是“2018全国百强县”的第二名，汝州则是中原城市群副中心城市，二者更像是向二、三、四线城市的延伸，而非更为下沉的县域市场。

当前各县域的分所，主要仍由省内律所设立：截至2019年8月底，在广东省15个欠发达县（市、区）新设的23家律所中，分所占11家，均为本省律所创办。这类分所的创设也多为基于改善律师资源地区发展不平衡目的，由司法机关倡议、推动设立，往往缺乏发展的内生动力或直接、有力的政策扶持。

相较部分县域有条件的减税、免税措施，在创收形势不明朗的情况下，灌南县直接对律师、律所进行奖励的方式显然会更有吸引力。但相比发展分所的短期收益，分所发展潜力、在律所内部的定位都是全国性大所们更关心的问题。这方面，灌南县也许能够成为大所探索县域市场发展可能的一个合格的“桥头堡”——但要让这座“桥头堡”更有吸引力，单纯的现金扶持显然还远远不够。

四、一个积极的信号？

对于灌南县目前的一系列措施，成果姑且不论，仅从现阶段看，这仍不失为一个积极的信号：

首先，县域政府以直接措施扶持律师、律所发展，能够提供更为宽松的执业环境。

品牌所少有下沉布局县域市场，一方面是基于其自身业务特点与战略布局的需要，尚不需要下沉到县域地区；另一方面也是因为县域市场难以承载品牌所的体量与发展需求，资源投入需要再三考量。

本次灌南下发文件中直接提供资金支持也许还不足以立刻改变这一情况，吸引品牌所设立分支机构，但这一政策信号意味着品牌所已经可以开始具体分析县域市场的潜力，以在未来推出更多后续扶持政策时，能及时布点，并带动县域法律服务市场发展，拓展律所影响力与业务空间。

其次，推动县域律所单体规模的增长，产生初步集群效应，未来还可通过后续措施推动律所的品牌建设与规范发展。

鼓励外地律所，尤其是大所强所在本县开设分所主要有两大好处：一方面，县域分所可以借助律所资源与品牌形象提高对大客户的议价能力与公益活动的能力；另一方面，品牌所触手的下探也使其能够通过市—县的联动，增强在某一地区的覆盖率，并促使律所向更科学、更高效的管理体系发展演变。

再次，作为内地县域律师行业的示范，为其他县域律师行业发展提供参考。

此前，不少县域亦曾鼓励或牵头各类提高法律服务水平的手段，如开设互联网律所等，本次灌南县印发官方文件的形式、全面且大力度的扶持手段则提供了另一种思路：如若这一政策能与后续的配套措施真正带动县域律师行业扩大律师队伍、增强律所实力，势必会对国内众多法律服务行业发展滞后、需求旺盛的县域提供参照范本。当县域服务水平整体开始上升，国内法律服务市场格局也许也会受其撬动——在城市法律服务市场开始拼存量的时候，尚待整合开发的县域市场也许会成为下一个增量的挖掘场。

最后，吸引公职人员从事律师，或引领县域从业风向。

由于县域政府公职相对稳定，往往被县域人员作为择业的优先选择，其中不乏因县域律师发展前景不佳而转入公职人员队伍的情况。灌南县以奖励措施吸引公职人员从业的措施也许并不会一开始即奏效，但配合其他奖励措施，在执业生态得到改善后，第一批由公职转律师的“吃蟹者”很可能带动一股风潮，吸引更多后来者加入。

五、县域律师的未来?

灌南县的这一举措终效如何，还留待时间检验。

实际上，受自身基础薄弱等特殊性背景影响，我们也很难说这会是未来其他县域律师行业的一大参考范例或是县域律师行业迎来发展的一个信号，但这枚楔子一旦成功打下，我们也许会在未来数年里看到更多效仿者与跟进者——对于仍有广阔发展空间等待挖掘的律师行业而言，这无疑是件好事。

律所管理篇

律所分钱的规矩*

孙 渝**

“从分钱的规矩看开去，如果说提成制是诸侯当道，公司制则是寡头集权，个中利弊，恐怕还需时日，才能看得清楚。”

——孙渝

一、合伙的由来

两人以上联手做生意，谓之“合伙”，春秋的管仲和鲍叔牙，算得上“中国合伙人”的鼻祖，他们分钱的规矩异于常态，鲍叔牙出资多，但因念及管仲家贫，每让管仲多分，遂有“管鲍之交”的美谈传世。

然而，此乃“义道”，而非“商道”。真正的合伙关系，仅靠谦让与笑纳，恐难持久。无论“资合”，还是“人合”，又或二者融汇变通的种种，若不能立契在先，商定盈虚的共享与分担，则久必生乱。

据有人考证，湖北凤凰山十号汉墓出土的简牍中，有份“中舨共侍约”，是迄今所见最早的合伙契约，写于西汉景帝四年（前154年）。自此之后，民间的买卖日渐增多，但凡营谋生意，合本求利，每有立约在先的例，盈则分，亏则补，至于私己用度，俱各自担，不得支动店银，以公肥私，“如有不镶，公照盘账折出无辞”。这些见诸契约的权利与义务，逐渐形成了规范合伙关系的准则，其中，分钱的规矩尤不可缺，或“照股均分”，或“你三我七”，总之有约在先，以免纷争。这种源自实务的体验，成为后来构建合伙制度的真实素材。

---

* 本文首发于微信公众号“百君律师事务所”2019年12月25日。

** 孙渝，重庆市百君律师事务所律师。1979年考入西南政法大学法律系，先后获得法学学士、法学硕士学位，毕业后留校任教，1995年评为法学副教授。任教期间，从1985年开始从事兼职律师工作，1998年辞去教职创办重庆百君律师事务所。现任百君律师事务所主任，一级律师，中国国际经济贸易仲裁委员会仲裁员、重庆市仲裁委员会仲裁员、西南政法大学兼职教授、重庆市人民政府立法咨询委员。

二、分钱的玄机

在现代合伙关系中，盈虚的共享与分担，不可或缺。常言道，共苦易而同甘难，这是因为，面对亏虚，同道尚有向死而生的初心，而面对“白花花的银子”，人性之恶难免泛滥，因此，议定分钱的规矩，是合伙的重中之重。

有趣的是，合伙这种模式，特别是分钱的规矩，虽然肇始于买卖人，流行于商界，但真正被发扬光大，臻于至善，却得益于今天的律师一族。他们嫌这规矩庸俗，另取了个斯文的名字，叫作“利益分配机制”。

由“规矩”而“机制”，并不囿于称谓的蜕变，更见诸利益安排的推出陈新。公司制、提成制、计点制、授薪制、成本分摊制，以及相互杂交的种种变异，可谓五花八门，每一个钢镚都被精算到极致，而且，不仅将利益的安排溢出了合伙人的范畴，更使传统的“照本取利”趋于瓦解。有人说，律师都是聪明人，那么，分钱的难题到了律师手里，则成了聪明人的游戏，被玩得眼花缭乱，叹为观止。

如果就此说，律师喜好化简为繁，无事找事，那是天大的误解。事实上，在律师眼里，利益分配机制不仅关乎利益本身，还隐含着律所治理的玄机。更直白地讲，分钱不只是利益的安排，还决定着能否引入和沉淀人才，更与律所的生存与发展息息相关。那些按不同方式输入律师腰包里的钞票，像灵魂附体的精灵，彰显出取向各异的价值观，悄然影响着律所的兴衰与荣枯。只不过，这样的玄机，局外人未必尽知。

大体而言，根据律师费入账后资金的流向，律所存在三次分配，每一次分配都关联甚广，每一次分配都举足轻重。

三、第一次分配

律所的利益分配不同于一般的生意，营业收入产生的时候，分钱的大戏便拉开了帷幕。

由于营运成本和税费相对容易预判，一旦“雨水”被“制造”出来，律师（通常是合伙人）便可以从律所分得第一杯羹。不同的是，有的律所称其为“提成”，有的律所称其为“开拓费”。在占比上，提成制律所通常可达其营业收入的70%以上，而公司制律所通常为20%左右。普遍认为，这是律所的第一次利益分配，它与特定个体的特定创收额度密不可分。

惯常，公司制律所在“雨水”降临之前，便开始对合伙人预支薪酬，这是基于对合伙人创收能力的预期，表面上看似有财务上的风险，但基于经济运行的惯性，实无大碍，而且，羊毛必将出在羊身上。从性质上看，薪酬不属于第一次分配，更确切地讲，它与特定的创收无关，而更像是律所押在合伙人身上的筹码，借此筹码，律所不仅终结了合伙人的高提成，更顺势取得了第二次利益分配的主导权。这实际上是寡头集权的开始，但在规范化和专业化的大旗下，权力的运行轨迹被刻意淡化了，一切都显得那么顺理成章，甚至理直气壮。

律所第一次分配的多与少，表面看，是分钱的规矩不同，实际上，是做事的方法有别。也就是说，分钱的规矩决定了做事的方法。以提成制律所为例，当70%以上的营业收入被“雨水制造者”（rain maker）所获取，律所便丧失了第二次利益分配的经济条件，进而无权主导案件的走向。于此情形下，案件的专业保障在很大程度上取决于“雨水制造者”的专业水平和心态：首先，引案合伙人是否具备独自办理此案的专业能力；其次，他是否愿意寻求最具专长的律师经办此案；最后，他能否与经办律师进行公平的二次分配。

如果这三个问题的答案都是肯定的，那么，提成制较之公司制，即使分钱的规矩不同，做事的方法有别，但在满足专业化的诉求上，却能做到殊途同归。

然而，这毕竟不是制度层面的保障。理论上讲，案件交由律所安排经办人，比引案合伙人自行物色经办人更具优势，道理在于，律所具备对接专业团队的制度通道，而且因为留成的丰厚，律所具备构建稳定专业团队的可能。

也正在这个意义上，公司制律所和提成制律所因为第一次分配的不同，从而在专业化的机制建构上不可避免地要呈现出差异。

四、分配的优化

第一次分配的高与低，是提成制与公司制的分水岭。实践证明，这两种机制分别孕育了众多的优秀律所，其中的道理，有待理性分析。

目前绝大多数律所采用的是提成制，究其原因，在当下法律服务市场中，获取案源是王道。无须否认，目前大多数案源的获得者是律师个人而非律所，即使律师在竞争案源时，每每要借助律所的品牌来强化客户的认知，但真正由律所取得公共案源的情形毕竟是少数。正是这一点决定了案源的价值，进而决定了引案合伙人的话语权，易言之，“诸侯”的崛起也是基于此。如果他们愿意将这种话语权转化为利益分配机制上的最大权重，提成制便成了不二选择。

提成制的经久不衰还得益于财务上的量入为出，通俗讲，就是锅里有碗里才有，绝不预支大额的人力成本。我曾经琢磨过世界上律师事务所的十大破产案，发现没有一家是提成制律所。这一方面说明提成制律所的一体化运作程度相对较低，另一方面却显现出财务政策的平和与稳健。

还有一点不可不提，无论是金杜、中伦与大成、锦天城之比，还是本埠的公司制律所与提成制律所之比，至少在过去二十年间，尚未表现出在专业能力上的明显差距。虽然我承认，因了第一次分配的大相径庭，公司制律所在制度的设计层面具有实现专业化的更大可能，但提成制律所因为人才加盟的便利性，以及内部调配人力资源的巨大灵活性，同样具有满足专业化需求的现实可能性。具体讲，在引案合伙人主导办案律师人选的机制下，通常会根据个案的专业需要荟萃专才，组成临时的服务团队，我将其称为“项目团队”。于此情形下的利益分配，虽由引案合伙人主持，但绝非一意孤行，必须受制于事务所统一的《分配指引》，并兼顾分配的习惯及各方的意愿。

至于效率、效益、风控、人才、品牌、扩张等诸方面，两制各有千秋，本文不做赘述。

存在即合理，这是大多数人的共识。但存在不意味着盲目自信，敝帚自珍，更不意味着放弃一体化运作和必要的管理。根据我的观察与思考，以下几点，是提成制律所在设计第一次分配机制时应当考量的问题。

1. 在确定第一次分配比例的时候，应当“量出为入”。这里的“出”，是指律所可能的公共支出，即必要成本；这里的“入”，是指引案合伙人的提成比例。也就是说，借助财务预算，先行确定律所运行所必须支出的年度公共费用及提留等，进而确定引案合伙人提成的统一标准，而不是相反。

2. 既然引案合伙人所得颇丰，且有权主导案件的走向和第二次分配，基于权利与义务相对应的原理，律所理应赋予引案合伙人对个案的管理责任，并辅以必要的赏罚制度。也就是说，“诸侯分治”须有统一的运作标准和行为规则，更重要的在于，这种标准和规则出自“中央”（律所）而非“诸侯”（引案合伙人）。

3. 既然“诸侯分治”尚需接受律所的约束，那么，除了制定标准和规则外，律所尤需保持案件和客户的关联度，切忌在提成之后对案件撒手不管，对客户不闻不问，对办案律师放任自流。为此，百君建立了案件质量管控中心，每一天都“盯着”律师办案，亦有考核制度作为补充。

4. 在“量出”的时候，除了常态的营运成本外，应当重点考虑案件管理、品牌营销、教育培训、公共事务、风险救济、持续发展等方面的费用和积累。

5. 通常，在“量出”的时候还应当留有余地，以满足律所的第三次分配。

五、第二次分配

提成制项下的第二次分配，是引案合伙人向办案律师分配酬金，如果引案合伙人自行办理案件，则不存在第二次分配。

与公司制项下的第二次分配不同，在提成制模式下，由于分配权已散落在各个引案合伙人手中，已然形成律所治理与合伙人治理共存的局面，特别是在那些合伙人众多，且合伙人各自拥有一个独立团队的大所，每一个团队形成了平行的自治单元，事实上已经显现“诸侯治理”的格局。在这样的架构中，通常存在三个难点：其一，如何保证专业化；其二，如何制订二次分配的标准；其三，律所如何参与案件的质量监控。

首先，关于专业化。严格地讲，由律所根据案件的专业特征，将某类案件强制性交由专业团队来办理，这才叫专业化。如果仅仅是引案合伙人自行寻求合作伙伴，即使获得了所期待的专业支撑，也未必是制度意义上的专业化。必须承认，“诸侯分治”比之“寡头集权”的最大弊端正在于此。因而，在提成制律所可以实行推动案件走向专业团队的引导制度。事实上，引案合伙人本身也存在这样的内心需求，一方面，基于追逐利益最大化的人性本能，他们会考虑尽量降低办案成本，这可能导致他们寻求的合作律师并不那么专业；另一方面，同样是基于留住客户以寻求更多案源的人性本能，他们也具有不惜成本，将案件付诸专才以确保办案质量的内在诉求。于此情形下，律所的引导制度无疑会强化他们的后一种本能，使专业化成为可能。

对于某些专业性强，且必须由稳定团队付诸实施的小众业务，律所不妨打破第一次分配的传统格局，大幅度压缩提成比例，转而由律所统一主导案件的走向及其第二次分配。这样的“小手术”无伤大局，事实证明是可行的。

其次，关于如何制订第二次分配的标准。在提成制律所，由于办案律师通常没有底薪，又由于此项分配是由不同的引案合伙人主导，故而第二次分配因办案律师的资历和能力不同、个案含金量的不同以及引案律师分配习惯的不同而呈现出差异化，这种差异化容易引发办案律师之间、办案律师与引案律师之间以及引案律师之间的矛盾。为此，律所应当制定二次分配的指引，尽可能平衡二次分配中的各种利益关系，其中，对聘用律师的考核制度尤不可缺，借此避免挑肥拣瘦或拒绝办案的情况出现。

最后，关于律所如何参与案件的质量监控。虽然二次分配系由不同的引案合伙人在主导，但对办案质量的监控却并非引案合伙人的一己之责，事务所应当建立强制干预制度，借助网上办公系统对办案质量进行适时监控。具体做法是，对诉讼类和仲裁类案件，要求在出庭前必须上传代理意见或辩护意见等法律文书，接受抽查；对非诉类案件，要求必须上传相关法律文书，接受审查。此外，律所还应建立疑难案件会诊制度，由资深律师坐镇把脉，避免办案思路出现偏差。

第二次分配不仅关乎合伙人的利益，更牵涉聘用律师的切身利益，什么样的制度合理，唯局中人自知冷暖。对律所而言，有两点不可不察：一看办案质量有无问题；二看律师队伍是否稳定，如果这两方面都没有问题，制度便无大碍。

六、第三次分配

如前所述，提成制律所第一次分配的“量出”，还应当留有余地，以备年终分配。

第三次分配的必要性在于，其一，年初预算时，虽将管理合伙人的薪酬纳入其中，但对年度内可能涌现的特殊贡献者却难以未卜先知。因此，年终犒赏“先进”殊为必要。其二，对于合伙人未均摊成本的律所，虽享“以强扶弱”之美，却有“鞭打快牛”之虞，倘若这种落差趋于极端，便需要一种弥补机制，以求平衡。其三，年终分红既是一种文化习俗，又是一种商业惯例，一个缺乏“年味”的单位，不仅显得冷清，更让人心无所归依。如此，聪明的律所应当遏制合伙人追求高提成的欲望，以使年底有钱可分。

事实上，除了制造“雨水”之外，合伙人对律所的贡献完全可能是多元的，对此，律所理应论功行赏，让利益安排同样趋于多元。更确切地讲，律所对任何律师的不同价值贡献都应当论功行赏。可见，年末的第三次分配，无疑大有文章可做。

七、未来的趋势

十多年之前，我就听有人说“提成制是明日黄花”。如今看来，这些“花”不仅开得漫山遍野，似乎还很灿烂。

据不完全统计，目前绝大多数律所采用提成制，少数实行公司制或其他制度。虽然真理未必就掌握在少数人手中，但公司制一派所流露出来的制度优越感，却不时见诸网络。最极端之议，莫过于以己之长，度彼之短，每以提成制律所中最不堪的种种示人，无视这一群体中成功的范例和优秀的代表，以简单、庸俗的方式进行对比，自得其乐。如此态度，不利于取长补短，共同发展。

而在另一面，提成制律所中也不乏盲目乐观，敝帚自珍，甚至陶醉于“存在即合理”的顽固派，它们以追求合伙人的极致利益为目标，以牺牲持续发展能力为代价，无视自身存在的机制弊端，缺乏变革的欲望。这样的态度，同样有碍进步，前景堪忧。

在我看来，一个好的利益分配机制，应当具备如下特征：符合人性，但能抑制非分之想；既兼顾大多数人的利益，又让能者多劳，多劳者多得，强弱共济，以强扶弱；亦公平，亦透明，亦稳定，简约而不简单；予管理于分配，予分配于管理；促发展，利竞争，具长效，方便吸收人才，令人乐不思蜀，即使有抱怨，但普遍能够容忍。总之，但愿有一个公认的好制度，能够“一统江湖”。

相比理想的好制度，目前的公司制和提成制都有值得完善的地方。就公司制而言，一忌高不可攀；二忌繁文缛节；三忌晋升迟缓；四忌分配不公；五忌两极分化；六忌夜郎自大。而在提成制一系，一忌急功近利；二忌竭泽而渔；三忌各自为政；四忌放任自流；五忌术无专攻；六忌后劲乏力。

无论是公司制还是提成制，都应当高度关注青年律师的发展诉求。在律所专业运作的体系中，青年律师不啻为螺丝钉。律所可以要求这颗螺丝钉在流水线上恪尽职守，高效运转，但也应当让这颗螺丝钉看到未来，并帮助他们去实现更宏大的愿景。在这一方面，百君已进行了多年的探索和总结，而且卓有成效。

总而言之，趋利避害乃人之本能，两种机制相互融合，取长补短，或是未来的发展趋势，毕竟，优化分钱的规矩，不似变革制度那样举步维艰。有道是：“治大国若烹小鲜”，而治理律所不必如此精到，好比重庆人煮火锅，丢进锅里的东西既俗且杂，只要入口成香辣，便是好滋味。

最近又有人说：“不谈这样制那样制了，只谈一体化”。我只想问一句：这是一码事吗？

律所经营管理十大设想，怎么做一家“赚钱”的律所？*

陈华庭

引言

大学毕业后，本人即踏入律师行业，起初在一家公司制律所工作了 11 年，其后曾进入一家近年发展迅猛的全国性合伙制律所又工作了 4 年多，其间经历了从助理、律师、合伙人到高级合伙人的完整成长历程。

由于十多年来主要从事公司投融资非诉业务，大量的商业模式和交易熏陶锻炼了本人的商业敏感。带着这种敏感，本人有幸以局内人的身份，从不同角度对如何经营律所，实现盈利进行了观察和体验。

趁着被新冠肺炎疫情“憋”在家里这个契机，本人正好将多年来的观察和思考总结一下，梳理了律所经营的以下十大类设想，希望为正在摩拳擦，掌准备大干一场的律师同行们提供一点参考。为便于大家理解，下列设想中所称的“律所”，若无特别说明，均指目前中国律师行业占据绝大部分比例的合伙制律所。

一、租金差额收入

这是律所最常见的收入，是由律所或其权益合伙人（指交纳对律所的出资，参与律所盈利和剩余财产分配，并分担律所经营亏损的合伙人律师，下同）从房东处租下一个或者几个单元的办公室，隔成若干小的办公室和卡座，一番装修后，再按办公室的面积、朝向、配置等和卡座类型分别租给不同创收律师（指自己创收、自担成本、不领工资的独立执业律师，下同）办公，律所按年或按月收取办公室和

---

* 本文首发于微信公众号“智合”2020 年 2 月 25 日。

卡座租金。

只要律师办公室和卡座的租金够高，就能覆盖律所的租金成本和装修成本折旧及利息部分，从而实现盈利，这就是常说的“卖房间模式”。

但就是这种最简单的模式，也有相当数量的律所经营得不够好，导致筑好“巢”之后引不来“凤”，律所不得不自己担负空巢期间的租金，甚至因此亏损（据说90%的律所挣不到这部分利润）。

为避免这种情况，律所要设法增加“巢”的吸引力，尽快“拉人头”把办公室和卡座卖出去，通常的做法包括两种：

一种是在律所选址时挑选“高大上”的写字楼，进行“高大上”的装修（这也是这些年规模律所都向中央办公区聚集的原因）；另一种是进行品牌建设，提升律所知名度和含金量，吸引律师主动加盟。

因为律所租赁办公场地前期需要一次性投入装修，成本较大，而“筑巢引凤”还有一个过程，相比于律师业务而言，如果律所靠租金差额收入来营利，投资回报率低不说，回收时间也较长，风险更大。因此，除非律所的权益合伙人有企业家的思维和魄力，或者有社会资本投入，否则，即使有资金实力的律师也可能对这部分收入不会感兴趣。

二、管理费收入

律师的业务量越大，需要律所提供的后台支持服务也越多，比如行政、财务、人事、科技、风控、后勤，等等。由于房间和卡座租金收入是固定的，通常与律师的业务收入无关，这会导致律所对律师业务提供后台支持服务的动力不足。

此外，为了长远发展，律所还需要进行知识管理、人员培训、品牌宣传、文化建设甚至退休保障等。因此，为保障律所的日常运营和发展成本支出，同时也为了分享律师业务增长带来的收益，越来越多的律所开始按律师的业务收入提取一定比例的管理费，形成属于律所的收入。由于管理费是按律师业务收入的固定比例直接提取的，如果律所实际支出有结余，就会形成律所的盈利。

一旦尝到这笔盈利的甜头，律所权益合伙人们就会有动力通过律所把这块蛋糕越做越大，这样可能会倒逼律师们在完成最低创收任务后，尽量绕开律所，直接以个人名义从客户处私自收费，以减少管理费支出，从而形成潜在风险（无论律所是否知情，律师私自收费被处罚都会对律所造成负面影响）。

为避免这种情况，同时也鼓励创收律师将业务收入更多地规范入账，形成律所收入，律所往往会对创收较高的律师在管理费上给予一定的减免，常见的方式包括超额累积递减（创收越高的部分管理费比例越低）和上限封顶（一定期限内管理费合计最高不超过特定的金额）。

当然，有些律所权益合伙人的律师业务收入本来就很高，并不在意管理费结余盈利的分配，可能会将这笔收入用于奖励律所管理和运营团队，用于提升律所对律师的后台支持服务。这样一来，律师们也会切实感受到管理提升带来的价值，更乐于交纳管理费，从而形成良性循环。

三、税收筹划结余

我国现行的《合伙企业法》第6条规定，合伙企业的经营所得，由合伙人分别缴纳所得税。即“先分后税”。合伙制律所的税务是比照企业来管理的，合伙人是律所营利所得的纳税主体，而增值税及其附加税费的缴纳主体是律所。

但事实上，传统的合伙制律所中，各创收律师（不包括未独立执业的持牌律师）都是独立核算的业务主体，虽然理论上他们是律所的员工（在公司制律所中律师才是律所员工），但他们与律所之间更类似于挂靠关系，每笔业务收入的最终权益都归创收律师个人而非律所的合伙人享有，与业务收入对应的税费也由创收律师个人实际承担。

因此，目前合伙制律所的名义纳税主体与实际税务负担主体是不一致的，这就导致律所及其合伙人对外统一申报缴纳的税费需要在律所内部各创收律师之间进行分担。

由于将律所真实税负分担计算至每个创收律师名下是一个非常复杂的核算过程，为简化律所这一工作，也便于律师计算税负成本（尤其在跨所、跨行业合作情况下），大多数律所都事先约定好一个或多个固定的创收律师税负比例，从创收律师的每笔业务收入中直接扣除，而创收律师由于都不愿意通过领取工资奖金方式分配应由其实际享有的业务收入（按工薪所得标准计算律师业务分配收入的税负过重，许多成本无法抵扣。涉及税务问题，在此本人就不班门弄斧了），往往也乐于按业务收入的固定比例承担税负。

在创收律师承担的固定税负不变的情况下，律所可以通过增加成本项目抵扣利润、转移利润等方式进行节税筹划，如果因此导致律所对外实际承担的税负总额低于创收律师承担的固定税负总额，这部分差额就成为律所的实际收入。

为此，律所作为内部确定固定税负的条件之一，可以要求律师另行提供一定符合纳入经营成本要求的展业费用发票，供律所进行节税筹划；此外，律所自身的管理和运营成本支出（如房租、装修、行政后勤人员工资、品牌宣传、办公用品等）

也可以用于抵减事务所的利润，从而进一步降低对外的实际税负。

但这笔收入有赖于律所的财务和管理人员对财务和税务知识政策的熟练掌握和运用，有一定的门槛（有的律所甚至要为此聘请专门的税务顾问），如果测算不准确，律所甚至有可能会吃亏。

四、资金沉淀收入

律所的业务收入扣除税费后的部分，虽然理论上属于权益合伙人享有，但实际归创收律师享有，因此，创收律师都希望能尽快将属于自己的那部分收入提走。

在创收律师提款之前，源源不断进入律所账户的业务收入，只要在律所账上多停留一段时间，长期累积下来就会沉淀一大笔资金。创收律师提款时间距离收入进账时间越长，律所占有的资金沉淀就越多，只要律所整体的业务收入能维持不显著降低，那沉淀下来的这笔资金就由律所长期自由支配，且无须支付资金成本，也无须全部返还，从而形成律所事实上的收入。如果律所业务收入不断增长，这笔沉淀收入就会越来越可观，即使用于购买银行理财产品也能形成不小的额外增值收入。

以上两笔收入与近年来很多互联网科技类企业金融创新的商业逻辑也是一样的。正因如此，商业意识较强的律所，越来越重视通过扩张规模（人员、机构和收入）增加资金沉淀。据笔者观察，目前律所常见的资金沉淀包括下列方式：

（一）延期提款

即一笔业务收入进账后，需要等到律所每个月做账后将律师个人上月收支账单提供给创收律师，并经其确认无误后，创收律师方可申请提取其个人可分配部分款项。

如果业务收入是在本月 1 日进账，账单日在下个月 10 日，提款日可能会在 12 日左右，这样一笔业务收入中创收律师可分配部分最长可在律所账上停留 43 天。即使业务收入是在本月 30 日进账，最短停留时间也有 13 天。如果账单是按季度、半年为单位提供给创收律师，停留时间将会更长。如果创收律师资金需求不紧迫或因业务繁忙忘记及时提款的，则实际停留时间更长。如果再加上律所各种财务和业务管理制度规定导致的提款限制（比如收入进账但还未开发票的暂不计收入、未及时按收入比例要求提供发票的、有业务投诉未处理完毕的，等等），实际停留时间还可以进一步拉长（这正是向管理要效益的体现）。

（二）归档保证金

案卷档案是体现律所参与案件管理的一个重要“证据”，通常情况下案卷都在办案律师手上保管，律所只保管委托合同。案件办理完结后，由于律师往往没有专门的档案保管能力，案卷容易遗失或损坏（尤其是在律师转所的情况下）。

如果律所不要求律师将案卷完整交回给律所归档保管，一旦发生委托代理争议（如因律师工作失职后续造成客户损失）或律师执业行为被投诉，律所无法提供完整的案卷档案进行免责抗辩，则有可能要承担责任。因此，很多律所会要求律师在每个案件或项目办理完结后将案卷交回律所归档，并直接采取经济手段进行约束，即从每笔业务收入中预留一定比例或固定数额的归档保证金，待案件或项目办理完结并按律所要求归档后，方可提取该等保证金。由于办案周期少则几个月，长则数年，只要案件或项目不结束，其对应的归档保证金就会一直留存在律所。

（三）入职保证金

合伙制律所中，律师平时办案都由自己或各小团队独立完成，但对外签约及承担责任的主体是律所。为了防止律师执业过程中因个人过错连累律所和其他同事（如果律所因此受到处罚或行业处分，其他同事的投标、展业甚至助理办理实习都会受影响），通常律所会要求创收律师在入职时向律所交纳一笔执业保证金，一旦出现工作失职或违规，律所可以没收该保证金或从保证金中优先扣收规定的赔偿金。

在律所里，通常不同职位律师对应的创收能力也不同（后文会有详述），而不同创收能力意味着一旦出事可能给律所带来的风险也有区别（一个只能代理 100 万元标的案件的律师和一个代理过亿元标的案件的律师，收费通常是不同的，而出现风险时造成的损失通常也是不同的）。因此，律所可依据律师职位的不同，分别设置不同的入职保证金标准（如普通律师 5 万元、合伙人 10 万元、高级合伙人 20 万元等）。只要创收律师不转所执业，这笔保证金就会一直无偿留存在律所。随着律所的规模不断扩大，创收律师越来越多，这笔保证金收入也会越来越多。即使有个别律师因转所流出，也会因为陆续有律师转所流入而对冲部分流出的保证金。

需要说明的是，律所权益合伙人的入伙保证金除了担保自身的执业风险外，还需要对律所整体亏损进行兜底，只要退伙时可以退还，其本质仍可归为入职保证金。但如果权益合伙人入伙时交纳的入伙金在退伙时不能退还，该入伙金就与普通合伙企业的出资相当，不属于入职保证金。

（四）预收租金

律所对房东的租金往往是按月或按季支付的，但律所可以按年（或按半年）一次性向创收律师收取房间和卡座（尤其是卡座，往往金额较小，不好折算）的租金。即使抛开租金的差额不算，单单预收的全年租金，在支付给房东之前就已经形成了一笔不小的资金沉淀。乍看这笔资金沉淀会随着时间推移逐渐耗减殆尽，实则不然，由于律师入职时间有差异，不同时间入职的律师扣收的全年租金会在不同月份相互平衡。

因此，整体来看，这笔资金沉淀仍然可以保持在一定水平，从而可以规划利用。当然，这样一次性扣收全年租金的做法在合理性上往往会受到质疑，需要给予律师解释，通常理由都是财务人手不足、每月做账太复杂，或者担心律师业务收入波动导致租金无法保障等。

（五）监管交易资金

在很多律师业务（尤其是非诉交易）中，交易双方都担心交易资金安全，往往需要引入第三方对交易资金进行监管。一旦交易条件成就，保证监管方会按原定将款项付至指定账户；如果条件未成就，也要保证交易资金按原路退还至付款方。这就是交易资金监管业务。由于对交易条件是否成就的判断是一个极易引发争议的法律问题，一旦判断错误导致资金不当支付形成损失，负责监管资金的第三方就要承担高额赔偿责任。因此，除了银行类金融机构外，一般个人或机构都不愿去承担这样的风险，而银行类金融机构从事资金监管往往仅限于其自身其他业务（如二手房买卖按揭贷款、并购贷款）的附带业务，纯粹的第三方资金监管业务也条件苛刻，这就给律所创造了大量的业务机会。

律所作为专业机构，由于受到资格准入和持续监管的规制，其本身会有因独立而产生的信赖价值，而律师本身就是基于信任而提供风险管理服务的职业。如果律所风险控制得当，利用其法律专业特长，更有条件为客户提供交易资金监管服务。在此过程中，律所开立专门账户收取付款方准备用于支付的交易资金，待合同约定的付款条件成就后将款项直接付至收款方账户；若付款条件未成就或出现约定情形，则按原路退还（类似于支付宝的角色）。只要从收款到交易条件成就之间有时差，就会在律所账上形成资金沉淀。

如果监管业务多，监管资金大，交易时间长，资金沉淀就会逐渐加大。抛开监管费不说，该等沉淀下来的资金利息就会形成一笔不小的收入。如果律所品牌含金量高，律所的创收能力强，合伙人的合计责任能力值得信赖，交易当事方可能会不要求每笔交易单独开户，如此一来，多笔交易的资金就可能会同时沉淀在律所的同一账户上，形成事实上的资金池。只要资金计划控制得当，足以保障交易资金如约支付，还可以进行现金管理类投资，如此一来，收入就会高于其银行存款了。

五、有偿服务收入

由于律师承接业务都是以律所为主体签合同，客户付款也是付到律所账户，因此，大家通常会认为客户付费产生的业务收入才是律所的收入来源，但事实上，传统的合伙制律所是由一个个独立核算的创收律师团队构成的，如前文所述，以律所名义收取的律师业务收入实际归创收律师享有，律所作为一个独立的利益主体和平台，其自己可以支配和享有的收入，实际上主要源于创收律师团队承担和交纳的各项费用，律所与律师之间本质上就是一种有偿服务关系。因此，理解了这种关系的本质后，律所就可以进一步展开提供更多的有偿服务，如下列服务：

（一）办公文具

案头工作是律师工作的基础，而办公文具是案头工作最不起眼又必不可少的高频消费品。虽然办公文具费用与律师费收入相比不高，但如果律所的人员数量达到一定规模，需要经常性消耗的办公文具就比较可观了（这也是一般文具店的市场），而律师因为分散采购办公文具比较耗时和需求的紧迫性（因平时忽略，往往在需要用到某样办公文具的时候才发现缺乏），也更希望身边有一个就近的文具提供商。只要律所提供的文具价格不要太离谱，律师一般还是会优先向律所购买。当然，如果律所提供的文具质量不高，款式和品类较少，律师可能也会自行花点时间去挑选采购。因此，要将有偿提供办公文具作为律所的一项收入来源，律所管理者需要在文具进货挑选上花些功夫，这样才可以稳住律师这个唯一客户群。如果可以联系厂家设计定制（如今个性化定制已经非常普及）适合于律师工作的独有办公文具，并印上律所的 Logo，如稿纸、笔记本、油性笔，相信很多追求品质的律师会成为其“铁杆粉丝”。

（二）打印复印

虽然现在律所都在提倡无纸化办公，但目前全国的互联网法院还只有 3 家，绝大部分公检法监和行政机关、客户还在纸面办公向网络办公迈进的过程中。因此，为满足这些工作对象的要求，律师的大量工作还是需要通过纸质文件往来完成，这就导致律师工作对文件打印复印的巨大需求。

由于打印复印是一个高耗材的办公需求，打印纸和油墨消耗很快，打印机（通常也具备复印功能）也极易损坏。如果律师每人单独购置打印机，打印机的维护保养和打印耗材的采购会耗费大量精力，且在办公场地寸土寸金的律所里挤占本来就紧张的空间也显得很不经济。因此，在多数律师的需求下（也有少数律师选择自购打印机），很多律所会购置大型多功能打印机（除打印外还可复印、扫描甚至传真）为律师提供集中打印复印服务。如果律所自备油墨和免费提供打印纸，无节制的浪费会对律所造成一个不小的负担。因此，很多律所开始是为了节省成本避免浪费，按打印纸张数量和类别（黑白或彩色）进行收费，后来逐渐发现这个需求的巨大市场潜力后，开始在其中寻找营利空间，甚至可以提供不同的打印纸张（厚度、颜色、律所定制纸张），通常是通过定价策略赚取差价，通过联网打印也方便计算打印纸张的数量。

（三）装订

随着律师行业竞争激烈的白热化，相比于传统诉讼业务的结果导向，服务过程中的客户体验与工作成果的呈现方式越来越受到律师重视，诉讼非诉化和诉讼可视化成为行业发展新趋势。因此，以往在非诉业务中比较受重视的法律文件包装，在全部律师业务中的需求越来越普及化。小到一份律师函、委托合同、法律意见书，大到尽职调查报告、服务工作报告、案件分析报告，还有让人“又爱又恨”的投标文件，除了电子版之外，如何向客户提供一份美观精致、庄重大气的纸质文件是很多律师工作的重点内容之一。尤其是投标文件的装订，有时甚至直接影响中标结果。

如果律师规模达到一定数量（比如100人以上），高频次和高品质的法律文件装订需求就比较大了，律所仅仅简单提供作为办公设备的打孔机已经不能满足需要，就近便捷的装帧设计、热熔、切边工作和多样化的装订材质，都是律师工作的刚需。如果律所以这些需求为基础提供有偿装订服务，不仅可以极大地便利律师工作，还可以在服务过程中广泛吸取不同律师在这一方面的宝贵经验，逐渐统一并不时更新律所文书风格、式样和装订，提升律所品牌价值，实现律所与律师共荣共生的良性循环。

（四）饮品轻食

律师紧张工作之余，如果只需一个电话便迅速有人冲泡茶饮咖啡送到手边，不仅解渴解乏，也省去了点外卖的等待或下楼购买的时间消耗，可以让律师更加心无旁骛地高效工作。客户来访时，如果询问其需求后即刻提供不同的饮品，不仅可体现精英律所气质，客户体验到的贴心温暖和律所环境，也会为律师洽谈业务和维护客户创造良好的条件。

在律师人数较少的时候，律所可以安排前台接待人员提供上述服务（很多律所连这样基本的招待工作都无法保障），但如果律师人数达到一定规模，上述需求就会猛增，前台招待根本无法胜任。为了保障饮品质量、品类和服务，律所可以引入类似咖啡厅的模式，由专门的人员负责这部分工作，在免费提供基础茶水之外，有偿提供其他品类的收费饮品。在此基础上还可以提供部分轻食，进一步丰富服务供应，以便律师工作加班时充饥、补充体力。由于这样的咖啡厅潜在固定客户群相当稳定，外来的客流量也不愁，只要经营得当就可以营利。律师消费可直接签单记账，简便易行。

（五）定制礼品

随着我国社会消费升级，原有的工业标准化产品已经显得越来越没有个性，而移动互联网和电子商务的普及，使产品价格也越来越透明。在律师走亲访友或律所答谢客户时，如果送出或使用的是由律所专属定制的礼品（如茶叶、酒水、月饼等），不仅可彰显律所和律师不俗的品位和实力（定制中高档礼品，品质往往比较有保障，较同类礼品的价格也会偏高），更重要的是，礼品价值无法用网络购物 App 去简单查询衡量，凸显情义无价。为保障定制礼品的品质和独特性，律所可以从律师中广泛征集意见择优选定，以律所名义集中采购后，再向律师进行有偿提供。这样一来，也为律师省去了大量劳心费神、精打细算挑选礼品的工夫。如果律所规模够大，律师需求够多，律所定制礼品的品类可以因应不同时节而更多元化，成本也可以因大批量定制而进一步降低，在保持合理价格的同时提高利润率。

相比于传统的文具店、文印店、咖啡店、礼品店，律所提供上述有偿服务在人员调配、场地利用、客源稳定性、服务便利性等方面都有着不可比拟的优势，在成本和利润控制的方面也更有弹性。虽然我国《律师法》第 27 条禁止律所从事法律服务之外的经营活动，但由于上述有偿服务只是在律所内部进行，可以理解为法律服务和律所运营的成本在律所内部成员之间的分担，而且律师都可以通过签单记账的方式完成支付，并直接在律所与律师结算过程中统一扣除，没有发生资金往来，也不需要开具发票，因此也就不会违反《律师法》的规定。

六、头衔授予收入

律师在其职业发展的不同阶段对自己的定位有所不同，而市场上普遍对不同级别律师的“定价”也是不同的，衡量不同级别律师的最直观标准通常是律师在律所的身份和职位（也就是律所的头衔，律师职称级别如今不常用，认可度较低），而律师为了在开拓业务时获得更多优势和在法律服务及社会交往中突出自己的可信度，也会尽量争取更高级别的头衔。

从我国现行《律师法》的规定来看，合伙制律所里的律师只有专职律师和合伙人两个基本头衔，执业三年以上的专职律师就可以当合伙人。那在合伙人中，如果执业十年和执业五年都是同一头衔，怎么体现资深律师的级别呢？参与律所管理的合伙人与普通的合伙人又怎能同日而语呢？

为解决律师对这个问题的焦虑，满足律师职业发展进阶的需求和分别心，很多律所不仅在成为合伙人的条件上设置一定门槛，而且在合伙人内部还进行进一步分级，比如初级合伙人、高级合伙人、股权合伙人、管理合伙人、总部合伙人、全球合伙人、创始合伙人等（头衔名称通常要结合热门词语，体现出不同影响力），并根据不同级别、不同区域分别设置不同的任职条件（一般都是以年度创收业绩为最重要的条件）。

尤其是律所的权益合伙人（参与律所利润分配和承担律所亏损风险的合伙人），通常会给自己设置一个与非权益合伙人（指不交纳对律所的出资，也不参与律所利润和剩余财产分配，更不承担律所亏损，仅在对外登记时作为名义上合伙人的律师，下同）不同的头衔，凸显自己在律所的地位。由于这些头衔往往是根据律师过往业绩完成情况来评定，如果业绩不达标，律师即使再渴望也只能望头衔兴叹。

如果律所在非权益合伙人中设置的不同头衔，对应的是未来不同的创收任务，开放给全所执业三年以上的律师自行认领，完不成任务的，应自行补足未完成部分对应的管理费（假定完成任务时应该由律所收取的管理费），并在不同的荣誉场合给予不同级别合伙人出席露脸的机会（如专业部门负责人只能从高级合伙人以上级别的律师中产生，律所承办或赞助的论坛只能由一定级别以上的合伙人上台发言等），一定会有很多以前没有达到过创收任务标准的律师踊跃认购更高级别的合伙人头衔。而且在律所范围内信息高频传播和攀比心的作用下，这种踊跃程度可能会进一步加剧。

这样一来，在律所没有增加任何成本的情况下，合伙人律师没有完成的创收任务也能给律所额外贡献一部分管理费收入（其实质就是头衔授予收入），律所可以提前锁定保底的管理费收入；此外，通常更高级别合伙人的入职保证金也会更高一些，踊跃认购高级别头衔也进一步扩大了律所的入职保证金收入。

对于资历较浅的律师而言，只要敢于担负创收任务和差额部分管理费，拿得出入职保证金，就可以迅速获得对开拓业务更有价值的优质资源，更快地成长为高级别的合伙人；对于一些已执业多年但业绩难以达到新高度的律师而言，可以通过自担差额部分管理费的方式实现职业生涯中级别的突破，有效缓解身边同龄优秀律师成长晋级带来的压力，也为业务开拓创造条件。律所通过开放合伙人级别头衔的方式，营造一个“海阔从鱼跃，天空任鸟飞”的氛围，可以迅速吸引优秀的年轻律师加盟，稳定一些业务停滞的成熟律师，进一步做大律所规模，夯实律所未来发展的基础力量。

当然，为避免年轻律师在虚荣心驱使下出现浮躁冒进的现象（如过快地跳跃认购高级别头衔、过度宣传头衔、专业经验和服务质量与合伙人级别不相符），导致律所合伙人整体素质和声誉下滑，损害律所的品牌形象，律所需要在创收任务之外，对于不同级别的合伙人头衔适当设置一些体现稳健要求的条件，比如执业年限（初级合伙人要求执业三年以上、高级合伙人要求执业五年以上、管理合伙人要求执业八年以上等）、代理案件数量、无投诉处分的年限等，并对高级别合伙人执业过错苛以比低级别合伙人更重的责任，同时也设置一个灵活通融的机制，让一些成长迅速的优秀年轻律师不因这些稳健要求的条件而受到压制。

七、公共案源转介收入

律所的业务来源通常是靠律师分头去开拓的，但当律所达到一定规模，品牌有了一定知名度和美誉度，就会吸引一些慕名而来的陌生客户；律所的一些后台支持部门（如品宣部、战略发展部等，有条件的还可以设置专门的业务发展部），如果能主动收集跟进一些市场上的法律需求信息（如公开招标、邀标），也可能会产生一些新客户。以上两类客户的案件/项目就是通常说的公共案源。

由于这些客户没有具体的律师对接，只能由律所前台和行政团队进行前期对接。如果律所中有直接由律所聘用的授薪律师（不同于自收自支、自担成本的创收律师），可以交由授薪律师去承办，并形成律所的直接收入（扣除人员工资奖金和办案成本外不需要与授薪律师进行分配）。

但当律所授薪律师的人员规模和专业素质难以胜任客户需求，或者虽然可以代理，但代理效果可能不如创收律师（尤其需要创收律师特有的其他资源支持时），或者律所没有授薪律师时，如何在保证办案质量的前提下在创收律师中分配消化这些公共案源，就成了一个亟待解决的问题。很多律所就是因为公共案源问题处理不当，造成内部矛盾不断，甚至分崩离析。

如果律所在对本所创收律师的专业和经验、风格等进行详细了解（比较容易做到）的基础上，建立一个公共案源转介机制，将慕名而来的新客户介绍给律所中专业和经验最合适的创收律师对接，不仅解决了客户的需求，也给创收律师提供了业务机会，更强化了律所的品牌效应，还可以吸引业务不饱满的创收律师加盟。

在此过程中，如果创收律师与该客户能达成委托实现收费，律所可以依据制度按一定比例收取案源提成，这也将形成一个比较稳定且可以不断增长的收入来源。只要提成比例设定合适（根据律所转介作用大小和律师议价能力等因素设置，要有一定的灵活性），创收律师也会很乐意接受。而且为了稳住这个案源，创收律师有动力更加重视该等案件的承办，争取服务好客户，寻求后续委托或客户再介绍的机会，从而与律所之间形成一个相互促进的良性循环。

虽然《律师法》规定律所和律师不得以支付介绍费的方式承揽业务，但在律所公共案源内部分派问题上，由于不涉及对外的不正当竞争，纯属律所内部的工作安排和收益分配，可以不必担心违法问题。

八、权益溢价转让收入

虽然我国的律所按现在的法律规定和国家战略定位不是纯粹的营利机构，但不可否认，律所的创始权益合伙人开办律所的目的离不开盈利。权益合伙人从律所盈利的方式通常是利润分配，前提是有利润才分配，有多少利润才分配多少利润，与未上市企业股东的盈利模式大体类似。但与企业不同的是，如果律所的权益合伙人不再从事律师工作，由于风险控制与分担及人的因素影响，一般也很难再长期继续保有对律所的利润分配权。如何尽可能延长对律所的利润分配权，正是许多律所创始权益合伙人苦苦思考的问题。

如果将权益合伙人享有的律所合伙财产份额（以下简称律所份额）比照公司股权模式进行管理，以每年的收益为基础，按一定的市盈率进行适当溢价估值后，在本所合伙人律师内部进行转让，则律所的创始权益合伙人将有机会提前实现未来的多年的盈利。随着律所业务发展和利润提高，律所份额的估值也会水涨船高，律所创始权益合伙人提前实现的盈利就越来越多，更接近甚至可能超过其有生之年可持续从律所获得的全部盈利。

当然，律所创始权益合伙人在转让对象、转让时机、转让比例、转让条件等方面要控制得当，避免过早失去对律所的控制权。为此，在总所加各地分所（此处仅指直营分所，加盟所不在本部分讨论范围内）的组织模式下，先转让分所份额，尽量不要或后转让总所份额。在转让分所份额时，律所创始合伙人需要将其享有的律所份额拆分成若干数量的单元进行分散转让，并限制每个合伙人累计受让的份额比例。随着累计转让份额比例的增加和每一份额价值的提升，可以进一步拆小转让单元（比如开始以 0. 5% 份额为一个单元，后续可以 0. 25% 份额为一个单元，再以 0. 1% 份额为一个单元）。

此外，转让条件中往往会限制受让份额的合伙人行使对律所的财务知情权和决策参与权，律所只在年度结束后向受让份额的权益合伙人公布律所的年度收支和可分配利润情况，其余时候为了估值或宣传需要，也可以自主选择向权益合伙人不定期通报财务数据。

由于律师的主要营利来源还是自己的律师业务，此外，因受让份额的分散导致每个权益合伙人的权益比例很低。因此，绝大多数的权益合伙人对详细的律所财务和决策情况可能并不感兴趣，只要律所每年的利润分配水平超过市面上稳健的理财产品，而且逐年有所增长，就可以满足绝大部分权益合伙人的需求。至于部分对财务和决策情况比较敏感的权益合伙人，可以发展其参加律所管理委员会，定期在小范围内通报简单的律所财务数据，并发动其义务承担律所管理事务（其实也是律所节约的管理成本，变相收入）。

在上述律所份额管理机制下，由于律所的控制权（尤其是财权）始终掌握在创始权益合伙人手中，受让律所份额的权益合伙人实际上只是在出资后延期收取部分收益，并不会改变律所的整体管理格局，份额管理、转让、转让款的收取也都是由律所人员经办。因此，受让律所份额的款项其实也可以被看作律所的一项收入，只不过被律所创始权益合伙人提前分配走了。如果全国性律所各地分所的开办费用是以总所的财产投入，而非以创始权益合伙人的个人财产投入，则各分所的初始权益直接归总所享有，那上文中由创始权益合伙人收取的律所份额转让收入也可以理解为总所的经营收入。

九、多元化经营收入

如前文所述，正因传统律所与律师之间是有偿服务关系，前文设想的都是以律师为收入来源的各类经营之道，但如果转过身来，面向社会这个更大的市场，律所作为一个专业机构，身后是大量的执业律师，这些人与律所休戚与共，本身就为律所提供了信用背书，加上律师各自在工作中接触的大量信息和资源，如果律所能将之汇集到一起加以合理利用，适度进行多元化经营，完全可以产生更大的商业价值。虽然我国《律师法》目前禁止律所从事法律服务之外的其他经营活动（包括投资）的，律所仍可以结合法律服务的特点进行一些有益的探索。如果未来我国《律师法》修改时放开这个限制，那些先行先试的律所就可以占据先机。

（一）诉讼融资

诉讼融资是一个在国外已经比较常见的投融资门类，国内近年来也开始出现这类机构，但律所提供这类融资更具优势。有些客户面临纠纷，因为无力或不愿投入诉讼成本（如诉讼费、保全费、担保费、律师费、办案费、评估费、鉴定费等），将直接导致本来可能会获得支持的利益诉求无法实现。律师因为职业原因，最接近这样的诉讼投入需求信息，而且基于其对案情的了解，也能比较好地判断客户的利益是否能实现。但由于律师个人的抗风险能力较小，即使其认为可能胜诉并执行到位的案件，其也往往不愿意代为垫付诉讼成本。

此时如果引入诉讼融资，由律所为有望实现利益的客户代为垫付诉讼成本开展诉讼维权，并由律所指定的律师代理（通常是介绍客户的律师），在客户收回的财产中优先收回律所垫付费用，并在剩余收回的财产中提取一定比例的收益，对客户、律师和律所都是皆大欢喜的事。在这类诉讼融资业务中，只要律所有资金沉淀（前文已列举5类资金沉淀），就可以在案件委托代理合同中直接以风险代理方式完成诉讼融资合同的签订，律所无须单独以商业主体的名义另行与客户签署诉讼融资合同，律师与律所的结算签订一个内部确认书即可（仅在律所垫付律师费的情况下才有必要），业务流程简便易行。

此外，由于律所通过提供诉讼融资与客户利益进行了直接捆绑，律所有动力也有能力协调全所的专业力量（尤其是资深的业务委员会成员、权益合伙人）和资源为办案律师代理案件提供额外支持（当然也需要得到支持的律师分享部分律师费作为代价），甚至在办案律师不能胜任的时候，或客户直接委托、同行转介的情况下直接指定最合适的律师承办该案件，以争取最好的代理效果，实现融资收益最大化。

（二）理财

属于律所最终所有的各项收入可以用于分配给权益合伙人，但律所的资金沉淀理论上是不归律所最终所有的，所以不能用于分配。对于律所账上的大量沉淀资金，如何使用才能实现收益最大化，考验的是律所经营者的“财技”。

最简单的办法当然是选择银行存款，但收益过低。面对市面上各类风险级别不同的金融产品，只要在产品选择上风控得当，再加上律所中专业律师提供的参考意见（律所咨询一般是可以免费的，如果该等产品的法律服务提供者就是本所的律师甚至就是权益合伙人，那对产品的了解就更可靠了），律所完全可以利用沉淀资金进行比较稳健的投资理财，赚取更高一些的收益。当然，对于信托、私募、资管类金融产品，由于对投资者资格有限制，而律所本身也不能进行投资经营，故律所不能直接认购此类产品，可能需要以委托投资或其他变通方式来进行认购。

（三）投资

律师提供法律服务（尤其是非诉项目服务）过程中，往往深度参与大量的商业交易，对交易风险的熟悉和控制能力较一般投资者更高，而一些精明的客户为了将律师深度捆绑，实现其长期防控项目投资风险（律师专项服务往往仅在项目投资前端，而在投后管理阶段，很多企业为节省成本往往不专门聘请律师）的目的，也有拉律师参股投资项目的需求。但受限于个人的资金实力和职业惯性带来的风险敏感，律师往往难以参与投资；即使可以勉强参股，也会因为权益比例过低，律师全程长期跟踪耗费的精力及回报与商业风险不成正比而放弃。

如果律师将此类商业机会提供给律所，由律所与律师共同参与投资（类似于基金经理的跟投），将会有效缓解律师因资金不够而放弃投资机会的遗憾，也可进一步盘活律所的部分沉淀资金（投资金额和周期需要与沉淀资金相匹配，不可冒进），实现更大的投资收益。即使律所因投资受限而需要委托律师以其个人名义参与投资，律所也可以利用执业证管理和律师其他业务收入管理的条件对律师进行有效的监控。

随着移动互联网和人工智能时代的来临，传统律师行业面临越来越多的挑战，组织形式、工作方法、服务方式、外部竞争环境未来可能都需要进行大的变革，由此衍生出的市场前景非常可观。传统的投资机构虽然看到了这个机遇，但受到专业力量的限制，并没找到很好的投资入口。而拥有较大资金沉淀的律所，凭借对行业发展趋势的判断和律师的专业支持，完全有可能对一些法律服务行业相关的创业项目（如电子合同认证、法律文书生成、法律数据库、法律机器人）进行投资或孵化，扮演一个风险投资者的角色。

这些项目虽然前期需要持续投入，可能很长时间没有收益，但一旦孵化出一两个独角兽项目，其产生的效应可能会长期而深远，不仅可以回收前期投资，平衡其他项目投入，还可能成为前景可观的收入来源。即使投资失败，前期创业过程中形成的成果也可以在律所的律师业务中加以充分利用，通过提升律师业务间接实现收益，最大化降低投资损失。在投资形式方面，律所主导的项目刚开始可以在内部进行实验，一旦商业模式得到验证，可以先在律所内部向权益合伙人征集投资，分散律所的投资风险，条件成熟时再考虑通过委托持股方式成立独立的项目公司进行运营。

（四）生态圈

由于法律服务目前还是相对高端的消费，律所的客户群本身就是一个付费能力较强的群体，加上消费能力较强的律师，一个初具规模的律所就可以稳定地集聚一批高消费人群，他们的消费、投资、教育等需求存在一定的共同性。如果可以做成全国性规模大所，这个群体的需求就非常可观了。如果能充分发掘这个群体的需求，并借助律所的品牌做背书，围绕现金流充沛的律所建立一个多元化的产业生态圈（其中可以考虑财富管理、旅游度假、投资移民、留学、会计审计、税务咨询、私募基金、专业教育、服装定制等），只要项目选择紧贴客户需求，管理团队运营得当、资金计划安排高效，完全可以将客户和律师的价值进一步发掘，为律所和权益合伙人创造更大的收益。由于这个设想跨界太大，涉及面太广，在律所不得从事法律服务之外其他经营的法律限制之下，也存在较大争议，此处就不展开想象了。

十、政策扶持收入

随着我国政治体制改革的进一步深化和法治建设的全面推进，社会和政府对法律服务的需求不断增长。律师行业作为典型的高智识行业，是现代服务业的一个最重要组成部分，在产业转型升级和社会治理中发挥着越来越重要的作用。因此，很多地方政府出于招商引资、产业配套、政绩考核等因素考虑，在不同程度上对律师行业进行政策扶持，而且越是经济发达的地方，政府对律师行业发展的扶持力度越大。

律所开办初期，可以充分利用行业普遍性政策优惠争取政府扶持（如专项补贴、税收返还、人才奖励等）。律所达到一定规模和拥有一定知名度后，还可以利用政府的需求痛点寻求特殊的扶持政策（如办公场地、管理费减免、税收征管变通等）。

目前我国的全国性律所大多集中在一、二线城市，三线以下的城市基本上仍以本地或区域化律所为主，这些律所与全国性律所在律所管理、人员规模、专业素质、服务领域、域外协作等方面都存在较大差距。

如果全国性律所在三、四线城市设立分所，不仅可以有效避开一、二线城市全国性律所过度集中带来的竞争压力，而且可以充分发挥其跨区域的规模协作优势。当地司法机关和政府部门（尤其是司法局）也许在政策优惠方面也可能会给出更大的扶持力度（近年来发展比较迅速的几家规模化大所在三、四线城市设立分所过程中就受益不少）。

由于政府扶持多数情况下是针对律所的，因此，律所争取的政策优惠（如专项补贴）一方面可以直接构成律所的收入，另一方面也可以增加律所的税收筹划收入（如政府税收返还或减免后，律所可以不用在所内再返还给创收律师），甚至可以利用不同地方的税收政策差异进行跨地区的税收筹划。

结语

2007 年，斯特莱·高登律所在澳大利亚股票交易中心公开上市，成为世界上第一家上市律所。此后，也陆续有其他律所选择在澳大利亚和其他法域上市。

尽管我国目前还没有开放社会资本投资律所，也不允许律所从事法律服务之外的其他经营活动，更不可能实现上市，但不可否认的是，除了通过律师提供的法律服务获取收益之外，即使在中国现有法律框架下，律所通过面向律师和社会的经营获取收益仍然大有可为。正因如此，越来越多的资本对投资律所跃跃欲试，四大会计师事务所近年来也纷纷在我国成立或收编律所，2019 年 10 月 1 日出台的《海南经济特区律师条例》，更是为资本进入律所打开了一扇窗。

以上十大设想只是提供思路，具体每个设想如何落地，还待有心人进一步探索。但这些设想的落地都需要有一定规模为基础，且不同设想需要伴随律所规模增长适时推出，而如何把律所规模做大，如何拿捏好上述设想落地的时机，对所有律所经营者都是巨大的挑战。

做律师不易，经营律所更难，经营好一家全国性规模大所更是难上加难。先行者们已经为我们积累了很多宝贵的经验和教训，无论他们最终去向何方，能否成就伟大，无疑都值得我们致敬。

中国律所"双雄记"：金杜、中伦的角逐*

林 戈** | 智合研究院

目前，中国的律师事务所数量已超过3万家，执业律师人数已达到42.3万人，创收规模突破了千亿元级别。2019年1月，司法部印发了《全面深化司法行政改革纲要（2018—2022)》，改革的其中一个目标便是在2022年，全国律师总数达到62万人，每万人拥有律师数达4.2名。

中国法律市场的特点可以说是千帆相竞，百舸争流。

而在当前的法律市场上，有两家在同一时间起步，同时位居市场头部的律师事务所，堪称"双雄"，它们就是金杜和中伦。从榜单排名、历史、管理、业务、布局五个维度，我们可以看出它们过往的发展脉络。

一、从三大榜单看金杜、中伦

钱伯斯、The Legal 500是目前业内较为认可的综合性榜单，《商法》年度杰出交易和案例则从业务的角度反映了各大律所的实力。从三大榜单的结果来看，金杜和中伦可谓势均力敌。

如表1所示，从2019年钱伯斯《亚太法律指南》的中资所律所榜来看，金杜获得第一等推荐的领域达到了20个，位居中资所榜首；中伦获得第一等推荐的领域也达到了17个。若从总数来看，中伦共有28个领域获得推荐，61位律师上榜，为中资所之冠；金杜有27个领域获得推荐，57位律师上榜。金杜、中伦的上榜领域相加，占据了钱伯斯榜单全部排名次数的14%；118位上榜律师占据了全部464位上榜律师的25.43%。

---

* 本文首发于微信公众号"智合"2019年4月10日。

** 林戈，智合合伙人、主编、高级研究员，长期从事中国法律市场宏观趋势、律所战略及管理等方面的研究。

表 1　2019 年钱伯斯《亚太法律指南》：中资所律所榜金杜、中伦上榜情况

金杜			中伦		
等级	领域	数量/个	等级	领域	数量/个
第一等	银行与金融；航空金融；资本市场：债务与股权（国内发行）；资本市场：债务与股权（香港地区及海外发行）；资产证券化及衍生品；竞争法/反垄断；公司并购；公司/商事（东部沿海—广东）；公司/商事（西部—四川）；公司调查/反腐败；争议解决；劳动法；能源与矿产资源；环境法；保险法；知识产权（诉讼）；知识产权（非诉讼）；私募股权与风险投资；破产重组；税务	20	第一等	资本市场：债务与股权（国内发行）；资本市场：债务与股权（香港地区及海外发行）；资产证券化及衍生品；竞争法/反垄断；公司并购；公司/商事（东部沿海—广东）；公司/商事（西部—四川）；争议解决；能源与矿产资源；环境法；国际贸易/世贸（应诉方）；私募股权与风险投资；房地产；建筑工程；破产重组；税务；通信媒体	17
第二等	国际贸易/世贸（应诉方）；投资基金；项目与基础设施；房地产	4	第二等	银行与金融；公司/商事（西部—重庆）；公司调查/反腐败；劳动法；知识产权（诉讼）；投资基金；项目与基础设施	7
第三等	公司/商事（东部沿海—浙江）；医事法；通信媒体	3	第三等	医事法	1
—			焦点排行榜	私人财富管理	1
—			受认可律所	公司/商事（东部沿海—山东）；知识产权（非诉讼）	2

资料来源：2019 年钱伯斯《亚太法律指南》中资所律所榜。
整理、制表：智合研究院。

2019 年 The Legal 500 亚太地区中资所排名共涉及 18 个业务领域，共有 71 家律所榜上有名。而金杜和中伦是唯二的两家横扫了 18 个业务领域的中资所。其中金杜在第一梯队获得推荐的领域共有 15 个，中伦共有 13 个，两家的实力不分上下。详见表 2。

表2　2019年The Legal 500亚太地区中资所排名金杜、中伦上榜情况

金杜			中伦		
级别	领域	数量/个	等级	领域	数量/个
第一梯队	反垄断与竞争法、银行与金融、资本市场、公司并购、争议解决、医疗保健与生命科学、知识产权、投资基金、劳动与雇佣、项目和能源、房地产和建筑工程、监管与合规、税务、通信媒体、WTO/国际贸易	18	第一梯队	反垄断与竞争法、银行与金融、资本市场、公司并购、争议解决、金融科技、知识产权、劳动与雇佣、私募股权与风险投资、项目和能源、房地产和建筑工程、通信媒体、WTO/国际贸易	18
第二梯队	金融科技、私募股权与风险投资、海商海事		第二梯队	医疗保健与生命科学、投资基金、监管与合规、税务	
—			第三梯队	海商海事	

资料来源：2019年The Legal 500亚太地区中资所排名。
整理、制表：智合研究院。

2019年1月公布的《商法》2018年度杰出交易和案例分为四大板块，共76件交易项目入选，其中中国市场交易（21件）、境外交易（33件）、争端及调查案件（12件）、“一带一路”（10件）。金杜、中伦分别斩获了14件。详见表3。

表3　2018年度《商法》杰出交易和案例金杜、中伦上榜情况

金杜			中伦		
板块	交易项目	数量/个	板块	交易项目	数量/个
中国市场交易	富士康工业互联网股份有限公司A股上市	14	中国市场交易	中国建设银行建元2018年第十一期个人住房抵押贷款资产证券化信托项目	14
	中国国电集团公司与神华集团合并重组			新派公寓权益型房托资产支持专项计划项目（权益型类REIT产品）	
	重庆钢铁股份有限公司重整案			上海科创中心股权投资基金设立项目	
	商汤科技C/C+轮融资			长城汽车与宝马集团在华设立合资公司	
	西门子与阿里云就在中国部署工业物联网MINDSPHERE达成合作			商汤科技C/C+轮融资	
	特斯拉在沪设立新工厂			苏宁体育A轮融资	
	—			特斯拉在沪设立新工厂	

续表

金杜			中伦		
板块	交易项目	数量/个	板块	交易项目	数量/个
境外交易	蚂蚁金服 C 轮融资	14	境外交易	中国铀业从力拓集团收购纳米比亚罗辛铀矿	14
	鼎晖投资与远大医药健康控股收购			中国铁塔香港上市	
	中国铁塔香港上市			美团点评香港上市	
	OPUS 集团退出澳交所并于香港上市			青岛海尔法兰克福 D 股上市	
	青岛海尔法兰克福 D 股上市			上海医药收购康德乐在华分销业务	
	潍柴动力收购英国锡里斯		争端及调查案件	北大医药应对众多投资者提起的证券虚假陈述民事赔偿诉讼	
“一带一路”	俄罗斯航空公司租赁共 16 架 A320 和 A321 型空中客车		“一带一路”	中国水电建设集团伊拉克鲁迈拉联合循环电站融资项目	
	黑山莫祖拉（MOZURA）风电投资建设项目			—	

资料来源：2018 年度《商法》年度杰出交易和案例。

整理、制表：智合研究院。

没有一家律师事务所能够随随便便成功，金杜、中伦今天的战绩与其所处的时代、发展历史、运营模式、业务和规模布局都有着莫大的关联。

二、“九二派律所”中的佼佼者

20 世纪 90 年代初期，时势纷纭、动荡迭起的严冬刚过，整个中国都沐浴在改革开放的春风里。

1992 年，邓小平南方谈话让全国出现了一股前所未有的办公司热，也让一批体制内的公职人员内心起了波澜，纷纷下海经商，如陈东升、冯仑、毛振华、郭广昌等，这一批人皆被称为“九二派”。

据《中国工商时报》的统计，当年度全国至少有 10 万体制内人员辞职从商。“九二派”既懂体制内的规则运行，又理解体制外的酸甜苦辣，还善于借鉴国外的先进经验，很快便成为中国经济空白领域的开拓者和领军人物。

与此同时，在法律行业，“群雄并起”的律师创业大潮的种子也正在萌芽。

而所谓“九二派律所”，即是指在 1992 ~ 1995 年成立的，由大批公职人员从体制内走出之后创立，乘着中国市场经济发展的东风，并在未来占据了中国法律市场头部的那批律师事务所。金杜和中伦无疑是其中的杰出代表。

20 世纪 90 年代，中国的涉外法律服务市场开始繁荣，外商投资大幅增长，外商独资、中外合资、中外合作、驻京代表处等外商投资企业相继成立，这给中国商务律师事务所提供了大量的业务机会。当今许多仍在中国法律市场叱咤风云的商务律师事务所均是从涉外业务起家。

从 1993 年创立伊始，金杜就瞄准国内及对华投资企业，致力于为相关企业提供一流国际水平的法律服务。基于当时的经济发展形势和相对集中的法律市场业务领域，金杜形成了以外商投资和一般性涉外业务及涉外仲裁等为主的业务结构。

早在创所的前五年，金杜就展露出了要成为一家卓越律所的雄心，并且在 1996 年即完成了从一家提成制律所向一体化律所的转型。金杜的平台化优势就此得以奠定，也为其后来的腾飞装上了“引擎”。

随着 1991 年年底国务院在《关于全面进行城镇住房制度改革的意见》中明确了城镇住房制度改革的总目标，中国的房地产改革浪潮兴起，中伦的创立就伴随着这一时代背景。其在 1992 年提交给北京市司法局的《关于成立中伦律师事务所的可行性报告》中，集中论述了“成立主要从事金融、房地产法律业务的合作制律师事务所的必要性和迫切性”。

1993 年，中伦的大所历史正式铺开。房地产业务是中伦当年重点突破的领域。从 20 世纪 90 年代到 21 世纪初，中伦通过自身的努力以及行业的持续推动，拓展了律师进入非诉业务领域的空间，将律师服务贯穿从拿地、开发、建设、销售、抵押贷款，到租赁、物业管理等地产开发的全过程。直到现在，中伦仍是房地产业务领域的王牌律所。

中伦从创立之初就采用了“公司制”，并在章程中规定律师的薪酬包括固定工资加奖金。据《中伦的秘密》描述，在中伦的历史上，曾经多次调整分配机制，比如在 1996 年时，曾改为以提成绩效为主。而 2000 ~ 2002 年，中伦在三个问题上取得了实质性进展：一是将松散的合伙人分配机制重新收回；二是将律师以提成绩效为主的激励机制改为年薪制；三是借助现代信息技术，部署计算机系统来实现对律所的管理。

三、金杜、中伦今日之功何以造就

金杜和中伦，代表了中国律所发展的两种模式。

金杜的成功，证明了一体化的管理模式可以在中国落地成功；而中伦的发展，则充分结合了中国市场的实际，打造了一个“让合伙人享有自主权的均衡系统”，在团队层面拥有较强的自主权，做到了利益共享。

（一）金杜：一体化管理，打造“生态圈”

研究中国律所的一体化管理，金杜是必不可少的案例。而一体化管理最为重要的核心，便是合伙人考评及分配机制的设定。

金杜合伙人的考评机制是综合性考评，覆盖业务创收、市场开拓、客户维系、律所文化传承、个人职业道德与职业操守、卓越贡献等综合表现。律师的考核由事务所人力资源委员会负责，需考量律师的综合表现，包括计费时间、工作饱和度、综合工作能力、敬业程度、团队协作等因素。

整体来看，金杜在分配体制方面不仅考察创收和年资这两个基础性要素，还参考律师个人为律所做的非业务工作，比如公益、培训以及对律所发展的贡献等方面。

对于任何律所来说，人才和客户都是最重要的两大资产。律师们希望依靠一个平台在直接获得经济收益的同时，还能追寻更多收获，例如尊荣感和自我价值的实现。而金杜，恰好具备这个能力。

2013 年，金杜启动了“百人计划”，即金杜内地办公室与中国香港、及澳洲、欧洲各区域办公室之间相互派遣合伙人和律师工作，并进行交流和学习。时至今日，金杜各地办公室之间互派的合伙人、律师早已超过百人。

2015 年，金杜针对应届毕业生定向招聘与培养，开启了“铸金计划”。“铸金计划”分为前期宣传、校园宣讲、面试与甄选、培养与指导、工作实践、考评与留用几个阶段，每年在全国多个城市举行。

2017 年 4 月，金杜学院建立，旨在通过与国内外一流法学院、商学院和其他权威教育机构的密切合作，创新教育模式，推进职业素质培养，努力造就一批面向未来的创新型卓越法律人才。

目前的金杜，依靠一体化的平台化优势，布局法律科技，加之金杜学院、金杜艺术中心、金杜国际中心的设立，已经构建了法律服务的生态圈。

（二）中伦：管理之道，不在于“管”，而在于“理”

从 2007 年开始，中伦就将自身看成是一个规范化的企业，运用管理企业的思维来管理律所，而非由若干合伙人团队的简单规模相加。与此同时，中伦也曾聘请了外部咨询公司为自身进行战略会诊和规划，明确优劣势和阶段性发展重点。

2017 年，中伦再次向外部战略顾问问诊，制定了未来十年的发展规划，并明确了三大重心：第一，顺应时代发展，从信息化向大数据化律所进军；第二，以客户为中心，在日益强化律师要成为法律专家和行业专家结合体的同时，律所将提供更多大数据化和相关的多元现代咨询服务；第三，力争成为一家全面领先、百年传承的“国际化的中国律所”。而中伦的管理体系也将围绕上述战略目标逐步打造。

对于像中伦这样的大所，在其治理体系中，决策时趋向于民主，而在执行时则趋向于集中，在分配制度建设上既重视多劳多得的绩效考核，又兼顾专业化和合作共赢的绩效引导，同时在人才引进和培养上突出百花齐放，逐步确立了“专业、进取、包容、共享”的企业文化价值观。

中伦的日常管理，其实更多不在于“管”，而在于“理”，重在厘清事务所资源合理调度、理解事务所工作重点及做好短中长相结合的工作计划、理解合伙人和员工的需求并及时响应解决、理顺职能部门分工和工作流程等方面。

数据化的前提是大量信息的标准化；数据化的范围可以是从业务经营、客户管理、知识管理、财务管理再到律所运营，由点及面。

在“智合论坛2018”上，时任中伦执行委员会执行主任乔文骏说，包括中伦在内的中国律所，要想真正顺应时代发展潮流，从信息化律所升级为大数据化律所，就必须抓紧时间在客户及其属性分类、业务及其文本分类、知识成果分类、专业和行业术语等多方面进行标准化的定义定名。而要做到这些规范统一，各个合伙人及其团队成员必须统一思想，愿以开放共享的心态将各自的客户信息、业务及文本信息和知识成果信息留存在 IT 系统内。有了全面、大量的相关信息，才能转化为可分类、可统计、可抓取的大数据，才有可能实现真正的数据化律所。

2018 年，中伦有效整合平台资源，打造中伦生态圈，知识管理和中伦学院上线，构建了全球律所信息化的“中伦样本”。

四、平台优势，集团作战

2018 年 8 月，中国铁塔上市，这是近两年全球最大 IPO 项目，香港联交所迄今十大 IPO 项目之一，募集资金 587.96 亿港元。为该项目提供法律服务的是 3 家“红圈所”与 2 家“魔圈所”，共动用了 15 名合伙人牵头，数十名律师参与。

在该项目中，金杜担任发行人中国法律顾问，中伦担任联席保荐人及承销商中国法律顾问。又一次，金杜和中伦在超大型项目中进行合作。

2018 年 10 月，青岛海尔正式登陆中欧国际交易所股份有限公司 D 股市场，并通过法兰克福证券交易所的准入并挂牌交易实现上市，成为中欧所 D 股市场第一只 D 股股票，并开创了“A + D”模式。这一项目背后，仍然有金杜、中伦团队的运筹帷幄。

类似于中国铁塔、青岛海尔上市这样的项目，金杜和中伦还有很多，这是平台化优势和集团军作战下的必然结果。与此同时，在许多中国大型国企的重大交易项目中，金杜和中伦的服务也经常成为“固定搭配”。

金杜的资本市场团队已有 70 多名从事证券业务的合伙人，而整个中伦资本市场部的权益合伙人有 90 位。由于金杜、中伦采取一体化的管理体制，其所服务的行业领域较为综合，团队的创造力以及团队之间的配合和协同能力较强。

目前，金杜按照公司证券、金融资本、商务合规、争议解决及知识产权等领域来划分业务部门。但实际上，金杜一直在内部进行行业化的改革和突破。

2018 年，在金杜的官方微信公众号“金杜研究院”上，除了发布金杜获得的奖项及金杜律师承办的项目之外，每个月还以金融科技、遇见独角兽、大湾区、证券法律、ABS（资产证券化）等划分了主题。

在业务方面，金杜所关心的一直是各大产业的前沿问题。拥抱 5G 时代的到来，与高科技企业持续互动；关注“智慧城市”建设，提供交通、大数据、数据安全等方面的服务，是金杜下一步的重心。

专业为基，行业为王，是包括金杜、中伦在内的所有中国律所业务发展的趋势。

律师事务所专业化的前提是合伙人的专业化。

目前，中伦的专业化与团队协作实行得十分成功，每位合伙人都确定了“一主二辅”（一个主要专业、两个辅助专业）的专业范围。主要专业范围内的业务可以自主接案，辅助专业范围内的业务可以协助办理，超出三个业务范围的，则要交给其他专业合伙人来承办。

中伦出台的合伙人业务合作和收入分配指引，又为其专业化发展形成了相应的分配制度保障。新加入中伦的团队，也均在中伦的制度下完成了业务升级和团队升级。

中伦将自身定位为全面领先的、综合性的商务律师事务所，平均每年以 20% 的速度在高速增长。

金杜、中伦的制度各异，业务发展模式各具特色，但平台优势和集团作战是其共性。

五、“中国律所的国际化”与“国际化的中国律所”

金杜和中伦，这两家中国法律市场的巨头，选择了两条不同的国际化路径。

金杜的全球联盟形式，堪称“中国律所的国际化”；中伦则立足中国，致力于打造“国际化的中国律所”。

（一）金杜：全球视野下的资源整合

在2018年的一场“红圈八所”的高峰对话上，谈及金杜的布局时，金杜中国管委会主席张毅说，分所必须要有自身的定位，一体化管理的关键是人。金杜全球布局分所情况详见表4。

表4 金杜全球布局

地区	办公室数量/个	地点
中国内地	12	北京、成都、广州、海口、杭州、济南、南京、青岛、三亚、上海、深圳、苏州
亚太（境外）	8	中国香港特别行政区、日本东京、新加坡、新加坡市、澳大利亚堪培拉、澳大利亚珀斯、澳大利亚墨尔本、澳大利亚悉尼、澳大利亚布里斯班
北美洲	2	美国纽约、美国硅谷
欧洲	5	比利时布鲁塞尔、德国法兰克福、西班牙马德里、意大利米兰、英国伦敦
中东	1	阿联酋迪拜

资料来源：金杜官网。
整理、制表：智合研究院。

目前，金杜在中国内地共有12家分所。金杜的每家分所建立之后，都会从总部派团队过去运营和发展，同时也会招募当地的优秀的律师，而不是采取兼并当地律所方式实现设立。

金杜的国际化之路分为两步：第一步，是引进一批有涉外业务能力的律师，主要是有涉外业务背景或留学背景的律师。第二步，是开设海外分支机构，金杜美国硅谷办公室是其首次尝试。

2012年3月，金杜与澳大利亚万盛国际律师事务所结成紧密联盟（King & Wood Mallesons），率先迈出了中国本土律师事务所国际化的实质性步伐。2013年，欧洲领先律所柏文国际律所事务所与金杜结盟。金杜联盟成为当时全球为数不多的，能在中国内地、中国香港、澳大利亚、英国、美国和欧洲等重要法域拥有执业能力的律所。

金杜采用瑞士法人结构，主要是考虑中国的市场特定性，无论是整体的商业、经济市场，还是法律服务市场，与欧美国家均有较大的差异。“瑞士法人结构”（Swiss Verien）分权管理、分散控制的模式，能够为来自不同市场的律所的联合或者合并提供一个比较宽松的结构，相对比较容易融入不同地域的法律市场，达到彼此的共同预期。

2017 年，金杜兼并柏文国际律师事务所，承继了原柏文国际律师事务所在英国、欧洲和中东地区建立起自己的办公室和业务网络。自此以后，金杜英国、欧洲和中东等地办公室的业务运营将完全在金杜中国的统一管理下进行，从而实现了金杜国际化的本质性跨越。

据英国著名法律杂志《律师》（*The Lawyer*）报道，金杜伦敦办公室在重新启动后的第一年里，创造了 1180 万英镑收入，净利润 540 万英镑，利润率 46%。在此期间的七位伦敦办公室合伙人的平均利润为 77.1 万英镑。

2018 年 6 月，为了充分发挥金杜全所，特别是大湾区广、深、港三地分所的区位优势，金杜紧跟粤港澳大湾区发展，在深圳正式启动了由金杜香港、广州、深圳、三亚办公室组成的金杜国际中心，以进一步进行法律服务资源的整合。

2019 年 2 月，《粤港澳大湾区发展规划纲要》发布，不仅明确了湾区内各城市的功能和定位，也为大湾区建设发展提出了近期规划至 2022 年，远期展望到 2035 年的目标。“一个湾区、两种制度、三个关税区、三种法律体系”是粤港澳大湾区法律服务的特点。粤港澳大湾区在资本市场、科技创新、基础设施、构建新兴现代产业体系等方面，将给中资所带来重大的发展机遇。

在“金杜研究院”上发表的一篇题为《构建中国和金杜发展的新增长极——〈粤港澳大湾区发展规划纲要〉评析》的文章，表明了金杜在粤港澳大湾区进一步深化布局的决心。

（二）中伦：一体化的垂直管理为主，本地化的横向管理为辅

《律师》杂志在《2018 年亚太 100 强律所报告》中写道，中伦近年来的高速发展，主要归功于其专注于内部管理升级、提升法律服务的质量和水平，并在涉外法律服务方面持续发力。目前，中伦在全球共有 18 个办公室，分布在中国内地 11 个，境外 7 个，详见表 5。对于分所管理，中伦的方式是“一体化的垂直管理为主，本地化的横向管理为辅”。

表 5　中伦全球布局

地区	办公室数量/个	地点
中国内地	11	北京、上海、深圳、广州、武汉、成都、重庆、青岛、杭州、南京、海口
亚太（境外）	3	日本东京、中国香港特别行政区、哈萨克斯坦阿拉木图

续表

地区	办公室数量/个	地点
北美	3	美国纽约、美国旧金山、美国洛杉矶
欧洲	1	英国伦敦

资料来源：中伦网站。
整理、制表：智合研究院。

中伦的定位是明确的，其致力于成为“国际化的中国律所”，而不是“源自中国的国际律所”。立足中国是中伦在布局全球时的根本出发点。

从全球范围看，中国内地仍然是增长率最高的地区之一，且现代服务业的发展速度更是远高于其他国家和地区。不仅如此，中国法律市场也是亚太地区规模最大、增速最快的市场之一。

在设立分所时，中伦并不追求数量，而更侧重所在省市的 GDP 总量排名、是否顺应国家发展战略规划，以及法治化建设前景。中伦最近的两次布局，是在杭州和南京。

2017 年 9 月，中伦杭州办公室开业。发力杭州，既是中伦完善全国业务布局、更好地服务于客户需要的举措，也是中伦致力于全球化发展，进一步服务于浙江乃至整个华东地区企业，助力中国企业走向国际、贡献于国家“一带一路”发展的重要举措。

2018 年 6 月，中伦在南京开设了其第 16 个办公室，以进一步服务苏商，并完善了中伦在长三角这一经济活跃区的服务网络。

中国律所的国际化，通常存在四条路径：一是进行国际并购，通过吸收合并外资小所来布局；二是与国际大所对等合并或是以“瑞士法人结构”结成联盟；三是采用“最佳伙伴”模式（Best Friend），与国际律所结成战略联盟；四是开设海外办公室，起到窗口作用，并加入合适的国际律师联盟。

中伦目前采取的，是第四种模式。

2003 年，中伦迎来了一次国际化的小高潮。在这一年，有一批在外所工作的律师加入中伦。中伦的客户在涉外法律服务领域的需求在不断累积。

2006 年，中伦在东京开设了第一家境外分所，中伦也是中国律所中在日本以独资方式设立事务所的第一家。

到了 2009 年，中伦形成体系化的涉外法律服务团队，国际化色彩更加浓厚。

2010 年的香港办公室，2011 年的伦敦办公室，2013 年的纽约办公室，2016 年的旧金山、洛杉矶办公室，让中伦的国际网络逐步完善。中伦的目标，是成为全球范围内的前 50 名。

2019 年 2 月，当年度的《钱伯斯全球指南》发布，中伦与金杜、方达、环球、汉坤、君合一起并列“国际及跨境能力”领域的焦点排行榜。

当然，中伦的国际化还在路上，还需要很长时间的谋篇布局。

结语

2019 年 1 月，北大教授陈春花发表了一个题为《2019 年，注定是个分水岭》的演讲。其中谈到，2019 年，我们要建立长期主义的价值观，从预测判断转向不断进化，致力于不可替代性，从固守边界到伙伴开放，构建共生态。而最后一点也是最重要的一点是，做好当下即是未来。

对于一家律师事务所来说，它的进步和成功要依靠不断地推翻昨天的尝试，不断地进行创造性破坏。

金杜和中伦，代表了中国律所发展的两种模式，目前它们已是总创收超过 40 亿元，在全球多个国家和地区均有布局，多个业务领域走在业界前沿的“超级大所”。

未来之路漫漫，它们的角逐，将会是战略、制度、人才、生态的角逐。而“双雄”在过往走过的道路和当下所做的努力和布局，势必会为中国法律服务行业的发展添加浓墨重彩的一笔。

肖微让贤，君合交棒，“红圈”继任者面临怎样的未来？[*]

毛姗姗[**] | 智合研究院

2020年10月18日，君合2020年合伙人大会落幕，新一届管委会由君合82名无限合伙人选举产生。其中，合伙人华晓军当选为管委会主任，肖微、赵锡勇、张平、余永强、武雷五位合伙人当选为管委会委员。

这次换届选举虽然在选举规则上与往届没有变化，却是君合的传承换届。这早已不是肖微第一次交棒。在过往君合31年的发展历程中，作为创始人之一的肖微担任过八届管委会主任，曾六次交棒，最后依然“棒回其手”。

“此前都是同辈传承，这次属于代际传承。”肖微说。事实上，在本次选举之前，依然有不少合伙人希望肖微连任。但这一次肖微态度坚决，“两年前我就开始准备了，把棒交出去才是对的，要遵循规律。”

从时间维度上看，君合的代际传承不算早。作为中国最早一批合作制试点的律师事务所，君合的传承反而是在“红圈”领跑四家律所“金君方中”中较晚的那家。

一方面，肖微本人在君合的影响力堪称“前无古人”，君合人对肖微的信任难以替代；另一方面，君合一以贯之的“民主选举”制度，在代际传承上较其他律所而言更存在“不确定性”，年轻一代合伙人谁来掌舵君合尤为重要。

本次换届君合传递出哪些信号，对行业又有哪些启示？

一、薪火相传、平稳过渡

自2006年起，君合在管委会便采用“一名主任和五位委员”的设置，沿用至

---

* 本文首发于微信公众号“智合”2020年11月3日。

** 毛姗姗，智合合伙人、高级研究员，采访过近百位律所管理合伙人，从事中国法律市场发展趋势、律所战略、品牌建设等方面的研究。

今，本次亦不例外。从最后的管委会主任和委员名单显示，本次虽然是“代际传承”，在君合合伙人选举上遵循了“协商共治、平稳过渡”的大原则，亦考虑了君合全所的地域平衡和业务平衡。

在新一届管委会名单中，新成员为来自上海办公室的武雷，其余华晓军、肖微、赵锡勇、张平、余永强均为往届管委会成员。肖微因让贤主任之位，以高票当选管委会委员，在内部承担起“保驾护航”的角色，华晓军担任管委会主任，挑起大梁，走上前台。

2012 年加入君合的华晓军律师，在此之前有多年的外所和内所的执业与管理经验。他曾在英国梅森律师事务所（现已为品诚梅森）的香港和广州分所工作过约两年，主要从事外商直接投资和基础设施/工程业务；在法国基德律师事务所北京分所工作过十年，主要从事并购及基础设施项目融资业务。他于 2008 年 1 月成为基德律师事务所的全球合伙人，并担任基德北京分所的联席管理合伙人。2015 年 1 月 1 日至今，他亦作为实验田改革的落地执行者，深度参与君合的改制项目。与此同时，在管委会内部分管市场、IT 的他，在履职期间搭建了功能齐全的市场团队和标准化的 SOP 工作流程，开发了 CRM 市场部工作平台和律师评价系统等多项管理软件，以管理精细促进了组织效率提升。

对于各类型律所分配机制的深度了解与参与君合事务管理的实战经验，也让华晓军获得更多合伙人的信任。在肖微看来，成为君合的管理者不但要能守，亦要与时俱进，始终跟随市场变化做相应的调整。此外，大局观、思考的全面性、能够扛住来自各方面的压力等都是管理者的重要素质。“华律师为人不张扬，做事细致，有在国际所执业的经验，亦在君合从事涉外业务，与君合的气质很吻合。”

其他合伙人这样评价华晓军，“做事深思熟虑，谋定后动。”

去年以来，国际形势的不明朗、市场环境的变化，也加剧了法律服务市场的压力。为此，原本想全身而退的肖微依然保留了管委会委员和实验田 CEO 一职。当然，他也为自己设立了几项陪跑原则：“第一不要指手画脚，第二不要碍手碍脚，第三个不要动手动脚”，只在需要自己的时候出面。

“肖律师的宏观规划能力、整合协调能力、团队管理能力均让人敬佩。从过去这些年的发展情况来看，君合的成长曲线与肖微律师制定的 20 年展望曲线是非常贴合的。他在 2015 年推出的实验田改革，则是他整合协调能力的最佳证明。同时，由于君合管委会成员均由无限权益合伙人选举产生，并非组阁制，在过去两届工作中管委会能够高效合作，充分说明了他的团队管理能力。”华晓军说。

“本次换届更多的是给年轻人机会，在君合的生态体系下，我们需要加强自身的造血功能。”武雷说。

“本次选举出的管委会成员，属于‘老中青’三代结合，华晓军律师管理经验丰富，个人业绩突出者如赵锡勇、余永强两位律师是代表。同时也体现了君合合伙人对于未来稳步发展、循序渐进、平稳过渡的诉求。”君合合伙人易芳在接受采访时提到，“在地域平衡上，君合采用了过往的优良传统，吸纳了上海办公室和华南片区成员。”

近年来，上海办公室发展迅猛，其创收和人员规模正在接近北京办公室。新一届管委会将继续保持君合在上海，乃至长三角地区法律服务市场的布局。

君合华南片区由广州、深圳、香港和海口四个办公室组成。在粤港澳大湾区建设与海南全岛自由贸易试验区建设的政策背景下，华南区具有重要的战略性地位。在下一个三年，如何布局华南，以及如何整合君合在华南的资源，将会是新一届管委会的工作重心。

二、机遇与挑战并存的未来

君合新一届管委会将于 2021 年 1 月 1 日履职。但对于管委会新一届任期内的规划，君合已经有了方向。这些规划更侧重于有针对性地应对当前国内外市场环境的变化。

全球政治经济环境与中美关系的变化，对涉外业务产生严重影响。根据英国法律杂志《律师》（*The Lawyer*）的数据显示，受今年疫情影响，跨境投资由于各国的禁令而大幅下降。以跨境交易作为业务来源占比较高的“红圈所”今年受影响较大，君合亦不例外。如何重新调整业务布局、加强国内业务拓展，成为留给新一届管委会的命题。

此外，当前中国法律服务市场的规模化浪潮也使得坚持精品化发展道路的律所受到冲击。君合自成立以来始终以“自生长”“高品质”著称，在该体量下，如何应对同梯队头部规模律所的竞争，亦是君合面临的挑战。

华晓军在阐述君合未来发展时提到三个平衡，

“第一，平衡好规模与效益之间的关系，继续坚持精品所的发展路线，在高效益的同时，适度扩张规模；

“第二，平衡好管理和服务之间的关系，改进事务所的治理架构，在公司制、一体化平台上建立以市场和业务为导向的管理体系；

“第三，平衡好短期利益和长期利益的关系，拓宽君合合伙人之间共同长期利益的连接点，加强战略性投资，让合伙人收益与事务所的远景发展之间的连接更为紧密。”

三、对于行业的启示

若从中国律师制度恢复起算，中国律师业发展40多年，20世纪90年代的中国律所创一代当时多为25～30岁，现在已逐步接近退休年龄，代际传承是一个迫在眉睫的话题。君合的换届，几乎是中国“红圈所”代际传承的缩影。

（一）“红圈所”换代结束，“陪跑”和“共治”

2008年，刘劲容担任环球管委会主任；2014年，张继平成为海问律所主任；2016年，金杜中国区管委会主任由张毅担任；2017年，通商管委会由孔鑫、张小满、吴刚组成，作为通商二代管理者上任；2019年，中伦完成换届，赵靖当选管委会主任；同年，竞天公诚由赵洋担任管委会主任；2020年4月，方达管委会换届，周志峰加入蚂蚁金服，由韩亮接任方达管委会主任一职。加上君合本次换届，华晓军作为君合继任者。至此，“红圈所”代际传承基本完毕，详见表1。

表1 “红圈所”继任者上任时间

上任时间	新一代管委会主任（主席）/主任	律师事务所
2008年	刘劲容	环球
2014年	张继平	海问
2016年	张毅	金杜
2017年	孔鑫	通商
2019年	赵靖	中伦
2019年	赵洋	竞天公诚
2020年	韩亮	方达

注：上任时间根据媒体报道和官网通知查询。

我们可以看到的是，无论是通过主任推荐，内部确定，还是民主选举产生，各家律所换届均倾向于“平稳过渡、薪火相传”的方式。

老一代“陪跑”与新一代“共治”成为主流。守业者需要在延续律所一贯的文化和发展的基础上创新。金杜、中伦、君合、竞天公诚在管委会中均保留了上一代管理者，以便“扶上马，送一程”。同时，“共治”亦成为文化延续的方式，充分听取管委会其他成员的意渡，尊重前辈的意见，以更好地推行具体创新举措。

（二）经济下行和更复杂的国际经济环境，对于新继任者的挑战

较第一代管理者身处的中国法律服务市场百废待兴的情况不同，继任者目前正面临更复杂的市场环境。正如华晓军在谈及君合面临的挑战时所说，“在中美关系紧张和新冠肺炎疫情反复的大环境下，涉外业务受到一定影响，与此同时，中央提

出了‘构建国内循环为主、国内国际互促双循环新格局’的战略思想，因此，今后的业务角逐将更多地聚焦在国内业务上。”

根据《律师》杂志的一组数据显示，自2018年以来，“红圈所”的增速正在放缓，尤其是伴随中美贸易摩擦的升级，金杜、中伦、君合均呈现个位数增长的情况。而在两年前，各家律所均以两位数增长的势头蓬勃发展。

在涉外业务受到影响的情况下，规模化律所将更显优势。这对于坚持走精品化路线的君合、环球都带来一定的压力。何时进行适当的规模扩张，招募更优秀的“造雨人”，将是摆在新继任者面前的难题。

（三）对于技术的理解深度和使用能力成为新的较量力量

新一代继任者或许在经验和政府关系上，未能像上一辈那样轻车熟路和经验丰富。但对于新技术的掌握和洞察、对于律所管理理论的接受程度和受商学院教学的机会却超越前者。在国内市场竞争日益激烈，各类型“玩家”变多的情况下，新一代律所管理者对于新技术的理解程度和将技术应用于律所管理的能力，亦影响着未来律所发展的远度。

关注科技，借助各类工具促使律所运营效率提高，亦是本次君合换届选举中华晓军律师颇受认可的原因之一。“在技术使用方面，华晓军律师研究颇深，走在前列。”肖微补充道。

金杜、中伦、方达在科技的投入和布局上也正在逐步加大力度。律所管理系统更好地结合律所实际提升效率，更多使用合同翻译、法律搜索引擎等工具，均属于基本比拼事项，如何理解技术、与数据公司合作，形成无可替代的法律服务产品，或将是下一个角逐赛道。

中伦管委会换届：接力棒交给年轻一代，对律所百年有多重要？*

周 正

2019 年 9 月 20～21 日，中伦律师事务所 2019 年第三次合伙人会议在上海召开。来自我国北京、上海、深圳、广州、武汉、成都、重庆、青岛、杭州、南京、香港特区，以及日本东京、英国伦敦，美国纽约、洛杉矶、旧金山共 16 地办公室的 300 多名合伙人参加了大会。

这次大会对中伦下一阶段，乃至未来百年的发展意义重大，可谓薪火相传，正式开启了中伦的 2.0 时代。

一、接力棒传给年轻一代

大会以无记名投票方式进行了事务所管理委员会和考评与监督委员会的换届选举——

产生了以赵靖律师为主任，张学兵、吴鹏、张德才、赖继红、崔瑜、郭克军律师为委员的新一届管理委员会；

产生了以张学兵律师为主任，刘玉明、王丽华、钱伯明、陈利民、孔伟、李崇文、樊斌、张白沙、张华、张粒律师为委员的新一届考评与监督委员会。

大会同时以无记名投票方式选举张德才律师担任新一届总所执行委员会主任。

本次换届最为值得关注的是，作为中伦创始人之一，一路带领中伦实现 26 年稳定、高速发展的张学兵律师主动让贤，将中伦的接力棒传给了年轻一代的管理者。中伦上海办公室创始合伙人乔文骏律师带头退出管理层，让贤于更年轻的管理者。

---

* 本文首发于微信公众号“智合”2019 年 9 月 23 日。

律师制度恢复至今40年，中国的领先律所大多创设于20世纪90年代初期，至今正是未满而立的朝气年华。但律所的管理具有高度的复杂性，如何将一个人合性为基底的组织，甚至是一家超过2500人的庞大机构，通过科学有效的管理，在实现蓬勃发展的同时，更向着百年大所的方向前行，管理团队的传承是所有这个“年纪”、这个体量的律所都必然要面对的重大问题。

对于这一重大命题，中国律师行业内早已有所探讨，因为各家律所情况各不相同，往往涉及管理架构、分配体系等各项个性化的内部制度，没有一套“放之四海而皆准”的解决方案。但至少已经达成的共识——也是组织机构健康长远发展的必然规律——是必须在合适的时间节点上，将管理权责的接力棒交给年轻一代的管理者。

而要真正做到这一点，高度依赖核心管理者的觉悟、气度和魄力。

此次换届的重要意义，也正在于此。

二、薪火相传，对律所百年有多重要？

中伦近年来的发展速度业内有目共睹，目前已经在全球拥有超过16家办公室、2500多名员工，在各大榜单不断斩获佳绩。

这样一家大所的管委会换届，“主动让贤”“薪火相传”也引发了业内的高度关注。大会后，中伦接受了智合专访，从自身角度解读了管理核心的年轻化对律所百年大计的重要性。

“今天的成绩是几代中伦人不断努力进取、勇于自我突破的结果。”谈及26年来中伦所取得的发展成绩，张学兵律师没有多谈自己的付出，而是将功劳归于全体中伦人。

中伦的管理结构在业内也属创新，管理委员会和考评与监督委员会“双轮驱动、两翼齐飞”，也是为了适应事务所实际发展需求而设计的。从管理角度而言，确切说中伦的管理机构只有管委会，为了确保事务所的管理工作能符合事务所整体利益、符合合伙人大会的要求，合伙人大会通过选举产生的考评与监督委员会对事务所管理层的勤勉尽责、工作能力进行考核、评价以及监督。

“两个委员会之间的平衡、制约机制，是中伦这艘2500多人的‘航空母舰’得以平稳、高速地向既定目标迈进的根本保障。”张学兵律师说。

对于事务所管理权责的交接传承，张学兵律师已经有了相当长时间的思考，他很早就认识到，事务所要实现长远健康发展，必须解决好交接班问题。

“一位优秀的事务所领头人的成就，是个长期历练的过程，需要时间检验品质、能力和才干，更需要事件检验胸怀、勇气与担当。而来自各方的经验让我深刻感受到，对于卓越的人才，英国女王式的交班不可能成功。我办中伦的时候还不到 30 岁，如今中伦的骨干合伙人都已 40 多岁，具有远超我当时的能力和视野，他们完全值得信赖。”张学兵律师说。

关于交接传承的落实，中伦也已经有了较长时间的铺垫。在 2016 年换届之前，管理委员会主任和考评与监督委员会主任一直是由张学兵律师和另一位创始合伙人吴鹏律师交替担任。根据长期的考察，2016 年张学兵律师在卸任考评与监督委员会主任时就已推荐赵靖律师为继任者。

此次换届后，张学兵律师依然留任管理委员会委员。他表示，这是事务所制度的安排，是为了保证管理层新老交替时事务所工作的平稳推进。“中伦新一届管委会主任赵靖律师是上一届的考评委的主任，自 2007 年起就一直担任事务所管委会委员，同时担任上海办公室主任也有近 10 年时间了，他的为人和能力在所内是受到普遍认可的。未来我在管委会的工作更多的是支持和配合他服务好全体合伙人。”

对于以赵靖律师为主任的年轻化管理委员会，张学兵律师也给予了自己的期待：“期待新一届管委会能继续弘扬中伦核心价值观，审时度势，团结努力，不断进取，积极开拓，勇于创新，带领全体中伦人继续稳步发展，实现《中伦 2018—2022 战略发展计划纲要》所确定的任务目标，让事务所攀上新高峰。”

“中伦这几年较快的发展，与中伦的分配机制、人才机制和民主机制是密不可分的。”已经担任管理委员会委员 12 年的赵靖律师说出了他对中伦三项核心制度的理解。

“中伦的分配机制激励贡献、兼顾资历、高度透明，让合伙人有干劲，既安心又放心；中伦的人才机制以包容多元为基石，会聚业内精英并通过专业化分工使之形成合力；中伦的民主制度务实理性，既可以使合伙人畅所欲言，又可以保证决策的高效。中伦的三项核心制度深得人心，从而催生中伦强大的生产力。”

2016 年，赵靖律师被选举为考评与监督委员会主任。管理委员会、考评与监督委员会，连同合伙人大会和执行委员会，形成“议决行评监”的完整体系，对岗不对人，唯一的目标和标准就是事务所的健康发展。赵靖律师说，这是中伦事业不断向前的根本保障。

根据中伦的章程，张学兵律师还可以再任一届管理委员会主任，但此次换届，张学兵律师却主动让位于年轻一代，对此赵靖律师也是内心颇有感慨：“张学兵律师还年富力强，但为事务所长远筹划，此次主动放弃连任，体现了令人钦佩的高风亮节。承蒙上届管委会推荐，并经合伙人大会选举，我此次接力中伦，既备感荣幸，又深知责任重大。唯有加倍努力，与管委会其他同事一起带领中伦人，让中伦成为更好的中伦，才可不辜负大家的重托。”

接过张学兵律师的接力棒，新一届的管理委员会将如何开展下一步的工作？赵靖律师表示：“作为一个法律人，我尊重市场的力量，崇尚制度的作用，这个理念也会体现在事务所的管理中。我希望新一届的管委会能够秉承中伦的基因，通过制度和文化的建设，进一步打造有效率、有活力的平台，形成良性生态系统。我们要以专业化和国际化为抓手，让每位中伦人各展所长、通力协作，推动中伦成为立足中国、引领时代、在世界上有影响力的、受人尊敬的事务所。”

2004 年，未满 35 岁的乔文骏律师即作为第一位分所负责人入选中伦总所管理委员会，至今已 15 个年头。多年参与事务所管理和建设，乔律师深深感受到，始终保持管理团队的多元化和年轻化，人员来自五湖四海、老中青结合且以 40 多岁为主，保持了律所的经营活力和创造力，是中伦近十年得以较快发展的主要原因之一。

2016 年，中伦为提高经营执行效率，把“议决行评监”做得更精细化，在管理委员会下设立执行委员会，乔文骏律师担任了第一届执行委员会主任。

在他看来，中伦在律所管理上的特点和创新可以概括为以下几点：能人尽其才，根据每个管理者的个性特点和长处，安排具体岗位以便发挥各自能力；民主与集中兼顾，既充分尊重民意、注重考核与监督，又重视整体企业经营的战略规划和执行效率；坚持以统一平等和透明的规则衡量全员绩效，同时高度重视合伙人的资历和对律所的创业与历史上的贡献，特别尊重企业文化中的传承作用，特别注重信息化、数字化和科技赋能（法律）服务与管理。

中伦一路走来，26 年间，已经发展成为中国律所中历史悠久、实力强劲的代表之一，且近几年发展势头迅猛。在这个时间节点上，创始人张学兵律师主动交出接力棒，乔文骏律师感言：“任何一个机构和组织要能持续进步和发展，核心领导必须要有足够宽阔的胸襟、卓越的领导力及海纳百川的包容心，要能够让各种贤才仁人并存共荣、各自芳华，必要的时候，要敢于‘腾笼换鸟’和主动让贤。”

正是基于这样的认识，乔文骏律师在本次换届中率先带头退出管理层，让贤于更年轻的管理者。

带头让贤后，乔文骏律师不会就此退休，而是计划继续发挥所长，在律所人才培养、律所战略规划及律所制度创新、科技赋能法律服务及国际化合作等领域为中伦乃至中国律师业持续献力。

三、给行业的借鉴意义

律师事务所的传承，并不是当下已经拥有 20 年以上历史的律所的专属难题，而是属于整个行业的重要命题。只不过，成立于 20 世纪 80 年代后期到 90 年代初，并一路发展壮大至今的律所，都正在或即将第一批面对这一问题，探索适合各自的传承之道。

律所可以部分借鉴商业组织的做法，但毕竟组织属性不同，难以照搬。对律所发展而言，更重要的是核心管理者是否有大局意识，是否有大度气概，是否有主动让贤的魄力。

以中伦目前的体量和行业关注度，此次其换届的让贤佳话将会给更多的律所以启发和参考，会在中国律师行业的发展史中具有标志性的意义。

律所的继任者：代际传承的时代来了吗？*

张宏姝** | 智合研究院

四十岁，不惑之年，人生行至又一境界；四十年，群雄并起，法律市场格局尚未定型。四十年，也足以使一家律所行至传承之年。

成功的代际传承，不仅表现在律所管理权力的顺利交接，更意味着核心资源由“人”向“组织”转移。“初代主任”与“二代主任”能否平稳交棒，往往决定了这家律所后续能否健康发展。

然而代际传承之下，继任者面临着多重困境。是以，很多律所仍处于迭代过程中或尚未真正启动传承计划。

如表 1 所示，以下 6 家律所目前已基本实现迭代，其经验或可供借鉴。

表 1　6 家实现代际传承律所的基本信息

律所	传承时间	律所类型	总部所在地	办公室数量/家	总人数/人
隆安	2013 年	综合所	北京	27	1600 +
志和智	2014 年	综合所	重庆	3	120 +
阳光时代	2017 年	精品所	杭州	4	≈100
金鹏	2018 年	综合所	广州	8	260 +
金诚同达	2019 年	综合所	北京	14	1100 +
君合	2020 年	综合所	北京	13	880 +

注：1. 律所排序以代际传承的时间顺序排列；

2. 本文各律所换届有关信息均来自智合往期访谈资料。

3. 全文有关律所人数与办公室数量的数据截至 2020 年 12 月底。

---

* 本文首发于微信公众号“智合”2020 年 12 月 9 日。

** 张宏姝，智合研究院编辑，曾参与智合多个重要访谈、调研项目。

一、北京市隆安律师事务所

创所时间：1992 年

律所类型：综合所

办公机构数量：27 家

专业人员数量：1600 余人

总部所在地：北京

创所早期代表人物：徐家力、李京生、李大中等 7 位创始合伙人

现阶段代表人物：王丹、刘晓明

代际传承时间：2013 年

1992 年，徐家力离开最高人民检察院，与李京生、李大中等人一同创办了隆安律师事务所。随着黄永庆、丁朋、张炳崑、陈旭几人的加盟，隆安“七匹狼”开创了第一代的辉煌年代。20 多年，隆安已至传承之际。

2012 年年底，隆安正值管委会换届当口，各地办公室合伙人齐聚北京，商议下一届主任人选。按照惯例，律所主任由高级合伙人按加入时间先后轮值担任，这一届轮到了“70 后”合伙人刘晓明。

席间，各合伙人产生分歧，一位年轻的合伙人站了出来：“选举、选举，还是需要选一选的。请给我们一个月的时间，把整套的合伙人议事规则、选举制度拿出来后，我们再选。”此人便是隆安现任主任王丹。

一个月后，隆安出台了《隆安律师事务所主任及管委会委员选举办法》《隆安律师事务所高级合伙人会议议事规则》，替代了以非选举方式决定律所主任的做法。依照这两部制度，2013 年 1 月 26 日，刘晓明经全体高级合伙人投票选举为隆安管委会主任，隆安自此开启年轻一代管理层时代。

2015 年，王丹接替主任一职，并于 2019 年连任。目前，隆安管委会成员为：主任王丹，成员丁朋、刘晓明、万迎军、崔可，年轻一代占了四席。

隆安以选举制度的建立为标志，逐步实现管理权力的代际传承。身居老一辈管理层核心的徐家力对此事颇为淡然：“年轻人有想法，对律所事务上心，我们就应该支持他。”

自刘晓明接任主任职务起，徐家力、丁朋等前辈合伙人就全面开放了管理权限，并帮助开展所内改革。王丹上任后，师父李大中坚守管委会以提供后备支持；连任后，丁朋接替李大中进入管委会。老一辈的胸襟与支持，真正实现了新老管理层的平稳交接，隆安也因后辈的创造力得到进一步深化发展。

如今，隆安已拥有300余名合伙人、1300余名执业律师，全国设有27家办公机构，在制度、业务、文化各方面持续迸发活力。

二、重庆志和智律师事务所

创所时间：1998年

律所类型：综合所

办公机构数量：3家

专业人员数量：120余人

总部所在地：重庆

创所早期代表人物：张弘

现阶段代表人物：江勤

代际传承时间：2014年

1998年，感受到重庆成为直辖市后的发展机遇，张弘与其他几位创始人一同创办了重庆志和智律师事务所。春去秋来、岁月匆匆，到代际传承之时已是志和智创立的第16个年头。

2014年，志和智召开第六次合伙人会议，采用无记名投票的方式对管委会委员进行改选，江勤高票当选为主任，雷东晓、邹渝、谭毅忠、胡平为委员，成为律所新一代管理层的核心。同时第一次成立监委会，谢文良、刘勇庆、王文勇三位德高望重的老合伙人被投票推举为监委会委员，为志和智保驾护航。

志和智的发展之路并不平稳，但每次与律所同进退的不止有张弘等老一辈创始人、合伙人，还有江勤、雷东晓等年轻一代。

2002年，由于发展理念的分歧，一部分核心合伙人离开志和智，也带走了所内逾50%的业务。当时留下的除了张弘，便是刚加入不久的江勤、雷东晓等三四位年轻律师。尽管人才和业务的流失一度使律所陷入低迷，张弘与一众年轻律师仍迈开了制度改革的步伐。

当年就品牌而言，志和智影响力有限，是什么让众人在危机之下仍然坚定不移地投身于律所的建设？江勤总结为“和”理念的文化特色。

志和智的“和”，意味着“人人参与、人人有份、人人都是主人、人与人互相帮助”。从几次管理制度改革到代际传承，年轻一代合伙人在志和智“和”的理念下成长为律所中坚力量。这也是张弘退休后放心将律所交给年轻人的原因所在。

2019年再次换届，江勤连任主任，管委会成员由原来的5人增至7人，雷东晓、谭毅忠、邹渝、胡平、黄学军、宋骞当选；监委会成员调整为王文勇、陈刚、胡朝珏。这里面有一路从志和智成长起来的律师，也有从其他律所再次回归的律师，还有从其他律所转过来的律师。管委会、监委会人员的组成再次彰显志和智文化的包容和谐。

此时志和智的合伙人数量已近 30 人。同时，所内的合伙人也越来越意识到吸收年轻血液进入管委会的重要性。

律所在管理方面增设执行委员会，形成“合伙人会议—管委会—执委会—监事会”的多层管理架构。一方面提高了决策的执行效率与科学性，另一方面也为优秀青年律师参与律所管理事务提供平台，激发所内律师投身律所建设的热情。

立足西南，志和智在资本市场、破产法、海商海事、劳动法等多个领域建立起业务优势，规模化议程也在稳步推进。

三、浙江阳光时代律师事务所

创所时间：1995 年

律所类型：精品所

办公机构数量：4 家

专业人员数量：约 100 人

总部所在地：杭州

创所早期代表人物：陈臻

现阶段代表人物：陆利忠

代际传承时间：2017 年

1995 年，陈臻带着服务电力行业的初心创办浙江阳光时代律师事务所。经过多年发展，阳光时代在业内树立了较高声望，但也面临一个问题：传承。

这一年，是 2015 年，阳光时代迎来了 20 周岁的生日。陈臻，这个一手将阳光时代打造成为浙江能源强所的女士，在面对律所未来时不禁思索：阳光所的 20 年已经过去，下一个 20 年怎么办？

当年陈臻便开始筹谋如何实现律所的代际交接，然而，对于未来掌舵人却迟迟没有定论。作为一家定位鲜明的律所，比起规模和创收，陈臻更看重品质和专业。为了保证阳光时代在这条道路上越走越远，继任者的选择当慎之又慎。

此外，陈臻在行业内部具有极高的声望和影响力，客户更认同陈臻，甚至有客户认为“阳光所没有陈臻便不是阳光所”。是以，陈臻的传承计划也一再搁置，直到 2017 年。

2017 年，陆利忠担任阳光时代上海分所首任执行主任期满后，被推选为新一代的律所主任。

陆利忠是阳光时代的“嫡系”成员，也是“师徒制”下陈臻的弟子，兼具法学和管理学领域的教育背景。从律师助理到合伙人、管理合伙人，一路走来，陆利忠的专业能力颇受客户认可。

几年前，律所正在建设争议解决部门。陆利忠为支持新设业务部门的发展，将手头处理的某客户逾千万元律师费的诉讼业务全部移交出去。这件事给陈臻留下了深刻印象。在陈臻看来，不计个人得失、甘于奉献，认同、传承阳光时代的文化理念，是一位合格继任者应当具备的品质。

在继任者上任同年，陈臻为自己设定了三年的“陪跑期”，退居幕后。如今，三年之期已过，新一代管理层羽翼日渐丰满：阳光时代已构建合伙人会议充分酝酿讨论、权益合伙人对重大事项表决、主任领导的管委会负责落实执行、首席合伙人主持的监督考核小组负责监督的“议、决、执、监”的闭环治理架构。

对阳光时代的未来，陈臻也多了几分淡然：阳光时代已成为年轻一代的道场，放开手、顺其自然，才是她应该做的事情。

四、广州金鹏律师事务所

创所时间：1993 年

律所类型：综合所

办公机构数量：8 家

专业人员数量：260 余人

总部所在地：广州

创所早期代表人物：王波

现阶段代表人物：李纲

代际传承时间：2018 年

1993 年，在国办所任职的王波意识到法律行业的时代机遇已经来临，率先在广州设立了第一家合作制律师事务所——广州金鹏律师事务所。行而至今，27 载，代际传承已是完成时。

迭代换届并非朝夕可成，很多时候还需兼具内因和外因。2018 年，管委会两位元老相继患病，王波猛然意识到，或许律所走到了新老迭代的关口。于是在这一年，“70 后”李纲获得全部 45 位合伙人的支持，当选为新一届管委会主任。

在合伙人人数较多的情况下，全票通过并不容易。也正是这个原因，金鹏曾一度面临低下的决策效率，2017 年的管理制度改革也基于此。于李纲本人而言，全票通过的难得之处还在于，他并非金鹏的“嫡系”成员，而其他大部分合伙人都是从助理一步步走上来的。

李纲最初执业于广东某本地律所，主要从事公司、证券、外商投资及跨境投融资等法律业务，2007 年加入金鹏并担任合伙人。尽管加入时间较晚，但李纲一直热心参与事务所的公共事务，与所里大部分合伙人都有合作，其个人对律所未来发展的考虑也与资深合伙人的理念契合。乐于奉献与理念之和，或许正是李纲全票当选的原因。

作为平稳过渡的保证，前主任王波退而担任高级合伙人会议主席及党委书记，同时也遵守着“不越位、不缺位、不错位”的原则，辅助新一代管理层的工作。

两年过去，换届的平稳过渡已是完成时，金鹏在大湾区成立 7 家分所、海外布局 6 家办事处以及律所管理制度大幅创新改革，均是最佳例证。

五、北京金诚同达律师事务所

创所时间：1992 年

律所类型：综合所

办公机构数量：14 家

专业人员数量：1100 余人

总部所在地：北京

创所早期代表人物：庞正忠、刘红宇等 11 位创始合伙人

现阶段代表人物：杨晨、郑晓东

代际传承时间：2019 年

14 家办公机构，逾 1100 名员工，近 300 位合伙人，这是金诚同达目前的体量。

一般来说，律所规模越大，代际更迭的难度就越大。分所、合伙人数量众多，一来难以选出影响力大的年轻候选人，二来也难以就具体人选达成一致意见，无法保证决策效率。如何在保证民主的前提下选举出可以服众、能力出色的管理者，是很多规模大所面临的难题。2019 年，金诚同达交出了一份答卷。

2019 年 10 月，金诚同达高级合伙人会议选举产生新一代管理层，杨晨当选为决策委员会主任，多名“70 后”合伙人当选为决策委委员。至此，金诚同达形成了以新生代合伙人为主、创始合伙人为辅的管理团队。

实际上，早在换届选举的半年前，金诚同达就开始了换届准备工作。

为了保障管理层的有效运作，换届准备首先从管理制度的改革开始。金诚同达

采用“四权分立”的原则，将商议、决策、执行、监督分别划归高级合伙人会议、决策委员会、执行委员会以及监督考评委员会，以明确各方的权责划分。

选举方面，金诚同达曾采用“大民主”选举制度，由全体合伙人通过投票选择决策委人选，票数最高者当选为主任。但由于未对候选者条件予以限制，实际选出的团队在配合默契度、管理能力等方面难以把控。对此，金诚同达预设了提名制度，将候选人限定在一定范围内。

值得一提的是，以杨晨为代表的5名年轻决策委成员都已在金诚同达工作十年以上，且在不同管理岗位上锻炼多年。杨晨此前也已连任三届管委会委员，分管过宣传、人力资源、分所发展、合伙人发展、财务等多方事务。

目前，金诚同达11名创始合伙人中的绝大多数仍坚守在业务岗位上，庞正忠、于德彬两位前辈合伙人继续作为决策委委员“陪跑”年轻一代，“扶上马，送一程”。

六、北京市君合律师事务所

创所时间：1989年

律所类型：综合所

办公机构数量：13家

专业人员数量：880余人

总部所在地：北京

创所早期代表人物：肖微

现阶段代表人物：华晓军

代际传承时间：2020年

2020年10月，君合律师事务所召开合伙人大会，会议选举产生新一届管委会。高级合伙人华晓军当选为管委会主任，肖微、赵锡勇、张平、余永强、武雷五位合伙人当选为管委会委员。新一届管委会将于2021年1月1日接任，任期三年。

交棒华晓军前，肖微曾担任过八届君合管委会主任，其间曾有六次交棒，最终依然“棒回其手”。此次选举前，亦有不少合伙人希望肖微连任——在国际局势不明朗的情况下，有经验、可信赖的领导者是大伙的定心丸。

然而此次，肖微态度坚决：“两年前我就开始准备了，把棒交出去才是遵循市场规律的。”

自1993年确立管委会制度以来，这已是君合第十五次换届选举。就传承而言，此番交棒是律所管理权力的首次代际交接，选举历程较往届有所区别。

君合历来奉行民主集中制的决策制度，管委会主任由所内 82 位权益合伙人投票产生。此前的换届选举均为平辈传承，候选人在所内具有很高的声望，无须为此耗费太大心神。但此次为代际传承，候选人的准备工作显得尤为必要。

就管理经验而言，华晓军的当选也在情理之中。2008 年，他在法国基德律师事务所担任全球合伙人的同时兼任北京分所的联席管理合伙人。2012 年加入君合后，华晓军作为实验田改革〔1〕的落地执行者，深度参与君合的改制项目中。此次换届前，他已连任两届管委会委员，分管市场、IT 方面的工作。

换届后，肖微保留了管委会委员的职位，为内部“保驾护航”。同时他也为自己设立了几项陪跑原则：“第一不要指手画脚，第二不要碍手碍脚，第三个不要动手动脚”，只在需要自己的时候出面。

结语

从上述 6 家律所的迭代时间来看，除隆安外，千人大所传承的时间似乎更晚一些。由于规模和决议习惯的不同，规模越大的律所在代际传承方面面临的困难也越多。同时，几家律所也出现了一些普遍性的问题，比如如何确保新老管理层的平稳过渡、如何树立新领导层的威望等。

除上述 6 家律所外，越来越多的律所正在面临律所管理的代际传承。未来会有哪些律所加入代际传承的队伍？他们又面临着怎样的问题？欢迎联系智合，分享传承故事与经验。

〔1〕 君合的“实验田”对分配制度进行改革，将分配由前台转至后台，由后台以考核的形式进行评估。该项改革于 2015 年正式推行。

合伙人掌握律所 1/3 的客户，却快要退休了……*

伊晓俊** | 智合研究院

假如你是一家律所的负责人，所内有 300 多名律师，全国有 8 家分所。

然而，10 多名合伙人即将退休，60 岁以上的老律师掌握着律所 1/3 的客户。

面对这样的律所，你如何解决人员退休问题？又怎样让律所持续发展？

一、强制退休，该不该？

近半数合伙人为 50 ~ 70 岁，16% 会在 2016 ~ 2021 年退休，38% 将于 2021 ~ 2026 年退休。

这是咨询公司 MLA 在 2016 年的一份针对全美律所 200 强（Am Law 200）的调查报告中的数据。今年的疫情又重创美国的各行各业，律所的“退休潮”可能已经来临。

那么，美国律所对律师退休问题是怎么安排的？

早在 20 世纪 80 年代，“强制退休制度”在美国律师界开始兴起。当时业内的普遍看法是，法律行业需要更多青年才俊，年纪较大的合伙人应尽早将客户关系移交给下一代，为年轻人腾出必要的成长空间。

对许多老牌律所来说，“强制退休”的好处显而易见：

（1）律所能有秩序地提前安排新老接替，避免人员和客户资源调配不当，有利于基业传承。

（2）老律师知道何时离任，以便预先作出各项计划和安排，并为自己之后的生活做好准备。

（3）对年轻律师而言，能较清晰地看到前路何时敞开，在业务、管理上早日

* 本文首发于微信公众号“智合”2021 年 1 月 4 日。

** 伊晓俊，智合研究院编辑、研究员，长期从事中外律所组织、技术和管理创新等方面的研究。

独当一面。

然而近几年，这一制度也备受争议，尤其是受到很多老年律师的反对。

一些人认为，单纯以岁数来强行“一刀切”的做法涉嫌年龄歧视。[1]

1999 年，美国盛德律师事务所基于年龄等原因，将 32 名股权合伙人强行退伙。这些律师以涉嫌年龄歧视为由，将律所控告至美国公平就业机会委员会。最终，该案以盛德向律师支付 2750 万美元和解费告终。

很多业务出色的老律师认为，虽然自己年事已高，但体力、智力尚处在较高水平，并不影响继续执业。

2018 年，美国精品律所 Susman Godfrey 宣布，将律所的退休年龄设为 100 岁。62 岁的管理合伙人 Neal Manne 表示，设置年龄限制的真正目的，是“允许合伙人按自己的意愿来执业。”

尽管争议不断，但“强制退休”仍被许多美国律所沿用。[2]2019 年，美国法律招聘公司 Lateral Link 关于合伙人年龄情况的一项调查发现，全美律所 200 强中，将近 50% 有相关规定，强制退休年龄范围在 63 ~ 68 岁。

其中，部分律所倾向于严格执行该政策，所内几乎没有 65 岁以上的律师；另外一些律所虽然公开宣传采用“强制退休”，但实际上以弹性或例外规定来留住优秀的“超龄”合伙人。

如图 1 所示，从 1995 ~ 2018 年“美国律师期待退休年龄”的变化情况看，近些年，大多美国律师倾向于能在 65 周岁以后结束职业生涯。这也反映了美国法律行业对相关问题的大体看法。

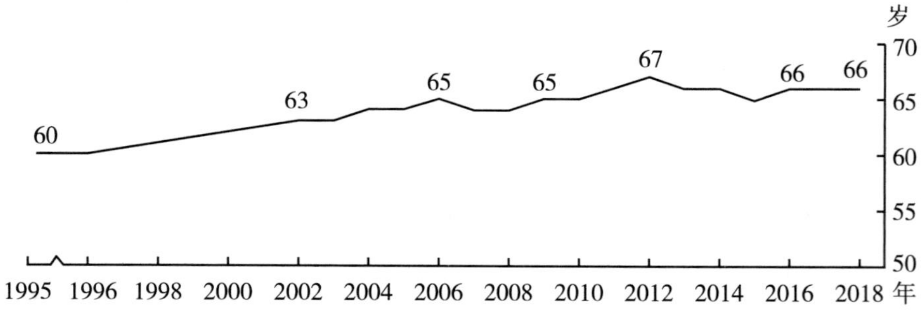

图 1　美国律师期待退休年龄变化情况（1995 ~ 2018 年）

资料来源：Above the Law。

---

〔1〕美国 1967 年出台的《就业年龄歧视法案》保障年龄在 40 周岁以上雇员工作的权利。然而通常认为，律所的合伙人不属于该法案中所涵盖的“雇员”（employee）。过往一些案例中，退休合伙人关于涉嫌“年龄歧视”的起诉主张大多未得到法院支持。

〔2〕美国除少数工作类别对年龄要求较为严格外，其他行业大都实行“弹性退休制度”，目前美国法律规定可以领取全额退休金的正式退休年龄是 66 周岁。

综上，无论是各家美国律所，还是美国律师群体，在“律师是否应强制退休”“律师希望什么年龄退休”等问题上并无统一的标准。但是，相关话题早已引发行业关注。

二、合伙人“退休潮”来临，怎么办?

回到文章开头提到的律所。

这家律所名叫 Thompson Hine，总部位于美国克利夫兰，在全美拥有 8 家办公室，300 余名律师，2019 年创收为 2.35 亿美元。

2013 年，该所负责人 Deborah Read 惊讶地发现，所内 59 岁以上的律师处理了近 37% 的客户关系，10 多名合伙人将在几年内退休。

这意味着，如果不能有效解决客户过渡等事宜，一味强调整体创收和收费增长的话，律所将在几年内面临客户流失、业绩下滑等风险。

因此，该律所开始在年老合伙人中推行“过渡计划”：

首先，逐步将临近退休的股权合伙人转为授薪合伙人，并将他们的薪酬调整为更看重业绩表现的模式。

其次，将客户移转、潜在继任者确定、详细的执行周期等全都纳入过渡方案，确保计划的可执行性。其中，部分合伙人的“过渡期”长达 5 年以上。

此外，将退休合伙人的补偿金与过渡计划的实施成果挂钩，以激发他们的积极性。

最终，Thompson Hine 律师事务所在 6 年内完成了 11 名合伙人的“过渡计划”，其中 9 位实现了“近乎完美”的客户关系转移。

这一案例说明，在处理合伙人退休问题上，合理的过渡安排至关重要。然而，上述案例没提及的是，在处理完这些问题后，大批离退人员的福利、养老问题更为关键。

据报道，随着“退休潮”的来临，美国律所的养老开支不断增长，已成为律所沉重的负担。

例如，一些美国领先律所的合伙人在离休后仍会拿到其最高薪酬的 20% ~ 30%，对于部分高创收的律所而言，每年需要为每位退休合伙人支付 40 万 ~60 万美元。

不只美国律所，英国律所也面临类似困境。

根据 Law.com 网站的一篇报道，“魔圈所”之一的高伟绅成为拥有最高养老金负债的英国律所。2018 年年末，高伟绅“固定收益的养老金负债”（defined benefit pension scheme liability）为 2. 83 亿英镑，预计到 2026 年才能消灭这部分赤字。

为解决相关问题，英美律所开始尝试一系列方法来减少养老成本：一是尽可能延长合伙人工龄；二是对从利润中提取的退休金比例设定上限；三是改变支付方式，将固定福利改为与律所的经营风险挂钩，让离退人员一同承担市场不景气的风险。

三、中国律所呢？

英美律所面临大批合伙人退休、养老负担过重、新老过渡等难题，目前尚无通行的有效解决对策。那么中国的律所呢？

通过对一些中国律所的情况进行了解，我们发现，在离退方式上目前少数中国律所采取了强制退、柔性退、逐步退等几种形式：

（1）强制退休：某北京律所规定有合伙人 65 岁强制退休的制度，但合伙人离任后也能按条件享有相应的保障。同时，该律所要求管委会中 45 岁以下的成员数量不低于 1/3，以确保管理层的年轻化。

（2）柔性退休：某重庆律所规定，60 岁以上的合伙人将自动转为有限合伙，对内承担有限责任，不再参与律所重大事项的决策和表决，但仍享有相应的分红权。

（3）逐步退休：某公司化运作的天津律所规定，以 35 岁晋升合伙人为原则，此后每年升 1 级，55 岁达到 20 级封顶。继续工作 10 年左右，大约到 65 岁后每年开始逐步退级。

关于律所“退休金制度”，除缴纳社会保险费的通行做法外，业内大体有以下几种尝试：

（1）众筹式：部分律所规定，每年从创收/利润中提取一定比例设立“基金池”，用以定期向退休的合伙人支付养老金。例如，某律所按合伙人的历年创收和其他贡献进行计点，最终律师退休后，按该律师历年累积的贡献值（点数）来决定其领取养老金的额度。

（2）储蓄式：一些律所从合伙人收入中提取一部分存入单独的“养老金”账户，但合伙人到退休时才会足额拿到，中途离开只能打折领取。某律所设计了名为“糖果瓶”的制度，将合伙人个人积累的一部分作为“糖果”存入律所，所有人都能看到自己的那一部分，但直到退休后才能足额或超额领取，以享受福利。这样的设计既让福利高度透明化，也保证了律所组织的稳定性。

（3）股权式：也有律所实行创新的股份制结构改造，并约定一定的股权回赎机制。这种安排能够给予离开的“老股东”以溢价补偿，打造一套既能从产权上动态调整，又充分保障退伙人员权益的机制。此种股份制的退出安排能够有效解决因年龄、身体等原因，不得不退出律所的合伙人的补偿机制问题。当然，这一做法的前提是，该律所有相应的公共积累和股权制度设计。

结语

在中国法律服务市场上，各家律所的具体情况各有不同。一批成立于 20 世纪 90 年代的领先律所，已开始面临合伙人退休的问题；而很多还处于创始人时期的律所，还尚未考虑过相关制度的设计。这些隐患或将在今后一段时期内，随着律所初代合伙人的年老、临近退休而集中凸显。

通过对中外律师行业的情况分析，所谓“律师退休问题”，其核心在于“怎么退”“如何传承”“如何保障”三点。这三个问题解决之后，客户的交接和过渡才能顺利实现，律所的人才生态系统才能处于良性循环之中。

而具体如何根据实际情况进行相关的制度设计，则要考验各家律所的智慧与魄力。

一家地方律所一体化运营的探索与思考

刘 畅[*] 周 奕[**]

笔者所在的地级市位于鄂西北山区，人口365万，2020年GDP总值为1915亿元，现有律师事务所50家，执业律师580名。下文，笔者就从2016年创办至今的一家一体化运营的地方律所说起，总结5年来取得的收获与成绩、剖析遇见的困惑与难题、探讨推进律所发展的方法和思路，以期为在律所管理转型路上或准备转型的同行提供样本参考。

一、地方中小律所在一体化运营中的探索与尝试

律所一体化运营是一项系统工程，需要体系化、战略性统筹，考虑以下关键要素：律所文化、品牌推广、核心产品、知识管理、人才储备、组织架构、目标管理、考核激励等。

1. 我们的律所文化是什么

愿景：致力成为一家受人尊敬的律师事务所。

使命：帮助杰出企业更加成功。

价值观：敬畏法律、诚信担当、追求极致、协作无我。

2. 我们是怎么样做品牌推广的

律所的办公空间从设计到施工，摒弃了律师封闭办公的传统格局，重点突出办公室的接待和体验功能，体现出律所极致精细的服务标准和开放舒适的经营理念。我们还精心设计了客户接待礼仪、流程和标准，让客户进入我们的场所时感到舒适、愉悦，并通过外在形式感受我们服务的真诚和细致。

我们主要的推广手段有三个：一是微信公众号的运营，我们通过通俗易懂的语

---

* 刘畅，湖北郧和律师事务所主任。

** 周奕，湖北省十堰市司法局律师工作科科长。

言为企业解析诉讼案例、梳理法律风险点，并提供具有可操作性的法律建议，让企业受众感知我们的态度和能力；二是对接各种企业平台，比如各种企业协会商会，让更多的企业知道和了解我们律所在做什么、怎么做、做的效果怎么样；三是为企业组织系列法律培训和沙龙，目的就是要手把手地教会企业的行政人员、HR、销售人员甚至是决策者自己解决常见的、基本的法律事务。

3. 我们的核心产品有哪些

我们的核心产品有三大块：常年法律顾问业务（以下简称常法业务），常法业务的衍生品（非诉专项法律顾问业务），商事争议解决（商事纠纷的诉讼、仲裁和谈判）。

商事争议解决本身属于律师的传统业务，但我们有别于传统法律服务方式的有三个亮点：第一是流程化，第二是可视化，第三是模拟法庭。

4. 我们是怎样做知识管理的

我们的知识管理有三个目标或者说三项功能。第一是保证服务质量和提高服务效率；第二是建立可复制、可迭代、可传承的知识库，便于新人能够快速地将其转化为自己的业务能力，便于资深律师进行知识更新和服务产品创新；第三是为律所品牌推广提供专业内容支持。

5. 我们如何挑选和培养人才

律所一体化运营，不能单靠合伙人律师或者资深律师来支撑，必须建立人才梯队才能实现律所的可持续发展。不论是为客户提供精准的法律服务，还是做好律所的知识管理，如果没有团队协作，也就失去了一体化运营的价值和意义。所以，我们注重招纳价值理念相同的优秀人才，并倾注心血、拿出专门经费对其进行培养。

6. 我们是怎样搭建组织架构的

我们根据产品设计和品牌运营的需要，构建了运营部、常法中心、诉讼部和行政部，其中业务部门又分房建组、合同组、人资组等，合伙人律师和资深律师担任各部门各小组的主管或主办，年轻律师或律师助理担任协办，部门内部协同作业，部门之间相互配合和支持，合伙人根据客户需求和知识管理需求，进行统筹安排。

7. 我们是如何实施目标管理的

我们选择了 OKR 目标管理方式。

第一，律所全体人员共同参与讨论，根据律所规划，一起制订律所的年度目标，然后各个职能部门将律所目标分解，形成部门目标。

第二，对年度目标进一步分解，确定季度、月度目标，根据月度目标再拆解出周计划和一项项具体任务。

第三，将任务分配到责任人，具体执行和实施。

第四，每周复盘，对于任务完成情况进行回溯，总结任务完成的效果，分析任务没有完成的原因和需要的资源支持，评估预设的关键结果是否实现，分析阶段性目标是否需要调整。

8. 我们是如何考核激励来分配利益

我们的考核采取主观 + 客观评价的方式，将考核指标分为十个维度，分别是价值观、管理和组织能力、知识管理、专业水平和实务技能、业务开拓能力、客户维护能力、工作质量、工作态度和团队协作、学习能力、工作小时，不同岗位对十个维度的权重比例有所差异，根据评分最终结果和职级进行计点，分配收入。

通过以上一体化的探索和实践，我们实现了一体化运营的“十统一”：统一的市场定位、统一的业务建设、统一的对外宣传、统一的服务定价、统一的受案收费、统一的律师调配、统一的分流配案、统一的分配手段、统一的规范标准、统一的服务保障。

截至 2020 年年底，律所团队人员发展至 20 人，年均办理诉讼案件 220 件，为 200 多家行政企事业单位提供常年法律顾问、争议解决和非诉专项服务，律所于 2017 ~ 2019 年连续荣获“全市优秀律师事务所”，律所党支部被授予“全省律师行业先进党组织”，律所主任也荣获“全国劳动模范”“全国优秀律师”“全省律所规范化主任突出贡献奖”“全省现代服务业领军人才”等荣誉称号。

成绩的背后，律所发展也同样面临地方中小律所遇到的普遍性问题，如业务量不足、人员招聘难、市场门槛高、人员规模小、专业性不足、品牌宣传不够、内部管理不够规范；因政府部门和大企业单位的业务招标要求较高，中小律所没有机会参与；外地大所设立分所、本地大所吸收合并小所或设立分所带来的竞争压力；基层法律工作者的业务冲击等，使地方中小律所尤其是一体化律所的生存与发展面临更加严峻的形势。

更为重要的是，一体化运营对于缺乏管理知识和经验的律所管理者来说，的确是非常大的挑战。

律所组织模式、管理制度、薪酬体系、晋升机制、青年律师培养、市场拓展、客户关系……一体化运营中一个又一个难题接踵而来，笔者作为管理者，正遭遇时下新的职业困境，这些困境为什么会存在？其底层逻辑是什么？如何解决这些困境？地方中小律所的方向和出路在哪里？

二、对地方中小律所管理的重新定位和再认识

首先，真正理解管理的定义。

律师自认为是社会精英，懂商业、会规则，远比企业家强，但律师下海经商失败的案例比比皆是，这是律师对公司管理的认知盲点，就像厨师会炒菜，而少有厨师能做好酒店管理。

管理是一门科学，律师并不擅长。

一体化运营是公司制的一种管理形式。那么，公司是什么？公司是引入外部资源，通过内部整合形成产品或服务提供给客户，并形成价值的组织。在这个链条上，法律只是非常之小的一个环节，贯穿始终的是企业管理，这是一门真正的学问，也是一门科学，需要专门学习，从头学起，从零开始，打好理论基础。

其次，重新认识律所管理者的角色定位。

律师是专业服务人员，以事为中心，工作逻辑是精进和不放弃。而律所管理是激励专业服务人员为客户持续提供高质量的专业法律服务，以人为中心，其工作逻辑是平衡和协调。两种工作所需要的知识水平和能力是完全不一样的。

专业服务人员的作为生产工具的知识和经验完全依附于个人，导致专业服务人员没有安全感，渴望被肯定，容易产生挫折感。因此，如何对专业服务人员进行有效管理，激发其积极性并保持知识和经验输出的稳定性，为客户提供高质量的专业法律服务，这始终是一个难题。

目前，中国律所管理者都是律师出身，从专业服务人员向管理专业服务人员身份的转变，对律师来讲如同跨入了陌生的领域。没有管理及相应的知识和能力，是所有律所管理问题的根源，也是律所管理者的困境，更为要命的是，国外律所的百年历史表明，这种管理困境将长期存在。

最后，对中小律所管理现状的审视、透析和思考。

我们欣喜地看到，经过40多年发展，北上广深等城市的律所已经在规模化和专业化上进步很快，头部律所在完成原始积累后，已经开始在律所管理方面取得了令人瞩目的成效，且极具后劲。

然而，绝大多数的律所，尤其是中小律所因其生存发展阶段的局限，与国内头部大所相比，律所管理理念极其原始，管理方式也甚是粗放。

正如一位律师界前辈所评价的当下中小律所主任管理现实的六大困境：有名无实无权管、动力不足不愿管、责任不实无须管、缺乏经验不懂管、底气不足不敢管、自由职业不好管，直接导致中小律所缺乏规划和目标，没有公共财政积累，无法形成深度专业分工、无法形成长期稳定的协作、因内部利益冲突无法形成团队合力等。

三、地方中小律所团队制和一体化两种管理模式的对比分析

地方中小律所普遍采取的管理方式多为团队制（提成制）。不可否认的是，团队制（提成制）能够最大限度地激励律师的创收和工作积极性，在短时期内能有效提升律所的创收和规模，但在专业化建设、分工协作和律所文化建设上有天然的短板，还会带来规模化以后带来的内部利益冲突问题。

而以一体化（计点制）为管理方式的中小律所能有效利用公共财政资金解决专业协作分工问题，发挥集中力量办大事的优势，将事先成本分摊转变为后台成本扣除，但在规模化、人才引进和合伙人晋升上则会出现诸多问题。

特别要注意的是，一体化和计点制不仅仅是个复杂技术问题，需要专业学习、咨询指导和实践试错，而且是合伙制传统和文化传承问题，需要一代甚至几代律师精英的探索和努力。

团队化（提成制）律所在完成规模扩张和原始积累后，已经意识到专业化和一体化管理的重要性，其思路和路径为：把律所打造为品牌拓展和服务支持平台，设立专业化和一体化管理“试验田”，尝试扶持优势团队作为生产作业、专业化和一体化管理的基本单元，引导“试验田”外的不同团队进行内部业务资源互换，并以此为基础做强做大律所专业委员会，并最终形成优势专业部门，取得成功经验后扩大推行。

很多一体化律所在实现一体化管理和分工协作后，开始意识到规模化的重要性。专业化建设必须建立在业务和客户规模基础上，而一体化制度缺乏必要的弹性，或将导致人才队伍建设问题，因此这些律所提出“适度规模化”的发展思路，进行多种体制并存、开设分所等有益尝试。

四、推动地方中小律所一体化运营的思考与建议

回望一体化运营五年来的实践和探索，我们也在一定程度上存在合伙人为情怀而一体化、为一体化而一体化的问题，对一体化管理缺乏必要的认知，律所战略出现偏差，合伙人缺乏律所管理的知识和经验，尤其是律所一体化管理所需的复合能力及技术，因此，走到今天，面临管理困境是一种必然。

作为中小律所管理者，对外，如何激励律师持续为客户带来高质量的专业法律服务？对内，如何保证律师在专业道路上成长并实现律所的传承和接力？这些都是摆在一体化运营管理者面前的难题。

面对危机，律所管理者要认清眼前形势，明辨趋势，抓住危机中的机遇，才能

求得更好的发展。

1. 认真思考律所的战略与中长期规划

律所管理分为战略、执行和运营三个层面，战略项下整合律所定位和合伙人文化，执行项下整合业务、薪酬、人才，运营整合业务支持、知识管理、客户服务，但所有问题必须服从于律所战略。

律所战略的原点：我们是一家什么样的律所。

律所如何创新组织和运营模式，我们的市场在哪，我们的客户是谁，我们如何为客户持续提供高质量的专业法律服务？

解决了这个根本性的战略问题，中长期规划、组织形式、营利模式、人才培养、薪酬分配才有起点，在战略问题没有搞清楚之前，关于一体化和团队化、提成制和计点制的争论毫无意义。

2. 坚守律所文化，打造核心专业团队

文化是什么？简单说就是这个组织或团队的使命、愿景、价值观。使命是一群人为什么在一起，在一起要做什么，是什么驱动每一个成员不断奋进？愿景就是这个组织或团队全体成员共同的理想，未来五年、十年、一百年以后组织或团队将实现达到一个什么样的状态。价值观是一群人在一起怎么做、做到什么标准，并且价值观是用来考核的，如果个人价值观与组织的价值观不符合，那这个人就不适合留在这个组织内。

律所有了文化，就有了灵魂，从合伙人到管理者再到一线业务人员形成的利益共同体乃至事业共同体，真正实现可持续、可传承的一体化发展。

5 年前，我们定下了“致力成为一家受人尊敬的律师事务所”的愿景，但今天的理解已经不再如当年一样肤浅和简单。

作为一名法律人，我们是规则的制订者、使用者、维护者和受益者，作为一名律所管理者，我们的职业使命是持续为客户创造专业价值。为此，探索、创设和完善一整套适合中国律所发展的管理规则和制度，通过一代又一代法律人的坚持和守望，日拱一卒，功不唐捐，规则可以成为文化，文化可以形成传统，最终实现一家“受人尊敬的律师事务所”的传承。

3. 加强品牌建设，创新融合发展模式

第一种是品牌融入。一体化中小律所整体加入地方品牌大所、强所，或者整体加入全国性品牌大所，是一个不错的选择。第二种是品牌重塑。通过兼并、重组、合并等方式扩大人员规模和服务能力，推动律师事务所品牌化、规模化、专业化发展。第三种是品牌坚守。坚持专业化的定位，力求小而精、小而专、小而美，也会越走越好。

总之，从市场的需求到客户的需求再到律师的需求，一体化是一个势不可当的潮流，但是这是一个过程，这个过程中的很长时间，团队制和一体化会多状态并存，需要更多有情怀、有担当的律所管理者共同来探索、改进和发展。

站在时代的潮头，我们都在预测未来的法律行业会出现什么变化？而预测未来最好的方式，就是创造未来。

“半虚拟律所”，中国提成所的未来形态？*

周 正

“我们的律师数还会一直维持在120人以上，但办公室可能考虑只保留70个座位。”

——一位百人所的主任说

一、共享工位

2020年以来，律师行业出现了一个不太引人注目的新现象，不少律所都在考虑在所内设置“共享工位”，即律所总工位数少于执业律师数，或者单独开辟一块区域作为共享工位区，开放免费预约。

如此做法至少有三个方面的考量：

1. 符合部分律师无须长时间坐班的实际执业情况。

2. 减少了律所和律师的部分固定成本。

3. 律师在线办公比例提升，一定程度上要求律所的行政/远程支持能力更强。

已有千人大所在2020年新迁址办公室后开始尝试，并在分所推广，北京和上海一些中型律所也已经有了几年的实践经验，建设“共享型律所空间”，倡导律师移动办公，同时组建十余人的律所行政支持团队，包括市场、宣传、IT等各种职能。

而律所的固定办公场地，一般选在市中心顶尖写字楼中，作为线下活动的必需场地，并且通过运营安排各种活动，大大提高场地的利用率。

二、虚拟律所

33年前，Scott – Moncrieff律所在英国成立，并认为自己是全球第一家“虚拟

---

* 本文首发于微信公众号“智合”2020年8月14日。

律所”。创始人 Lucy 在第一个孩子出生后创办了律所，并希望将照顾孩子和工作结合起来，采用一种更灵活的新型律所工作模式。

虚拟律所的一波集中兴起大约在 2006 年，先后有 Family Law International、Woolley & Co、NetworkLaw、The Legal Desk、Lawyers Direct 等多家人数不等的律师机构开始以类似的方式运营。

虽然这些机构的主要从业者都宣称开设或者加入机构的目的是平衡工作和家庭，尤其是有幼儿需要抚养照顾，希望律师工作能变得灵活。但也有行业评论家已经指出了这些机构的一些共性特点：

1. 一般而言，律师是“自雇”的，律所不负责提供客户，服务过程也是律师自行与客户联系；

2. 律师自己解决秘书、助理等辅助性工作，律所提供业务管理、会计、IT 等远程支持；

3. 收入分配根据案件来源不同，律师自己的案源可获得约 75%，律师从律所拿到的往往由其他律师转介的案源可获得约 70%。

如果仅从这些共性特点来看，是不是与国内的一些律所很相近？

1. 自雇，意味着律师需要自己开拓案源，或者承办由他人转介的案件；

2. 律所提供必要和额外的支持功能，包括财务、业务管理和远程办公 IT 支持等；

3. 收入分配，律师和律所之间有一个固定分配比例，而不是英美律所传统上采用的公司制对应的分配模式。

有评论家一针见血地指出——有时候律师选择这种模式，更大程度上是为了获得更高的收入（keep a larger share of the profits）。

三、半虚拟律所

回到文章开头，为什么百人所仍然要保留 70 个座位？

该律所主任说，首先，在中国，律所的办公环境对于建立客户信任和维持收费水平仍然是必要的；其次，对大部分律师而言，他们还是更习惯于在一个固定的较好的办公环境中去工作；最后，律所可能需要一些自有资产来作为长远发展的黏合剂和稳固剂。

而我们关注的是，如果将这种做法和所谓的“虚拟律所”相类比，其是否就是“不同比例的虚拟”而已？

只有中央行政办公室，律师全部在线办公：

$$虚拟值 = 100\%$$

有中央办公室，有一定数量固定工位但小于律师数：

$$虚拟值 = (1 - 固定工位数/律师人数) \times 100\%$$

为保持工位数基本够用，能够正常运转，假定其一般需保留 50% ~70% 的座位，律所层面的分配模式采用提成制，那这样的律所是否就可以被称为——“半虚拟律所”？

四、律所的职能

英美律师行业经过百年的发展后，诞生了提成制这种相比传统模式看似更为灵活的律所组织形式。

而中国律所在 20 世纪 90 年代后便普遍采用了提成制，结果是律所管理相对松散。

我们提出这样一个探讨，并非关注于律所是否“虚拟”这样一个概念，而更关注于律所作为律师执业机构的两个核心运营管理职能——服务质量把控和中央行政支持——能否达到要求。

我们可以看到的是，虚拟律所的建设重点工作均放在了以下两个方面：

1. 大力建设中央行政办公室，发展各项远程支持能力；

2. 仅雇用 5 ~8 年以上执业经验（且通常平均都有 20 年）的老律师。

通过这两方面来保证机构的服务品质。

对于广大的中国提成制律师事务所而言，能够借鉴的是什么？也应该是很简明的：

第一，专业品质重于一切。但结合行业发展情况，对于中国年轻的律师行业和律所而言，人才培养是律所专业品质中极为重要且必不可少的一项内容；

第二，行政支持职能的建设和完善，是未来律所竞争的重要战场，且这一点并不随律所的分配机制而有所区别。

当我们在谈论虚拟律所时，我们究竟在谈些什么？

专业品质和行政支持，是万变中的不变。

企业法务如何看待公司化律所？*

蔡 凡** | 智合研究院

企业客户希望获得什么样的法律服务？

随着经济的高速发展，企业客户面临的法律问题在规模量级和复杂程度上均日益攀升，对律所的期待亦在不断提高。

曾有某家企业在法律服务招标采购过程中对选聘律所提出了两点要求：

第一，必须是协作紧密的公司化律所；

第二，要求律所能够覆盖 28 个不同的细分专业领域，其中还包括海外设厂相关的跨境劳动法、体育法等。

选聘律所时明确提出以“公司化”为前提条件，这释放出一个信号：企业客户愈发看重律所的协同能力。

律所主任们也已早早察觉到“律所内部资源整合能力”的重要性。近年来，越来越多律所提出“一站式”“整体性”的服务理念，亦有越来越多律所尝试“公司化/一体化转型”，以期让自身能力能够匹配这一服务理念。

那么，对律所主任及合伙人们而言，管理上更进一步向“公司化”靠拢，是否能够更好地整合资源，顺应服务综合化的市场趋势？

对企业法务而言，“公司化”是否意味着更有效率的团队协作与更高质量的法律服务？

在法律服务采购过程中，企业法务会更青睐公司化律所吗？

一、更高效、更深层的资源集中和分配

公司化律所的背后，往往对应一套较为完整的管理体系，囊括了分配机制、组

---

* 本文首发于微信公众号“智合”2020 年 12 月 8 日。

** 蔡凡，智合研究院编辑、研究员，长期从事中国律师行业宏观观察、中外律所组织及管理创新方面的研究。

织架构、人才通道、业务模式等方面，以实现律所内部的资源共享以及人员统一调度，做大律所的整体收益池。

由于人、财、物的集中管理，公司化律所在客户服务过程中，能够实现更高效、更深层的资源集中和分配。

企业法务在寻找外部律师时，会根据需求特点匹配对应的律所或律师团队。当企业的需求牵涉多个专业领域，公司化律所的资源整合优势也更为凸显。

清华同方股份有限公司总裁助理、法务部总经理苏云鹏表示，在复杂项目中，一家成功的公司化律所能够给出综合多个业务角度的法律建议，如交易结构、潜在涉诉风险、垄断风险、贸易壁垒风险、节税方面，进而给企业一个最优方案。

磨铁集团副总裁、董事会秘书魏子熙谈道，以企业与出版物作者共同设立 IP 运营子公司为例，如何设计知识产权结构和配比？如何进行相应的税务安排？“其中至少涉及投资、税务、知识产权等专业领域，我们希望每个板块都能获得对应的专业意见，但又不必同时与多名律师衔接。”魏子熙说。

企业需要的是律所内部自行整合，协同合作，最终交付一个整体解决方案。

“公司化的好处则在于以制度保障协同效应。”魏子熙进一步解释：

首先，制度保障资源调配的稳定性，避免仅基于律师个人号召力所带来的不确定性。

其次，律师间偶发的合作在结算时涉及如何分账、是否需要单谈，而公司化律所有较为成熟的结算模式，律师费用的谈判和结算也更为便捷、可控。

最后，在大型交易项目中，很多工作常常需要在短时间内即全面铺开，这就意味着律所需要快速投入大量的人力资源，成熟的协作机制确保了律所能够更有效、更稳步地开展工作。

二、法务单线对接，服务更有效率

需求更综合、衔接更简便、服务更高效，是企业法务对于外部律师的期待。

公司化律所追求内部打通，不仅是为了有效调配不同领域的专业力量，更重要的是，这些调配指令是在律所内部自行完成的，无须让客户多线条对接不同律师团队。

在理想状态下，这样的服务可呈现为“打包式”的法律服务，提供给客户的则是更有效率的工作推进和更有安全感的服务体验。这在专业跨度大的综合性法律服务中具有更明显的优势。

“大型交易项目不仅需要巨量的人力资源，而且律师调配往往是跨团队的、跨专业领域的，因此对律所的协同合作机制的要求也更高。”蔚来汽车总法务顾问兼首席合规官刘昉说。

她表示，相比部分传统合伙所的律师团队倾向于将项目集中在团队内解决，公司化律所对应的利益分配、业务管理模式降低了所内的沟通成本，资源的集中和分配会更有效力。与此同时，企业只需与 1～2 名主要律师对接，由律师帮助法务人员调度整所的资源。

此外，公司化律所的统一结算模式也会给企业带来更便捷的服务。苏云鹏认为，较为典型的是常年法律顾问，如果采购的是一家公司化律所提供的服务，则可以在一个常法合同项下解决公司各种类型的法律服务需求，最终统一结算。

三、整体品控以输出质量更稳定的法律服务

公司化律所出于其“整体性经营”的理念，通常会针对各专业领域设置相应的操作规范和质量控制标准，对客户输出质量更稳定的法律服务，进而增强企业客户对律所整体的信任感。

有些企业法务表示，对长期合作的公司化律所推荐的新律师会抱有较多的信任感。

“在传统合伙所中，不同团队基于单个项目的临时性合作，相互间可能并不熟悉，沟通成本和不可控风险都比较高。但在公司化律所中，人员调度模式更清晰，若是长期合作的律所，通常比较了解企业需求和个人办事风格，相应的律师推荐也比较精准。”刘昉说。

也有法务认为，公司化律所整体的服务质量更稳定。

“这体现为未必有某个律师的表现达到‘100 分’的超优秀水准，但律所各方面的服务均能实现‘75～80 分’的合格水平。”魏子熙说。

但在本次采访中，大多数法务认为整体性的服务质量把控更大程度上取决于该律所的综合实力、市场地位等因素，律所的管理模式并非主要原因。

“国内第一梯队律所，无论是否采取公司化管理，其绝大多数律师团队的服务质量均处于较高水准。”东陶（中国）有限公司法务总监陆宇平说。

采取公司化管理模式的律所，往往能够为企业客户提供更全面、更标准化的法律服务。“一般而言也是有利于企业的，采购法律服务更加便捷。”苏云鹏说。

但律师提供的服务并不能完全标准化，法律服务不是普通工业品，“品牌”和“厂商”并不当然代表严格的统一标准。

“不能因为 A 律所是国内顶尖的律所，就当然地认为 A 律所的所有团队、所有

律师都能为公司提供国内顶尖的、让公司满意的法律服务。因此，公司还是需要针对个别团队、个别律师进行考察和选聘，不能仅考虑律所品牌。”苏云鹏解释道。

公司化律所小总结：

统一的资源调配、整体的质量把控、体系化的服务保障，这可能是一家成功的公司化律所的制度性服务优势。但并非采取公司化管理模式的律所都必然具备以上优势，而是制度设计、管理运营、团队建设、文化塑造等方方面面的综合成果。

另外，公司化律所也有需要克服的发展难题，如律所管理成本较高、需要较高的利润增长率以维持分配增长性、容易形成“大锅饭”现象、兼容性相对较差而不利于扩大规模。

没有完美的制度，只有是否适合律所发展的制度。

四、法务们会更倾向于选择公司化律所吗

律所采取“公司化”这一管理模式，有优势，也有难题。企业法务会如何看待公司化律所？他们是否认为“公司化”是一个加分项？

我们采访了 7 位来自不同行业的企业法务，听一听他们是怎么说的——

智合：请问贵公司有哪些法律服务需求会寻求外部律师来解决？大致可分为几类？

斗鱼直播副总裁、总法律顾问邓扬：主要分为诉讼和非诉两大类，其中非诉法律服务主要包括收购、上市、境内外产品合规等。此外，我们目前也很需要外部律师帮助研读政策法规，把握政策导向后，给出较为清晰的并具有可操作性的服务方案。

中化国际控股（股份）有限公司法律部总经理蒋文璐：大致有几种情形：一是投资、并购、重组类项目，尤其是涉及上市公司的重大资产重组或增发等，这类需求专业性很强，法务人员要与外部律师相互配合，共同推动项目；二是影响较大且较为复杂的纠纷案件，如跨境争议解决；三是境内外合规，尤其是一些境外合作伙伴有很高的合规要求，我们相应地也要达到更高的标准；四是与知识产权相关的重大项目或重大纠纷。

蔚来汽车总法务顾问兼首席合规官刘昉：企业法务的工作会围绕公司的日常运营和项目需要展开，需要外部律师提供的服务大体可分为四个类型：（1）贯穿于企业日常经营中的法律服务，这类服务涉及各方各面，并且为企业的经营决策提供重要基础；（2）项目性需要，如不同时期的融资、上市、企业对外投资；（3）商标、专利等知识产权相关的法律需求；（4）境内外争议解决。

清华同方股份有限公司总裁助理、法务部总经理苏云鹏：对于必须由外部律师提供法律服务的业务，比如某些法律意见书的数据、美国诉讼代理，以及外部律师提供的专业服务在实质层面上优于公司内部自行研究和解决时，我们认为有必要聘请外部律师提供专业服务。此外，对于风险和不确定性较大的业务，也会通过聘请经验更丰富、专业能力更强的外部律师来应对。

磨铁集团副总裁、董事会秘书魏子熙：主要有四大类：第一类是投融资相关业务，包括公司的对外投资及自身融资；第二类是上市与资本市场相关的法律服务；第三类是公司日常运营过程中的法律服务需求，主要涉及影视娱乐类的投资项目；第四类是知识产权维权需求。

联合能源集团总法律顾问张伟华：企业自身的法务团队能够完成大部分的基础性工作，对外选聘律所时的主要需求如复杂的并购项目、大型融资项目、跨境争议解决、境内外合规、知识产权等。

Q：贵公司会通过何种方式/渠道寻找外部律师？您会从哪些维度考量外部律师是否符合要求？

邓扬：在律师选聘过程中，我个人比较相信同行推荐和行业口碑。有些法律服务在不同行业间差距较大，例如，在互联网行业的纠纷可能会有一些新型案件，在此情况下也会同行间交流意见。此外，还需考虑律所给到的团队配置、报价等。

蒋文璐：企业内部会先将法律服务需求分类后再通过不同的方式匹配律师。有的需求会在律师库中直接选聘；有的需求会在综合评估比价后从数家律所方案中进行选择；有的需求则会通过正式的招标采购法律服务，评估律所的维度通常包括综合实力排名、行业口碑、资源匹配程度、过往的合作经历等。

为了更好地把握律师的服务质量，企业内部有一套相应的评价体系，以记录律师每次服务的表现情况，出现过重大纰漏或失误的律所可能载入供内部提醒用的黑名单体系。

刘昉：不同类型、不同规模的业务，选择律所的标准和考量是不一样的。需大量人力投入的大型项目，就会对律所的总体服务质量、内部协作能力及响应速度要求更高；日常运营中的法律服务需求的特点是谨慎全面，因此会考量律所的综合实力，是否能够给出更全面、更详尽的专业解答；在争议解决领域则会更侧重考核律师的落地经验，根据具体的纠纷事件选择律师，如有些案件中“接地气”的律师反而更灵活。

东陶（中国）有限公司法务总监陆宇平：选聘律所的核心考量在于“律所能否满足企业需要”，这取决于律所能否覆盖的专业领域和该专业项下的服务能力，此外还包括律师的服务反应效率、企业的价格预算等。

通常而言，当遇到新的法律问题时，企业会优先向有长期合作关系且过往服务质量较高的律所询问，若需求无法匹配的情况下，再从备选的律所中发掘甄选。

苏云鹏：公司会借助于律师库，以及以往与律师合作的经验等渠道筛选和确定合适该项业务的外部律师。

一方面，要具备业务上的胜任能力。不仅是律所的规模、办公室所在地及主力发展方向，以及项目团队的各成员的学历背景、项目经验、资历等应当与项目相匹配，而且项目团队对于项目提出的解决方案、报价都应当在符合公司要求，比其他备选的律所/项目团队更优。

另一方面，项目团队的响应效率应当比较高，能够提供积极主动的法律服务，这一点也很重要。

魏子熙：我认为选聘律师需从业务角度出发，以结果为导向，主要考量的因素有以下几个方面：（1）律师是否具备业务需求相关的服务经验；（2）律师是否了解企业，熟悉产业；（3）从律师报价、人力成本、合作模式等衡量公司在其中需承担的成本；（4）律所品牌，尤其是在上市、大型投资交易项目中会更多考量这一因素。

张伟华：是否做过同类型项目、配置的律师团队是怎样的、服务的总体报价等，这些会是选聘律师时的主要考量因素。

Q：您是否会因为这家律所是公司化管理的，而更愿意选择它？为什么？

邓扬：在我看来，选聘律所时最关心的问题是“你能否解决我的问题和需要”，而是否为公司化律所事实上是一个“透明项”。

在一些案件或项目中，解决问题需要调动的可能不仅仅是法律方面的资源，还包括诸多外部资源，以及更综合的问题解决能力，这些事项最终都落实在人的身上。

毕竟法律服务是非标准化的，很难通过一套管理机制将每个环节的交付和服务按标准落实，而且项目在不同人之间的切换成本是比较大的。

例如，在诉讼案件中，当律师换所后，律所重新指定了律师接手，新律师熟悉案件材料需要时间成本，再者案件中很多细节信息可能未必能体现在卷宗上，这就导致新律师难以掌握案件的微妙差别。事实上，客户对律师有较强的黏性和依赖性，在很多实际情况下客户的案子会跟着律师走。

此外，在某个具体项目中通过制度调动资源和通过律师的个人能力或人情调动资源，两种方式哪一种更快捷其实很难有定论。而在当前强调律师专业化和服务整体性的市场趋势下，传统提成制的合伙所也有相应的制度调试。

蒋文璐：公司化律所的优势在于整体性经营带来更稳定的服务输出，法律服务质量不太会因为个别合伙人的离开受到较大程度的影响。但同时公司化也有其弊端，分配机制僵化可能导致律师的效率或积极性受到影响。

从实际的合作情况来看，公司化律所并未呈现出太多显著优势。公司选聘律所时，乙方的管理体制并不是重要考量因素，相比之下配置的律师团队实力及律所的品牌声誉影响更大。

目前国外的律师事务所大多采取公司化管理，国内律所以传统提成制的合伙所为主，公司化律所相对较少。体制背后也有行业发展历程的特殊性，中国的法律服务市场尚未完全成熟，有不少传统合伙所可能处于向公司化律所演化的过渡阶段，我认为现在及未来很长一段时间仍将处于这样的阶段。

具体到律所自身的发展来看，当律所规模扩大、专业门类更加齐全，律所内部也会加强整体性和一致性的需要。

刘昉：如上所述，成功的公司化律所在资源集中分配的效力和速度、律所内部的信息互通和资源共享等方面有较为明显的优势，而这些优势在推进专业跨度大的项目中有诸多好处，因此在这类需求中会对公司化律所有一定的倾向性。

但不同类型的律所有不同优势，可以适配不同的法律服务需求。例如，团队制律所中的某单个律师团队，当该团队内部团结并且专业聚焦，那么在不需要调配多方资源的项目或业务中就足以提供高品质、高效率的服务。

陆宇平：我认为公司化律所的形成很大程度上取决于该律所创始合伙人的性格、理念等。而企业在采购法律服务的过程中关键还是看律所能否满足其总需求，是否公司化并非一个重要因素。

苏云鹏：公司化并不当然意味着更优质的服务，我们还是要看提供服务的团队和律师的业务水平，以及是否与公司的需求相契合。但是，成功的公司化律所通常可以成为一个加分项。

魏子熙：从我的视角来看，成功的公司化律所提供的是制度保障，在调度资源的时候可以动员很多专业团队，而这些调度不是仅仅依赖于某个个体的，这是对交易的一个基本保障。

但在需要单点突破和强调个人能力的业务领域中，公司化律所确实可能存在对个体的激励不明显的情况，例如，在文娱行业的一些法律服务中，个人品牌有时候可能比律所品牌更重要。

另外，我认为公司化可分为狭义和广义。狭义的按照类似企业的模式运营的律所并不多。还有一些律所虽然是团队制的，但当其团队规模足够大且内部有协作调用机制的情况下，其实也构成了广义上的公司化。因此，对于企业法务而言，无论律所是公司化还是团队制，核心还是在于如何去保证协同。

张伟华：从我的视角来看，在需要动用大量专业资源的大型项目中，无论是哪一种运营模式的律所，项目的资源调配、服务品控以及事项落实等方面，核心仍然在于主办律师团队。传统合伙所当利益分配协调完善的情况下，资源调配也有明显效率，并且高水平的合伙人其本身就有强大的资源调动整合能力。

结语

对企业法务而言——

采购法律服务是一个综合考量的结果，其背后是律所品牌、同行口碑、团队经验、服务预算等各方各面的评估。

企业的不同法律服务需求，对应不同的预算和不同的律所选择标准，对于大部分企业法务而言，聘用的律所是否为公司化管理，并不是关键因素。

不过，在某些业务需求中，企业可能会更倾向于公司化律所，考量点依然是律所能否解决好企业的核心需求。

对提供法律服务的从业者而言——

中国律师行业发展至今也不过 40 余年，不同的体制和管理模式都有其成因和适配方面。

当早期律师们都处于“吃公家饭”的情况下，提成制这一分配模式极大地激发了律师个人的积极性和主观能动性。

当专业分工、协同合作的市场趋势逐渐到来时，无论律所是否采用公司化管理模式，亦都在积极探索专业建设和整体协同。

与此同时，我们还需看到中国的法律服务市场有广度——不同地区的市场发展程度差别巨大；有纵深——市场中潜藏多元化、多层次的服务需求。

在这样广袤的市场中，体制好坏难以一概而论，关键在于律所或律师的市场定位，以及如何做才能更好匹配目标客户的核心需求。

不进行“再组织化”，规模律所难以由大到强[*]

张大超[**]

近年来，规模化基本上是很多律所的宿命，百人所、亿元所成为标配。然而，在律所做大以后，如何做强，乃至做久，才是更为重要的命题。岁末年初，坊间传来部分规模律所因为合伙人争斗、律所经营危机、律师团队集体出走等管理问题面临分崩离析的窘境，越发说明律所的“再组织化”是律所规模化以后的必经发展阶段。

律师事务所从小到大，组织的层级也不断提升。所以，就一个规模化律所组织而言，要想让专业团队创造佳绩，必须强化律所的组织功能，而不仅仅是律师的简单积聚和成本分摊。律所的“再组织化”是规模化律所提升整体效能的必然选择，是一项系统工程。

笔者认为，律所的“再组织化”包括三个维度：首先是律所的合伙人会议（股东会）、管委会（董事会）、监委会（监事会）、执行层（经营层）的治理体系建设，这是律所长治久安之根本；其次是律所的职能部门建设、专业部门建设等管理运营体系建设，这是律所管理运营之基础；最后是律师“再组织化”体系建设，这是团队提质增效之关键。

一、治理体系的“再组织化”

对于任何一家律所而言，首先是商业组织，那么就存在产权问题。律所的权益合伙人本质上是律所的股东，对律所的经营风险承担无限连带责任。

故而，参考公司治理的经验，在律所层面构建股东会、董事会、监事会的治理结构就成了律所“再组织化”的前提。

权益合伙人会议（股东会），是律所的战略决策机构，负责律所的战略、投资、扩张等；

---

* 本文首发于微信公众号“智合”2021 年 2 月 9 日。

** 张大超，上海正策律师事务所战略发展总监。

管委会（董事会或执行层），是律所的经营管理机构，负责律所日常的人才招募、品牌运营、市场开拓、信息化建设、风险控制等；

监委会（监事会），是律所的监督机构，负责对律所决策和执行工作的监督。

许多规模化律所是由小律所、个人所转型升级而成，也有部分规模律所是由多家律所合并成立，那么基于律所章程规定的合伙人会议议事规则某种程度上就成了律所真正的“名利场”。大部分权益合伙人对于律所的管理工作都有浓厚的兴趣，而且这也是合伙人应有的基本权利，这点上必须尊重权益合伙人们的诉求。所以，权益合伙人会议强调的是公开、公平和参与度。在权益合伙人会议层面更多的是战略研究以及更多通过沟通去达成共识的过程。

不同律所有不同的管理基因，故而在是否设置管委会层面其实也有不同的情况，部分律所的管委会基本上是董事会，而部分律所管委会基本上等同于律所的执行层。这当然也与律所的总体规模与管理幅度有关。管委会兼顾决策效率和高效执行，故而管委会人数不宜多，且必须为单数。

监委会的功能是，查缺、补漏、纠偏，让律所的运营尽量保持在正确的轨道，也是律所权力机构的一种平衡和妥协。监委会强调的是信息的透明以及监督工作的实效。

对于一些超大型规模律所，在管委会之下，还会设立专门委员会和专业委员会，专门委员会包括品牌营销委员会、战略规划委员会、业务发展委员会、公益文化委员会等；而专门委员会则是基于专业或行业层面，比如证券法委员会、劳动法委员会、知识产权法委员会、跨境交易委员会，详见图1、图2，这里不再展开。

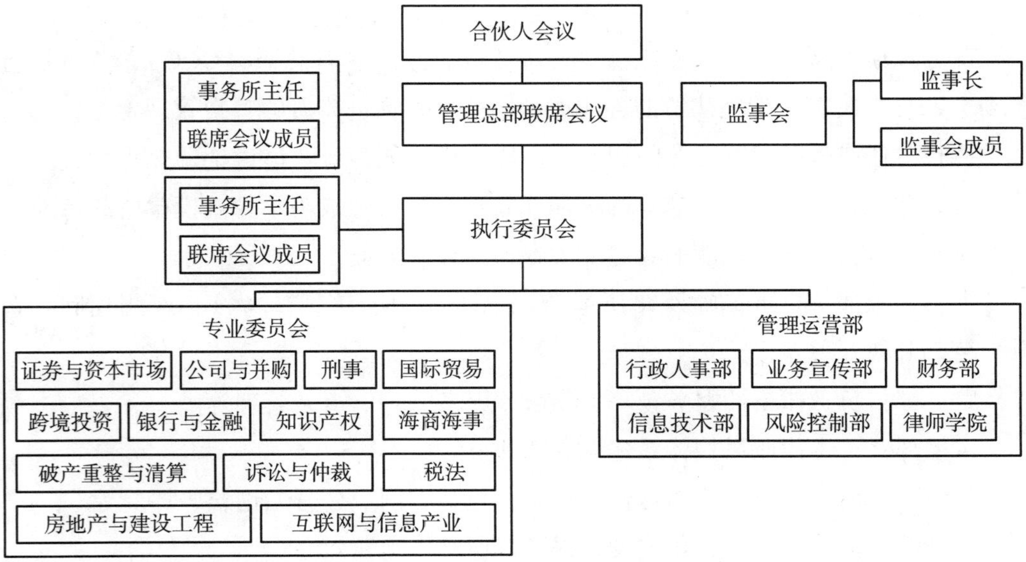

图1 上海锦天城治理架构

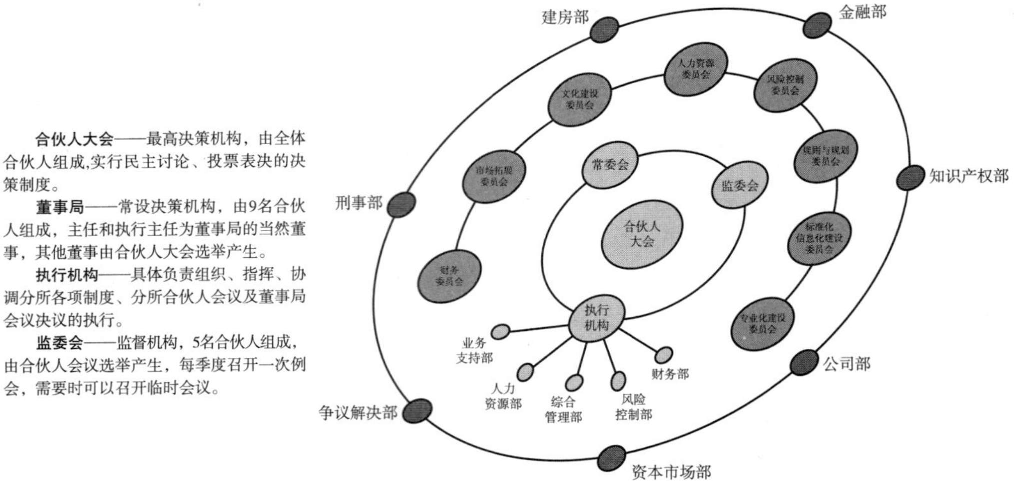

图 2　大成上海治理架构

二、管理体系的“再组织化”

律所规模化发展必然对律所管理运营体系有了更高的要求。小型律所，一个行政可以兼任前台、财务出纳，配合一位勤勉的律所主任基本上都可以保证律所的基本运营。但是，对于规模化律所而言，律所的各项职能都需要职业化的团队才能保证律所的运行，包括人力资源管理、财务管理、品牌市场、信息化、风险控制等方方面面。

部分规模大所已经有了专职的执行主任或者战略运营总监（COO），负责执行管委会的日常决策，带领律所的各职能部门来全面推进律所的日常管理工作。

执行主任或战略运营总监的职业化问题也已经成为行业里讨论的热点，这里不再展开，但是，无论如何，非律师的职业管理人员已经成为不少规模律所的标配。

对于律所各项管理职能的界定，大致包括如下方面：

人力资源部：负责律师及律所运营团队的招募、培训、考核、薪酬福利、晋升、劳动和执业关系等。

财务部：负责律所的财务预算、现金、财务管理、退费管理等。

风控部：负责律所风控体系建设及实施。

品牌部：负责律所品牌的运营及拓展，包括官网、公号、论坛、评奖等。

信息部：负责律所信息化建设，提升律所整体运营效率。

行政部：负责律所档案管理、前台管理、印章管理、信件收发、会议室管理、采购管理等。

对于不同规模律所，部门设置可以不同，但职能基本上应该涵盖以上职能范围。当然，还有一些律所设置了更为细化的部门，比如知识管理部、律所文化部。

三、组织体系的“再组织化”

对于规模化律所，在律所治理结构及管理结构“再组织化”之后，更为重要的是要推进律师组织体系的“再组织化”，才能真正发挥律所的规模优势。

而目前一些规模律所的组织基本上是点状为主的网络型扁平组织，详见图 3，律师之间的连接相对松散，基本上以每个人单打独斗为主，偶尔不同律师之间进行案件合作。

图 3　网络型扁平组织

传统的层级型组织，详见图 4，更多适用于公司制的组织中，这种主要是合伙人律师团队内部的组织模式，也就是高级合伙人带初级合伙人，再带工薪律师和律师助理的模式。

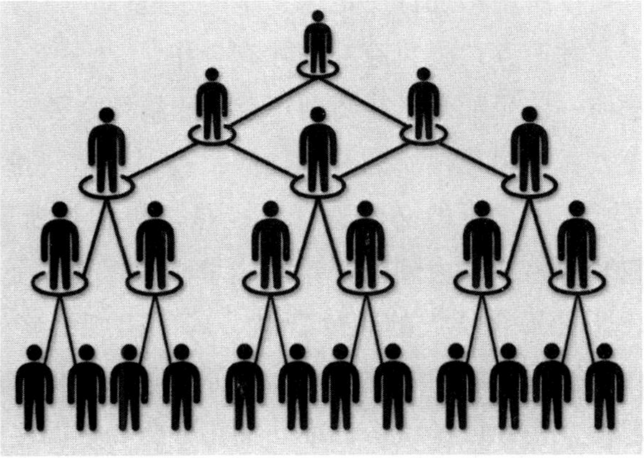

图 4　传统的层级型组织

部分规模化律所，比如大成、锦天城，目前已经不再允许独立提成律师的存在，这就是“再组织化”的选择之一。律师习惯于独立的作业方式，但是这并不符合律师发展壮大的组织规则，无法发挥规模律所的规模效应。

《重新定义工作》一书描绘了未来组织的样子，这本身是对公司层级型组织结构弊端的改革和探索：

以小团队的形式分布（三人以上为团队，“两个比萨原则”）；

扁平化组织和分散式决策（减少层级，“支部建在连上”）；

内部创业（赋能，每个人都是产品经理，创新）；

相互连接的员工网络（云端，任何地点、任何时间、任何设备联系到任何人）。

结合笔者近年来对律师朋友的观察，专业人士的典型特征就是，受教育程度高、独立性强、悟性高，但厌恶被管理，有的甚至愤世嫉俗、挑剔苛刻，有很强的自尊心，同时也很脆弱。故而，要想让律所创造佳绩，尽量避免管理和领导，而应该教练、激励和引导。扁平组织、灵活机动、内部创业以及云端互联的律师团队组织，从某种程度上说这就是最适合律师的生产组织模式。

对于规模律所而言，要发挥律所合伙人、律所管理部门的主观能动性，应对所有律师分散管理，从专业、行业、文化等领域划分更多的团队。

专业维度，去推进专业部门建设，引导律师进行专业化建设，并协同进行市场推广和专业品牌建设。

行业维度，去推进行业部门建设，引导律师专注行业研究，对细分行业进行深度挖掘去提供有针对性的法律服务。

文化维度，可以在律所内部去打造足球、跑团、篮球、自行车等社团建设，用文化凝聚人，只有了解才有互信，只有互信才有合作。

总之，不要让任何一位律师乃至律师助理游离于组织之外，加强律师与律师之间的连接，才能真正发挥规模化律所的规模优势，否则只是“虚胖”。

“再组织化”是规模化律所的必然选择，也是规模化律所转型升级的组织保障，律所从小做大相对容易，从大到强很难。这里面的关键就是“再组织化”，优化律所治理结构，才能凝聚合伙人的集体智慧，确保律所战略的先进性和可实现性；优化律所的管理结构，才能更好地管理和服务律师，确保律所日常经营的高效与安全；强化专业建设，提升市场组织，推动文化融合，推动律师团队建设，增进律师间的连接，才能真正发挥规模化律所的规模优势，确保律所真正可持续健康发展。

2021 年，那些管理不善的律所还有机会吗？*

蔡 凡** | 智合研究院

2019 年 8 月，有 31 年历史、一度拥有超过 20 家办事处的美国律所 LeClairRyan 正式宣布解散，轰动业内。这既是单个律所的失败，也可作为经济下行时期给其他律所敲响的警钟。

过去数十年，我们享受了行业高速增长带来的红利。我们占了时代的“便宜”，但可不能沾沾自喜——当时代红利不再，当轻轻松松便可获得业务增长的阶段过去后，当局势发生改变，你的律所为此做了哪些准备？

在一些律所锐意进取、狂飙突进、弯道超车的同时，另一些则踟蹰不前、逐渐掉队，甚至分崩离析。在律所发展过程中，往往是挑战重重，但也唯有克服这些挑战，才能继续向前。

一、内部挑战

律所发展中最大的内部挑战是管理上的难题。

律师行业特有的“独狼”属性。选择做律师的人往往内心具有更强的自主意识、挑战意识以及对时间自由与财务自由的极强期待。要管理这样一群颇为“桀骜不驯”的人是十分困难的，他们大多更相信自己的才干，并可能对律所平台没有太多归属感；当律所的管理制度过于强硬时，他们可能会产生“逆反”心理而选择离开。

曾经有位律所主任说道，别看只是“统一对外文档格式”这样一件“小事”，有的律所可能倡导、推行了两年还未必能成。更不用说推行专业分工、设立考评机制、建设知识管理等一系列事项。这就要求律所管理者需具备极强的领导力和组织

---

* 本文首发于微信公众号“智合”2020 年 12 月 27 日。

** 蔡凡，智合研究院编辑、研究员，长期从事中国律师行业宏观观察、中外律所组织及管理创新方面的研究。

能力。

律所管理是一个系统工程。与律所的管理难点相矛盾的是，绝大部分律所的管理理念和方法往往是落后于企业的。在面对业务增长困境时，一些律所主任勇敢地选择了“管理改革”这条路，但结果可能未必尽如人意。

曾有律所尝试一体化改革，带来的结果却是大批量的人员流失，从原来50余人的团队规模骤减至不足10人。这并非危言耸听，而更多的律所管理者对一体化律所带来的整体性优势心知肚明，但始终不敢轻易尝试。很多管理者认为分配是律所管理的核心，但却忽视了组织架构的设计、律所文化的建设、人员的考评激励等。

事实上，无论是一体化还是其他管理体制，都有其优势和适应场景。但不可忽略的是，管理是一项随律所发展阶段变化的系统工程。改革者需要建立体系化的思考、理念和方法论，而不能单点照搬。

身心俱疲的管理者。你会因为要做律所管理而放弃做业务吗？可能超过90%的律师会回答“不愿意”——如果不做业务，我就无法掌握市场动态，无法维护和客户的关系，可能就无法在管理上服众……

既要做业务又要做管理，“没时间”成为律所管理者的普遍困境，管理难题、律所发展、家庭平衡、身体健康等各方面问题接踵而至。成为一名律所管理者之后，你还需思考一个问题——如何同时做好业务与管理，如何跳出“没时间”的管理者陷阱。

二、外部挑战

律所发展还面临很多外部的挑战。

经济周期下行，增速放缓。过去40年，中国经济毫无疑问处于高速成长的青春期，从1978年到2017年，我国GDP增长了33.5倍，年均增长9.5%。但最近几年，中国经济增速放缓，尤其是2015年后，我国年度GDP增速20年来第一次跌破7%，2019年为6.1%。

从长期来看，我们正处于一个增速换挡减速的经济大周期。依托于实体经济而存在的律师业，该如何应对新经济周期下的挑战或机遇？概括而言，可能是在同等服务质量的情况下降低成本，或者是相同成本下提供更超值的服务。而这两者都很难通过毫无组织能力的律所或团队来实现，那么又该如何通过管理创新，赋能业务发展？

规模红利正在消退，整合能力愈加重要。过往十余年，在律所规模化浪潮下，千人大所乃至万人大所出现，我们看到了规模赋予的发展红利。但伴随律师行业格局的深度调整，人们对规模化的关注焦点正在逐步从纯粹的“数量增长”到有机的“内部整合”。

规模大所更加强调其内部跨区域、跨专业的资源整合，进而发掘规模之下的合力。区域性律所面临大所的下沉式发展，或通过本地律所间的整合，或侧重于内部的管理升级和专业化，求索突围之道。如何实现“整合”，成为律所管理者的重要课题。

行业竞争加剧，单打独斗的时代已经过去。过去几年，中国律师业规模每年的增幅都超过了10%。可以说，未来中国律师行业仍存在较大的发展空间，同时也将面临更为复杂且激烈的竞争环境。

从需求端来看，经过40余年的发展，市场蓝海变红海，越来越多的律所着眼于新蓝海领域的角逐，力求在业务布局中抢先一步。从供给端来看，“四大”和咨询公司跨界竞争，在线法律服务、机器人等替代性商业模式兴起，法律服务不再是律所专属。

在更复杂、更激烈的竞争中，单打独斗将不再奏效，没有团队的支持，你连竞争的门槛都达不到。

三、怎么办

正如查理芒格的一句话：“宏观是我们必须承受的，微观才是我们可以有所作为的。”

因此，律所的战略和组织能力在未来竞争中将越发重要，详见图1。

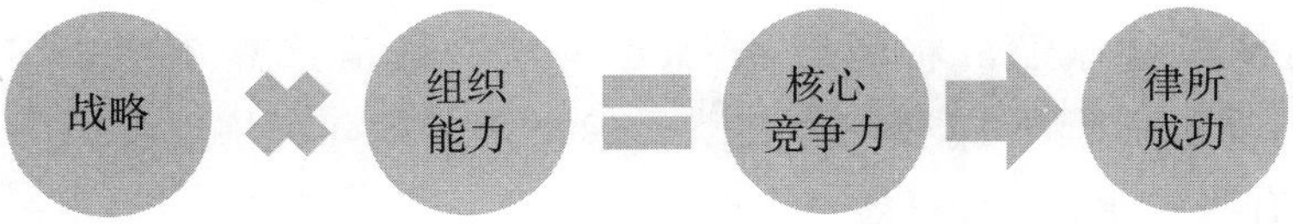

图1　律所成功公式

战略是律所成功的前提条件。战略的成败取决于决策者对于内外部环境、市场机会、客户需求、竞争情况的判断。

组织能力是实现律所战略的基本保证。它包括领导者的领导力，员工的专业能力、积极性、创造力，团队协作能力，这些能力的组合最终指向的是律所整体达成目标的能力。

从组织的角度，如何设立明确的律所战略？如何构建科学的内部管理？如何强化组织能力？

从管理者的角度，如何跳出疲于奔命的困境？如何提升自身的领导力？如何带领律所或团队走向卓越？

绝大多数的律所危机都有其共性*

蔡 凡** | 智合研究院

绝大多数律所危机都有其共性。

2008 年经济危机，国际上不少中小型律所难以为继，纷纷加入倒闭潮。

商业转型咨询公司 DSI Civic 的首席执行官/主席 William Brandt 曾为数十家律所的破产和重组提供咨询服务。他表示，从每家律所听到的“问题的起因”都各不相同。

但当 Brandt 总结接触到的所有案例时，则发现有一小撮问题反复出现，诸如过度扩张、实际到账比例太低、业务多元化或一体化程度欠佳、未能顺利完成律所领导权传递。

2020 年 6 月，国际货币基金组织（International Monetary Fund，IMF）给出新的数据，其预测全球经济将萎缩 4.9%——这一数值远高于 2008 ~ 2009 年的 0.7%。我们现在面对的可能是一场破坏力远超“2008 年经济危机”的危机。历史告诉我们，有些共性的问题可能再次出现。

2020 年，新冠肺炎疫情的挑战，国际形势的变化，不确定性增加，企业的日子并不好过。这将直接导致企业削减律师费，或延缓律师费给付。

为数众多的中国律所 2020 年第一季度的创收出现大幅下滑，甚至 2 月出现了整月零创收的情况。而放眼国外，合伙人降薪停薪、鼓励律师休假、裁员……不少国际律所采取了近乎本能的方式自救。

对律所而言，当稳定的成本支出和不断减少的现金流之间出现缺口，如何规划这一年或下一年的发展战略？如何通过管理创新，赋能业务发展？在客户付费意愿和能力下降的情况下，律所又该如何通过业务创新获客？

外部环境不定，行业变化四起。

---

* 本文首发于微信公众号“智合”2020 年 11 月 13 日。

** 蔡凡，智合研究院编辑、研究员，长期从事中国律师行业宏观观察、中外律所组织及管理创新方面的研究。

几十年前，会计师事务所曾对法律业务浅尝辄止，但它们悄悄建立起法律服务部门。现在，这些部门的规模已经超过了大多数律所。

2019 年 2 月，毕马威“血洗”式挖走法国最大律所 Fidal 的 144 名律师；同年，毕马威在上海成立了名为上海睿威的律所，中国集齐“四大”设立的律所。

“四大”之外，巨头入场。11 月，国际著名管理咨询公司埃森哲宣布推出合规服务（Compliance as a service，Caas），这标志着大型外包服务提供商进入了法律领域。

一边是巨头的跨界角逐，动作不断；另一边是万人大所出现，搅动池塘。

过往十余年，在律所规模化浪潮下，千人大所乃至万人大所出现。在规模大所的征途中，收益翻滚，我们看到了规模赋予的发展红利。

律师人数从 1979 年的 212 人增加到 2019 年的 47.3 万人。我们见证了律师行业的“中国速度”，也享受了行业增长带来的发展红利。

过去 40 年，或许是中国律师行业发展最为黄金的时段。但未来呢？红利期是否依旧？

律师人数的跨越式增长，行业竞争越发激烈。而今，中国律师业对规模化的关注焦点正在逐步从纯粹的“数量增长”到有机的“内部整合”。

规模大所更加强调其内部跨区域、跨专业的资源整合，进而发掘规模之下的合力。区域性律所面临大所的下沉式发展，或通过本地律所间的整合，或侧重于内部的管理升级和专业化，求索突围之道。

这些所作所为，既有律所发展的主观意愿，背后也是客户需求在时刻牵引。律师真正的战场不在法庭，而在市场。

再接下来，市场将如何变化？行业将有哪些变革？哪些微小的时机之差、方式之差可能拉开律所间的差距？

“没有一个组织是‘不死’的，抵抗死亡的唯一方法是不断地自我革命。”

组织的成功往往是图 1 这五项乃至更多的大合集。

图 1　律所成长的要素

强化组织力量是律所发展的关键。行业内已有不少律所在其发展过程中通过一些创新手段打破旧有局面。

有的律所选择向专业咨询公司借力，聘请其制订发展战略，确定业务聚焦点，以此重新调配资源；

或是对律所组织制度进行全面梳理，有目标、有侧重地盘活机制运转，重新唤醒组织战斗力；

也有的律所选择聘请“非律师”的专业人士参与律所管理，开创新的管理局面。

阅尽千帆，我们知道成功少有既定公式，但翻开失败的案例，或观察危机的局面，不难发现其中存在共性——

未能及时调整业务结构，错失业务机会而逐渐式微；合伙人间未能达成共识造成人员流失、团队四散；疏于内部管理的优化升级而在竞争中落后于新生代律所……

咨询业有“三大”，会计业有“四大”，但律师行业中尚未出现这样占据行业主导地位的巨头。即使是最大的律所也可能因低效或战略错误而落伍，律师行业的格局仍在动态变化中。

大环境充满未知，行业内烽烟四起。2020 年，给每个人、每个组织设下了一个局。

这可能是一个“如何在新形势下实现自身升级”的局；

也可能是一个“如何在逆境中翻盘”的局；

还可能是一个“如何咬紧牙关，扛过存亡线”的局。

在组织发展过程中，掌舵者如何构建新形势下的律所发展战略？如何避开激流暗礁，带领组织航向远方？如何加强创新能力，打破当下的局面？

规模布局篇

盈科中国突破1万人，律所的规模红利还能持续多久？[*]

伊晓俊[**] | 智合研究院

“寻找盈科第10,000名律师”“盈科第10,000名律师，你在哪里？”

近期，盈科多地分所的微信公众号推出此类主题的招聘文案，以迎接律所发展历程中的重要时刻——盈科中国律师人数超过10,000人。

这些年，盈科的规模化是如何实现的？2020年，法律行业变革丛生，律所“规模红利”还能持续多久？

一、“1万人”大所之路

2020年10月31日，“2020律师行业发展论坛暨盈科中国突破10,000名律师庆典”在盈科总部新址正大中心举行。

在庆典中，盈科创始合伙人、主任、全球董事会主任梅向荣说，“1万人只是起点，我们的万里长征才刚刚走完第一步。今后盈科的目标是‘只争第一’，即打造全球领先律所”。对于盈科来说，这无疑是律所发展中的一个重要里程碑。

12年前的2008年，盈科还是一家位于北京的30人精品所。截至2020年10月底，盈科在我国（除台湾地区）的分所数量达到83家，律师人数破万，累计收案超90万件，服务客户80余万名。这些年，盈科经历了什么？

从图1可以看出，盈科的全国布局始于2010年。仅这一年，盈科的脚步遍布天津、上海、广州、南京、沈阳、呼和浩特、昆明、青岛、成都、厦门、香港特别行政区等地。

---

* 本文首发于微信公众号“智合”2020年11月1日。

** 伊晓俊，智合研究院编辑、研究员，长期从事中外律所组织、技术和管理创新等方面的研究。

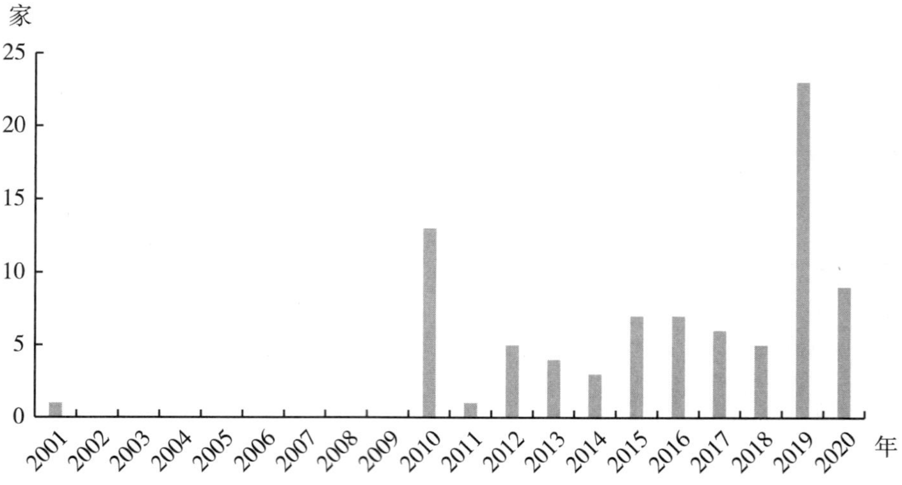

图 1　盈科在我国（除台湾地区）历年新设分所数量

同一时期，盈科在天津首次尝试以“直投直管”的模式实行分所管理，这一模式的落地，确保了盈科此后 10 年规模布局的稳固推进和良性发展。

十年间，盈科以年均增加 7～8 家分所的速度布局，实现规模突破与地域扩张。截至 2020 年 10 月，盈科在我国（除台湾地区的）分所已基本覆盖了国内一线城市、主要省会城市以及其他重要城市。开疆拓土的过程中，盈科也注重广纳人才加盟。

2020 年 8 月，英国法律杂志《律师》（*The Lawyer*）公布“2020 亚太地区律所 100 强”（Asia Pacific 100）榜单，盈科成为榜单中中资所律师人数与创收的双料第一，这已是盈科连续 6 年蝉联该榜人数冠军，详见表 1。

表 1　盈科在我国（除台湾地区）历年人数情况

项目	2014 年	2015 年	2016 年	2017 年	2018 年	2019 年
律师人数	3257	2415	4650	5805	5845	8862
合伙人人数	1046	1418	1628	1939	2182	1059
总人数	4303	3833	6278	7744	8027	9921

资料来源：《律师》杂志。

整理、制图：智合研究院。

注：历年该榜单统计的人数均为上一财年的数据情况。由于统计标准和口径等问题，表中“律师人数”可能与“员工人数”存在混淆，与实际情况或有出入。

在业内，不乏律所以重大合并推动人数高速增长的例子。与此不同的是，盈科在规模发展过程中主要采用“只吸收不合并”的方式，人员增加基本依靠“自然增长”来实现。

从近 6 年榜单的变化情况可以看出，盈科的人数整体上呈显著递增态势。尤其是2015年至2019年，律师人数同比上升267%，总人数同比增长159%。多年来，“自然增长”的模式也为盈科发展带来持续性和稳定性。

近6年，盈科在创收规模上保持稳健增速，增幅高达459%，详见表2。由于律所规模持续扩大，盈科律师人均收入（RPL）等相关收益数据因而略有下降。

表2　盈科在我国（除台湾地区）历年创收情况

创收（亿元人民币）	2014年	2015年	2016年	2017年	2018年	2019年	六年增幅
	9	12.68	20.29	30.10	42.30	50.27	459%

资料来源：《律师》杂志。
整理、制图：智合研究院。

“2020亚太地区律所100强”报告中称，盈科希望到2021年年底时，将创收规模从50亿元翻一番，达到100亿元左右。今后，如何继续整合资源，将规模影响发挥到极致，提升律所的人均创收与创利能力，是该目标能否实现的关键。

多年来的规模化发展，不仅为盈科带来分所数量、人数、创收的增加，还造就了其市场认知度、品牌影响力的提升。与此同时，伴随中国法律服务市场的日臻成熟，规模化成为众多律所提升整体实力、建立领先优势的选择。

面对法律服务市场的“圈地”格局和日益白热化的竞争，盈科注重将规模优势转化为法律服务能力和市场话语权，全球化布局也在进一步升级中。

二、全球竞争

近年来，以盈科为代表的中国律所掀起了一波波规模化热潮，通过设立分所、扩充人员来构建法律服务网络，把握市场先机。中国律所的律师人数也不断向三位数、四位数甚至五位数迈进。

根据近几年“亚太地区律所100强”报告的数据，中国“千人所”的数量呈上升态势，并且占据了亚太地区中大多数席位。2019年，千人以上中资所的数量达17家，详见表3。

表3　“亚太地区律所100强”历年“千人所”变化情况

项目	2015年	2016年	2017年	2018年	2019年
亚太地区“千人所”总数	7	11	12	14	19
中资“千人所”数量	7	10	10	12	17
中资所占比	100%	91%	83%	86%	89%

资料来源：《律师》杂志。
整理、制图：智合研究院。
注：人数统计为历年“律师人数”与“合伙人人数”之和。由于“律师人数”可能与“员工人数”存在混淆，与实际情况或有出入。

与此同时，中国律所的规模化并未停息。近几年，已有不少律所将律师人数过千人定为发展目标。千人以上的律所，往往拥有15家以上办公室，能够覆盖中国主要城市，并随客户脚步布局海外，形成自己的法律服务网络。

中国律所的规模化还反映在律师人数的增长上。从该榜单近5年律师人数的变化情况来看，亚太地区增速最快的前十名全部为中资所，盈科位列其中第5名，详见图2。

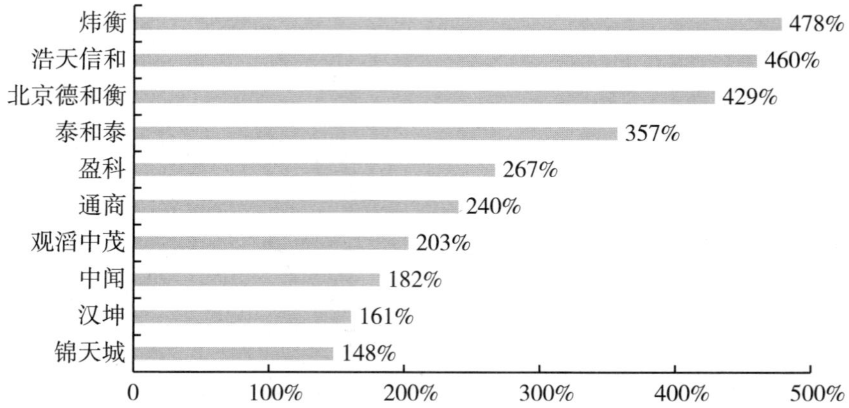

资料来源：英国《律师》杂志。

制图：智合研究院。

注：图中显示为人数增长百分比。

图2　2015～2019年亚太地区律师人数增长最快律所前十位

值得一提的是，大成Dentons作为国际律所，未在该榜单中体现。2015年11月，大成与Dentons合并。此后几年，大成Dentons的全球律师人数以每年1100名左右的速度高速增长。

全球范围内，律所规模化的浪潮涌动。许多中国律所亦将目标定位于成为全球的领先律所，通过设立海外办公室，参与国际市场的竞争。

2011年，盈科在匈牙利布达佩斯设立首家海外机构；之后，波兰、土耳其、纽约、伦敦等机构相继成立。

2019年是盈科走向全球的第十年，也是盈科在境外设立机构最多的一年。盈科在美国、韩国、哈萨克斯坦、吉尔吉斯斯坦、乌兹别克斯坦等国完成注册，并成立了首家以中国律所命名并主导的“盈科全球法律服务联盟”，目前联盟已覆盖83个国家的142个城市。

根据2020年9月知名国际法律杂志《美国律师》（*The American Lawyer*）发布的“2020全球百强律所”排名（2020 Global 200/100），盈科成为全球第二大规模所，并在总创收排名中比上一年度跃升8位，来到第69名。

当“变大”的目标基本实现，能否提升在全球的竞争力和影响力成为以盈科为代表的中国律所继续“变强”的考验。

未来，市场竞争格局不断变化，中国律所仍将在深化全球布局与整合全球优质资源的路上探索前行。

三、大者恒强?

不寻常的2020年，全球法律服务市场受到严重波及，人们开始对行业内一些传统的竞争格局、发展模式进行重新审视。

有人提出：后疫情时代，前路未定，以规模扩张来确立竞争优势的做法是否还行得通？大型律所的“规模红利”还能延续多久？

近期，花旗私人银行针对196家美国律所进行的一份调查发现，2020年上半年，“美国律所50强”（Am Law 50）中的律所收入增长了7.1%。排在50~100位的律所，收入增长3.4%。而排名100~200位的律所收入仅增长1.4%。

花旗私人银行的负责人Jeff Grossman在接受媒体采访时表示，2008年金融危机以来的大多数年份，规模最大、创收最高的律所往往有最佳业绩表现。虽然“头部效应”早已不是新的行业现象，但就2020年上半年的情况来看，不同规模律所间的收入增长差距却显得有些“不同寻常”。

英国“魔圈所”是人员/办公网络规模大、创收高的国际律所代表。根据2019/2020财年“魔圈所”的财报数据看，受全球疫情的波及，英国安理、年利达、富而德在权益合伙人人均利润（PEP）上，较上一财年略有下降，但总创收依旧保持了稳定增长，详见表4。

表4　英国“魔圈所”2019/2020财年财报数据一览

律所	创收（亿英镑）/同比增长	PEP（万英镑）/同比增长
高伟绅	18.03/6.0%	169.0/5.0%
英国安理	16.90/4.0%	163.0/-1.7%
年利达	16.40/0.7%	161.2/-5.1%
富而德	15.20/3.0%	182.0/-1.0%

资料来源：各律所财报及《律师》杂志报道。
整理、制图：智合研究院。

尤其是2020年4月，富而德仍在推进“美国扩张计划”，并称在严峻的经济形势下取得了强劲的业绩表现。5月，年利达晋升30位合伙人，其中金融、公司领域新晋合伙人最多，其次是争议解决领域。

此外，一批国际大所虽然在房地产、金融、并购等领域业绩出现下滑，但凭借多元化的业务积累，通过破产重组、争议解决等逆经济周期业务，在不利的市场环境中化危为机，实现逆势增长。

在国内，越来越多律所在全球经济受疫情影响的形势下，选择以多元形式，迈开规模扩张的步伐：规模大所将版图从一、二线城市延展至县域，精品所转型为综合型规模所的数量继续攀升，部分区域律所以跨地域“战略合并”的方式实现运营。

2020 年，“黑天鹅”事件频发，盈科设立新所、扩张、扩租等举动频频，展现出规模大所以多元化布局来抵御风险的决心。10 月，盈科总部上线数据化分析系统——盈科大数据管控平台，该平台可以对盈科全国的案件量、业务类型、客户信息等进行实时监控，运用数字化思维来为管理决策提供科学依据，实现业务的精细管理。

有业内分析认为，面对经济下行的大环境，大规模综合型律所的抗风险能力明显强于部分精品化小规模律所。

结语

市场环境风云变幻，没有所谓“基业长青”。当大家都在“规模化”时，将规模优势转化为跨地域、跨国家协同，覆盖更多行业、产业领域以及开拓更多元客户类型的能力，或许才有更多新的机遇和可能。

在多年开疆拓土中，盈科将分所数量、律所人数快速拉升至行业高位，也不断冲破传统模式，践行创新运营模式、内部制度、发展战略，来迎接外部环境的重重挑战。

盈科中国人数过万，成为中国法律行业的又一里程碑式的事件。

未来，盈科能否继续将人才规模优势转化为核心竞争力，又能给行业带来哪些全新变革？我们拭目以待。

中国法律市场规模律所转型，谁是典型样本？*

周 正

截至2019年年底，上海律师行业中“百人所”已达37家，其中不乏两三年内新兴崛起的规模律所。究其共性，不少管理者认为只有律所达到一定的规模如150人以上时，才更有可能实现所内的专业分工，乃至专业协同。

2019年，业内合伙人级别律师流向综合性规模所的案例频频发生。其背后原因，一方面，是规模所需要不断补全、补强一些专业领域；另一方面，具有自身专业聚焦方向的合伙人也更需要一个相对综合化的平台以实现专业服务的互补与协同。

规模所的专业化转型并不是行业的新现象，10年前早已有之。今天部分律所的快速规模化继而专业化，更像是对前五到十年部分规模律所转型经验的总结和新实践。

所以，如今如果希望探究规模律所专业化转型背后更深层次的原因、更普遍性的困难和更具参考价值的做法，我们需要将目光投回早期规模化律所的代表身上，通过其转型历程获得一些启发。

一、中国律师行业的三个红利期

1994年前后，合伙制律师事务所的诞生为中国法律市场的发展开辟了新的阶段。这种新的组织形式为律师事务所的做大提供了可能，迅速取代国办所和合作制成为行业主流。全国各地的律师事务所迅速兴起，并跟随法治社会的进程及经济社会的发展而快速成长。

其后10年，或许可以概括为“市场红利期”，这一时间段内律所的发展主要是自然增长，对需求端而言是解决法律服务供给有和无的问题。

---

* 本文首发于微信公众号“智合”2020年6月1日。

2005 年前后，当市场中的竞争达到一定程度时，规模化成为部分律所建立新的竞争优势的选择。这一阶段中法律服务的机构消费者对于律师的辨识度尚且有限，律所快速扩大人员规模可以带来整体业绩的提升，解决了律所知晓度及业务机会的问题。其后七八年时间或许可以概括为“规模红利期”，或者“品牌红利期”。

而当机构客户发展逐步成熟，以及法务群体兴起壮大，客户对于律师的辨识能力快速提升。经济社会进一步发展，各种跨学科、跨专业、跨行业的复杂法律问题随之出现，也对律师的专业程度提出了更高的要求。此外，专业法律评级机构对于律所和律师专业能力的评定也加速了法律服务市场的信息透明。

律所和律师在经过了对法律服务市场空间的“圈地”阶段，经历了“规模红利期”后，进入的新竞争阶段或许可以称为“专业红利期”，这就意味着率先自我革命、实现专业化转型的律所能在新的阶段中占据新的优势。又或者，专业化转型已经不仅是优势的问题，而是关乎律所未来存亡的根本问题。

二、规模律所的转型——以大成上海为例

探究单体规模律所的转型，北京大成（上海）律师事务所（以下简称大成上海）无疑是一个典型的样本。

自 2001 年成立后 9 年间，大成上海是市场中一家典型的传统律所，人员相对松散，专业化程度较低；而在 2010 年之后的十年间，它又长期分阶段推进了专业化转型，并已经取得较为明显的初期成果。大成上海曾经面临的、已经解决的和未来还将面对的种种难题，放在行业内来看具有相当的普遍性。

2010 年以前，大成上海的合伙人晋升基本上以创收额为主要标准。那一年，按原先标准应当晋升的合伙人多达数十位，引发了大成上海内部关于律所未来发展的深刻思考。管理者们痛下决心改革，并在律师中取得了普遍共识：专业能力是专业服务者的立身之本和职业追求，同时，如果律所想要健康发展，就必须优化制度，建立一套科学的治理体系。也正是在那一年，合伙人晋升的门槛被抬高，绝大部分“应当”晋升的人没有晋升。两三年内，相应的制度陆续出台，大成上海完成了内部治理体系的建设，同时打下了民主的根基，为其后的发展奠定了基础。

2012 年，大成上海对标大成“国际一流品牌大所”的宏远战略，同时结合自身所处的长三角地域市场环境，设立了相应发展目标，次年又跟随大成中国区的总体规划，设定了“三五发展纲要”的阶段性目标——到 2017 年实现律师 400 人、总营收 3 亿元。这一阶段，大成上海本希望实现的是规模化和专业化的同步发展。但受限于各种因素，专业化的推行相当困难，甚至可以说整个法律市场的发展阶段

都还没有到足以做实专业化的程度。

也正因如此，大成上海的选择是率先规模化、兼顾专业化的发展道路。即2012年起，律师人数以每年100人左右快速增长，同时在所内持续引导律师实现自身专业聚焦。

“专业聚焦越鲜明的律师，获得专业协同合作的机会就越大。在专业化客观上无法一步到位的情况下，我们阶段性地先引导律师形成专业化的理念和共识。”大成上海主任刘蓉蓉说。

三年后的2015年大成上海就提前超额完成了“三五发展纲要”中的各项指标，律师人数达到421人，营收超过了6亿元。几年间，专业化的理念在律所内得以部分普及，但专业化由于各种条件限制没有实质性普遍推进。同时，市场对于律师专业化的要求却越来越明显，大型机构客户对律师专业化程度的要求迅速提升。2015年年底与Dentons合并后，全球律所的专业化和行业化建设对于成员机构的要求也自然拔高。专业法律评级榜单在中国法律市场的逐步普及，也为规模律所的转型带来了压力和动力。

“同时，我们也清醒地认识到单靠规模扩大带来的外延式增长尽管速度很快，但是不可持续，在一定时间段内会提供规模红利，而从更长远来看却会成为发展的掣肘。”大成上海党委书记陈峰分析，从数字上来看，大成上海的总营收连年高速增长，但合伙人人均创收增长十分有限，“而我们希望实现的，是宁可放慢总体营收的增长速度，也要有效提升律师单体专业能力，进而实现协同作战。”

2015年起，在规模化的阶段性目标达成后，大成上海便开始谋求将专业化推进落实。此时的大成上海面临的最主要的难题有两重：一是历史包袱，专业化改革势必触及利益分配的重新调整，原有的合伙人和律师能否接受？二是不断发展中的大成上海还要持续接受新的人员和思想的碰撞。2015年，韦烨律师的加盟使大成上海专业化建设的落实有了重量级的牵头人。此前曾参与创办过涉外精品强所的韦烨，在专业化和国际视野方面有自身的积淀。2016年成为专业化建设委员会牵头人后，他实施的第一个步骤是律所业务领域的信息化建设。

“当时我们主要参考了国内外一些优秀律所和国外权威法律专业评级机构的专业分类，梳理了大成上海的现有业务，并进行了详细的数据统计，形成了大成上海业务领域的数据图。在数据图中，可以清晰地看到每个业务领域的人员数、案件量、总创收等各项数据指标，由此可以客观地分析各业务领域的发展情况。”大成上海执行主任韦烨说。

2016年起采取的这一措施，其成果也都会体现在律所年会的常委会工作汇报中。客观的数据分析为大成上海的专业化转型进一步提供了坚实的理念基础和合理的决策依据。

十年前逐步培育出民主文化的大成上海，在专业化建设中便采用了民主的办法——民意调研。虽然前期工作已经做得相当充分，但律师对于专业化实质性推进的态度到底是怎样的，管理层也不敢完全确定。

“2017 年上半年调研后的结果出乎许多人的意料，接近 90% 的律师选择了一主一辅、一主两辅和一主三辅这三种专业化的模式。这时我们就能够确定专业化建设在大成上海推进的民意基础已经非常巩固。”陈峰说。

2017 年 7 月，“一主三辅”的专业化建设方案经全体合伙人大会民主表决顺利通过。同年，《大成上海律师执业专业化管理办法》出台，对于经费、立案、宣传、专业组牵头人选拔、业务部门划分和公共案源分配等各个方面作出了制度性的安排。其中最为重要的是，经办合伙人新立案的案件必须属于其所选“一主三辅”专业范围内。此外，大成上海在信息化系统和行政支持等配套工作方面也作出了相应部署。

专业化建设明确切实推进之下，大成上海市场部的职责也悄然发生了变化，从原先主要承担品牌建设及营销相关工作的部门转变为业务支持部门，新增了专业化建设及知识管理、商务拓展、翻译等多项职能。律所层面则予以充足的资金支持，其中仅专业化建设的专项经费每年平均都在 500 万元以上。

大成上海在专业化建设中还采取了一套创新的方法，即将七大业务部门（资本市场部、公司与并购部、争议解决部、金融部、建筑与房地产部、知识产权部、刑事部）与 19 个专业组、18 个行业组[1]同步建设，业务部门承担的责任更多地在于人际关系、文化建设以及部门之间的拾遗补阙工作，而专业组和行业组将成为业务一线的团队划分，专业组代表专业竞争力，行业组代表市场营销和客户发展，互为交叉补充定位业务方向。这样的安排使大成上海的专业化建设不再仅是专业聚焦提升的单方面工作，而是建立起一套立体的系统。

---

〔1〕 19 个专业组包括：公司与并购，税务，劳动与人力资源，破产重整与清算，政府、公共政策与国资运营监管，跨境投资与贸易，生命科学与医药，刑事，争议解决，海事海商与航空航天，银行和金融，保险，财富管理，资本市场，私募股权与投资基金，不动产与建设工程，能源、自然资源与环境，知识产权，竞争与反垄断。18 个行业组包括航空，能源/化工，保险，金融机构，酒店及休闲行业（含博彩），制造业（包括汽车/飞机），矿业与自然资源（包括农林牧渔），房地产/建设工程，交通和基础设施（包括 PPP 项目和建设），零售（包括奢侈品、时尚和美容行业），科技、媒体和通讯，影视、文化、娱乐和体育，医药卫生，环保，物流仓储，食品（包括酒、饮料、食用油、餐饮），教育、培训，慈善、公益（含政府、非营利机构）。

三、专业化能带动解决律所发展全方位的问题

“大成上海和绝大多数律所的起点是一样的，我们以前是一家典型的传统律所，规模化带来了一段时间的发展红利期，但也带来了内部发展的不均衡，以及理念和价值观的多元化，这些实际上也是规模律所专业化转型的主要困难。”陈峰说。

而在陈峰看来，专业化建设不仅仅能解决业务可持续发展的问题，也能以之为拳头同步带动解决律所发展各个方面的问题：从最早的为治理体系的改革打下基础，到律所业务的数据化管理，再到律所的品牌升级、市场开拓和人才培养等方面，都以专业化建设为统一的连接点，而实现了更上一个台阶。

2017 年年底，大成上海拟订了“四五发展纲要”，首次将律所总创收数字目标从规划中去除，而更看重单体律师的发展。

近两年，大成上海的专业化建设已经取得了比较明显的初期结果，包括新增大型客户和项目，在大成全球律所办公室中的重要性日益凸显，在国际专业法律评级机构，如钱伯斯、The Legal 500、《商法》、《亚洲法律》等的专业榜单中屡屡斩获成绩，近三年有近 50 位专业律师上榜，同时，每年的业绩增长（尤其是人均业绩增长）都能保证在 10% 以上。2019 年，上海市律师协会专业委员会换届，数十名大成上海律师当选多个专业委员会的主任、副主任或委员，更代表了来自行业的肯定。

“这些年大成上海的整体品牌形象确实因为我们推进专业化建设而不断提升，但距离我们的目标还有很长一段路要走。”刘蓉蓉说，专业化建设是一个不断发展的过程。

对于大成上海未来专业化建设的方向，韦烨认为，肯定是要继续“做强做深”，在多个专业领域能培养出“明星合伙人”，并带动事务所开发更多的大客户、拿下更多的大交易，这样才能显现大成上海专业化建设的成效，否则只是“纸上谈兵”。

刘蓉蓉则说道，大成上海给自己的定位是“在大成全球律所办公室中处于核心领先地位”，“四五发展纲要”中已经明确了指导思想，并且既有全球化、科技化、协同化宏观方向的把握，也有具体目标的设定。

全球化方面，在法律服务全球化浪潮高涨的当下，大成上海在业务上还将加强与境内外办公室的合作与联动，充分发挥全球律所的优势，打造全球化法律服务队伍。科技化层面，大成上海还将继续加大律所信息化建设方面的投入，综合运用新型科技手段提升知识管理水平和业务标准化程度，并以此促进专业化建设的再深

化。协同化则意味着大成上海还会继续大力推进事务所内部合伙人及律师的专业合作，充分发挥、放大专业化建设已带来的协同效应，持续优化人员结构，不断引进能与现有业务领域实现专业协同，乃至具备全球化视野与技能的合伙人和律师，争取抬升跨地区办公室之间的协同水平。

四、给行业的参考

对于行业内越来越多的“百人所”，大成上海的转型能提供哪些可以普遍适用的参考？

陈峰和刘蓉蓉都认为，首要的是理念共识，大成上海用了数年时间去做前期专业聚焦的引导铺垫，才有了2017年民意调研“意料之外，情理之中”的结果。其次，则是制度设计的科学性和合理性，在贴合律所实际情况的基础上要有一定的“硬度”，要一视同仁，坚决落实。最后，是不能将专业化建设当作孤立的板块，而是要与市场和人才紧密结合，融合发展。市场方面鼓励多以大型机构客户为主要服务对象，为专业协同提供充足资源，人才培养则意味着专业化从新进律师就要抓起，合伙人作为表率持续引导整个人才梯队的专业分工建设。

“专业化建设是一个系统性工程。”十年历程，循序渐进后，陈峰感言。

通力深圳开业，一体化精品律所的华南战略[*]

蔡 凡[**] | 智合研究院

深圳，华南重地，矗立于珠江口东岸，见证着改革开放以来的变迁。自成为中国第一个经济特区以来，这座城市就以举世闻名的“深圳速度”强势崛起。

粤港澳大湾区中心城市之一、中国特色社会主义先行示范区、最高人民法院第一巡回法庭、第一国际商事法庭……深圳以其增长潜力巨大的法律服务市场吸引各家律所纷纷落子。谁能在错落的棋局中脱颖而出？

2020 年，作为中国专业化精品强所的通力律师事务所正式入驻深圳，开始在这座日新月异的城市书写属于自己的故事。10 月 20 日，以“稳健、务实、品质”风格彰显于法律业界的通力，在深圳湾地标性建筑中国华润大厦（又名华润春笋大厦）18 楼举办了深圳办公室的揭牌仪式。

深圳市司法局局长蒋溪林莅临指导，并对通力深圳办公室未来的发展给予期望和祝福：“首先，期待通力深圳分所能够保持高水准发展，在专业化、一体化、国际化方面继续走在行业前列。其次，期待通力深圳分所多与深圳同行交流互鉴，既要融入本地，也要丰富深圳特色。最后，希望深圳分所发展成为通力服务于深圳先行示范区和大湾区的区域中心。”

当天下午，“展望大湾区”法律论坛暨通力律师事务所深圳办公室开业典礼在“春笋”发布厅盛大举行，广东省律师协会会长肖胜方、广东省司法厅律管处处长黄婷、深圳国际仲裁院院长刘晓春、深圳市司法局副局长任继光、深圳市律师协会会长林昌炽、深圳市南山区委常委胡芸、南山区司法局局长康甲光，以及通力客户单位、合作伙伴等各界人士共计 300 余人参加了此次活动。

“这是一个创新的时代、效率的时代、‘走出去’的时代和精细化管理的时代，

---

* 本文首发于微信公众号“智合”2020 年 10 月 23 日。

** 蔡凡，智合研究院编辑、研究员，长期从事中国律师行业宏观观察、中外律所组织及管理创新方面的研究。

背靠深圳双区建设的政策红利和区位优势，希望通力深圳办公室开业为广东省经济社会和律师事业发展作出新的贡献。”在与会领导及社会各界人士的共同瞩目下，通力深圳办公室由此正式扬帆起航。通力深圳办公室揭牌仪式见图1。

图1　通力深圳办公室揭牌仪式

一、40年鹏城，战略要地

深圳，一座充满奇迹的城市。以有“中国最牛街道”之称的深圳南山区粤海街道为例，40年前这里还是滩涂之地，如今这片约20平方公里的辖区里，不仅走出了腾讯、中兴、大疆、迈瑞等知名高新技术企业，更是密集分布212个产业园，孵化了超过100家上市公司，2018年贡献了超2500亿元的GDP。

粤海街道可谓“深圳速度”的一个缩影。2018年，深圳GDP首超香港，2019年，深圳经济总量超过广州，在中国城市中仅次于上海和北京。经济的发展也意味着法律服务市场的繁荣。早在20世纪80年代经济特区成立之初，以涉外、破产、见证等法律服务业务为开端，深圳律师行业就已经创下了数个“第一”。如今，这一片汇聚了大量科技创新企业的热土，更是激发了对金融、资本市场、科技创新、知识产权、数据与合规等法律服务的旺盛需求。

从业务类型上看，深圳是最接近北上的法律服务市场，业务领域覆盖面广、综合化程度高，且新兴业务机会不断涌现。从行业统计数据来看，近几年深圳律师行业发展迅猛，且在已有较大体量的基础上仍保持强劲的增长势头。截至2019年年底，深圳执业律师约15,800人，律所超900家，近三年从业人数复合增长率超过12%。

长期以来，深圳就是各大律所布局的重点城市，从设立年份来看，大部分律所落子深圳的时间要早于同区域其他城市。2019年，《粤港澳大湾区发展规划纲要》《中共中央国务院关于支持深圳建设中国特色社会主义先行示范区的意见》两份重要文件发布，深圳迎来又一轮政策红利，战略地位跃升，在全面深化改革开放的征程上被赋予更多自主权，法律服务市场也随之迎来全新机遇。

2020年，对深圳而言是重要的一年：既是特区设立40周年，也是“大湾区建设”和“先行示范区”全面铺开实施之年。在这样一个承前启后的年份里，5月25日，通力深圳办公室正式成立，并落户于“最牛街道”——粤海街道的“春笋”大厦，成为通力一体化运营的第5家办公室。

“通力追求的是品质优先，在品质基础上循序渐进地布局和扩展规模。经历22年的发展和成长，通力已在‘一体化合伙、专业化分工、紧密型合作、整体化运营’的律所运营管理模式方面形成了自身的特点和优势，接下来将进入‘选点布局、提升规模’的新发展阶段，以扩大服务领域和服务地域，契合市场和客户的需求。深圳办公室便是通力打出的‘重要一招’，是通力‘寻找新机遇、谋求新突破’的新时期战略规划在华南地区的布局和实施。”通力律师事务所管理合伙人韩炯说。深圳办公室是通力服务体系中至关重要的一个连结点。在通力一体化运作模式下，深圳办公室可有效地调动整个通力的内外部资源，凭借通力的整体服务能力和服务效率，提升通力在华南市场的影响力和美誉度。

二、布点深圳，志在华南

政策红利、经济繁荣、创新之都，必然带来旺盛且活跃的法律服务市场需求，正因为如此，深圳持续吸引各大律所来此设点。早在20世纪90年代，即有京沪律所赴深圳开设分所。2019年，深圳超900家律所中，有114家外省市分所，占比约12.67%，这一比例均高于北京（4.13%）、上海（9.0%）。

这既是深圳开放包容的城市气质的体现，亦是各家律所对这一市场的重视。与之相比，通力布点深圳似乎显得不疾不徐，甚至有些“慢了”。但真的慢吗？其实不然，这是通力一体化运作和公司化管理的模式使然，背后更是通力一以贯之的对精品化服务的坚守。

专业化、精品化、一体化的发展道路是通力创所之初就已确立的，律所内部通过专业化分工、整体化运作，形成事务所综合竞争力。律师可在专业领域持续精研，成为业内的专家型律师；律所不断提升服务水平，为客户提供精品化的法律服务，形成律师、律所与客户共同发展的良性互动。因此，在分所布局上，通力始终保持较为审慎的态度。此前，除了上海办公室外，通力已在我国北京、香港特区，英国伦敦设立 3 家办公室，每一个办公室的设立必然经过详细的战略分析，并且找到合适的本地人选和业务切入点，2020 年设立的深圳办公室亦是如此。

深圳办公室正是承担“对通力整体布局的补强，辐射整个华南地区”的战略定位作用。“深圳在大湾区的特殊区位优势和发展前景，着眼于全国性市场和事务所长远发展，布局深圳是通力的‘必然’。再者，通力有众多跨国公司和大型企业客户，他们在全国范围内的业务扩张亦有其实际的法律服务需求，这也要求通力要跟上客户发展的目标和节奏。”通力律师事务所合伙人俞卫锋说。秉持对管理一体化、服务精品化的追求，如果没有遇到黄海、杜梦洋、陈长红、陈骁敦律师团队，通力的深圳办公室的落地或许会更迟一些。

这是一支经过市场检验的年轻优秀团队，在深圳律师行业中已积累了丰富的执业经验和良好的客户口碑，且四名合伙人均为“80 后”律师，“年轻富有活力，从他们的眼睛里看到的是追求更进一步发展的执着理想”。他们曾在一家国内知名规模所的深圳分所执业，选择加入通力也正是基于对“通力合作、共同发展”的理念和一体化运作模式的深度认同。

2015 年，他们就开始在团队内实行全面的公司化管理，成效显著：团队内成员成长及晋升合伙人的速度均比同龄人更快，并且团队总创收在此后三年中均位于该知名规模所深圳分所第一，此后该律所引进人均创收这一指标后，团队律师人均创收亦位列第一，团队实力匹敌“红圈所”水平。

公司化管理利于内部资源共享，形成合力，这使团队一度在市场上所向披靡。但随后，他们遇到了发展瓶颈——在承揽大型项目时，需要跨业务领域、跨地域的协同合作，这就需要更大范围的一体化运作，而不仅仅局限于单个律师团队。“这与有多少家分所无关，关键在于能否迅速调动、整合所有资源以高效地服务好客户。而这样持续性的紧密合作，需要律所内部的配套机制为支持。”通力律师事务所合伙人黄海说。

通力是一个合适的选择，对通力的最初印象源于 2014 年、2018 年两个项目中与通力律师的“对垒”，这两次接触给团队合伙人留下了很深的专业印象。第一次和俞卫锋的正式对谈从下午五点持续到凌晨一点，团队合伙人得以详细深入地了解通力的各项制度和文化特点，并留下了一张颇有预示意味的纪念合影；而后又和通力的其他合伙人有了更多接触，对通力的人合、传承、专业等有了新的体会。“通力不仅仅是一代创始人能力强，二代、三代律师亦是业内佼佼者，很多人都是各自领域内的专家律师。最直观的感受是，这是一家‘牛人聚集’的律所。”

在深圳设立分所的全国性律所众多，通力属于较晚到来的那一家，但这并不影响通力深圳办公室接下来的业务发展。杜梦洋提到一件趣事——深圳办公室尚在装修期间，某家大型房地产企业的法务听闻后专程来访，并表示“通力终于在深圳设点了”。这让她颇为讶异，也足见通力这一律所品牌的市场认可度之高。

在深圳的外地分所大概可分为两类：一类是追求规模，通常会在较快时间内扩大人数；另一类是直投直营的精品所，通常会由派驻律师筹建再逐步实现本地化发展。而通力深圳办公室的优势就在于本地化团队与通力一体化模式的结合。团队自身在深圳“摸爬滚打”十余年，身经百战，具有深厚的地域性优势。“更重要的是，对于通力的发展理念、各项制度及律所文化，我们是主动拥抱、主动融合。两者相加，将是深圳办公室的突出优势。”这是通力深圳办公室合伙人的共识。

三、业务联动，以“双头部”为目标

长期以来，通力给业界的印象是规模不大但业务能力极强的精品化律所，这与通力“不一味追求规模但持续追求品质”的发展思路一脉相承。对于深圳办公室而言，律所规模不是重点，其核心仍然是及时响应客户需求，并由此确立“双头部”的发展目标——“成为华南地区头部客户的头部业务的首选律所”。

目前深圳办公室已拥有20余人的服务团队，其中4名合伙人，2名顾问，团队成员均为“80后”“90后”律师，年轻有朝气，风华正茂。在深圳法律服务市场中精耕十年有余的他们，已在私募基金、VC/PE、投资并购、融资租赁、商事争议解决等领域建立起专业优势和业内口碑，承办过诸多重大项目和案例，并积累了大量的客户群体。

华南地区有不少世界500强企业、大型企业及新兴企业，这类企业对专业深度、服务广度及响应效率提出了更高要求，而一体化律所具备更明显的优势。对此，黄海解释道：“由单一律师或律师团队为客户服务，其服务品质和效率若要从80分达到90分，需付出相当大的成本和精力。而一体化律所是整个律所服务客户，通过专业化分工、整体化运作，律师和团队更易达到90分以上的水平。而有一些客户需求是90分以上的团队才能够匹配的。”

在2020年上半年的一个竞标项目中，刚设立的通力深圳办公室即展示了一体化律所的优势。该企业对选聘律所提出了两点要求：第一，必须为紧密协作的一体化律所；第二，要满足其在20多个不同细分领域内的服务需求。对此，通力上海和深圳办公室超过十位合伙人共同参与，显示了出众的专业能力和协同能力，最终在众多的竞争律所中脱颖而出。对于通力而言，专业律师间的业务联动贯穿于从招投标到后续承办的全过程。

面对综合性的业务需要，通力能够根据客户需求情况从不同专业领域、不同办公室抽调律师组成项目组，并确保合作的紧密性，从而切实地为客户提供有深度的高质量服务。“深圳办公室团队此前即在内部执行超过五年的一体化运作，并由此得以快速发展。我们高度认同通力的一体化管理，也非常顺利地完成了内部融入。接下来我们将努力在华南地区推送优质的通力服务，也期待同步输出通力一体化、专业化、精品化的品牌特质。”通力律师事务所合伙人杜梦洋说。

深圳办公室接下来的工作重点即是立足于一体化，在业务开展中实现跨专业、跨行业、跨区域三方面的互补联动；在人才招揽中，引进、招聘理念一致的优秀律师，补强深圳办公室各专业领域。

对深圳办公室来说，此前碍于专业、行业、地区的限制而不能满足的客户需求，皆可通过通力不同专业领域、不同办公室间的资源调动、分工协作，进一步发掘已有客户的新需求，更好地服务其多元化、综合性的商业战略。对于通力整体而言，其全国性客户在华南地区的法律服务需求亦可通过深圳办公室获得更及时的响应。

通过业务联动，深圳办公室将更好地嵌入通力一体化运作的“大整体”中，并以此为支点进一步打响通力在大湾区的品牌知名度。“通过深圳办公室，通力能够和华南地区的客户有更近距离、更高频次的交流互动，服务好已有需求，并开拓新的业务；此外也将拓展新客户，扩大通力在华南地区的客户群体覆盖和业务领域覆盖。”通力律师事务所合伙人陈长红说。

本地化发展方面，深圳办公室一方面将以通力的银行及金融服务、资本市场、公司及并购、争议解决四大业务部门为参照，通过人才引进、律师培养补强补全业务领域；另一方面会立足于深圳本地市场特点做针对性安排。

深圳被誉为创业之都，新经济企业、创业公司众多，与之相伴的企业融资、基金投资、资本市场、数据合规等法律需求旺盛，深圳办公室将和通力其他办公室紧密协作，深入服务好这类客户“纵横两轴”的业务需求。

“‘纵轴’即企业从创立开始，历经数轮融资直至上市的全流程需求，是陪伴客户整个发展周期的法律服务；‘横轴’即企业在整个发展周期成长过程中延展出的多元化法律问题，涉及如数据安全与合规、知识产权等各方面。”通力律师事务所合伙人陈骁敦说。

通力的专业化口碑及其平台成长性亦对优秀人才有很好的吸引力。通力更青睐有专长、有潜力且认同一体化管理模式的律师，并已建立一套体系化的、完善的人才培养和晋升制度，平台也能够给予有特长的年轻律师足够多的空间和资源，帮助其成长、成材。这也是通力的专业实力得以“代代传承”的制度性保障，接下来深圳办公室也将通过这一健全的人才体系，吸引并培养更多的优秀律师人才，力争用三年时间发展成为在华南地区具有中等规模的精品所。

北上深是常常被放在一起比较的城市，有人对比了北京、上海、深圳三地2018年的律师行业创收在GDP中的占比情况，北京为0.774%，上海为0.727%，而深圳仅为0.279%。不少人对此唏嘘不已，但通力深圳办公室的合伙人们认为这恰恰说明了深圳律师行业还有巨大的发展潜力，“未来，大有可为”。

四、向未来

深圳的法律服务市场正在逐步成熟的过程中，尽管与北上的律师行业发展相比其体量相对较小，但作为改革开放前沿阵地且地处大湾区，创新是其城市基因，这必然是一个充满活力的法律服务市场。在通力看来，深圳市场走向成熟的一个重要标志是客户辨别能力的提高，企业客户对律师和律所专业化要求的提高。

仍在增长中且潜力巨大的市场，以及市场对专业化服务的需要，就是通力的机会，也是市场对通力的期待。以专业化、精品化、国际化为特色的通力始终要求其对外输出符合“通力标准”的服务和产品，通过高品质服务成就客户，进而成就自身，以深圳办公室为支点，通力亦将持续为大湾区客户提供“通力标准”的法律服务。

正如深圳办公室开业典礼上的致辞所说：“今天大家过来不是见证一家律师事务所的成功故事，而是见证一个起点，见证一个通力给大家的承诺。”

2020年，是跌宕起伏的一年。在这样特殊的年份里，通力布局深圳也显得更为笃定，其背后则是通盘清晰的战略考量、一体化模式的运营管理优势，以及对于未来发展的乐观判断。深圳办公室设立，志在辐射整个华南地区的通力将以坚定的脚步迈向更远的未来。

落地芙蓉城，天达共和开启西部战略*

吴剑霞** 陈琼青*** | 智合研究院

“九天开出一成都，万户千门入画图。”这是诗仙李白对成都的感叹。作为西部要塞，成都不仅青峰竞艳、丹壑争流，更是自古以来兵家必争之地。而对于志在拓展西部市场的律所而言，这无疑是首选的战略布局之地。

过往十年，成都的律师人数从2010年的3760人增至2019年的14,714人，约占全省律师人数的2/3，增长率达291%；律所数量从2010年的221人增至2019年的782人，约占全省律所数量的1/2，增长率达254%。目前，成都的律师、律所规模已跃居副省级城市第三位，并凭借17家“百人所”居副省级城市首位。

节节攀升的数据，彰显了成都法律服务市场的生命力。在竞争激烈的大环境下，天达共和律师事务所来了。

一、入天府之国，顺发展大势

“关中左崤函，右陇蜀，沃野千里，此所谓金城千里，天府之国也。”说的正是成都。作为中国西部持续保持较高发展水平的地区，成都法律服务市场的表现没有辜负“天府之国”的名声。

在《四川省律师业发展规划（2018—2021）》中，有一项目标是：到2021年年底，四川全省律师行业业务总创收达到50亿元；而在2019年，仅成都律师行业创收已经迈过40亿元大关。说成都是四川法律市场的半壁江山，一点也不为过。

先是有序承接东部沿海部分产业转移，再是成为成渝城市群的双核心之一，成都确定了一条西扩、北改、南拓、东进和中优的独特发展战略，与“一带一路”、

---

* 本文首发于微信公众号“智合”2020年11月9日。

** 吴剑霞，智合合伙人、主编，采访过近百位中国律所主任或高级合伙人，对法律服务行业有深度见解。

*** 陈琼青，智合研究院编辑，长期从事国内律所、律师生态及行业现象等方面的研究。

长江经济带及其他周边城市群进行频繁互动，逐步成为中西部经济发展的重要引擎。伴随而来的，是对优质法律服务的需求也越来越迫切。

有需求，就有竞争。除了本就活跃的本地律所外，京沪品牌大所下沉西南渐成大势。据成都市律师协会统计，在成都落户的全球、全国知名律所分所已达73家；其中，有22家律所获国际权威评级机构推荐。

把握先机者得天下。珠三角、长三角、西部地区是天达共和全国布局的三条重要战略线。在2019年之前，天达共和已有上海、深圳、武汉、杭州四家分所，分布在华东、华南、华中地区。拓展西部，天达共和势在必行。

早在2015年，天达共和即开始谋划成立西部分所，这一年也是天达与共和两家律师事务所合并后的第一年。天达共和律师事务所主任李大进说："在西部设立分所，是天达共和早已设定的战略发展规划之一，律所要实现可持续发展，决定了天达共和的法律服务市场要辐射全国。"

从筹建到落地，天达共和成都分所耗时五年。因此，业内有人说：天达、共和合并后在发展速度和规模上没有预想得那么快，分所也"开得很慢"。这和天达共和坚持一体化管理密切相关，李大进将之称为"一竿子插到底"：北京总所与所有分所在制度执行、预决算管理、业务平台、人员进出、服务标准、知识管理、市场宣传、评价体系八个方面保持一致。

"在律所发展这一重大问题上，天达共和不要没有品质的速度，不要没有作为的市场，不要没有声誉的地盘。"李大进说。

二、谋定后动，拓展西部战略线

西部疆土广阔，为何偏偏首选成都？

首先，是城市特点。

从国家行政架构来看，重庆是直辖市，而成都则是副省级建制的省辖市。从城市地理因素来看，虽然重庆的人口高出成都人口2倍有余，但相较于重庆的山地地形，成都天然的平原地区更适合生活居住。从经济政策角度来看，成都拥有的双流国际机场是中国中西部地区最繁忙的民用机场——2019年，成都双流国际机场共完成旅客吞吐量5585.8552万人次，同比增长5.5%，全国排名第4位，已成为中国西部"互联互通、辐射全球"的国际航空枢纽。

其次，是法律服务需求。

成都法律服务市场有不可小觑的发展潜力。在律师人数上，2010年到2019年这十年，成都律师的人数增长速度远高于重庆。在总体创收上，根据成都律协年度报告显示，2017 年成都律师行业创收 29.6 亿元，2018 年创收 36 亿元，2019 年创收突破 40 亿元。

最后，则是“人”。

对于任何一家律所来说，“人”都是其发展的关键因素。大部分律所通常的做法是先设所、后招兵买马，而天达共和反其道行之：先找到认同且遵从天达共和管理制度和发展理念的人。但天达共和是一家采取一体化管理的律所，制度的纯粹性加大了其寻找理念一致的合伙人的难度。自 2016 年年底开始，为了寻找合适的合伙人，天达共和管委会委员汪冬律师跑了不下 20 趟成都，拜访了一拨又一拨的律师，但收效甚微。

在成都，除了极少数本就践行一体化的京沪律所分所外，多为传统提成制律所。但贯彻一体化是天达共和始终坚持的基本制度，也是发展分所和吸纳合伙人的底线。理念不一，成了构建分所合伙人团队的第一道门槛，很多当地律师不熟悉一体化，认为天达共和的制度和整个行业的普遍管理方式不太一样。

寻寻觅觅三年，天达共和终于遇到认同天达共和一体化制度的几位同人。成都有一万多名律师，为什么偏偏是他们？

“高金林律师牵头的 8 名合伙人团队，对天达共和制度的了解、理解及认可度是最高的。”汪冬说，当管委会成员们向他们阐述天达共和的制度时，他们的眼睛都闪烁着光芒。

高金林本人在成都本地执业超过 20 年，既当过律所管理者，也长期参与省市律师协会工作，深谙西部法律服务市场的发展特点。团队中的另外 7 名合伙人此前分别在不同律所执业多年，在各自专业领域亦已有所建树。行至律师生涯的下一个关口，他们都在寻找一个能实现专业水平进阶、有科学发展理念的新平台。

“如果按照传统提成制的模式发展，未来我的业务专业方面遇到很多瓶颈。”天达共和成都分所合伙人姚轼说，一体化、人和性及良好的发展态势，是其加入天达共和的理由，“在天达共和，老中青三代结构很明晰，有很多的年轻的骨干律师成长为合伙人，这是一个可持续发展的生态池”。

钟乾敏是一位有 20 余年工作经验的老律师，亦在思考如何能在西部法律服务市场进行有效的专业化深耕：“专业化是天达共和的执业理念，也是其开展业务的精髓，其成熟的专业化管理经验和制度对于律师走出‘万金油式’的职业模式有重要意义。”

“天达共和是一体化理念贯彻比较彻底的一家律所。它打破了各个办公室不同地域的限制，以专业化分组来组建业务团队，拓展专业领域，真正实现了一体化。”近期加盟的天达共和成都分所合伙人刘超文说。天达共和“成功，始于助人成功”的办所理念，“会欣赏、懂尊重、有温度、能激励”的律所文化，充分贯彻一体化的律所管理，源源不断地吸引了更多优秀合伙人的加入。

三、揽天下英才，加高专业“护城河”

兵家制胜，讲究天时、地利、人和。2019 年，天达共和将成都分所的“地基”打造完毕——组队、选址皆已落定，接下来便是“做规划、盖高楼”——制订明确的发展战略、充实人才队伍、打造专业优势。

“打造 2000 平方米的办公区域，吸纳 80～100 人的执业律师，用 3～5 年的时间，力争成为成都规模中上的业务强所。”这是天达共和成都分所的目标。天达共和成都分所律所办公环境见图 1。

(a) (b) (c) (d)

图 1　天达共和（成都）律师事务所

律所能否尽快实现本地化，不可忽视的要素有两点：一是融入当地城市文化，二是融入当地法律服务市场。因此，天达共和成都分所的 8 位初创合伙人均是已深耕西部市场多年且具有一定社会地位的律师。

作为一家新所，天达共和成都分所更是把广纳贤才作为第一战略要务。对于招揽怎样的人才，成都分所规划清晰——80 名执业律师、20 名合伙人和顾问。这两个数字代表了成都分所的团队构成，并将在后续发展中优胜劣汰、随时更新。“如果合伙人专业能力不能提高，很可能会被新的合伙人取代。”高金林认为，只有在这种机制下，才能激发合伙人的最大潜能。年轻一代的“80后”“90后”乃至“00后”律师，都有机会成为天达共和成都分所发展壮大的主力军。

在招聘过程中，有一段小插曲让成都分所的合伙人们颇为感动：现行制度下，律师正式执业前需在律所进行实习备案后，方可拿到律师执业证，但先决条件是实习备案律所已成立满一年。彼时成都分所还在筹建过程中，实习律师选择天达共和意味着要多等一年才能领取律师执业证，这恰恰从侧面反映了天达共和制度的优越性已被新生代律师认同。

人才招揽只是律所建设的第一步，如何培养且留住人才，才是律所建设发展向前的关键。陈宇是四川律协青年律师工作委员会委员，其认为一家律所应该有一套好的文化体系、管理制度及人力资源体系。“帮助青年律师树立正确的职业观，给青年律师提供大量的专业培训机会，不断完善人才晋升制度，是天达共和现在正在做的事。”

在业务方面，天达共和志在将成都分所打造为一家专业特色鲜明的律所，发力方向为公司业务、资本市场与证券、争议解决、银行与金融、知识产权、文化体育传媒、基础设施及项目融资、互联网科技、破产与重组、政府法律事务等。此外，提升涉外法律服务能力也是天达共和成都分所重点发力的方向之一。

在这一目标下，天达共和成都分所合伙人周雪梅在思考：如何高效地组织专业力量，为客户提供最好的服务并得到认可，在市场中形成绝对竞争力。“除了已有业务领域斐然积淀外，目前我和我的团队正在做新的业务拓展，近期已经开始承接来自全国各地的一些业务。”

“天达共和不仅有专业化，更有细分到不同行业的专业化，同时有很多专业团队能进行互补与配合，这在提升律师执业门槛的同时也加高了‘护城河’。”天达共和成都分所合伙人李永生说，天达共和的内部机制为不同专业律师之间的业务合作创造了良好平台，解决了资源共享、利益平衡的难题。

天达共和成都分所合伙人钟静晶对此亦感受颇深：“在短短几个月内，我已经体会到各地办公室之间的顺畅协同，体会到高质量、高效率、高品质的专业化服务体系与团队是什么样的。”从理论研究到制度设计，再到项目实操，天达共和有一套成熟的巩固已有业务优势、开拓新兴板块的体系，借助一体化管理的优势，成都分所团队的专业能力与拓客能力有明显增长。

目前，正式运营尚未满半年的成都分所已实现盈亏平衡，提前达成了财务目标。

下一步，成都分所将着力发挥现有合伙人优势，继续吸纳认同天达共和理念的优秀法律人，并按照专业规划推进“一主二辅”建设，在此基础上，实现人均高创收。

四、始于成都，兴于西部

2019 年年底，四川省司法厅正式批复天达共和成都分所设立，为天达共和的第一个五年计划落下句点；2020 年，突如其来的疫情让不少律所都开始面临危机，但在严峻的市场环境面前，天达共和成都分所依旧如期开业，为天达共和第二个五年计划开启第一步。

“专业是肌肤，制度是骨骼，文化是血脉，三则皆备的律所才能良性发展。天达共和还在抵达出色的路上。”李大进说。天达共和合并之后，就一直保持“零负面”，这也是所有天达共和人引以为傲的地方。相比众多合并而来的律所，天达共和虽然并未在一开始展现出高速发展，但稳扎稳打，更能厚积薄发。

从“首善之区”到“天府之国”，天达共和正以稳健的步伐开辟一条独属自己的发展道路。

精品律所的规模化转型之问*

毛姗姗** | 智合研究员

2016 年，当我们问及中国创收排名前 50 的律所对于规模化的态度，其中，以专业精品为定位的律所普遍的回答是，“我们不追求规模，我们更看重质量（服务、律师）”，而当时选择“先做大，后做强”的律所，因尚未实现内部资源整合，对于自己何时能变强亦未能给出一个明确的答案。

四年后，情况有了颠覆性的变化。拥有高 REP（权益合伙人人均创收）的精品律所，普遍表现出对于“适度规模”的认可态度，“适度规模化”似乎被认为是精品律所现阶段发展的优选出路。反之，在 5 年、10 年前开始走规模化路线的大所，其整合的效用正在显现，此前相对短板的专业能力日渐增长，综合实力增强对精品律所造成一定压力。

专业精品所是否必须走适度规模化的道路?

一、三个真实案例

（一）北京律所 A

成立于 2004 年的 A 所，2019 年全年创收 1.5 亿元，律师人数约为 30，高级合伙人仅 9 名。在过往的 16 年发展过程中，它几乎没有愁过业务，它专注于围绕不良资产处置和争议解决，行业覆盖金融与建筑工程。因其解决复杂疑难问题的能力，获得老客户深度长久的信任，亦有客户宁愿等主办合伙人 2 年时间，也希望疑难案件由该律师解决。

---

* 本文首发于微信公众号“智合”2020 年 11 月 27 日。文中数据截至 2019 年 12 月底。本文所指的精品律所是指：（1）专注于某些细分市场或领域；（2）在这些市场或领域拿下了高端客户，并占据了一定市场份额，具备了口碑。

** 毛姗姗，智合合伙人、高级研究员，采访过上百位中国律所管理者，从事中国法律市场与律所管理等方面的研究。

“为客户提供最专业的服务”，是这家精品律所的执业信条，当客户有其他涉及刑事、知识产权等业务需求时，他们通常会将该业务转交给别的专业律所和律师。到目前为止，这家律所依然保持了合伙人亲自办理业务的习惯。

2019 年，有三件事让 A 所感到危机。

1. 原先老客户的招标门槛其中一条为竞标律所须为 50 人以上规模律所，即使此前客户对于该所的服务质量完全满意，但是在新的招标规则之下，它被卡在了门外。

2. 一家世界 500 强企业遭遇诉讼，原本法总想聘请该所，但是该企业 CEO 问及法总涉诉对家请的律所，得知是“红圈所”后，要求也聘请同知名度的律所。

3. 即使提供了 30 万元年薪的入所待遇，但因限招“北清人”的法学毕业生，招聘效果并不理想。

2020 年，该所制订了新的战略，并明确“适度规模化”将成为他们的路径选择，明确在 2020 年要将总所规模发展至 70 人，明年达到百人，同时在海南、西安等地落子布局。

（二）上海律所 B

成立于 1998 年的 B 律所总部位于上海，是一家在银行金融、资本市场、公司并购业务方面极具口碑的律师事务所。在成立之初，就明确了“专业化”的发展方向。

专业化背后是高度一体化的运营，这在 B 所的分配机制和分所管理上充分体现。2019 年，B 所 40 名左右的合伙人，其总创收接近 4 亿元，律师人均创收和合伙人人均创收均位居全国前列。

从两项人均创收的核心财务指标维度看，该所在全国始终保持领先，但就总创收和总人数维度而言，和同时期成立的律所已经拉开了差距。事实上，2002 年，B 所就在北京设立了分所，但此后十多年均没有动作。近五年，B 所也逐步感受到规模化对于品牌影响力和加强专业化的重要性，2015 年，B 所设立香港分所，两年后，开设伦敦分所，2020 年，B 所落子深圳。同时，B 所也将对北京分所加强投入。

（三）重庆律所 C

C 所是全国优秀律师事务所，1996 年在重庆设立，自设立起，C 所就致力于成为一家聚焦于重庆经济结构调整和国有企业改革的律所，客户包含重庆各级政府部门与大型国有企业和上市公司。律所主任在重庆乃至全国律师界都颇有影响力。

C 所在政府法律顾问、债券融资两大业务领域在重庆市场位居前列，其公司化管理的团队目前已经形成鲜明的人才梯队。

近5年，重庆市场外来所的布局增加，本地律所也多有合并。C所已经到百人规模，创收接近亿元，但不敌外来所等创收数量的迅速上升。C所对于业务质量的要求颇高，因此在分所布局的人选上犯难。目前，该所正进行分配制度的调整，并计划在重庆本地乃至其他区域设立分所。

二、转型之问

毫无疑问，上述三家律所已经是成功者，在地域、行业、专业领域，至少在两个以上的维度声名卓著，具有显著竞争力。但新的问题正在产生，规模化的整合效应，已经超过了精品律所原先对于这一效能影响力的预估。

2014年，中国律师业开启了新一轮扩张与整合浪潮。据智合不完全统计，全国范围内比较大规模的律所合并，自1999年锦天城合并开始起算，20年间，共有70起，2014年之前合并的仅占1/7，也即后5年时间里律所合并的频次是前15年的6倍。

而合并仅是一种方式，在全国范围内进行分所布局，亦是快速扩大律所人员规模、增加律师数量的方式。如果我们看一下各家律所的律师人数，2014年超过500律师人数的律所是11家，2019年为28家，增加了17家；千人大所较5年前增加了6家，现为12家。[1]

规模化趋势之下，很多律所难以独善其身。

互联网时代，任何热点和品牌的传播效率较10年前有巨大改变。选择先壮大规模的律所，其品牌效应虽然在短时间内无法和精品专业律所的服务质量抗衡，但品牌影响力意味着更易得的人才资源以及未来的客户资源。

规模大所依赖于资源整合提升律所律师的专业实力，一旦随着时间推移完成了品牌和专业提升，对精品律所的压力不容忽视。

眼下，成立于20世纪90年代初期的律师事务所已经开始律所管理者的新老交接，难题更多的是抛给二代管理者或者律所继任者。律所的一代创始人在开创者的年代，已经从广阔空间和相对无序中闯出了一条道路，定位精准，特色鲜明，成为成功者的样本，有属于他们的荣耀。继任者拿到的牌面是，目前稳定的客户和现金流，不错的合伙人创收，律所内稳定的运转飞轮，在行业小众领域有品牌影响力，而面对的牌局是有限的市场和规模大所中专业团队的竞争者。

---

〔1〕 根据《亚洲法律》杂志亚洲最大律所的2015年与2019年排名比对可得。

若向下辐射扩张，有可能需要降低标准，它的风险在于，若把握不好扩张速度，会消解原先在专业领域内树立的品牌优势。但若不改变原有相对稳定有序的机制，人才的吸引和较快的扩张将难以实现。

区域精品律所面临更大的挑战。北京、上海的精品所尚能够通过全国扩张，改革内部体制，搭上规模化路线的最后一班车，区域所要走出区域往往需付出更大代价。

曾经的优势，在特定环境下变成掣肘。这个局如何破？

三、先行者的示范

D 律所的实践或许对于同行有一定示范意义。

D 律所自 2002 年成立起，明确了高端商事诉讼作为其核心业务领域。2004 年，提出案件标准化管理流程，取代“手工作坊式”法律服务模式，形成独特的市场竞争力。2013 年，拥有 4 名合伙人的 D 所总创收约 5000 万元，合伙人人均创收超过千万元。

2014 年，其抓住了移动互联网风口，进行律所的公众号运营，获得了极佳的传播效果，在圈内成名。在很长一段时间内，D 所均保持一个办公室的运营，同时“招募最优秀的人”。

2016 年，随着最高人民法院开始在南京、深圳、重庆、郑州、西安、沈阳六地设立巡回法庭，D 所提出“一体化基础上适度规模化”的发展战略，并跟随最高人民法院的巡回法庭的落子地设点，完成了全国“七星”布局。在巡回法庭所在城市之外，D 所又设立了三亚与上海两家分所。

目前，D 所业务延伸至为客户提供“诉讼 + 仲裁 + 执行 + 破产”四位一体覆盖全国的全流程服务方案。虽然在业务领域上有更多拓展和延伸，但 D 所都未逃出“重大复杂商事争议解决”的核心定位和主赛道，在四位一体中，D 所“执行和破产”业务亦不涉及非诉部分。

如何解决不同地域之间的业务质量和人才吸引问题，D 所目前的方案是加强知识沉淀、IT 系统协同、强化培训，确保一致性。

2019 年，11 名北京分所的合伙人人均创收依然保持了千万元以上。

由于中国法律服务市场的发展时间尚短，整体而言，法律服务市场尚未达到饱和，但随着竞争者的不断涌入和国际形势变化，竞争日益加剧。摆在精品律所面前最大的难题在于时间。

从逻辑推演上，转型的两条路径：一是加深加强专业，维系本专业领域，纵深行业领域，成为该专业和行业最为精英的律所，拉开专业实力或者客户维护上的差距，成为某个区域内的领军者；二是整合内部资源，将组织能力有效发挥，并向下辐射适度规模扩张，尽可能缩短“同类复制”的时间。

律所发展，没有万能钥匙，理清定位、组织、运营每个层级之间的关系，从自身原因出发寻找问题，或许答案会逐渐明晰。

业务拓展篇

双循环下的RCEP：区域产业链如何强化？*

李俊辰** | 智合研究院

即将过去的2020年是极不平凡的一年。新冠肺炎疫情严重冲击了正常的国际经贸秩序。境外的疫情此起彼伏，迟迟不能消退，对国内也造成了巨大的防控压力。

但是，就在我们走完2020年之际，历经8年磋商的《区域全面经济伙伴关系协定》（Regional Comprehensive Economic Partnership，RCEP）最终签署，一个当前世界上人口最多、经贸规模最大、最具发展潜力的自由贸易区有望最终形成。这一协议的签署，为后疫情时代全球经济的复苏提供了有力支撑。

2020年11月15日，《区域全面经济伙伴关系协定》第四次领导人会议以视频方式举行，各国政府于会上正式签署了该协定。此次签署RCEP协定的国家为东盟十国，以及中国、日本、韩国、澳大利亚、新西兰，共有15个成员国。

RCEP最初由东盟于2012年发起，历经8年、31轮正式谈判，须完成1.4万多页文本的法律审核工作。其间，印度因担心本国薄弱的产业受到冲击，于2020年7月正式宣布退出RCEP。在新冠肺炎疫情带来巨大不便的情况下，15国最终能完成谈判，签署协议，殊为不易。

分析普遍认为，RCEP能为区域经济的复苏提供有力支撑，但是RCEP的意义绝不止于经济发展。

一、产业链：国际贸易格局的新内涵

中国国际经济交流中心副理事长黄奇帆在演讲和文章中都曾提到，过去30年

---

* 本文首发于微信公众号“智合”2020年12月24日。

** 李俊辰，智合研究院主编，专注于全球重大法律动态、法律行业发展趋势的观察与分析；曾担任国际法律媒体主编，多年主持或参与业内广受认可的交易、律所及律师评选。

间，全球贸易格局已发生深刻改变，中间品在国际贸易中的比重大幅提升，这是重大变化之一。

20 世纪 80 年代，国际贸易总量的 70% 左右是工业制成品，中间品（如零部件、原材料）贸易只占 30%。

到 2010 年，全球总贸易额的 60% 是中间品，工业制成品的贸易份额下降至 40%。截至 2018 年，国际贸易中 70% 以上是中间品，制成品贸易份额进一步降到 30%。

这意味着，国际贸易的主流，已经由一国完成产品的全部制造并直接卖到另一国，转变为可能覆盖几十个国家、几百座城市、上千家企业的产业链集群。竞争力的核心已转变为对产业链的控制能力。[1]

RCEP 的贸易和投资便利化条款势必带来产业链在区域内的重塑、关联度增强。未来如果有国家想对中国发动“贸易战”，其“贸易战”的对象就不仅是中国，而是整个区域产业链。

换言之，区域经济一体化有利于中国对抗外部风险——而且这个区域足够大。

RCEP15 国所覆盖的区域，大体上就是整个西太平洋地区：覆盖总人口达 22.7 亿，GDP 达 26 万亿美元，出口总额达 5.2 万亿美元，均占全球总量约 30%。这意味着，RCEP 若能顺利正式生效，全球约 1/3 的经济体量将形成一体化大市场。

在协议覆盖的国家中，2020 年前三季度，东盟已历史性地成为中国第一大贸易伙伴，中国与其他 RCEP 成员贸易总额已超过 1 万亿美元，约占中国对外贸易总额的 1/3。[2]

2019 年，RCEP 区域吸引了全球约 1/4 的对外直接投资，但仅有 30% 来自区域内部。商务部发布的数据显示，2019 年，中国对 RCEP 其他 14 个国家的对外直接投资为 164 亿美元，占对外直接投资总额的 12%。[3]

以上数据意味着，随着 RCEP 正式签署，未来区域内部的跨境投资有非常广阔的增长空间——尤其是考虑中国对“一带一路”沿线国家的投资增长速率。东盟 10 国正是“海上丝绸之路”的重要沿线国家。

商务部日前公布的数据显示，2020 年 1 ~ 10 月，在我国对外非金融类直接投

〔1〕参见《黄奇帆：新时代国际贸易新格局、新趋势与中国的应对》，载第一财经 2019 年 10 月 8 日，https：//www.yicai.com/news/100353982.html。

〔2〕参见《为区域和全球经济增长注入强劲动力——解读区域全面经济伙伴关系协定签署》，载中国自由贸易区服务网 2020 年 11 月 15 日，http：//fta.mofcom.gov.cn/article/rcep/rcepjd/202011/43621_1.html。

〔3〕参见《RCEP 为中国对外投资带来更大空间》，载中国自由贸易区服务网 2020 年 11 月 27 日，http：//fta.mofcom.gov.cn/article/rcep/rcepgfgd/202011/43785_1.html。

资同比小幅下降的情况下，中国对“一带一路”沿线国家非金融类直接投资逆势增长，达141.1亿美元，同比增长23.1%。[1]

RCEP的签署在当前的形势下具有不同寻常的意义。

2020年5月召开的中共中央政治局常委会会议上，首次提出“双循环”发展模式，就是以国内大循环为主体、国内国际双循环相互促进的新发展格局。

纵观世界经济强国的兴起，都是在一个庞大的内需市场的基础上，构建一个国际经济循环。“双循环”发展格局，也是以国内需求作为发展的基石，依靠打通国内循环、构建完善的内需体系作为我国经济发展的基础支撑。

在国内循环保持一定独立性的同时，又要深度融入国际循环之中，让国际循环为国内循环的更高水平发展提供动力和支撑。产业链和供应链是构建双循环的核心，如同传动纽带一般，推动国内、国外两个循环共同转动、相互促进。

2020年11月签署的RCEP，以及持续推进的“一带一路”倡议，都可以理解为推动产业链和供应链塑造、构建双循环的重要框架。

不过，从签署到生效还需要一个过程。根据规定，RCEP需15个成员中至少9个成员批准后方可生效，其中至少要包括6个东盟成员国，以及中国、日本、韩国、澳大利亚、新西兰中至少3个国家。

二、RCEP：高水平的开放承诺

作为一份全面的综合性协定，RCEP涵盖范围广泛，共有20个章节、4个市场准入承诺表附件。所谓自贸协议，其核心就是贸易和投资的开放和便利。在货物贸易、服务贸易、投资三个章节中，RCEP协议各国都作出了高水平的开放承诺。

在货物贸易方面，15国之间采用双边两两出价的方式，对货物贸易自由化作出安排，协定生效后区域内90%以上的货物贸易将最终实现零关税，且主要是立刻降税到零和10年内降税到零。

在服务贸易方面，日本、韩国、澳大利亚、新加坡、文莱、马来西亚、印度尼西亚7个协议成员国采用负面清单模式。中国等其余8个成员国先采用正面清单模式，于协定生效后6年内转化为负面清单。

中国服务贸易开放承诺达到了我国已有自贸协定的最高水平，在中国加入世贸组织所承诺的约100个部门的基础上，新增了研发、管理咨询、制造业相关服务、空运等22个部门，并提高了金融、法律、建筑、海运等37个部门的承诺水平。

---

〔1〕《RCEP为中国对外投资带来更大空间》，载中国自由贸易区服务网2020年11月27日，http://fta.mofcom.gov.cn/article/rcep/rcepgfgd/202011/43785_1.html。

在投资方面，15 国均采用负面清单方式对制造业、农业、林业、渔业、采矿业 5 个非服务业领域投资作出较高水平开放承诺。中国首次在自贸协定项下以负面清单形式对投资领域进行承诺。

在自然人移动方面，RCEP 各方承诺，区域内各国的投资者、公司内部流动人员、合同服务提供者、随行配偶及家属等各类商业人员，在符合条件的情况下，可获得一定居留期限，享受签证便利，开展各种贸易投资活动。

除了以上整体层面的开放承诺，RCEP 还纳入了一系列关乎贸易和投资便利程度的具体规则，如原产地规则、海关程序、知识产权、电子商务、消除技术壁垒、贸易救济。

三、原产地认定：区域成分累积计算

原产地是国际贸易中的一个重要概念。锦天城律师事务所高级合伙人贾小宁表示，商品的原产地是该商品能否享受到双边或多边自由贸易协定的税收优惠，以及是否需要承担某些贸易制裁措施的重要依据。由于经济全球化的发展，大量的商品生产加工具有多国成分，哪些原材料或者加工能够计入某一国家的商品价值成分，对于原产地认定具有决定性影响。

在原产地规则方面，RCEP 在本地区使用区域成分累积规则。根据这一规则，产品原产地价值成分可在 15 个成员国构成的区域内进行累积，来自 RCEP 任何一方的价值成分都会被考虑在内。此前双边自贸协定的原产地规则下，不能算作某一国家原产的产品，在区域累积原则下，将可能被认定为 RCEP 区域原产，享受 RCEP 优惠关税。

高文律师事务所高级合伙人管健表示，相较于一般情况下的原产地规则，RCEP 第 3 章第 5 条“区域价值成分计算”规定的计算方法更简单易行，共分两种，分别是“间接/扣减公式”和“直接/累加公式”。

“根据第 3 章附件一‘产品特定原产地规则’，货物的区域价值成分需要达到 40% 才可适用 RCEP 优惠税率，但由于采用区域成分累积计算，在适用上述公式时，货物的区域价值成分更容易达到 40%。”管健说。

金杜律师事务所合伙人景云峰以《中国—东盟自由贸易协定》为例，解释 RCEP 原产地规则的不同之处。

“在中国—东盟协定的原产地规则下，假设中国出口到泰国的某产品想要享受该自贸协定的优惠税率，那么可能需要满足在中国境内加工增值超过规定比例的要求。”景云峰表示。

“而在 RCEP 的成分累积规则下，制造同样的产品，如果中国自韩国进口了韩国原产货物作为材料，在中国加工后出口到泰国，那么产品在中国的增值部分，既计入在中国境内的加工增值，也计入韩国原产货物材料的价值，只要两者总和超过 RCEP 规定比例，即可享受 RCEP 下的优惠税率。”

由于以 RCEP 规则确定原产地时，产品在各国的加工增值可以累积计算，“此种规则更有利于保证区域内的产业链、价值链的稳定，同时深化区域内产业链和价值链的整合，有利于各国在不同生产加工环节比较优势的发挥。”景云峰说。

管健表示，成分累积规则，辅之以简单易行的计算方法，使区域协同发展成为可能。例如，一件日本设计、中国制造、缅甸组装、马来西亚出口的产品，现在完全可能享受 RCEP 优惠税率。

“区域成分累积规则的适用，将帮助企业在进行产业价值链布局时，具有更多的选择性与灵活性，建立更加明确、完善的产业链分工体系，最终降低生产成本，充分享受协定带来的红利。”管健说。

“这一规则在扩大 RCEP 成员方贸易的同时，将极大促进区域供应链、产业链、价值链的深度融合与发展。”

贾小宁表示，对中国外贸企业而言，RCEP 区域成分累积原则一方面有助于产品享受优惠税收、促进出口，另一方面有助于避免某些贸易壁垒。

“中国是整个东亚经济体量最大的一环，累积原产地规则可以使整个区域内生产网络上的半成品零部件更便利地进行贸易流转，也意味着中国的原材料和半成品能够被更多地使用，我国许多重要的行业都将得到受益，特别是纺织服装、轻工、电子设备、农产品等行业。”贾小宁说。

四、海关程序：通关加速

RCEP 简化了海关通关手续，采取预裁定、抵达前处理、信息技术运用等促进海关程序的高效管理手段，并在可能的情况下，对快运货物、易腐货物等争取实现抵达后 6 小时内放行。

国浩律师（上海）事务所合伙人刘杰表示，RCEP 第 4 章“海关程序和贸易便利化”在海关风险管理、快运货物、后续稽查、提高程序透明度、为授权经营者提供便利措施等方面重申了 WTO《贸易便利化协定》的规定，并明确了审查和上诉、磋商相关程序。

“在与 WTO 保持方向一致的前提下，RCEP 包含高于 WTO 水平的增强条款，在预裁定、货物放行等方面设置了时间上限。”刘杰表示。

关于预裁定安排，RCEP 第 4 章第 10 条规定，出口商、进口商（或其代表）向 RCEP 缔约方提交了包含所有必要信息的书面申请之后，协议缔约成员须以书面形式就税则归类、海关估价和原产地等事项作出预裁定。

金杜的景云峰介绍说，根据 RCEP 要求，缔约方在收到所有必要信息后要尽可能在 90 天内作出预裁定，预裁定有效期至少应为 3 年，并且要公开相关要求、时限、有效期和程序等。

相比之下，“WTO《贸易便利化协定》中，仅要求成员方建立对税则归类和原产地的预裁定制度，且未明确预裁定的时限和有效期要求”，景云峰表示。

在货物放行方面，RCEP 也比 WTO 现行规定更为明确、便利。RCEP 第 4 章第 11 条规定，成员国应尽可能在货物抵达并提交通关所需信息后 48 小时内放行。对易腐货物和快运货物，在可能的情况下，都应在 6 小时内放行。

“上述措施将便利区域内生鲜产品快速流动，促进跨境物流的发展，为区域内创造更多的贸易机会。”高文的管健表示。

相比之下，“WTO 对货物放行、快运货物和易腐货物行规定在《贸易便利化协定》第 7 条至第 9 条中，但是并没有对货物放行的一般时间作出具体规定，也没有明确快运货物、易腐货物的放行时间，只是强调成员国应当在通常情况下在可能的最短时间内予以放行”。

五、知识产权：全面而平衡的保护

RCEP 第 11 章“知识产权”内容涵盖著作权、商标、地理标志、专利、工业设计、遗传资源、传统知识和民间文学艺术、不正当竞争、知识产权执法、合作、透明度、技术援助等广泛领域，其整体保护水平较 WTO《与贸易有关的知识产权协定》（TRIPS）有所加强。

锦天城律师事务所高级合伙人齐宝鑫表示，RCEP 与知识产权相关的内容可以用“全面和平衡”来概括。

所谓“全面”，体现在第 11 章内容详尽、涵盖面广。知识产权章节是 RCEP 中内容最多、篇幅最长的章节，也是我国迄今已签署自贸协定中内容最全面的知识产权章节。

“所谓‘平衡’，主要指兼顾各个签约国经济发展水平的差异，设置了过渡期安排、技术援助等规定，为成员国赋能，更好地遵守与知识产权相关的规定。”齐宝鑫说。

对中国企业的跨境知识产权保护而言，RCEP 第 11 章既涵盖了传统知识产权的主要议题，也将知识产权保护发展的新趋势纳入了考量。

“例如，在对著作权的保护中，第 11 章第 13 条规定每一缔约方应当致力于促进建立适当的组织对著作权及相关权利进行集体管理。这一规定将有助于解决现实中难以逐一获得海量权利人授权的难题。”管健说。

“对商标的保护中，RCEP 对商标的界定门槛、注册申请、权利授予、驰名商标的保护做了规范，特别强调打击恶意注册商标的问题。此外，RCEP 引入商标电子处理机制，用于商标电子申请的处理、注册以及维护。”

“对专利的保护中，RCEP 要求对专利的审查、注册的程序性事项要增速提效，并统一引入国际专利分类制度。”

出于合规目的，齐宝鑫表示，过渡期条款是从事跨境投资贸易的中国企业最该留意的内容之一。柬埔寨、老挝、缅甸、马来西亚等七国适用 3 ~ 15 年的过渡期，在完全实施第 11 章的部分规定前有过渡时间。中国基于相对更高水平的知识产权体系，则不适用过渡期。

金诚同达律师事务所高级合伙人王小君表示，在 RCEP 各签约国中，中国的知识产权创造和保护水平均处于前列，部分领域处于领先水平，比如，对于恶意抢注商标的规制、对驰名商标的保护、专利快速授权制度、败诉方承担律师费的制度，已是我国立法、行政及司法中实际落地的制度和实践。

不过与 TRIPS 一样，RCEP 知识产权条款规定的也是缔约国的最低义务，与此同时，很多条款赋予了缔约国依照各自发展阶段等实际情况制定相关制度的自由。

因此，王小君表示，进入 RCEP 缔约国市场的企业，要享受权利，首先必须遵守缔约国的相关制度，做到合规；在合规的基础上，充分利用 RCEP 下诸如快速申请、边境保护、临时措施等各类具体制度。

“中国企业要充分认识到 RCEP 所包含的区域知识产权的多样性和各缔约国知识产权保护的不平衡的背景，特别注意遵守相关缔约方所采取的‘适当措施’。”王小君提醒道。

此外，中国企业还需要注意的是，RCEP 在知识产权赔偿原则上，以“填平原则”为主，没有采取“惩罚性原则”。

“所谓‘填平原则’，就好比侵权一方挖了一个坑，法院根据权利一方的证据，判决赔偿额用于刚好填平这个坑。所谓‘惩罚性原则’，则是要加倍弥补权利人的损失，让权利人更有积极性起诉索赔。”齐宝鑫说。

“我国已经将三倍、五倍惩罚赔偿写进知识产权立法，且各地相继出现惩罚性赔偿的裁判案例，但基于平衡考虑的原因，RCEP 仍以赔偿力度较弱的填平原则为主，这是中国企业走出去要特别注意的。”

六、电子商务：数字时代的规则协同

RCEP 第 12 章“电子商务”是首次在亚太区域内达成的范围全面、水平较高的多边电子商务规则。

国浩律师（上海）事务所管理合伙人黄宁宁表示，RCEP 在“电子商务”方面的规定，主要涵盖两个大方面：

（1）已在缔约方之间存在基本共识的贸易便利化问题，如无纸化贸易、电子认证和电子签名；

（2）相对高标准的数字贸易新规则，包括在线消费者权益保护、个人信息保护、透明度、网络安全，以及跨境电子商务所涉及的数据存储地、数据跨境流动等问题。同时，各缔约方也对电子商务的国际合作以及争端解决等方面达成了基本共识。

在个人信息保护方面，“电子商务”章第 8 条规定，每一缔约方应当采取或维持保证电子商务用户个人信息受到保护的法律框架，并且在制定保护个人信息的法律框架时，每一缔约方应当考虑相关国际组织或机构的国际标准、原则、指南和准则。

金诚同达律师事务所合伙人王良表示，RCEP 成员国对个人信息保护差异很大。一些成员国，如新加坡、日本、韩国已经建立了相对完善的数据保护法律制度，而一些成员国，如印度尼西亚、泰国还没有个人数据保护方面的法律规定。

“但我们观察到，近年以来，各国都在加强数据的法律保护，开始推动个人数据保护的立法，或者通过进一步修订现有法律来加强个人数据的保护。在各国加强数据保护立法的背景下，RCEP 的出台有助于协调各方跨境数据保护的立场。”王良说。

针对信息储存、信息跨境传输问题，“电子商务”章第 14 条“计算设施的位置”以及第 15 条“通过电子方式跨境传输信息”分别作出规定。

中伦律师事务所权益合伙人樊晓娟表示，在协议诸多条款中，他们最关注的是数据流动、信息储存方面的规定。“对跨境电子商务经营者来说，其跨境电子商务平台运营过程中需要收集、储存并使用消费者一定的个人信息以及消费记录。”

“第 12 章电子商务中第 14 条和第 15 条的规定有利于在 RCEP 成员国内适用同一套信息储存与信息跨境模式，减少商业与合规成本。”樊晓娟说。“同时，相应规定增加了 RCEP 成员国对于信息储存以及信息跨境传输相关政策的确定性，跨境电子商务经营者无须担心因任何不可预见的相关政策或法规而导致投资成本骤增或商业模式无法持续。”

黄宁宁表示：“RCEP在跨境电子商务中最受关注的两点就是市场准入及政府对跨境数据流动的监管问题。”

根据第14条，各缔约方不得将“使用缔约方领土内的计算设施或将计算设施设置在缔约方领土内”作为在该缔约方领土内进行商业行为的条件。根据第15条，各缔约方不得阻止“为进行商业行为而通过电子方式跨境传输信息”。

但是，需要留意的是，以上“不得如何”的规定并不是绝对的。

“考虑到各缔约方对于数据安全保护的谨慎程度不同，尽管有前述‘禁止性’规定，但RCEP同样作出了例外性的规定。”黄宁宁表示。

在第14条和第15条中，都规定了上述禁止性规定不适用的例外情况，包括：“该缔约方认为是实现其合法的公共政策目标所必要的措施，只要该措施不以构成任意或不合理的歧视或变相的贸易限制的方式适用”，或者“该缔约方认为对保护其基本安全利益所必需的任何措施”。

黄宁宁表示：“这实际上就是对于为‘公共政策’和‘基本安全利益’目标所采取的措施进行了排除，这实际上也符合各缔约方的基本的国家安全利益。”

国浩律师（上海）事务所合伙人陈辉宇表示：“考虑到维护公共利益和国家安全的角度，对于重要数据尤其是涉及个人信息的数据，我国仍保持相对谨慎的态度，这也正是各缔约方在RCEP中达成上述例外共识的普遍考量。”

陈辉宇表示，中国作为一个电商大国，可能会相对更加重视例外情形。

2019年，国家互联网信息办公室发布了《数据安全管理办法（征求意见稿）》以及《个人信息出境安全评估办法（征求意见稿）》。2020年，《数据安全法》和《个人信息保护法》的草案也已经陆续对外公布并征求意见。

“《数据安全法》正式出台后，将与已经生效的《网络安全法》一同组成以《国家安全法》为核心的国家安全法律体系；而《个人信息保护法》的出台亦将进一步完善我国基础性法律法规的体系建设，也势必会对电子商务行业的发展产生一定的积极作用。”陈辉宇说。

锦天城律师事务所高级合伙人吴卫明表示，无论RCEP第12章内容还是所引用的国际协议或示范性文本，在对个人信息保护的具体要求层面均无法与我国《电子商务法》《网络安全法》《数据安全法（草案）》《个人信息保护法（草案）》等做直接对比。

“但是，考虑RCEP各成员国在电子商务和个人信息保护立法及实践层面的不平衡性，第 12 章条款内容仍是我国在国际合作领域取得的一项重要成果，也必将有利于区域内跨境电子商务行业的健康快速发展。”吴卫明说。

金诚同达的王良表示，总体而言，RCEP 在鼓励发展跨境电商方面已经达成很多共识，规定了促进区域电子商务发展的各种举措，并且形成了发展跨境电子商务的规则框架。

中国互联网与数字经济发展处于领先地位，RCEP 给中国互联网企业进军东南亚电子商务市场带来新的机遇。

“我们也非常乐观地认为，各国将在协定的基础上，在数据的跨境流动的模式和规则方面形成更多共识，从而让区域数字经济更加融合，带动整个区域经济更快发展。”王良说。

七、消除技术壁垒：积极参与标准建立

2020 年 9 月，海关总署在全国范围内组织开展了“国外技术性贸易措施对中国出口企业影响调查”。调查结果显示，2019 年，我国企业为应对国外技术性贸易措施而新增加的成本同比减少 62. 21%，表明我国出口企业的应对能力明显增强，但技术性贸易措施依然是影响我国企业出口的重要因素。

影响我国工业品出口的技术性贸易措施集中在认证、技术标准、标签和标志、包装和材料、环保要求五个方面，出口时遭遇过上述五类措施的企业占全部受影响企业数量的 56. 42%。[1]

RCEP 第 6 章“标准、技术法规和合格评定程序”加强了缔约方对 WTO《技术性贸易壁垒协定》（TBT 协定）的履行，并认可缔约方就标准、技术法规和合格评定程序达成的谅解；同时，推动缔约方减少不必要的技术性贸易壁垒，确保标准、技术法规以及合格评定程序符合 TBT 协定规定等方面的信息交流与合作。

“该章节对缔约方在合作、技术讨论、透明度等方面的高水平要求不仅使饱受技术性贸易壁垒困扰的行业得以缓解，而且有助于推动中国标准走出去，提升中国制造的影响力，助力国际装备和产能制造合作。”高文的管健表示。

锦天城律师事务所高级合伙人向东表示，从规定来看，RCEP 是在 TBT 协定的基础上，从程序方面对缔约成员国就技术性法规、标准和评定程序的通报、交流、磋商、技术援助和合作等方面作出了细化，而且还新增了诸如技术讨论、扣留货物时的通知义务等条文，以适应 RCEP 成员国管理水平差异较大的特点，以此落实

---

〔1〕 参见顾阳：《出口企业应对国外技贸措施能力明显增强》，中国经济网 2020 年 9 月 28 日，http：//www. ce. cn/xwzx/gnsz/gdxw/202009/28/t20200928_35831766. shtml。

TBT 协定的内容。

“中国企业，尤其是生产高增值产品或者技术密集型的企业，或者是受技术性贸易壁垒打击较重的企业，面对发展水平不一的 RCEP 区域内缔约成员国，更应利用 RCEP 的规则打开海外市场，维护自身利益。”向东说。

锦天城律师事务所高级合伙人李烨表示，RCEP 各成员在技术性法规、标准、评定程序方面的成熟程度不一，中国企业可以针对具体情况灵活调整策略。

“对于技术性法规、标准、评定程序要求较高的 RCEP 区域内市场，中国企业可以灵活应用 RCEP 下缔约成员国有权提出书面意见的规定，通过当地的行业组织表达意见，由相关部门向制定国提出专业的、有利于中国企业的评议意见，与制定国积极交涉，表达中国企业的正当、合理诉求。”李烨表示。

“对于技术性法规、标准、评定程序建设水平较低的 RCEP 区域内市场，中国企业则可以利用 RCEP 有关区域内合作的规定，通过主动积极参与国际、地区标准的制定工作等方式，主动掌握中国企业在这些国家的话语权，使‘中国标准’走出国门，成为地区标准甚至国际标准的基础。”

为协助出口企业，中国政府早已设立了中国 WTO/TBT 国家通报咨询中心（http：//www. tbt－sps. gov. cn/）公布技术性贸易壁垒的相关资讯。海关总署也在 2019 年颁布了《海关技术性贸易措施工作指南》，规范了海关在此领域的具体工作内容。

向东表示，中国企业可以充分利用这些资讯和资源，减少技术性贸易壁垒对企业的负面影响。

八、贸易救济："双反"调查受约束

RCEP 第 7 章“贸易救济”包括“保障措施”和“反倾销和反补贴税”两部分内容。在反倾销和反补贴调查方面，RCEP 规范了书面信息、磋商机会、裁定公告和说明等实践做法，促进提升贸易救济调查的透明度和正当程序。

第 7 章第 13 条明确禁止在反倾销调查中采用“归零法”。所谓“归零法”，就是在计算倾销幅度时，仅仅将出口价格低于正常价格的产品纳入计算，而将高于正常价格的产品“归零”处理。由于高于正常价格的产品被排除在计算之外，这种方法会放大倾销幅度。

“此原则为美国商务部为了在反倾销调查中抬高反倾销税的做法，为此美国曾七次被其他国家告到 WTO 争端解决机构，并被多次裁定该做法不符合 WTO 规则。”向东表示。

“在这种背景之下，RCEP 明文禁止‘归零原则’无疑是贸易多边主义的胜利。对于中国企业而言，这也是从法律上禁止美国错误做法的延续，确保中国应诉企业的税率不会因这种做法被提高。”

根据 RCEP 的规定，在确定、评估或复审倾销幅度时，应当将所有单独幅度，无论正负，都纳入考量。

RCEP 第 7 章也规定了反倾销和反补贴调查的通知时限。发起反倾销调查的一方，应在调查发起至少 7 天前，向另一缔约方提供书面通知。对于反补贴调查，这一通报时限为 20 天。

李烨表示，提前通知的规定，有利于遭遇调查一方的政府尽早了解调查的发起，及时通报可能受影响的企业，甚至有机会尽早介入乃至阻止调查的发起。

此外，RCEP 还规定，调查机关应在进行实地核查前至少 7 个工作日通知应诉企业实地核查的日期，以及实地核查的题目内容和所需的证明文件。李烨表示：“这一规定能让企业更好地了解调查机关的调查方向，从而更有针对性地准备实地核查。”

“RCEP 的贸易救济规则比起 WTO 的‘双反’规则，能够更好地约束各缔约成员国的调查机关，进而统一区域内各缔约成员国调查机关的执法水平；同时，赋予了被发起调查国家政府更多介入调查的机会，也更好地保护了应诉企业在调查中所享有的知情权、抗辩权。”李烨总结道。

向东表示，结合过往案例来看，在 RCEP 区域内，对中国发起“双反”调查较多的国家为澳大利亚、印度尼西亚、泰国。“RCEP 的落实，可能会对以后中国应对这些国家发起的‘双反’调查有所益处。”

结语

中共中央总书记、国家主席、中央军委主席习近平在 2020 年 7 月举行的企业家座谈会上强调：“在当前保护主义上升、世界经济低迷、全球市场萎缩的外部环境下，我们必须充分发挥国内超大规模市场优势，通过繁荣国内经济、畅通国内大循环为我国经济发展增添动力，带动世界经济复苏。”

习近平总书记也强调：“以国内大循环为主体，绝不是关起门来封闭运行，而是通过发挥内需潜力，使国内市场和国际市场更好联通，更好利用国际国内两个市场、两种资源，实现更加强劲可持续的发展。”

商务部副部长兼国际贸易谈判副代表王受文在 RCEP 签署后表示：“RCEP 的达成将有助于扩大中国出口市场空间，满足国内进口消费需要，加强区域产业链供应链，有利于稳外贸、稳外资，为形成以国内大循环为主体、国内国际双循环相互促进的新发展格局提供有效支撑。”

以中国庞大市场为基础，以产业链为纽带，建立一个内外市场联动的经贸运行体系，这或许是“双循环”的真实含义。RCEP，此前的“一带一路”倡议，以及未来的其他经贸合作协议，都将促进更多的经济体纳入“双循环”之中。

几十年之后，我们再回首看今日的 RCEP 和“双循环”，或许会发现历史的齿轮正是在此刻开启了新的一幕。

IPO大爆发：资本市场法律服务的机遇不容错过*

| 智合研究院

2020年，资本市场律师可谓历经了开局的“腥风血雨”，中途的峰回路转，以及结尾的皆大欢喜。

回顾这一整年，哪些领域机会涌现？哪些律所表现抢眼？

2021年，资本市场改革提速，法律服务又将迎来什么？

一、2020年市场趋势

2020年，虽受新冠肺炎疫情影响，前半年我国经济发展态势放缓。但科创板与创业板为创新型成长公司和初创企业提供了支持，A股市场的募资金额较2019年增加82%。综观A股市场，主要呈现出以下趋势：

（一）过会、上市创新高，科创板、创业板表现强劲

2020年，我国共有新上会企业523家，上会企业数量创中国资本市场建立以来的最高峰。其中，499家获通过，过会率为95.41%，亦创下新高（详见表1）。

表1　A股上会、过会企业情况

项目	2018年	2019年	2020年
上会数量/家	193	280	523
过会数量/家	111	247	499
过会率/%	57.51	88.21	95.41

资料来源：大象IPO。

制表：智合研究院。

科创板、创业板注册制加速，使企业申报科创板、创业板IPO的流程远快于其

---

* 本文首发于微信公众号“智合”2020年1月6日。

他板。据了解，沪深交易所大都为6个月审结，只要企业申请IPO通过就能获得注册，拿到批文办理上市发行大约会耗时一至两个月。[1]

2019年A股新上市企业共有396家，比2018年和2019年IPO上市企业数之和多出88家。在这396家企业中，科创板共有145家，创业板107家，两者的占比达到63.64%（详见表2）。

表2　A股上市企业数量情况　　单位：家

上市类型	2018年	2019年	2020年
科创板	—	70	145
创业板	29	52	107
主板	57	55	90
中小板	19	26	54
总计	105	203	396

资料来源：大象IPO。
制表：智合研究院。

2020年，科创板的募资额位列A股各板首位，首发募集资金数额约2127.57亿元，占年内新股首发募资总额的47.44%。创业板募集资金额为834.85亿元，比上一年度增长177.17%（详见表3）。

表3　A股上市募集资金　　单位：亿元

上市类型	2018年	2019年	2020年
科创板	—	824.27	2127.57
创业板	286.89	301.21	834.85
主板	864.93	1064.45	1173.67
中小板	226.33	344.67	349.09
总计	1378.15	2534.60	4485.18

整理、制表：智合研究院。

（二）上会企业行业排名：医药行业井喷

从2018～2020年上会企业的行业分布来看，计算机、通信和其他电子设备制造业，专用设备制造业，软件和信息技术服务业一直处于前三名。2020年新的变

[1] 参见《2020年IPO井喷　监管力求“严进畅出”》，载新华网2020年12月30日，http://www.xinhuanet.com/fortune/2020-12/30/c_1126924702.htm。

化趋势是，医药制造业跃升至第4（详见表4）。

表4　A股上会企业数量行业排名

排名	2018年	2019年	2020年
1	计算机、通信和其他电子设备制造业	计算机、通信和其他电子设备制造业	计算机、通信和其他电子设备制造业
2	专用设备制造业	专用设备制造业	专用设备制造业
3	软件和信息技术服务业	软件和信息技术服务业	软件和信息技术服务业
4	汽车制造业	化学原料和化学制品制造业	医药制造业
5	化学原料和化学制品制造业	医药制造业	化学原料和化学制品制造业
6	医药制造业	电气机械和器械制造业	电气机械和器械制造业
7	电气机械和器械制造业	通用设备制造业	通用设备制造业
8	货币金融服务	专业技术服务业	金属制品业
9	通用设备制造业	铁路、船舶、航空航天和其他运输设备制造业	生态保护和环境治理业
10	食品制造业	非金属矿物制品业	仪器仪表制造业

资料来源：大象IPO。
制表：智合研究院。

在390余家IPO企业中，42家为医药健康企业，占比达到10.76%。医药健康类企业IPO的增长势头反映了相关行业受投资者看好的整体趋势。由于全球疫情持续以及人们对医疗保健的需求不断增长，医疗大健康有望成为A股市场的长期驱动力。

（三）上市企业地域分布：浙江、江苏首次超过广东

从近两年上市企业省份分布看，前十名的出入不大。2020年的396家IPO首发上市企业分布于26个省市。其中，浙江、江苏、广东、北京、上海五地的企业合计264家，占比达到67.67%，成为IPO企业分布的第一梯队（详见表5）。

表5　A股IPO首发上市企业省份分布　　单位：家

2019年		2020年	
省市	企业数量/家	省市	企业数量/家
广东	34	浙江	62
江苏	31	江苏	61
北京	29	广东	60
浙江	25	北京	42

续表

2019年		2020年	
省市	企业数量/家	省市	企业数量/家
上海	22	上海	39
山东	16	安徽	20
四川	7	山东	17
陕西	5	福建	13
福建	4	湖南	11
湖北	4	四川	11
重庆	4	江西	10

资料来源：大象 IPO。
制表：智合研究院。

值得一提的是，多年来广东一直稳居上市数第一位。但在2020年，浙江省全年共有62家企业上市，首次超过广东跃居榜首；江苏、广东紧随其后，分别有61家、60家企业成功上市。

省份排名的变化同地方产业扶持政策的关系密切。例如，浙江省于2017年开始实施“凤凰计划”，以促进民营企业上市和并购重组为发展核心。同时，企业IPO也为浙江产业转型和长远发展奠定了坚实基础。

（四）民企占上市公司八成，资本市场成重要融资渠道

在396家A股上市企业中，民营企业数量达到330家，占比为83%（详见图1）。而在沪深两市共3721家上市公司中，2585家是民营企业，占比为69.47%。

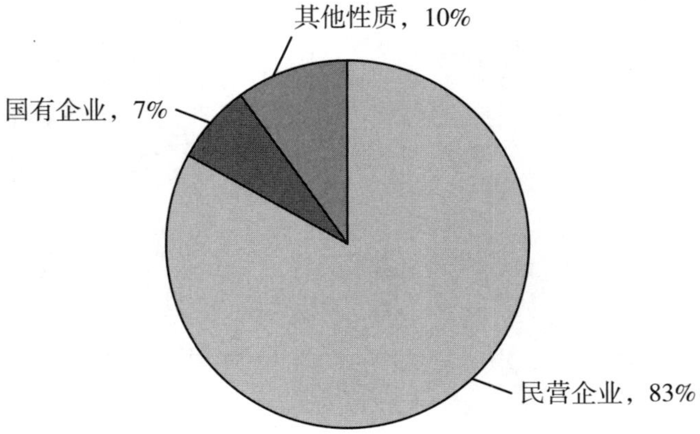

图1　2020年A股上市企业性质及占比

从2020年民营企业上市情况看，接近70%选择了科创板和创业板。目前，在资本市场各个板块中，科创板和创业板已成为民企的集聚地。

对于民营企业来说，在融资方面，上市明显优于银行贷款。在定向增发、发行可转债方面，资本市场提供的融资方式也为民企提供资金支持。

二、哪些律所表现抢眼？

2020年中国资本市场所体现出的韧性，在资本市场律师身上亦得到充分体现。密集落地的政策性利好也极大地刺激了资本市场的法律服务需求。

（一）过会单数排名

2020年共有78家律师事务所承担了604家A股过会企业的法律服务。

其中，排在第一的是国浩，全国多地办公室共有83单项目过会；排名第二的是中伦，有56单项目过会；第三位的锦天城有50单项目过会。

从项目量的整体占比情况来看，排名前列的律师事务所之间差距较小，竞争激烈。排名前三的律所项目量占比为31.29%，排名前十的律所项目量占比67.71%（详见表6）。

表6　2020年律师事务所A股过会项目单数排名

排名	律师事务所	过会项目/单
1	国浩	83
2	中伦	56
3	锦天城	50
4	金杜	40
5	德恒	39
5	国枫	39
7	信达	28
8	天元	22
9	康达	20
10	海润天睿	16
10	天册	16

整理、制表：智合研究院。

（二）上市项目量排名

据统计，2020年共有64家律师事务所为IPO上市企业提供了法律服务。

排在第一的是国浩，其各地办公室共有46家项目上市；排名第二的是中伦，共有39家项目上市；排在第三的是锦天城，有33家项目上市（详见表7）。

表7 2020年律师事务所上市项目量排行榜

排名	律师事务所	项目量/单
1	国浩	46
2	中伦	39
3	锦天城	33
4	金杜	27
4	国枫	27
6	德恒	26
7	康达	17
8	信达	14
9	天元	13
10	嘉源	10
10	君合	10
10	世纪同仁	10
10	竞天公诚	10

整理、制表：智合研究院。

排名前三的律所项目量占比为28.85%；前十名的律师事务所项目量占比为68.95%。

（三）资本市场律所表现——以国浩为例

就2020年IPO领域表现而言，国浩位居A股企业过会、上市项目量等多个排行的榜首。由于国浩多地办公室均进行了从事证券法律业务律师事务所备案，均能独立地承担相关法律服务。同时，基于一体化的管理模式，各地办公室能够有效协调资源，因而促成了国浩整体在资本市场领域的强势表现（详见表8、表9）。

表8 2020年国浩A股过会项目单数排名

办公室	过会项目/单
国浩律师（上海）事务所	34
国浩律师（杭州）事务所	27
国浩律师（南京）事务所	8
国浩律师（北京）事务所	5

续表

办公室	过会项目/单
国浩律师（深圳）事务所	5
国浩律师（西安）事务所	2
国浩律师（苏州）事务所	1
国浩律师（天津）事务所	1

整理、制表：智合研究院。

表 9　2020 年国浩上市项目量排名

办公室	上市项目量/单
国浩律师（上海）事务所	18
国浩律师（杭州）事务所	14
国浩律师（深圳）事务所	6
国浩律师（南京）事务所	4
国浩律师（北京）事务所	1
国浩律师（成都）事务所	1
国浩律师（苏州）事务所	1
国浩律师（天津）事务所	1

整理、制表：智合研究院。

国浩上海的管理合伙人、主任李强律师在采访中表示，2020 年国浩 IPO 等业务之所以能取得“爆发式”增长，除却宏观方面的利好因素外，还有其他一些原因：一是基于过往一些客户的积累，恰恰赶在 2020 年这个时间点进行申报；二是创业板注册制的推出，使企业申报后过会的速度明显加快；三是目前拟上市企业的整体质量呈现向好态势，且规范意识较强。

从国浩各地分支的情况看，国浩上海在过会项目（24 单）以及上市项目量（18 单）方面，均居于国浩各地办公室首位。据李强律师透露，2020 年国浩上海承办的 IPO 项目以中小民营企业在科创板的上市为主，从技术难度等角度看，这些项目的难度其实并不亚于一些超大型项目。在承办这些颇具挑战的项目过程中，过往的丰富经验积累、合理的团队人员配置以及同监管机构的良好沟通能力都至关重要。

三、2021 年市场展望

在经济形势稳定和利好政策因素推动下，A 股市场在 2020 年表现稳健。科创板和创业板注册制的落地，不仅大幅提升了 IPO 效率，也满足了不同行业企业的资金需求，进一步促进实体经济发展。

2021 年，随着注册制改革的进一步深化，IPO 发行节奏、新增上市公司数量与首发募集资金额或将再创新高。

李强律师认为，在接下来的数年内，IPO、并购重组、私募融资等领域将呈现蓬勃向上的局面。同时，改革的进一步深化也为资本市场的法律服务带来更多挑战。例如，2020 年 12 月刚刚通过的《刑法修正案（十一）》中，对于律师、会计师等中介机构人员在证券发行、重大资产交易活动中出具虚假证明文件、情节特别严重的情形，最高可判处 10 年有期徒刑。

“中国资本市场‘严刑峻法’时代的到来，标志着全面推行注册制的法律框架基本就位。对从事相关业务的律师来说，要继续保持执业的勤勉尽责，防范执业风险；对于律所而言，要不断加强内部的核查和监管。”李强律师表示。

未来，资本市场改革步步推进还将为律所带来哪些机遇？又有哪些机构会在全新的市场生态中脱颖而出？我们拭目以待。

“新型基建”热潮来袭，工程律师的机会在哪？[*]

陈 臻[**]　张建来[***]　戴安微[****]　邓宗禹[*****]

2020年3月4日，中共中央政治局常务委员会召开会议，会议指出，要加大公共卫生服务、应急物资保障领域投入，加快5G网络、数据中心等新型基础设施建设进度，要注重调动民间投资积极性。在新冠肺炎疫情冲击和经济下行压力下，根据中央部署，各省份最近密集推出庞大投资计划，推出新一轮大规模基建的呼声也在不断增长，根据不完全统计，近期各省市一共推出的重点项目超过30万亿元。

有关行业专家认为，对冲疫情和经济下行最直接有效的办法还是基建，推出“新型基建”，补上环境治理与公共卫生等短板，有助于稳增长、稳就业，释放中国经济增长潜力，提升长期竞争力。

面对疫情带来的“新型基建”热潮，相关行业高度关注，翘首以待。阳光时代律师事务所首席合伙人陈臻女士、广州办公室执行主任张建来律师、国际工程合伙人戴安微律师、基础设施事业部负责人邓宗禹律师给出了他们的判断。

一、本轮基建有哪些特征？对法律服务行业将带来怎样的影响？

张建来：本轮基建有以下几个显著变化：

投资领域的变化：更加重视有针对性地补短板，提升质量。传统基建重点在推

---

* 本文首发于微信公众号“智合”2020年3月12日。

** 陈臻，阳光时代律师事务所首席合伙人，主要业务领域：能源与环保项目开发融资建设运营与管理、能源企业法律风险管理、能源企业改制并购重组等。

*** 张建来，阳光时代律师事务所合伙人，主要业务领域：环保工程项目投资建设、公司并购及招投标、工程争议处理及诉讼解决、环境危机应对。

**** 戴安微，阳光时代律师事务所合伙人，主要业务领域：国际PPP/BOT投资与项目融资、国际工程承包、国际贸易和技术引进。

***** 邓宗禹，阳光时代律师事务所项目投资与建设业务部主管律师，主要业务领域：能源与基础设施建设、招投标与项目管理、建设工程争议解决、知识产权。

进城镇化，以房地产和工业园区为代表，对于中国经济保持高速发展起到非常重要的作用，但也带来不少问题。此轮基建将更多关注民生、生态环境领域，以补短板为主，重点投资行业包括生态修复、环境治理、物联网、综合能源、交通设施、医疗卫生等。

投资方式的变化：传统大基建的投资方式以政府直接投资为主，带来地方债务风险、投资效益不高、发展不平衡等问题，此轮投资将更多以PPP模式进行，发挥社会资本的投资积极性，提高投资经济效益和社会效益。

建设模式的变化：传统基建项目以平行发包模式为主，带来项目建设效率不高、成本控制不力、政府基建机构臃肿、廉政风险大等一系列问题；此轮基建将大力推广工程总承包组织模式，充分发挥龙头工程企业的组织管理能力，提高项目建设质量和效率。

法治环境的变化：随着全面依法治国的推进，此轮基建将更加重视依法合规，“未批先建”“先上车后补票”等粗放式建设模式将成为历史。随着《政府投资条例》等一系列项目建设有关法律法规的完善，大型项目建设将从前期审批、招标采购、工程管理全过程纳入法治轨道，项目建设过程中产生的争议，将更多通过司法途径解决。

对法律服务的影响：作为服务大型项目建设的律师，要根据上述几个变化，及时调整行业关注的方向，升级自身的知识储备，提供更加专业化的法律服务。对于阳光所而言，在行业上，除了继续深耕电力、能源领域以外，要进一步向生态修复、环境治理、交通设施、生态园区等基建领域延伸；在产品上，要进一步将PPP、EPC、工程争议解决等产品打造成具有核心竞争力的法律服务产品；在团队建设上，要依托基础设施事业部，培养行家型工程律师。另外，在基建法律服务中，国内律师要有国际视野，国际律师要有国内实践，两者高度融合，共同发力。

二、这次疫情对中国企业“走出去”有哪些影响？对国际工程法律服务市场有哪些影响？如何应对？

戴安微：疫情对中国企业“走出去”带来的短期影响比较明显。在市场开发方面，国际旅行的限制使市场开发活动受阻，疫情对工期和成本的影响降低企业投标的竞争力，甚至因无法满足业主的要求放弃项目；在项目执行方面，疫情可能延误工期、增加成本，尽管不少企业已向业主主张不可抗力，但这只是“万里长征第一步”，索赔是否成功仍取决于诸多技术细节。

疫情会对国际工程承包法律服务市场带来结构性影响，一方面，市场开发活动的萎缩会降低企业对项目交易类服务的需求，另一方面疫情触发的项目执行风险会带来更多争议解决类业务机会，此外，由于大量国际工程项目合同适用域外法律，企业对域外法律的咨询需求会增加。

尽管存在短期影响，但疫情并未改变海外基建市场的基本面，“走出去”企业在国际工程承包领域依然大有可为，尤其是“一带一路”倡议的影响，长期仍然看好。针对短期的困难，企业一方面可以整合现有资源，保持重点优质项目的开发，另一方面“勤练内功”，加强市场研究、技术研发和团队建设。

三、对于“新基建”，律所可以如何应对？

陈臻：阳光时代律师事务所20世纪90年代初就是从大型项目基建起家的，当年的“四万亿基建项目第一单”就是阳光时代律师事务所担任的法律顾问。因此，对于行业的变化我们有一定的预判。事实上，年前我们就设立了基础设施事业部，致力于培养懂工程管理、懂造价的行家型律师，我们拟把在电力、能源、环保领域积累的经验和资源向交通、市政、园区等基础设施领域延伸，把更多产品经验向民生、环境治理等新型基建领域推广。

当然，在基建领域，我们虽然有自己的行业优势，包括人才团队、项目业绩、知识储备等。但是，我们必须看到市场环境的变化，需要更加务实，坚持“快速反应、审慎尽责、团队合作”，打造“学习强所”。

邓宗禹：目前大多数律所均是按照法律业务类型划分组织结构，如公司业务、国际业务、争议解决，我们也是如此组建业务部门，但这样容易形成团队间的藩篱，没有立足于客户服务需求的角度。所以，在纵向的业务部门外，我们按照客户所处的行业类型组建了事业部，基础设施事业部就是其中之一。

事业部由各业务部门骨干律师组成，主要着眼于行业法律问题的研究、培养行家型律师和跨部门开拓行业市场。目前来看，事业部这种横向组织的收效不错，通过事业部组织开展的产品研发、市场推广活动和人才培养均有序开展，例如，我们最近开展的工程总承包项目法律服务产品就是事业部组织骨干律师完成的。

在该模式项下，行家型律师显得尤为重要。律师不但须具备扎实的法律功底和业务能力，还应当对所服务的行业进行研究，以法律专家加行业行家为目标。培养行家型律师是我们基础设施事业部的重要工作。我想，对于工程律师而言，则需要将自己发展成为行业专家。

"大合规"时代，看这五家"红圈所"如何建设合规团队[*]

张宏姝[**] | 智合研究院

2013 年，葛兰素史克案的发生，使企业合规问题进入中国企业视野。各律所为应对这一需求，纷纷着手建立反贪污、反腐败团队。同时，一批优秀的合规人才也从外资律师事务所加入中国律师事务所。近些年来，商业秘密、海关贸易、数据安全、环境保护等多个领域都发展出更为具体的合规业务；有合规需求的企业也由最初的医疗行业全面覆盖到近乎所有行业。

事实上，正是企业对合规需求的变化，推动合规边界的不断拓展，这也意味着律所布局需要紧跟企业需求，而企业自身也更需准确把握其在合规领域的痛点。

目前，大部分国际评级机构或法律媒体在榜单设置时仍以"公司调查与反腐败"作为合规领域的释义。例如，钱伯斯设置了"公司调查/反腐败"，The Legal 500 的"监管合规"亦是围绕公司调查与反腐败领域的业务展开评估的。榜单的设置迎合了当前法律服务市场的整体需求，但伴随政策改变、科技发展产生的一系列问题，合规需求在横向与纵向的延伸已成趋势。

作为合规业务领域的佼佼者，方达、金杜、环球、中伦、海问等律所近年来在钱伯斯、The Legal 500 等榜单中均有不俗的表现。那么，他们在合规领域的业务布局是如何展开的？

一、方达：精专化发展的合规团队

有别于大部分律所的合规团队，方达合规组成立之初就单独聘用人员专注于合

* 本文首发于微信公众号"智合"2020 年 10 月 15 日。

** 张宏姝，智合研究院编辑，曾参与智合多个重要访谈、调研项目。

规，团队内部成员有更为专业的分工，使方达的合规业务更具体系化、专业化。多年来，方达合规团队及多位合伙人常年稳居钱伯斯、The Legal 500、China Law & Practice 等榜单的团队及个人排名榜首。

在业务范围上，方达团队实现了全面而精细的覆盖，拥有多个业务领域的领军律师，如反垄断的领军律师韩亮，被评为合规及监管年度律师的尹云霞，几十年深研行政法的季诺律师，刑事执法的庄燕君律师，跨境合规的缪斌律师，环境诉讼及执法的王晓萌律师，金融证券的林彦华律师，制裁及出口管制的赵何璇律师。更有很多后起之秀，如专注于数据及隐私保护的张毅律师。

此外，方达合规团队组建时就有明确的专业方向，在人才培养上也实现了精准的定向培养，有利于解决客户面临的复杂棘手的政府执法、合规监管问题。同时，方达非常重视团队人员构成的多元与综合性。其团队成员有多名来自公检法、市场监督管理局、商务部等机关单位，以及多行业的外企、国企、民企法务合规负责人，对政府监管、刑事风险、跨境合规、企业需求等方面有独到的理解。

同时，方达在业务领域上注重跨法域人才的引进，组成了一支兼具国内、境外合规经验的团队，有别于其他律所国内团队、海外团队各自建设的情况，使方达的团队更具凝聚力。

“合规是个舶来品，需要律师具有国际视野，这意味着合规律师既需要帮客户应对中国的执法监管，也需要帮助中国企业应对全球监管，建立同时符合国际标准和中国特色的合规应对体系。”合伙人尹云霞说。

方达前瞻性地意识到合规及政府监管作为新型法律业务对于人才有更专业、更多元的要求，2020 年将合规组和反垄断组合并成立单独的“合规及政府监管”部门，由主任韩亮和尹云霞共同担任大合规部门的联合负责人。

目前，方达的合规业务专注于政府执法的高频领域，包括反垄断、反腐败、数据、出口管制、环境、金融证券、刑事和行政执法等。近年来，方达在反垄断、反腐败、数据合规领域稳居领先地位，在数据、出口管制等新兴领域也紧跟客户需求配备相应的专业人员，为客户提供全方位的合规专业服务。

二、金杜：精准定位客户需求

金杜是内资所中最早发展合规业务的律所。2007 年，在与美国律所的合作中，合伙人刘海涛认识到合规业务存在的重要性，当即着手合规团队的筹建。很快，一支在争议解决基础上发展起来的合规团队出现在人们视野中。

建立之初，金杜的合规团队主要从事海外反腐领域，在与美国各知名律所合作的过程中慢慢积累了海外反腐败领域的业务经验。到2013年葛兰素史克案件爆发后，刑事法律合规越来越受到重视。自此金杜将刑事辩护业务与合规团队合并，并在团队中吸纳了多位资深检察官、警官加入，以便为机构客户、公司高管等提供更全面的刑事法律服务。刑事法律合规也成为金杜合规业务中的一大招牌。

目前，金杜的合规业务涵盖了反贿赂、反垄断、金融市场监管、税务、海关贸易、数据与隐私保护等全方位的业务领域。在税务、数据保护、环境法、劳动法、反腐败、反垄断等众多领域中，金杜也是钱伯斯第一梯队的“常客”。

谈及合规专业团队的建设，刘海涛认为，金杜内部明确的专业分工是建设律师专业形象和声誉的基础和保障。

“非专业领域的合伙人通过与客户沟通，既为该案件确定最合适的律师团队，也保证了律师在某一专项领域拥有持续的、专业相关性强的案子，这就为律师专业形象和声誉的打造提供保障，同时也为律所内部跨领域合作提供专业支持。”

由市场部的专业人员对客户需求进行分类，于金杜的律师而言，首先是有了持续不断的同类案源保障。这既能够确保律师在业务办理中的专注度，也使其在反复办理同一领域案件时实现纵向的专业知识与业务技能拓展，从而建立律师在该领域的专业声望。

在面对合规这么一个庞大的业务领域时，明确的专业分工，使金杜能够根据客户需求、特点组建项目团队，以满足客户跨领域、多层次的合规需求。全方位的合规业务领域为此提供了专业支持。

三、环球：重点领域的合规团队建设

环球于2012年开始筹备合规团队的建设，致力于多领域的合规业务发展。也正是因为较早关注到企业大合规业务的发展趋势，环球合规业务领域的覆盖范围更为广泛。

自合规团队成立至今，超过百位客户的服务经验使环球的合规服务远远超越了反商业贿赂、竞争法、环境保护法等基础类别。质控[1]、生产安全、互联网安全、数据保护、隐私保护、知识产权等领域的合规业务也在不断发展。环球在医事法、银行金融领域环球更连续多年稳居钱伯斯律所榜单中的第一梯队。反腐败、公司调查、数据安全等领域也有不俗的表现。

数据安全作为大数据时代下各行各业普遍关注的焦点，是各律所着力发展的领

---

〔1〕“质控”指为使产品、服务等达到规范或相应质量要求而采取的一系列措施。

域之一。环球同样将数据安全领域的业务作为合规业务发展的对象。专注于数据合规的合伙人孟洁、知识产权领域的合伙人桂佳均在 The Legal 500 榜单 TMT 领域获有不凡的成绩。

环球在合规业务的设置上采用“大合规”的理念，合规部门目前设置了反腐败、反垄断、海关与贸易、网络安全与数据、刑事合规等业务完整的细分领域。但同时，环球并没有计划用平铺合规业务的方式无限扩大合规业务，而是在业务上对不同细分领域采用统一标准的“方法论”给客户提供整体合规解决方案，并在团队整合上将不同细分领域的团队整合成一个有机的合规业务团队。

此外，环球还深入参与政府和行业机构合规立法和标准制定，致力于推动整个合规行业的发展。

四、中伦：多领域建设的大合规

2014 年，中伦首先在政府监管领域开始合规团队的建设。随着合规边界的不断延伸，其他领域的合规业务也相继出现。在业务构建上中伦逐渐采用“大合规”概念，但团队上以区别于其他律所的“合规组”的形式实现多领域的跨部门合作。

“合规不再是一个团队和若干个律师的问题，每个部门都需要加强合规意识。”谈到中伦的合规团队时，合伙人高俊如此说道，“合规业务组在人员和业务方面带动合规业务，在领域内形成相对的业务重点和热点，以此去带动整个事务所法律服务和服务链的全面提升”。

尽管组织“大合规”业务机制是目前的趋势，但高俊认为，在组织架构上成立“包罗万象”的大合规部门并不现实：“合规业务的开展更多靠机制而非组织架构，在服务的过程中组建团队。”这样的业务办理模式也确保中伦可以持续为客户提供完整的一站式服务。

目前，中伦已建立起包括反垄断、数据合规、TMT、贸易合规、环境合规、劳动合规、刑事合规、海关合规等领域在内的“大合规”机制，并取得了丰硕的成就。近几年，高俊的跨境合规业务一直稳居钱伯斯、The Legal 500 等国际榜单前列。

此外，反垄断领域的合伙人吴鹏，数据合规及 TMT 领域的合伙人陈际红，刑事合规领域的合伙人王峰，劳动合规领域的合伙人朱叶萍、段海燕，海关贸易合规领域的合伙人徐珊珊，贸易禁运领域的顾问张国勋等均是中伦合规队伍中的佼佼者。

在最新公布的钱伯斯榜单中，中伦在反垄断、反腐败、劳动法、知识产权、通信媒体等领域均获得较高律所评级。

“目前合规还在探索它的边界，中伦也会持续关注合规领域出现的新热点。”高俊说。

五、海问：专业互融的合规业务团队

以客户需求为导向是海问合规业务发展的核心驱动力。海问初创时专注于证券法律业务的发展，也因此积累了大量合资券商、跨国公司、大型国资及民资企业等客户。随着客户合规需求的增多，海问的团队在诸多领域逐渐积累起丰富的经验。

近些年，海问越来越重视合规业务的开展，近期更迎来专注于合规业务近十年的杨建媛作为合伙人加盟，增强了海问在合规与政府执法领域的团队实力。在2020年公布的The Legal 500监管合规领域榜单中，杨律师凭借数据合规、反腐败领域的成就被评为“明日之星”。

谈及海问合规业务的配合，杨建媛深有体会：“合规是高度专业化的业务板块，在服务思路、人才培养等方面均颇具特色。海问的律师在合规业务方面已形成事实上的协同。客户需求日渐多元且纵深，如何高效地提供恰如其分的整体解决方案是非常值得探索的问题。”

基于前述市场环境，海问的合规业务及合规部门在不断整合及壮大。对合规业务的发展，合伙人傅鹏认为，当前律所在合规这条业务线上面临的最重要的问题是能否将各部门、各领域的同事整合到一起，其中合规领域的牵头合伙人往往承担更为重要的责任。

“把合规业务和合规领域的专业能力整合到我们其他的业务线中，使各领域的同事更多参与到具体合规问题的解决中，是我们当前的做法。”傅鹏说。

在具体项目中，海问将其税务、劳动人事、反垄断、知识产权等专业化团队的资源，与合规部门的力量进行整合，协调各团队协同工作，以“合规”作为服务主线，覆盖客户各方面的需求。

现阶段，海问也在推动合规领域进一步向规模化、专业化方向发展。以数据合规业务为例，不同业务场景、数据处理方式对法律适用的影响巨大，海问律师对此提出先钻研行业、再做法律专家的思路，重视跨界能力的培养以适应合规业务的发展需求。

结语

五家律所的团队在数据、海关、贸易等领域的合规都呈现了颇具倾向性的发展，在劳动法、环境保护等领域也存在不同程度的重视。这变相显示了当下时局变动对于合规的影响。

近些年来，科技的发展日益凸显数据保护的紧迫性；频繁的政治冲突、贸易摩擦也使企业更加审慎地处理海关、贸易、知识产权等领域的事务；当应对气候变化日渐成为全球性话题时，不断收紧的环境监管政策也成为部分企业在发展中必须应对的问题。

那些把握先机的专业领域“领跑者”*

金玥瑶

中国律师制度恢复不过40余年光景，却见证了许多行业领域的变迁。不少律所都曾经亲历过某些业务领域的崛起，但最终能够把握机会、脱颖而出的，不过寥寥。

这是一场“赛跑”，谁能抢占先机，谁就能在竞争中率先突围，取得先手资源优势。

当新的业务领域出现时，那些抓住机遇的律所，通常在风向显露之时甚至之前就敏锐地找准了方向，与同业竞争者拉开时间积累下的专业差距，成为该专业领域的“领跑者”。

他们是如何做的？

一、君合：涉外领域的先行者

“20世纪90年代初，我们的小时费率就有100~150美元了。”君合律师事务所的创始合伙人之一肖微说道。

在当时，许多律师普遍年收入不到万元，在一些国办所，律师的月工资只有几百元。[1]君合能有这样的收费水平，靠的是准确的业务定位与专业实力。

君合创立之初，恰逢外资涌入中国，外资企业对中国律师的需求节节攀升，但外语能力这一要求就把国内许多律所拦在门外。不过，君合五位创始合伙人中的三位都有海外留学背景，具备国际视野，外语交流也不在话下。

与许多外企接触之后，君合创始人敏锐地发觉，这些企业付费意愿强烈、付费能力充足、服务需求稳定，在初期的几次业务合作中，君合律师就能够收到每小时

---

* 本文首发于微信公众号“智合”2020年12月23日。

〔1〕 据一些早期创所的律所创始合伙人回忆，20世纪90年代，中国律师收入普遍不高。

100～150美元的酬劳。这让创始合伙人们意识到——涉外这碗“饭”，前景足够光明。

就在涉外业务开展得如火如荼之际，第一个大型涉外投资合同——平朔安太堡露天煤矿项目却差点儿花落别家。这是当时世界最大的露天煤矿项目，但非国办所的君合并不在服务机构名单上。肖微等创始人凭借专业的服务精神和良好口碑，打消了客户对“个体户”的疑虑，成功拿下项目。[1]

平朔安太堡露天煤矿的项目让君合在创所头两年就名声斐然。在北京和平宾馆19层，全自动化的办公用品、人手一台的计算机、敲打键盘的嗒嗒声……[2]一时间，君合成为中国律所发展水平的象征，每当有外国律所律师来京访问，总会被带到君合参观。

1993年，君合开始大力招聘海内外优秀人才，并给予丰厚的利润保障，涉外业务也真正成为君合的业务重心。1994年，君合全所立案257个，涉外业务为192个，占74%，代理外方的业务178个，占70%。[3]

也许是海外求学的经历拓宽了决策者的眼界，除了在涉外业务上处于领跑地位，君合还将战略眼光放到中国之外，成为海外办所的先行者。

“中国对美国不但出口商品，现在开始出口律师了。”让《华尔街时报》发出这样感慨的，是1993年设立的君合纽约分所，这也是司法部特批的中国律所在海外设立的第一家分所。君合合伙人周晓林在那年取得了纽约州执业律师资格和美国联邦地区法院出庭律师资格，让君合有机会直接亮相海外。

同年9月，君合还设立了国际业务部，专门为外国法人实体及其在华利益实体服务并从事相应开发工作。[4]

二、海问：资本与证券市场的亲历者

“我们大概有一个礼拜没怎么睡觉，从早到晚跟外国人谈判。我当时带着特重的东芝电脑，何斐带着四通打字机，晚上住的地方只有洗手间能插两个电源。我们就把长条案搁在洗手间门口，我在里头，他在外头，谁也见不着谁。通宵赶稿的时

---

〔1〕参见吴剑霞、蔡凡、毛姗姗：《［中国律所40年］君合：一体化大所的稳健与创新》，载微信公众号“智合”2020年7月16日，https://mp.weixin.qq.com/s/ajKjzTlz1ju8EPvH6BaQhA。

〔2〕参见兰心：《1993－1994·君合记忆》，载君合网2014年11月1日，http://www.junhe.com/humanities/114。

〔3〕参见吴剑霞、蔡凡、毛姗姗：《［中国律所40年］君合：一体化大所的稳健与创新》，载微信公众号“智合”2020年7月16日，https://mp.weixin.qq.com/s/ajKjzTlz1ju8EPvH6BaQhA。

〔4〕参见吴剑霞、蔡凡、毛姗姗：《［中国律所40年］君合：一体化大所的稳健与创新》，载微信公众号“智合”2020年7月16日，https://mp.weixin.qq.com/s/ajKjzTlz1ju8EPvH6BaQhA。

候经常说着说着，那边没动静了，一看何斐已经累得睡着了。”回忆起这段为第一个 B 股项目准备承销协议的时光，海问律师事务所创始合伙人高西庆充满感慨。

1990 年年末，随着上海证券交易所和深圳证券交易所的成立，中国资本市场迈出历史性的一步。不过，在当时，资本市场的建设主要靠学习借鉴境外的成熟经验。因此，想要进入资本市场大显身手，必须掌握公司证券法律基本知识，且拥有过硬的外语能力，甚至具备海外公司证券法教育背景或者境外资本市场实操经验。

时代的滚轮将留学归来的高西庆、何斐等海问创始合伙人一起推到了资本市场的潮头。作为被誉为“中国证券市场的白皮书”的《关于促进中国证券市场法制化和规范化的决策建议》的撰写人之一，高西庆发觉国内几乎还没有律师研究资本市场，尤其是发行这个领域。参与国内资本市场建设的念头悄然萌生。

就这样，1992 年，一家最早专注于企业股份制改造、证券发行上市的律师事务所——海问诞生了。创立初期，海问的律师利用其已有的资本市场法律知识和曾参与中国证券市场研究设计的经验，向客户提供全方位的改制上市服务，早期的代表项目包括青岛啤酒、仪征化纤、庆铃汽车等企业的改制及境外上市，沈阳金杯汽车的规范化重组及上交所挂牌等。

中国资本市场迎来的巨大发展，为海问律师成长提供了机遇和环境。短短几年间，海问在资本市场创造了很多的“第一”：第一批 A 股的发行及上市项目，第一个 B 股发行及上市项目、第一个 N 股发行及上市项目、第一个 L 股发行及上市项目，第一个中国发行人美国存托凭证（American Depository Receipt，ADR）项目……在海问协助第一只 H 股——青岛啤酒在港交所成功上市后的数年里，赴港上市的近半数项目中亦活跃着海问律师的身影。

谈起律所甫一设立就走在行业前列的优势，海问资深证券业务合伙人刘速认为，海问的主要竞争优势是“先发优势”。“正是因为‘先发’，使海问有机会更多地参与项目实战和规则制定。丰富的实战经验与心得，也使海问有机会参与更多法规或规范性文件的草拟、讨论和征求意见中。海问律师对相关法律和规则的理解与把握更为精准，反过来可以更好地应用于为客户的服务，从而形成良性循环。”

2000 年 4 月，新浪在纳斯达克上市，海问作为承销商律师亲历并参与了 VIE 架构的酝酿和产生过程。受政策制约，新浪需要将中外合资企业中涉及互联网信息服务的资产和业务进行剥离重组。同时，境内自然人持股的红筹公司在国务院“97 红筹指引”是否适用问题上也存有疑问。

在凯宾斯基饭店一个不大的会议室里，刘速与发行人及其律师团队挤在一起讨论重组方案和“VIE 协议”。经过大家昼夜不休的不懈努力，重组后禁止外商投资的业务进入新设的内资公司。而新浪公司及其在境内控股的外商投资企业与新设的内资公司仅保留以协议为基础的合作关系。

这一项目不但成为此后互联网企业海外上市的“模板”，也让中国证监会意识到，不能把国务院“97 红筹指引”作为将“小红筹”企业境外上市纳入审批监管的当然依据，并参考本项目经验出台了相关政策。

行而知之，海问用扎实的项目质量保持业务竞争力，与其他的市场参与者共同见证中国资本市场的发展。

三、中伦：房地产变迁的见证者〔1〕

“这是一笔值得做的业务！”中伦律师事务所创始合伙人张学兵说。

张学兵口中的这项业务，指的是拿到北京市外销商品房第一个许可证的房地产项目——北京市方庄小区商品房外销项目。

20 世纪末，中国房地产市场正处在一个迷茫、混沌的关键转折期。虽然中央很早就开始推进住房商品化的试点工作，但由于福利分房长期存在，“等国家建房，靠组织分房，要单位给房”的观念深入人心。市场经济的浪潮汹涌而来，住房制度改革难成为扎在大家心头的一根利刺。

1991 年 11 月，《关于全面进行城镇住房制度改革的意见》下发，明确了“住户通过买房或租房取得住房的所有权或使用权，使住房作为商品进入市场”的目标。此举在推动房地产行业与市场经济接轨的同时，也让许多投机者闻风而动。商品房交易市场看似向好的背后，仍存在诸多交易乱象，寻求律师帮助的客户也越来越多。中伦敏锐觉察到其中的机遇，创所之初就把房地产作为首要攻坚领域。

市场放开后，在开发商尽早回笼资金的需求催动下，商品房预售制度应运而生，“钱货两讫”的传统观念又一次被打破。购房者交钱却不见房，开发商又难以让购房者信服，能否让双方吃下“定心丸”，全看房地产律师是否有真本事。但具体要如何操作，中伦律师也尚无经验。

一筹莫展之际，一个“良机”给律所的发展指明了方向。1993 年，北京市方庄小区的部分商品房计划外销香港地区，但在当时，香港居民对于在京购房颇有疑虑。凭借在房地产领域的良好口碑，中伦经开发商举荐，与香港地区律所展开合作。在得知这个消息时，张学兵立刻意识到——属于中伦的机会来了！

香港地区的商品房预售市场较为成熟，这让中伦律师有了“取经”的对象。

〔1〕 中伦部分事实素材来源于申欣旺所著《中伦的秘密》（中信出版社 2013 年版）一书。

在项目合作过程中，中伦律师积极吸收先进的法律服务模式，合作律所也愿意倾囊相授，具体到如何操作、需要注意哪些事项、中间存在哪些风险，甚至包括如何收费。这让中伦快速上手了第一单外销商品房法律服务项目。凭借这单项目积累的业务经验，中伦在起步阶段的开拓市场能力有了极大提升，房地产业务自此成为中伦不可撼动的基石。

2000 年前后，房地产法律服务市场有了新的变化，客户开始向小型个体、民营企业倾斜，与此同时，非诉业务所占比重攀升。即使房地产已经成为律所的王牌业务之一，中伦也不愿躺在"功劳簿"上，而是向外延伸法律服务的边界，对内进行业务的交叉、细分，纵向建设专业化部门，横向连接行业小组，培养"行业律师"，以求更好地服务于不断变化升级的市场需求。[1]

这一期间，中伦不仅为华润、中国国际电力、中信、武钢、中石油等大型国企，SOHO 中国、大连万达等龙头地产民营企业及国际地产投资企业提供法律服务，更是延伸到大型综合性文旅产业，上海迪士尼主题乐园、北京环球影城乐园、上海梦工厂乐园等项目的顺利开展都离不开中伦律师的高水准的专业服务。2006 年，中伦被聘为上海迪士尼乐园项目唯一的中国律师顾问，经过超过五年的努力，圆满协助中方完成了签约项目。

四、君泽君：金融衍生品领域的探索者

"衍生品是虚拟的金融产品，交易的是基于名义本金计算的基础资产或挂钩资产的价值波动收益或价值波动的风险，是商品和金融市场常见的风险控制工具。"君泽君律师事务所创始人陶修明深入浅出地讲道。

20 世纪 90 年代之前，中国经济比较简单粗放，在大众理解里，"律师"就是打官司的代名词。直到经济发展起来，各行各业逐步开始细分后，许多律师才跳出传统民刑诉讼，把视线放到其他业务领域。其中金融衍生品业务是专业门槛比较高的一个细分领域，而业务收益相比其专业复杂性和难度却相形见绌，许多律师因一时兴起介入，又匆匆离去。不过，陶修明律师却始终坚持其中。

陶修明律师与金融衍生品结缘于 90 年代初。当时国内所谓的金融业务，基本只是贷款融资之类的传统业务。因某种机缘巧合，陶修明从其合作的外国律所那里接到一份关于衍生品的问题清单，清单上的内容不仅超出了他这个法律人的知识范畴，甚至连其学国际金融的同学也觉得一头雾水，因为，对法律人而言，这类金融

〔1〕 参见乔文骏：《坚守与前行》，载《中伦视界》2013 年第 9 期。

业务是完全陌生的，而对金融人而言，其中的问题又都是英美法法律问题。

这反而激起了陶修明律师的兴趣，从此他便坚持钻研其中，先是无师自通地逐步理解金融市场体系和业务，特别是金融衍生品的基本属性和功用，然后结合其对法律原则的深透理解，最终形成对此类业务问题的思路、观点乃至框架。

短短数年间，陶修明和其律师伙伴涉水前行，不断挖掘金融市场的发展潜力，将包括金融衍生品在内的若干金融市场业务领域的法律服务发展成君泽君的特色业务，常年为境内外各类金融机构提供大量的法律咨询和分析意见，还持续多年为多家国际金融行业协会出具有关中国法域的年度报告。“我们从 90 年代初就开始做衍生品法律服务，几乎是国内做得最早的，几乎给全球各大金融机构都提供过相关服务。”

“**有一点前瞻性和预见性，明确定位，专注坚持**。”这是他认为律师保持和提升自身专业能力的基础。

2008 年全球金融危机之后，中国政府意识到，与当时国际金融市场创新过度、监管不足相比，国内金融市场的问题是创新不足，于是开始着力推进市场创新工作，其中一个亮点就是中国人民银行下属的银行间市场交易商协会（National Association of Financial Market Institutional Investors，NAFMII）主导推动的中国本地金融衍生品交易等主协议文本体系建设和相关产品创设工作，陶修明代表君泽君律师事务所亦积极参与其中。通过结合国际市场经验和技术，最终逐渐形成一套适用于国内市场交易的标准文件模板，为国内金融衍生市场的发展打下了坚实的法律文本基础。

这也是为什么，提起金融衍生品，君泽君的陶修明总可以滔滔不绝、娓娓道来。

五、方达：TMT 行业的开拓者

TMT（Technology，Media，Telecom）行业，很难明确说出它兴起的时间点，其出现和发展是一个浸润到日常生活方方面面、跨度极大的过程。媒体和通信成熟时间较早，TMT 的 telecom 和 media 的兴起早于 technology/internet，但市场化的动力起到更大作用的是后者，尤其是世纪之交互联网产业的推动。

据方达律师事务所合伙人、TMT 组负责人周少枫律师回忆，20 世纪 90 年代末，三大互联网门户网站——新浪、网易、搜狐的创立，算是互联网蓬勃发展的初始阶段。随后，TMT 作为一股新兴力量逐渐进入大众视野。新市场的成形意味着更多的投资机遇，方达就是最早一批接触该业务的中国律所之一。

无论是滴滴出行与快的、优步中国的合并，还是阿里巴巴集团先后收购饿了么、苏宁易购、网易考拉、高德地图、网易云音乐，抑或是分众传媒37亿美元的私有化交易和A股市场借壳上市交易……这些交易的背后均有方达的身影。蚂蚁金服、滴滴、字节跳动等大家耳熟能详的知名企业都是方达的客户。

在周律师看来，方达能够得到客户的青睐，与律所初期扎实的涉外业务及其带来的客户基础密不可分。VC可以说是TMT行业蓬勃发展的推进器，当时能做VC、PE业务的中国律所并不多，因此，当国外的一些VC、PE进入中国市场时，在业内拥有良好口碑、业务能力突出的方达自然成为首选合作对象。

2000年开始，方达已在TMT行业积累了大量经验，占据先手优势。方达TMT团队的成员很多拥有在外所执业或知名风投公司工作的经验，拥有中美两地的执业资格。扎实的基本功和开阔的国际视野，让其能够从不同角度了解客户的实际需求。

如果把TMT团队的业务能力比作方达TMT业务的“机头”，那么律所内部协同合作的其他团队，就是这架飞机无可替代的“机翼”。一家互联网企业所需要的全部业务环节在方达都能找到专业团队与之对应。这种协作并非一成不变，当客户需求出现时，方达也会积极在市场上吸收新的合伙人，以便为客户提供更全面的法律服务。

“当我们在做一项TMT业务的时候，方达给我很踏实的感觉。我知道当遇到自己不熟悉的领域时，在律所内就能找到市场上可以找到的最强团队的支持。”周少枫说。

近年来，TMT热潮再度涌现。面对未来更大的挑战和机遇，方达也在探索新兴市场，借助科技工具，在保证服务质量的前提下，提高服务客户的效率。今年疫情期间，方达TMT组牵头开发并推出了VC Express系统，能够极大提升工作成效。

六、阳光时代:“碳中和”的追梦者

若是问起2020全球年度热词，“碳中和”当居高位。在中央经济工作会议上，“做好碳达峰、碳中和工作”成为2021年8项重点任务之一。这个对于大多数律师来讲全然陌生的概念，对于阳光时代的律师而言，却是他们潜心深耕了十几年的领域。

2005年，《京都议定书》正式生效，清洁发展机制（Clean Development Mechanism，CDM）引入中国。彼时的阳光时代还专注于能源电力，某天，报纸上的一则消息偶然引起了律所主任陈臻的注意——若是发展可再生能源、参与到 CDM 交易中，不仅能够带来环境效益，还能从发达国家获得一笔可观的额外资金。

能源与环境相互影响，是可以实现共赢的，陈臻敏锐察觉到其中的重要性，带着律师四处学习 CDM 相关的知识，在实践中不断摸索。阳光时代成为全国最早涉足 CDM 项目领域的律所，在此过程中也重新明确了自己的定位——致力于成为能源、环境领域最懂行的律所。

CDM 交易的繁荣并未持续太久，随着《京都议定书》第一承诺期届满，CDM 市场规模急剧萎缩。几乎在同一时期，全国 7 省市的碳交易试点开始，阳光时代顺应形势，凭借过往 CDM 项目积累的经验，打开了国内碳交易法律服务市场。

2015 年，阳光时代成立环境资源业务部，成为国内鲜有的将环境资源业务单独设一个部门的律所。当时的气候变化领域并不被看好，客户不愿找律师，也没有相应预算，市场潜力并不乐观。面对质疑，陈臻却坚信，“法律服务同样应当在‘绿水青山就是金山银山’中有所作为”。

阳光时代合伙人、综合智慧能源事业部负责人董储幸是国内较早从事碳交易法律服务的律师，曾协助客户开发全国首个钢铁行业碳资产托管业务。在他眼中，陈主任在应对气候变化领域的布局上充满魄力。“当时还看不到十分明朗的前景，但阳光时代是将应对气候变化法律服务视为履行社会责任的一部分，同时，阳光时代的律师们也在身体力行。”

除了碳排放权交易，阳光时代对绿色电力证书交易、用能权交易等都开展了一系列的研究。2017 年 7 月，全国绿色电力证书自愿认购交易正式启动，阳光时代在第一时间购买了 5 万千瓦时的绿色电力，成为全国第一家 100% 使用绿色电力的律师事务所，相当于减排二氧化碳 3.8 万千克，起到了良好的示范带头作用。

目前，律所在应对气候变化的“适应”和“减缓”方面同时发力。一方面，是帮助控排单位参与碳交易等市场机制实现节能减排，节约用能、提高能效；另一方面，是为绿色金融项目开发提供服务，包括以各类金融产品和工具助力可再生能源发展，以控制并降低碳排放，同时积极参与金融机构绿色投资评估工作中。

“得益于阳光时代过去十几年来 CDM 法律服务积累的大量实务经验及交易文本的梳理和总结，新团队快速掌握了碳交易法律服务的基本技能。”董储幸现担任上海环境能源交易所能力建设特邀讲师，他所在的综合智慧能源事业部通过“政策研究”“平台渠道”“企业跟踪”“业务开发”四轮并进，继续开拓应对气候变化法律服务的市场。

阳光时代合伙人、投融资业务部负责人周安杰，面对 2030 年风电和太阳能发电总装机达到12亿千瓦的目标的市场机遇，研究运用多种投融资模式工具，以盘活可再生能源存量项目、推动增量项目建设，助推国内能源结构调整优化，从源头上减缓碳排放，忙得不亦乐乎。

同时，阳光时代充分发挥团队在环境领域法律和咨询服务的经验，积极参与金融机构绿色投资评估工作，支持金融机构借鉴国际多边金融机构的经验，在境内外建构绿色金融评估体系。“我们的先发优势在于十余年环境领域法律和咨询服务所积累的经验，只有真正懂环境领域专业的律师参与其中，才能够为客户提供丰富且有效的绿色风控和咨询服务，而大部分金融机构的律师对此关注不够。”周安杰说道。

“初心不改，匠心不灭，坚持专业化道路。”十几年坚持不动摇地扎根在应对气候变化这一小众领域，而今阳光时代终于迎来了“碳中和”的发展机遇，实现为中国能源与环境事业的发展贡献一份阳光的理想。

结语

在时间的赛道上，先机就意味着主动权。有人见一叶而知秋，在“机遇”之风刮来之前，就准确调整了方向。

40年来律师行业潮起潮落，机会只留给有准备的律所。所谓的占据“天时”，不过是前瞻性的战略眼光，再加上被目标驱策不断向前的决心。

在下一个风口到来之前，谁能把握风向，顺势而为，成为踏浪而行的“领跑者”？

聚焦七大核心业务，这类律所市场需求激增*

宁思甜** | 智合研究院

汤森路透对于美国律所的业务集中度进行调研，并对比了业务分散的律所与业务集中的律所在工作效率、业绩上的表现。本次调研中“业务集中的律所”指的是将50%及以上的工作时间集中于单一业务领域的律所。

此次调研的156家律所中，有35家被归为“业务集中的律所”，其中20%是Am Law 100律所，31.4%是Am Law 101－200律所，48.6%的律所属于Am Law 200以外的中型律所。

一、聚焦于7类业务，半数以上律所专注诉讼

从业务类型来看，这35家律所聚焦的业务领域各不相同，主要涵盖7种业务类型。其中，54%的律所将其工作重心放在诉讼业务上，17%的律所专注于劳动与就业，9%的律所专注于专利申请业务，其余律所专注于公司法（8%）、房地产（6%）、专利诉讼（3%）、保险（3%），详见图1。

---

* 本文首发于微信公众号“智合”2020年4月26日，摘自《聚焦七大核心业务，这些律所需求激增；ALB十五佳TMT律师公布；2019年股权资本市场法律顾问排名公布 | 一周律所动态》。

** 宁思甜，智合研究院研究员，专注于中外法律服务市场方面的研究，参与撰写多篇律师行业分析报告及行业观察文章。

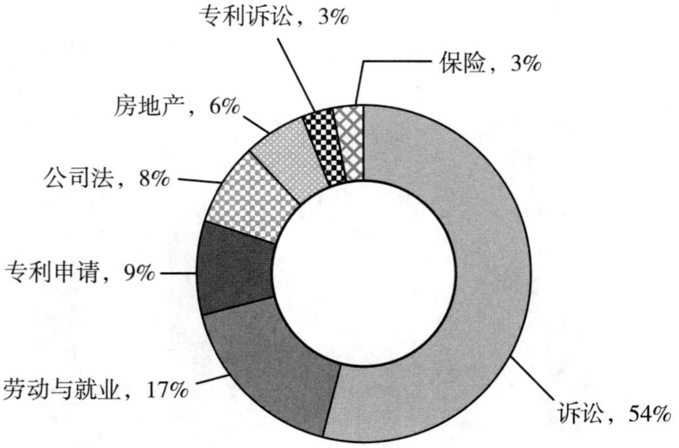

图1　业务集中的律所的业务类型分布

资料来源：汤森路透。
制图：智合研究院。

二、业务集中的律所市场需求增长率更高

从2019年业绩表现来看，业务集中的律所平均市场需求增长率为2.9%，远高于业务分散的律所0.8%的市场需求增长率。从律师费率增幅来看，业务集中的律所也比业务分散的律所要高。

2017～2019年，从每位律师的月度计费时长来看，业务集中的律所比业务分散的律所要高。2019年，前者的每位律师月度计费时长比后者高出4小时，从全年来看，前者每位律师的计费时长就比后者多出48小时/年，也就是说，业务集中的律所中，每位律师每年都将多赚整整一周的工作收入。

调查显示，这35家业务集中的律所平均拥有312名律师，每位律师的小时费率为496美元。不考虑其他因素，4个计费时长/（月·人）的优势，每年将为业务集中的律所带来740万美元以上的收入。

三、业务集中的律所招聘支出增长率较高

从招聘支出的增长率来看，业务集中的律所比业务分散的律所要高。这表现业务集中的律所加大了招聘人才的投入力度，也在一定程度上反映了他们对于行业内具有专业知识的高端人才的重视程度。

在三个市场层级中，排名100～200名律所中业务集中的律所的招聘支出增长率最高，达43.2%，但与业务分散的律所32.7%的增长率相差不大。而在其他中型律所中，业务集中的律所的招聘支出增长率比业务分散的律所的增长率高出

25.9%，详见图2。

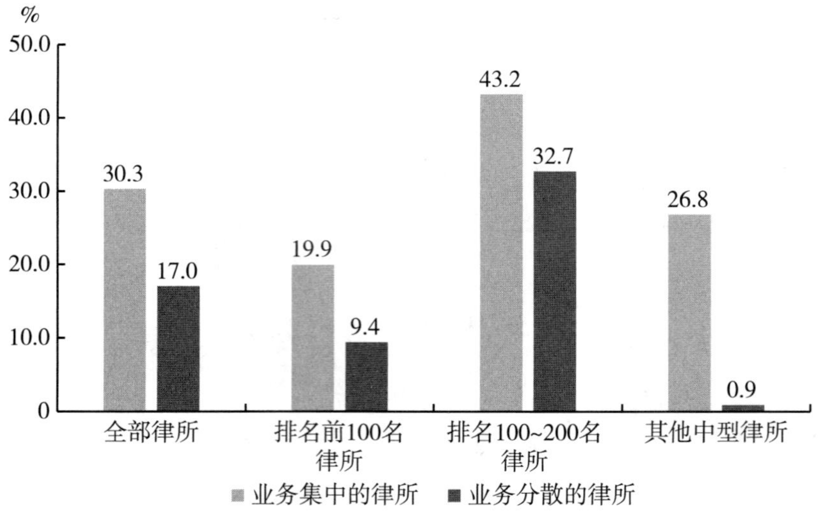

图2　律所招聘支出增长率对比

资料来源：汤森路透。

制图：智合研究院。

相比之下，业务集中的律所在市场需求、工作效率、律师计费时长上有更强劲的增长，在某些方面比业务分散的律所更具优势。

调查显示，客户或许更倾向于选择精通于某一业务领域的律所，而不是在多个领域均水平相当的律所。

增速放缓、同行竞争，这8家律所将去向何方？*

张宏妹** | 智合研究院

2020年，伴随席卷全球的新冠肺炎疫情，中国律所普遍面临因防疫、经济政策的部署而带来的挑战。这种挑战是否动摇了律所对未来发展的信心？

《亚洲法律》杂志（以下简称ALB）在10月发布的中国法律服务市场调研显示，64%的受访律所认为，相较于2019年，2020年律所的预计利润将会减少，50%的律所认为权益合伙人人均盈利将会同时减少，详见图1、图2。

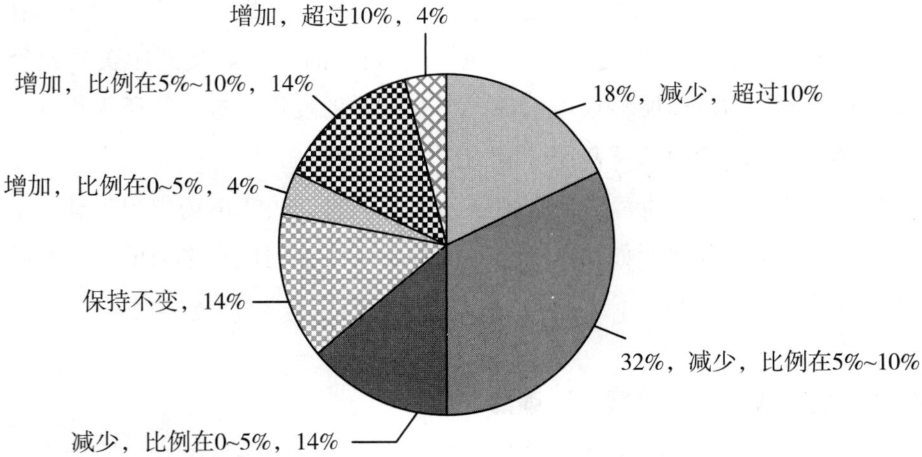

图1　2020年预估律所利润变化

* 本文首发于微信公众号“智合”2020年11月13日。

** 张宏妹，智合研究院编辑，曾参与智合多个重要访谈、调研项目。

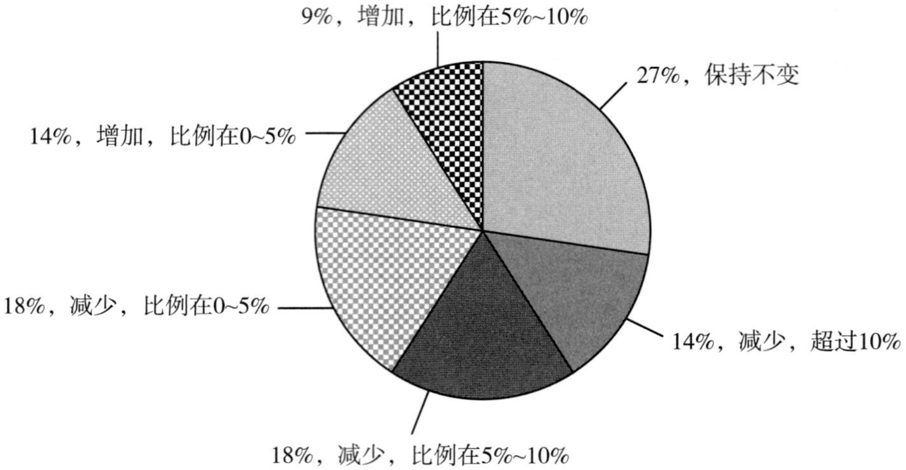

图 2　2020 年预估合伙人人均盈利变化

律所创收是评价律所营收情况的一个重要指标，与律所规模、案源、业务能力有密不可分的关系。其中，受外界因素影响最为明显的，当数案源。

受访律所如此审慎的预估反映了法律市场面临的整体业务量增长放缓的趋势。

金杜、君合、海问、方达、中伦、竞天公诚、环球、通商，这 8 家律所作为中国拥有一线法律服务水平的老牌律所，也面临同样的问题。受到中美贸易摩擦影响，涉外业务体量的增速明显放缓，加之时有反弹的疫情，这些律所无论在业务量还是创收方面都面临增速减缓甚至下降的压力。

此外，法律行业中新生势力显现出强劲的竞争力，法律市场中顶尖律所的行列在不断扩充。中国老牌律所如何保持自身优势，又将如何应对未来的挑战？这可能影响中国的法律市场格局。

一、疫情冲击，涉外业务“震感”强烈

涉外领域当属受新冠肺炎疫情影响最大的领域。由于实地考察、跨境沟通的需要，出差是涉外律师在业务办理中必然面临的情况。出于疫情防控而颁布的隔离政策、旅行禁令给大部分涉外业务的办理带来困难，跨境投资、境外上市等业务首当其冲。

这种影响在 2020 年第一季度尤为明显。春节期间，近半个月的隔离假期以及各种出行限制，使律所的工作量骤减，一些正在进行的项目不得不搁置。尽管后续随着全国的复工，律所业务开始恢复，但是全球疫情蔓延的态势下，全球商务出行的限制依然是涉外业务办理过程中面临的一大困难。

涉外业务量的减少直接影响律所的业务总量和创收总量。

长久以来，在部分老牌律所中，涉外业务占据了较大比重，甚至成为一些头部律所的核心业务。

尽管各家律所的业务领域向全方位发展，跨境业务的收入在律所总创收中仍占有很大比重。20多年来，8家老牌律所在创收方面取得了巨大的突破，其中境内外IPO、跨国并购等涉外业务收入的增加是一个重要因素。

以君合为例，英国法律杂志《律师》（*The Lawyer*）调查显示，其合伙人的年人均收入从1992年到2019年增长了43倍。如今，涉外业务在君合的业务处理总量中仍占有很大比重。从律所的创收来看，2019年君合的总创收中近2/3来自跨境事务，占业务处理总量的一半。

其他几家律所的涉外业务在所内也占有相当大的比重。因此，涉外业务量的多少直接影响了律所的总创收。疫情蔓延态势下涉外业务量的减少，无疑是影响律所经济增长的重要原因之一。

在涉外业务长期面临限制的风险下，律所也面临两难境地：跨境项目要么放弃，要么推迟。放弃直接影响律所的工作量与业务体量，而搁置则意味着支付的延后，同样影响律所的业务体量。

二、营收增速放缓趋势愈加明显

如果说疫情影响律所的营收增速，那么这绝不是增速减缓的起点。各律所经济发展放缓的趋势从2018年后便已显现。2020年年初的疫情只是加重了经济放缓的趋势。

《律师》杂志曾对中国律所历年的营收情况展开调研。其中，从8家老牌所近5年的创收数据可以看出，2015～2016年各律所创收增速不一，但到2017年至2018年，这8家律所的创收都呈现了明显的增长趋势。以通商为例，其创收增长率2017年为18.6%，到2018年高达54.4%，至2019年则回落至20.5%。

2018～2019年，除少部分律所创收增速小幅上涨，大部分律所的创收增速显现出明显的放缓，详见图3、图4。

2017～2019年，律所创收短期内剧烈波动的原因来自国家宏观经济政策的影响与国际形势的变化。

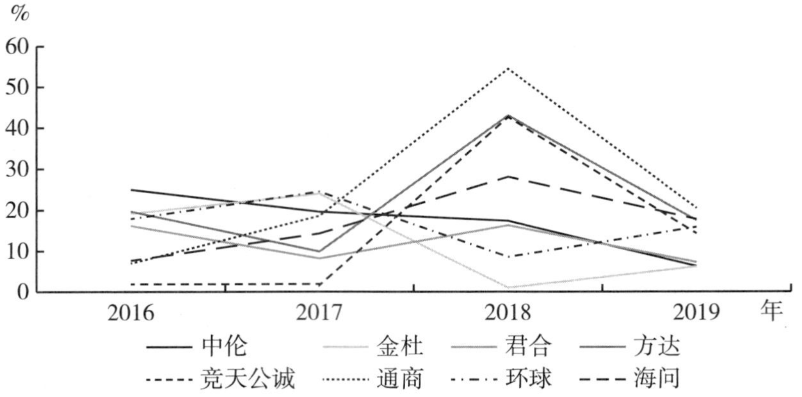

图 3　8 家律所 2016～2019 年创收增长率

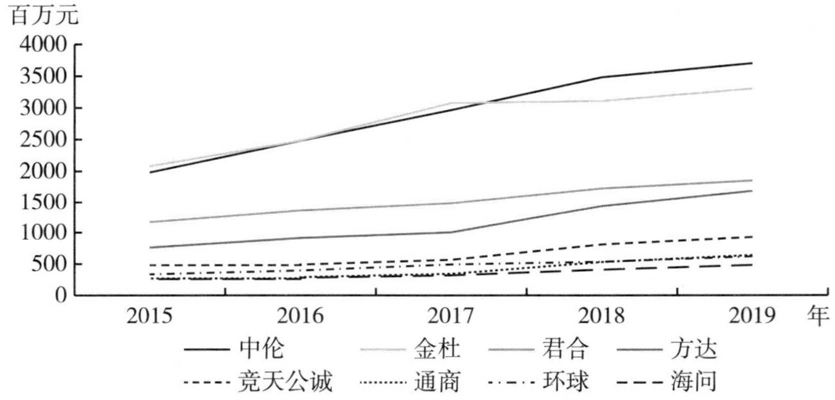

图 4　8 家律所 2015～2019 年创收

以私募股权为例，在国家宏观经济政策的引导下，各行业（尤其针对互联网、科技行业）的投资热潮在 2017 年至 2018 年达到顶点。[1]这 8 家律所中，部分的经济增速于 2018 年达到峰值，很大程度上归功于私募股权领域的投资热潮。

2019 年，随着中美贸易摩擦的不断升级，两国的经济政策给区域的投资环境带来极大的不确定性。在这种态势下，跨境投资、跨境交易业务受到冲击实属必然。

2020 年对律所营收、业务体量的冲击，加重了律所内部营收增长放缓的趋势。疫情之外，美国政府相继对部分中国科技公司实施制裁，如针对微信、TikTok 等的禁令，进一步抑制了对中国科技行业、公司的投资。

政治风向的变化实际上影响了两国之间的双向投资。中国的对美投资，也在持

〔1〕 数据来源于《律师》杂志。

续下降。荣鼎2020年发布的调研报告显示，2019年，中国对美国的直接投资仅为50亿美元，较2016年达到的465亿美元峰值下降了近90%。

同样的趋势也显现在境外上市方面。根据数据公司路孚特的调查，2018年至2019年共有61家中国公司在美国上市。随着美国监管机构对在美国上市的中国公司实施更为严格的审计规则，预计在美国的IPO数量也将减少。

在疫情、国际时局的变化下，8家老牌所在处理受到冲击的业务领域方面面临巨大的挑战。

三、新兴势力的崛起

除了业务上面临的挑战，各所面对的还有同行律所的竞争压力。

尽管从业务体量上看，规模化程度是影响律所收入的一大重要因素，但这项排名也变相说明，法律市场中的同行竞争越来越激烈，详见表1。

表1 8家律所2019年各项数值

律所	2019年创收/亿元	合伙人数量/人	2019年RPP/万元	律师数量/人	2019年RPL/万元
中伦	>30	342	>1000	1403	<300
金杜	>30	366	>1000	767	>300
君合	10~20	214	500~1000	485	>300
方达	10~20	115	>1000	750	<300
竞天公诚	<10	189	<500	360	<300
通商	<10	101	500~1000	238	<300
环球	<10	132	<500	247	<300
海问	<10	53	500~1000	225	<300

注：数据来源：《律师》杂志。

以律师人均收入排名来看，除了这8家律所，其他律所也表现出不俗的竞争力。2019年，天元和汉坤的律师人均收入均维持在250万元上下，通力则超过了300万元。

从合伙人的人均收入来看，汉坤位居首位。近些年来汉坤加强了在争议解决、知识产权、投融资等领域的建设。这种选择受到疫情的波及范围远小于涉外领域，也使汉坤对未来发展充满信心。

此外，其他规模化律所的实力也不容小觑。盈科、大成凭借大规模的扩张与业务发展，其创收总额排名前列。德恒、锦天城、国浩、天元等律所在高端法律服务中逐步争取到了各自的市场份额。

四、未来去向何方？

尽管营收增速减缓的趋势在进一步加强，8 家律所对于未来的发展仍持有乐观态度。这样的乐观源自对中国经济复苏能力的认知。

同时，较之欧洲、美国经济衰退的状况，中国的经济发展环境更加安全。多重因素的叠加，增强了律所对经济恢复、发展的信心。从 ALB 的调研来看（见图 5、图 6），大多数受访者对中国宏观经济的发展持乐观态度。

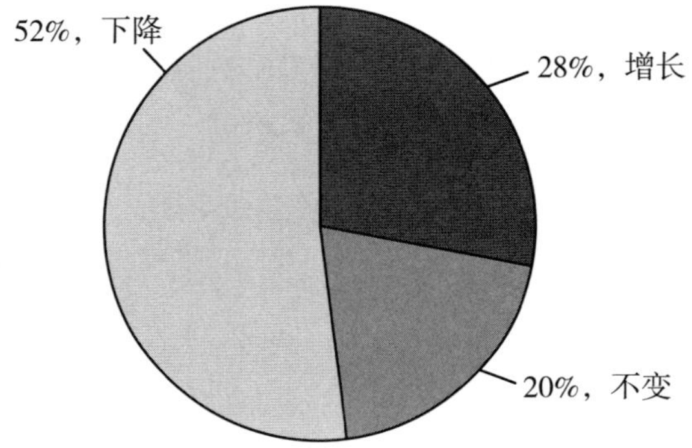

图 5　未来 12 个月经济走势预测

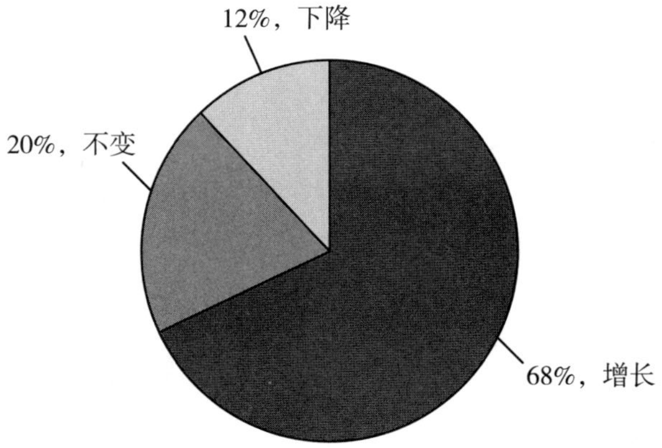

图 6　未来 24 个月经济走势预测

但是，新冠肺炎疫情在全球的蔓延对涉外业务尤其是跨境投资方面仍然具有显著影响。

联合国贸发会通过对全球 5000 个大型跨国公司调研，预测 2020 年至 2021 年间全球外商直接投资（FDI）可能下降30%～40%。中国方面，第一季度FDI同比下降10.8%，但随着后续复产复工，外商对中国的投资情绪也有所恢复。

在这样的背景下，是改变涉外业务的比重、将业务更多聚焦于国内市场，还是继续坚守国际市场、发挥涉外法律服务的传统优势，各律所都要有所决策。

实际上，即便将视野转向发掘国内市场的新机遇，如何提高产出效率、降低成本，也是需要思考的问题。国内客户与外商客户相比具有更高的价格敏感度，而律所方面提供的费率也相对较低。在此基础上，若想保有相同的收益，降低成本、提高单位时间内的生产力是必然选择。

此外，律所仍面临如何率先建立新领域的竞争优势、吸引并留住大型公司客户、转化所内律师团队等问题。8家律所如何处理、应对这些问题，实现平稳过渡，可能关系中国顶尖法律服务市场的未来格局。

行业变革篇

中国法律科技市场：时机到来前，先熬过寒冬*

王振宇**

恰逢诸多江湖豪杰青梅煮酒，遂借本文与诸君讨论。文章篇幅较长，结论先行。

核心观点：

> 行业发展的宏观驱动力不足，难以形成发展热潮。
>
> 市场规模主要集中于G端客户，新冠肺炎疫情加速云法庭建设，新基建进一步利好。
>
> 面向律所的法律科技备受关注，但市场规模过小，生态战略意义大于短期变现意义。
>
> C端市场向G端演变。
>
> B端市场潜力大，但窗口期未到，大型企业内部自研与外部供给并行。
>
> 受市场规模和发展成熟度限制，资本难以大规模进入。

2020年3月4日，境外媒体发布消息称“法律科技创业公司Atrium将终止软件业务，回归泛创业服务”，引起国外法律科技圈诸多关注，亦引起国内法律圈人士的许多讨论。

一家公司的兴衰并不能代表整个行业，毕竟企业经营成败与太多因素有关。但是，在恶劣的宏观环境下，我们有必要重新审视中国法律科技行业的发展。

近年来，全球法律科技公司融资额暴增，大新闻频传。2019年1月，一位名为Valentin Pivovarov的作者在《福布斯》发表文章称，全球法律科技融资2018年已达16.63亿美元。

但热闹都是别人的，国内法律科技行业这两年却十分沉寂，遭受了资本的冷落。笔者不少VC行业的朋友都曾对法律科技行业表示过浓厚的兴趣，但仍是驻足观望，不肯出手。

---

* 本文首发于微信公众号“智合”2020年4月16日。

** 王振宇，巴黎高等商学院MBA。

整个法律科技领域至今只有一家创业板公司，以法院信息化业务为主，另外只有若干传统法检信息化厂商，一家终止挂牌的新三板公司。获得 B 轮融资的公司屈指可数，获得 C 轮融资的公司也仅有一家，详见图 1。

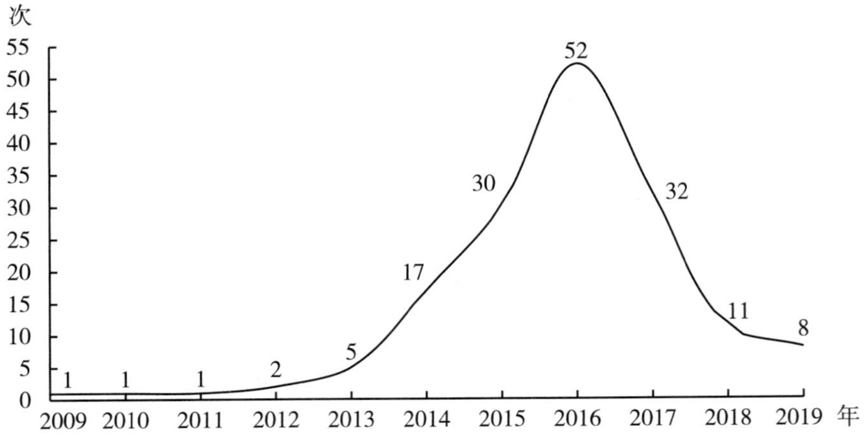

图 1　2009 ~ 2019 年中国法律科技融资事件

资料来源：亿欧。

雷声大，雨点小，热闹非凡却落地困难，究竟为何？本文不分析微观的产品形态和具体需求点，而是试着跳出法律人的思维，从商业角度比较宏观地进行分析，探索国内法律科技发展的迷局。

法律科技的内涵和外延均十分丰富。横向来看，笔者将国内的法律科技行业分为 to G（面向司法系统），to L（面向律所律师），to B（面向商业法律服务需求方，不包括个人），to C（面向商业法律服务个人需求方），详见表 1。

表 1　法律科技行业分类

法律科技行业	to G	to L	to B	to C
政法信息系统	√			
审判辅助系统	√			
律所工作平台		√		
法律数据库	√	√	√	
合同管理			√	
电子签章			√	
AI 合同审查		√	√	
AI 法律翻译		√	√	
AI 法律咨询	√			√

纵向来看，我们可以试着按发展阶段分为信息化、数字化和智能化。信息化是指将业务过程中产生的数据以电子数据的方式存储；数字化是利用数字信息和技术改变商业模式，并提供创造收入和价值的新机会；而智能化则进入 AI 技术的落地应用阶段。从发展顺序上来看，信息化应当是一切的基础。国内法律领域的信息化尚未完成，数字化正与智能化同步展开。数字化需要与行业和业务深度结合，智能化要求更高，需要算法、算力、数据与业务的共同支撑。

一、宏观环境：行业宏观驱动力不足

（一）专项政策少且集中在智慧司法，几乎没有触及商业法律服务领域

2016 年起，国家相继出台了诸多法律科技产业的支持政策。2016 年 2 月，最高人民法院同时发布了《人民法院信息化建设五年发展规划（2016—2020）》《最高人民法院信息化建设五年发展规划（2016—2020）》，提出要在 2017 年年底总体建成人民法院信息化 3.0 版，2020 年年底实现人民法院信息化 3.0 版在全国的深化完善。

2016 年 12 月，国务院颁布了《关于印发“十三五”国家信息化规划的通知》，提出要支持“智慧法院”建设，推行电子诉讼，建设完善公正司法信息化工程；实施“科技强检”战略，积极打造“智慧检务”。

2019 年 2 月，最高人民法院出台了《关于深化人民法院司法体制综合配套改革的意见——人民法院第五个五年改革纲要（2019—2023）》，提出了 65 条具体改革措施，其中有至少 7 条涉及智能化建设。

但值得注意的是，以上政策完全集中于司法领域，几乎没有涉及任何商业法律服务市场。与 AI 医疗、AI 金融、AI 教育、AI 芯片等热点 AI 行业相比，法律领域智能化的相关政策数量仍然较少，且主要由最高人民法院推进，智能产业政策和规划的主要制定者工信部、发改委纷纷缺席。从具体内容来看，政策依然集中在司法领域信息化建设方面，离智能化相去甚远。

因此，从政策角度讲，除了 2019 年中央对区块链应用的关注外，面向商业法律服务的法律科技产业几乎没有享受到专门的国家层面政策支持。

（二）人少案多矛盾持续，商业法律服务市场增量较大，整体行业竞争尚未白热化

自 2014 年至 2018 年 5 年内，全国各级法院收案数量从 1438 万件增长至 2505 万件，增速放缓但仍高于 10%，5 年间共计增长 74%，详见图 2。

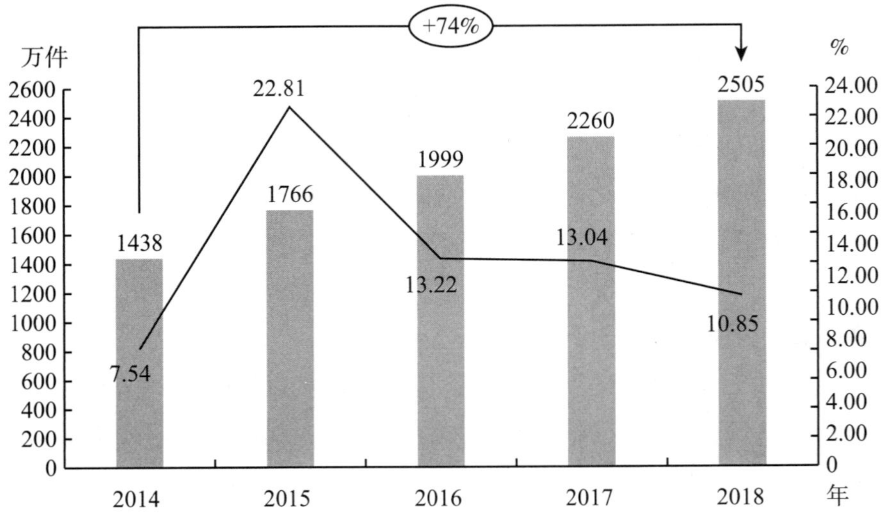

图 2　2014 ~ 2018 年全国法院收案数量及增长

资料来源：《最高人民法院公报》，Jarry 整理。

而与此同时，是员额制改革下法官数量的大幅下降，法官压力大所导致的热点事件频频出现。人少案多的矛盾对大规模信息化、数字化，以提升办案效率产生了强烈需求。

对于我国法律服务市场规模，目前尚无较为权威的估计，因此，我们暂且通过相关数据进行部分推测。与此同时，我国执业律师人数也获得了大幅增长，从 2014 年 27. 15 万人迅速增长至 2018 年的 42. 30 万人，增速连年加快；5 年增幅达 56%，但小于法院收案量增长率 74%，详见图 3。

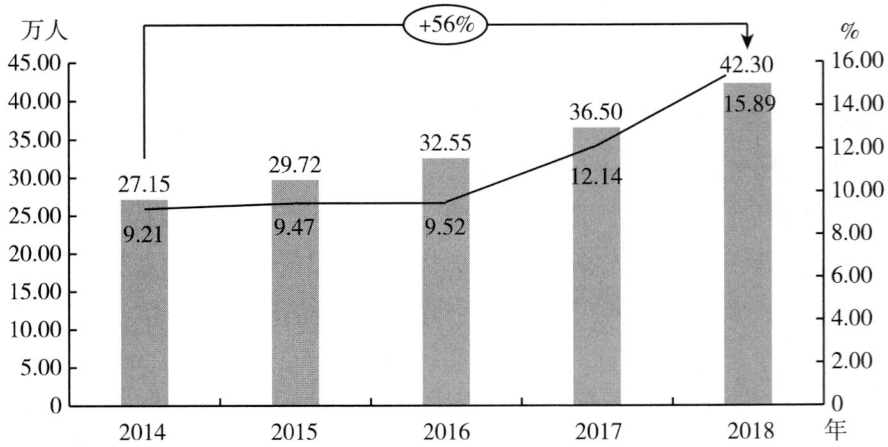

图 3　2014 ~ 2018 年全国执业律师人数及增长

资料来源：最高人民法院、司法部、中华全国律师协会，Jarry 整理。

根据司法部《2018 年度律师、基层法律服务工作统计分析》和 2017 年《律师、公证、基层法律服务最新数据出炉》中全国律师办理诉讼案件数量及全国法院收案量，可大致得出案件律师代理率在 20% 左右，较为稳定，详见表 2。

表 2　2017～2018 年中国律师业务类型

年份	法院收案量/万件	办理诉讼案件/万件	代理率/%	非诉业务/万件	顾问单位/万家	律师数量/万人
2018 年	2505	497.8	0.1987	105.8	70.0	42.3
2017 年	2260	465.0	0.2058	89.4	61.7	36.5

资料来源：最高人民法院、司法部，Jarry 整理。

假设代理率稳定在 20% 的情况下，通过宏观层面简单粗略的估算，2014～2018 年，中国律师人均办理诉讼案件在 10.59～12.74 件，并没有发生大的变化，甚至呈现略微增长的趋势，详见表 3。

表 3　2014～2018 年人均案件数量

年份	人均办理诉讼案件/件	人均非诉业务/件	人均顾问单位/家
2018 年	11.77	2.5	1.65
2017 年	12.74	2.45	1.69
2016 年	12.28	—	—
2015 年	11.88	—	—
2014 年	10.59	—	—

资料来源：Jarry 整理。

因此，尽管中国执业律师人数在不断增长，但随着宏观经济的快速发展和社会整体法律意识的增强，整个法律服务行业仍然在享受市场增量的红利，并没有导致行业竞争的白热化；当然，部分地区和细分领域可能略有差异。

由此带来的影响是，律所和律师仍然可以从市场增量中追求利润；市场环境并没有产生过多的压力迫使法律服务提供者转向组织内部，通过优化效率、压缩成本等方式提高利润。

与此产生鲜明对比则是法律科技风向标美国。相较于国内，美国的法律服务市场虽然体量大，超过 3200 亿美元，但增长却极其缓慢。其律师人数则一路增长至 2019 年的 135 万多人。由此造成的市场竞争加剧，环境恶化导致利润率下降，迫使律所转向内部管理，压缩成本，提质增效，甚至将部分业务外包以压缩成本。

这样的外部环境为法律科技的发展提供了强劲的需求动力。但即使如此，在计时付费的背景下，效率提升类的应用是否真的会受到律所欢迎也存在很多质疑。

（三）法学院扩招，毕业生大量涌入市场，初级专业劳动力成本低

自 1999 年大学扩招开始，法学专业因开设难度低，各大高校纷纷开设法学专业；同时，各理工类大学争创综合性大学，法学专业持续受到追捧。2006 年，时任中国法学会副会长、法学教育研究会会长、教育部高等学校法学学科教学指导委员会主任委员曾宪义教授曾评价，“在高等院校的各个学科当中，法学属于超速、超规模发展，从 2001 年中国法学会法学教育研究会成立时，全国设有法学本科专业的高等院校 292 所，到 4 年后 2005 年的 559 所，其发展规模是空前的，呈跃进式上升趋势”。这一数字在 2018 年已接近 700 所。

法学院在校学生人数也同样持续增长。根据国家统计局发布的数据至 2015 年，全国普通高校法学专业在校人数连年增长，逼近 70 万人，见图 4。

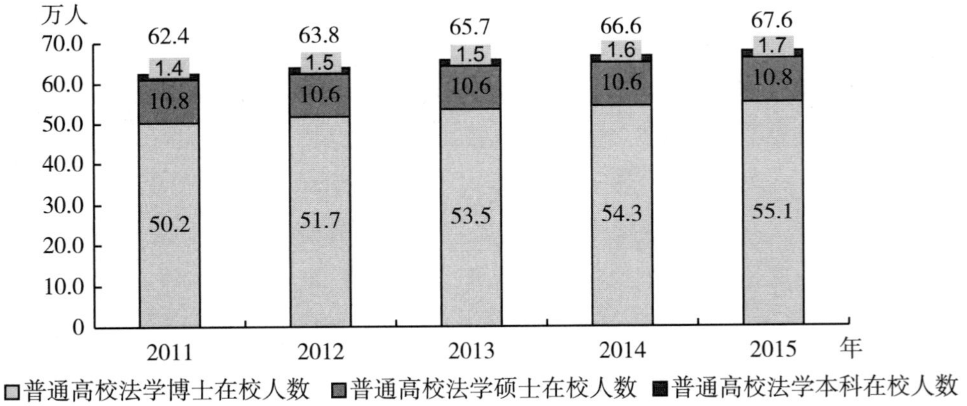

图 4　2011 ~ 2015 年全国法学专业在校人数

资料来源：国家统计局，Jarry 整理。

由此导致的后果是，法学类专业毕业生常年供大于求，自 2005 年起常年垫底各大专业就业率排行，常年被称为“红牌专业”。根据中国高等教育与人力资源咨询公司麦可思 2019 年的报告，法学专业再度垫底就业率排行榜，2018 届本科应届生就业率仅 85. 1% 。

供需失衡带来的是较低水平的初级劳动力成本。薪酬网《2018 年全国毕业生薪酬调研报告》显示，法学类毕业生平均起薪水平为本科 4950 元、硕士 6882 元、博士及以上 8883 元。东西部不同地区的起薪水平仍存在一定差距。

根据 2018 年 3 月智合 LawSchool 的一份统计，北京地区，中国政法大学毕业生平均年薪为 10. 29 万元，其中本科生 9. 72 万元，研究生 11. 10 万元；华中地区，

中南财经政法大学法学本科生起薪在3000～4000元的占31.77%，硕士在5000元以上区间的占69.47%；西北地区，西北政法大学本科生半年内的薪资集中在2000～3000元（29%）和3000～4000元（28.2%），硕士毕业生则集中在3000～4000元（20.6%）和4000～5000元（21.7%）。

根据美国新闻数据显示，2016年法学院毕业生（JD）在私营企业所有排名中的平均薪水接近85,000美元。

而面向律所的法律科技产品，由于智能化程度的缘故，主要在与初级律师进行成本与效用的竞争。

（四）技术进步但未获关键突破，商业领域结构化标签数据难以获取

技术的发展程度与智能化水平直接相关。法律行业充斥着大量文本，是人工智能技术，尤其是NLP技术（自然语言处理）落地的沃土。但根据Gartner发布的2019人工智能技术成熟度曲线，NLP至成熟落地应用还需5～10年，周期依然较长。

AI落地成熟度除了与算法算力相关外，数据是极其重要的影响因素。

从数据来源看，法律行业的数据主要来自两方面：一是公共领域以判决为代表的司法数据，二是私领域以合同为代表的数据。

司法数据方面，虽然随着法院信息化建设和案例上网的推进，案例库、法规库的发展已经比较完备，数据结构化工作也取得了一定进展。但合同数据方面，整个领域的信息化程度依然较低，大量律师事务所、企业法务部依然实行纸质化管理，信息化程度有待提高。且由于法律信息的涉密性，形成大量分散且小型的数据孤岛，公开渠道很难获取足量的真实合同数据。从数据标注看，法律概念丰富而复杂，数据标注有赖于专业知识的判断。不但标注规则的制定本身存在困难，应用规则的过程也十分依赖标注者对规则的解释，这进一步加剧了数据标注的困难。

二、市场规模：G端是最大买家，B端需求潜力大但尚未释放

（一）to G市场

1. 司法市场

当前，法律科技行业唯一的创业板上市公司是华宇软件。华宇软件是法律科技、教育信息化、市场监管、安全可靠领域的软件提供商。在法律科技领域，公司业务完整覆盖法院、检察院、司法行政、政法委、纪检监察等法律机关。2019年

公司法律科技板块营业收入22.05亿元，较上一年大幅增长26.33%。[1]

根据IDC和长江证券研究所，2016年华宇软件占法检信息化行业市场份额约37.7%。假设市场竞争格局保持相对稳定，以2019年公司法律科技板块收入22.05亿元计算，当前法律科技to G市场规模约60亿元。另据华创证券估算，智慧法院建设带来的市场增量合计将超过100亿元。

在“人民法院信息化3.0”及当前“新基建”的推动下，G端市场将进一步扩大。

2. 公共法律服务市场

这里主要讨论智能法律咨询产品，一并简述C端市场，下文不再分析C端。

智能法律咨询产品本为服务C端个人用户而设计，可以对简单高频的法律问题高效地给出专业法律意见，如离婚、民间借贷、交通事故，可节省大量专业人力成本。代表产品有律品等。

C端用户问题简单、集中，通过智能咨询可以大大提高效率。但该模式难以向客户进行收费，特点是钱少事多。个人客户市场分散，客单价普遍较低，成交率低，复购率低，客户付费意愿亦低。因此，智能咨询服务提供商从直接面向C端客户转向G端公共法律服务部门和L端律所，通过为后者提供软件支持和智能法律服务终端而收费。中国法律服务网、福建省司法厅、“12348”云南法网等均采购了律品的智能咨询产品，并向社会公众免费开放使用。少量律所也采用此种模式建立了合作，节约人力成本的同时引流客户。

该市场主要受“12348”建设推动。2019年7月，中共中央办公厅、国务院办公厅印发《关于加快推进公共法律服务体系建设的意见》，要求加强科技保障，推动公共法律服务与科技创新手段深度融合，着力打造“智慧法律服务”。其中就包括智能法律服务技术。2019年10月，司法部印发《公共法律服务事项清单》，明确要求司法行政机关向社会公众提供法律咨询服务，解答基本法律问题、导引相关服务、提供专业法律意见。智能法律咨询系统或以线上方式提供，或结合硬件设备以终端机方式提供，既能满足公共法律服务建设所要求的咨询服务，又带有智能属性，受到各地各级司法行政部门欢迎。

市场规模粗略估计。按照政策要求，到2022年基本形成现代公共法律服务体系，假定此时市场渗透率为80%。通过搜集整理公开中标金额，按照省、地市、区县三级分别统计，以90%置信区间估计，至2022年公共法律服务市场规模共计

---

〔1〕资料来源：《华宇软件2019年年报》。

10.83～15.44亿元。

（二）to L 市场

面向律所的法律科技产品与“法律服务”连接最为紧密，其产品包括律所SaaS服务、数据库，及近年国内新出现的AI合同审查、AI法律翻译等。提供SaaS服务自2017年以来就成为热门，并以“律师工作平台”成为产品热点。主要产品包括律所管理、案件流程管理、客户管理、案例库、法规库、RPA等，该领域主要“玩家”有iCourt、华宇元典、法蝉、金助理、律师E通等。法律数据库和法律资讯服务提供商，包括无讼、北大法宝、威科、律商联讯等。To L也是欧美法律科技产品聚焦的热门领域。

SaaS服务收入主要来自律所及律师的软件订阅，市场规模主要取决于行业渗透率、从业人数及产品价格。

当前律所SaaS服务渗透率并不高。华宇软件2019年年报显示，华宇元典律师工作平台目前拥有超过六万名用户；加之笔者之前的从业经历，粗略估计目前渗透率不超过25%，且不同厂商存在用户重叠。

从业人数少使to L市场天花板十分明显。我国律师人数虽然以超过年10%的速度在增长，但总量依然较少，2018年律师人数约为42.3万。产品价格方面，元典律师工作平台采用成本领先战略，定价较低，高级版收费599元/（人·年），元典智库收费199元/（人·年），法官怎么判399元/（人·年）；iCourt Alpha采用差异化战略，平均约2000元/（人·年）。按照主要参与者的用户比例估计，2019年市场规模为2亿～3亿元。

随着行业渗透率提高及律师人数的增加，预计行业规模会进一步扩大，但天花板依然十分明显。

同时，SaaS巨头的跨行业整合开始出现，其在生态构建方面和通用型产品方面有巨大优势。To L市场的土著玩家面临一次全新的重大选择。

（三）to B 市场

B端是商业法律服务的主要需求方，拥有巨大的市场潜力。面向B端的法律科技产品受到越来越多的关注，一部分是围绕企业法务部展开的法务SaaS、电子签章、合同管理，另一部分则是形成商业法律服务替代方案的AI合同审查、AI法律翻译等。

B端需求一部分由企业内部自研满足，如与企业内部系统进行整合；另一部分则由市场提供，如无讼推出的无讼开务、电子合同领域的法大大。

市场提供的产品中，电子合同与电子签章领域取得的进展令人关注。2019年，法大大完成 3.98 亿元 C 轮融资，由老虎环球基金和腾讯联合领投。据 36 氪报道，法大大已服务近 2000 家大中型付费企业客户，为 1.3 亿用户签署了超过 12 亿份电子合同，覆盖金融、房地产、汽车、人力资源服务、教育、保险、第三方支付、旅游、医疗、物流、供应链、B2B、B2C 线上交易等 80 多个细分行业及应用场景。疫情影响下，远程办公的潮流将为电子合同的发展带来新的机会。

AI 合同审查是另一热门领域。由于英文文本审阅不断投入应用，国内法律科技公司对于中文合同审查的关注度持续增加，幂律智能、爱合同、牛法网、简法帮等纷纷推出 AI 合同审查产品。

总体来说，B 端市场有巨大的潜力，但就当前时点来说，替代率还较低，市场潜力尚未得到激发。

三、需求回归：行业趋于冷静，供需驱动发展

一个新兴行业是不是存在巨大发展机会，主要取决于行业内部的供需。简单来说，就是“需求与供给存在差距，且存在供给可能性”。

如美国，律师高收费与不断压缩的法务部预算促使企业有较强的动力寻求替代性法律服务，以降低成本，于是催生了大量法律服务外包产业（LPO）；企业和律所甚至将基础业务外包至印度，建立大规模离岸法律外包中心。法律 AI 在美发展较快也并非偶然，在传统法律服务高收费与企业低预算之时，恰逢 AI 算法、算力快速发展，加上美国较高的行业信息化程度为智能化提供了充足的数据，诸多因素合并推动了美国法律 AI 的发展。

但对比中国，供需决定的根本驱动力尚不强烈。

G 端因受政策驱动明显，存在相对较大的市场规模。由于新冠肺炎疫情的影响，云端法院建设逆势爆发，全国各级法院纷纷开展线上庭审。特殊事件的出现为围绕诉讼环节展开的信息化建设提供了绝佳机会。

B 端市场中，较低的专业劳动力成本和法律服务价格并没有让法律科技占据过多的成本优势。法律领域数字化刚开始起步，智能化水平依然较低，相较于律师而言，法律 AI 除了在简单、大规模重复性的工作上，并没有明显的专业优势。大型企业法务部业务量大、合同多、管理要求高，为合同类法律科技和智慧法务部建设提供了肥沃的土壤，发展前景较好。

对于 L 端市场，极低的初级专业人员成本和有限的从业人员极大地限制了行业想象力，用户也需要重新思考自己的真实需求。L 端是法律行业产业链和价值链中重要的一极，在未来整个法律领域数字化生态的构建过程中必不可少。但很明显，

这个生态的构建不是从律师行业开始的。SaaS 巨头的跨行业整合也将促使 L 端市场玩家进行战略调整。

总体来说，由于法律服务业发展阶段的限制，供需还没有产生根本性的矛盾，我们的法律科技产业尚未到达爆发增长的窗口期；较小的行业规模也限制了资本的大规模进入。

在日益严峻的宏观环境下，不论是用户，法律科技公司，还是资本，市场的各方参与者都需要更加理性，重新思考市场的需求与自身的价值。

回归真实需求，静待发展周期，祝愿每一位先行者都能度过寒冬。

烽烟四起：替代性法律服务（ALSP）全球市场超百亿美元*

| 智合研究院

任何产业在迈向成熟的同时，都会开启对整合创新、提升效率和降低成本的不懈追求。

在我们的传统印象中，市场中提供法律服务的主体均是律师事务所。但近年来，媒体的许多报道中已将其称为“传统律所”（traditional law firm），并开始关注一类“行业颠覆者”（industry disruptor）——“替代性法律服务提供商”（Alternative Legal Service Providers，ALSP）。

ALSP 通常善于利用技术创新提高效率，成本更低，更具灵活性，他们正在挑战律所长期以来提供法律服务的模式，甚至倒逼律师事务所改变自己的法律服务运作模式。

目前的法律服务市场正在经历一些变革。

一、新型业态崛起：法律服务市场的变革

当下，越来越多非律所类的公司开始进入法律市场，其中包括了会计师事务所、法律科技公司、合约律师平台、法律流程外包商、咨询机构以及各类新型法律公司，我们将其统一概括为替代性法律服务提供商（ALSP）。

与传统律所相比，ALSP 开创了新兴服务模式，如灵活外包律师/顾问，以及新兴的商业模式，如搭建服务平台，律师没有固定办公室，公司主要员工都是运营人员，新的服务模式已经被大量公司法律部门所接受。

中国法律人相对熟悉的律商联讯、汤森路透的 Westlaw、人工智能文书分析系

---

* 本文首发于微信公众号“智合”2019 年 9 月 27 日，部分数据于 2021 年 2 月 19 日更新。

统 Kira、美国老牌在线法律服务机构 LegalZoom、文档管理系统 iManage、欧美知名创新软件公司 HighQ、全球电子签名巨头 DocuSign、快速扩张的新型法律公司 Elevate，以及号称要“重新定义法律服务”，并在 2019 年接受私募的 Axiom 等，都是 ALSP 的典型代表。

他们在管理模式上更为先进，在工作方式上更为灵活，在业务服务上更创新、高效。他们一方面服务于律所、企业法律部门，为其提供支持性、流程性的工作以及解决方案，另一方面也与之展开竞争，逐步扩大自身在法律服务市场上的份额。

（一）法律服务架构：从“金字塔形”到“火箭形”

随着 ALSP 的进入，法律服务机构的架构也已经出现变化并将持续演变。

在最为传统的律所金字塔形人力结构中，只有律师和助理两个层级。根据国际著名投资银行 Investec 发布的关于法律科技和 NewLaw 的研究报告，这一结构目前已发展为“第二代”金字塔，详见图 1。

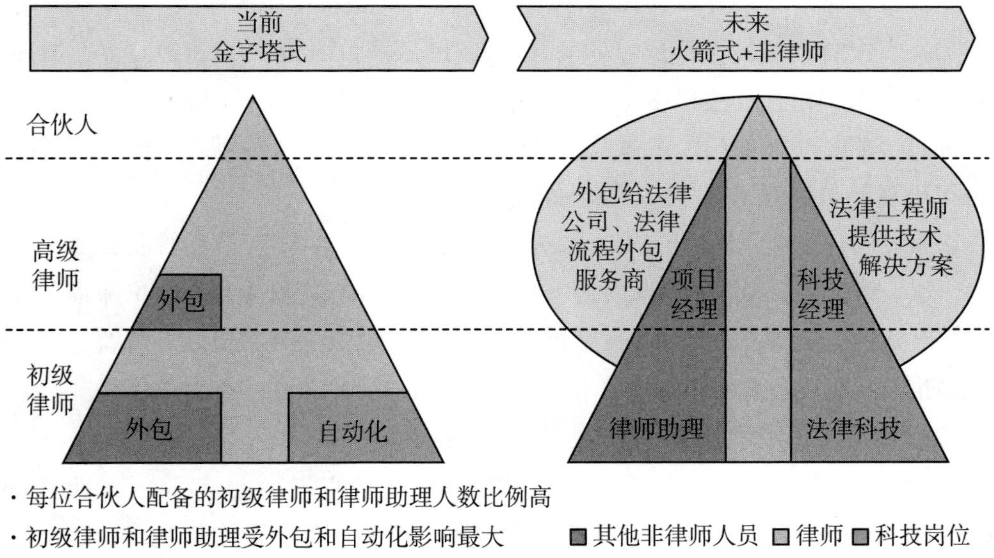

图 1　两种法律服务架构对比

资料来源：Investec。

Investec 认为，未来，法律服务机构的结构将会是一种类似于火箭形的架构。在这样一个火箭中，律师仍然居于核心的部分，但律所将同时拥有两大“引擎”一是以项目经理带队，以律师助理组成的项目执行力量，二是以技术经理带队，法律科技为支持的技术执行力量。在律所之外的生态中，则有其他服务机构可以支持补充：项目管理可以外包给法律公司或者法律流程外包公司，技术解决方案则由“法律工程师”提供，律师则更专注于解决核心问题。如此专业分工之下的法律服务架构显然比原有的金字塔结构更具战斗力。

（二）法律市场格局：法律公司的崛起

新型法律公司正不断“侵入”法律市场抢占份额，也改变着法律服务产业中不同主体所做的工作层级和比例。

在法律服务中，处于决策最底层的是基础性的数据，即大量烦琐的流程性、支持性工作，比如索赔处理、诉讼支持、合同管理、合规流程支持。

第二层，则是较第一层更重要的一些日常工作，指的是产生重大责任的法律事务或运营事项，但需要的行业知识或专业经验相对较少，比如政府风险管理、合规事项、诉讼管理、知识产权或信息技术事项。

再往上一层，则是上图中的最高层，是高价值、高风险的专业性工作，需要较强的专业知识，比如说诉讼、重大交易、税务、破产、跨境交易等事项。

以往，公司法律部门主要完成第一层和第二层的工作，由外部律师完成最难的事务，一部分事务交给外包（Business Process Outsourcing，BPO）。

如今，BPO 升级成法律流程外包（Legal Process Outsourcing，LPO），在第一层占据更大的市场份额。法律事务管理/托管服务诞生（Managed Services），横跨第一层和第二层。法律部门的工作范围更广，参与三个层级的各项事务当中。新型法律公司出现，与律所在部分服务上重合竞争。

未来，法律流程外包商仍然处理第一层事务。法律事务管理/托管服务商仍然横跨第一层、第二层，但市场份额将进一步扩大。法律部门重心上移，将更深程度地参与公司经营的决策事务。新型法律公司、律所服务仍然保持在最高层。与新型法律公司在高价值、高风险、高专业性的事务上的竞争，是律所不得不面对的挑战。

（三）另类榜单：关于 LPO、ALSP 的排名

2019 年 2 月，钱伯斯发布了“全球法律流程外包商排名”，Congia Law、Axiom、Elevate、UnitedLex 等全球知名法律公司榜上有名，详见表 1。

表 1　2019 年钱伯斯全球指南法律流程外包商排名

第一等	第二等	第三等
Axiom Law	Integreon	Cognia Law
Elevate Services	Mindcrest	CPA Global
QuisLex	Pangea3 LLC	Exigent Group
UnitedLex		Legalbase
		Morae Global

资料来源：钱伯斯官网。

整理、制表：智合研究院。

法律流程外包商通过利用高度熟练、经济高效的资源并逐步改进流程，为律所或公司法律部门提供日常法律事务。

他们通过利用流程专业知识引导前期咨询工作，设计工作流程和拆分工作流程组件，以及借助他们的运营专业知识，构建定制的、技术支持的解决方案。

根据2017年和2018年美国评级机构Acritas的全球ALSP排名，汤森路透和“四大”均位列前五名，其中普华永道在2018年的排名反超汤森路透，详见表2。

表2 Acritas全球替代性法律服务提供商（ALSP）品牌指数

排名		机构	品牌指数	
2018年	2017年		2018年	2017年
1	2	普华永道	100	88
2	1	汤森路透	83	100
3	4	德勤	80	62
4	3	安永	76	67
5	6	毕马威	61	52
6	5	Axiom	56	61
7	7	律商联讯	44	49
8	8	Lawyers On Demand	20	24
9	9	Wolters Kluwer	18	20
10	—	Gartner	11	—

资料来源：Acritas。
制表：智合研究院。

Acritas的这一排名是通过对全球范围内营收额超过10亿美元且对法律服务有较强购买力的企业调研而来。调研的指标有三个：第一，除了律师事务所，首先联想到的法律服务提供商；第二，除了律师事务所，最倾向于购买法律服务的提供商；第三，哪一家与之合作过的法律服务提供商在处理法律事务时最具有创新性。这三个指标可以概括为联想度（awareness）、倾向性（favorability）和创新性（innovation）。

根据Acritas的调查，排名前十的ALSP目前已在全球主要国家和地区的法律服务买方（senior in－house counsel and key buyers）中建立了较强的品牌效应。而在十名之后的ALSP中，目前的品牌效应还较为局限于本土市场中。

根据2018年Acritas针对亚太地区的ALSP排名，仍然是普华永道位居榜首，位列二、三的分别是安永和毕马威，在法律服务领域，“四大”的品牌均有较高的知名度。在前三名之外，还有LexisNexis和汤森路透。亚太地区的排名与全球范围内的上榜机构基本一致，只是名次有所变化，详见表3。

表 3　2018 年 Acritas 亚太替代性法律服务提供商（ALSP）品牌指数

排名	机构	品牌指数
1	普华永道	100
2	安永	76
3	毕马威	52
4	LexisNexis	50
5	汤森路透	46

资料来源：Acritas。
制表：智合研究院。

二、“四大”的兵临城下

作为 ALSP 中的“领头羊”，“四大”以雄厚的资金基础和广阔的地理覆盖优势对国际律所产生了巨大的威胁。

（一）“四大”全球法律服务扩张史

早在 20 世纪 80 年代，会计师事务所就已试图向“全球多领域、全方位专业服务公司”（Multidisciplinary Professional Firms，MDP）转型。1993 年，安达信会计师事务所率先在英国建立了附属律师事务所，随后普华永道、毕马威、安永都在英国成立了律所，并从一线律所挖掘优秀律师领导全球法律网络。

2001 年，金融危机爆发，“安然丑闻”后，安达信会计师事务所倒闭。此后，“四大”在法律业务的扩张受到政策的局限和监管的控制。2002 年，美国政府颁布了《萨班斯—奥克斯利法案》，严格限制会计师事务所提供法律服务。尽管如此，“四大”并没有放弃提供法律服务的野心。

2007 年，英国《法律服务法》（Legal Services Act 2007）颁布，直接推动了“四大”MDP 计划的重建。2014 年，普华永道、安永和毕马威取得了替代性商业结构（Alternative Business Structure，ABS）牌照，而德勤于 2018 年取得了 ABS 牌照。

“四大”的法律网络重建，并远超 2002 年前的规模。2013 年时，安永法律服务已遍及全球 29 个国家，涵盖商事及劳动法事务，以金融及银行业事务为重点。

安永全球法律业务负责人表示：“我们希望快速扩张业务，并最终将业务触角伸向全球每一个发展成熟或发展迅速的市场。我们希望在 2020 年，法律服务业务量能达到目前的 2 ~ 3 倍。”

（二）法律业务创收和布局超越国际大所

从 2015 年到 2019 年，“四大”全球创收逐年攀升，其创收总和从 2015 年的 1237

亿美元上升至2019年的1548亿美元，增长体量巨大，年平均增长率约为6.3%（见图2）。

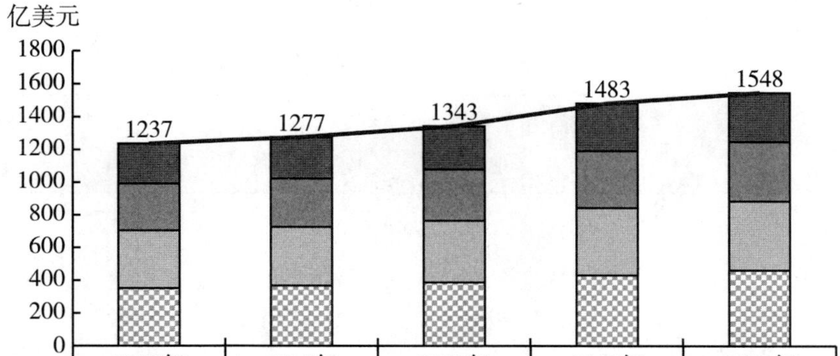

	2015年	2016年	2017年	2018年	2019年
毕马威	244	254	264	290	298
安永	287	296	314	348	364
普华永道	354	359	377	413	424
德勤	352	368	388	432	462
“四大”总计	1237	1277	1343	1483	1548

图2　近5年“四大”全球创收数据

资料来源：Statista。
制图：智合研究院。

“四大”创收来源大致分为审计、咨询和税务三大部分。与税务相关的咨询服务是“四大”提供法律服务的重要基石，但并不局限于此。“四大”所提供的法律服务正在向金融和并购等高端业务领域，以及合规和劳动法等快速发展的业务领域拓展。

“四大”法律网络的盈利能力、规模得以快速增长，目前，“四大”法律与税务创收已经远全球超创收最高的律所，详见表4。

表4　“四大”税务和法律业务创收、律所创收对比　　单位：亿美元

“四大”	2017年	2018年	2019年	2020 Am Law 100 Top 4[①]	2017年	2018年	2019年
普华永道	95	104	107	凯易	31.7	37.8	41.6
德勤	73	79.4*	86.1*	瑞生	30.6	33.9	37.7
安永	82	89	96.7*	欧华	26.3	28.4	31.1
毕马威	58.3	63.4	66.2	贝克·麦坚时	26.7	29.0	29.2

资料来源：《美国律师》杂志、《律师》杂志、“四大”官网。
整理、制图：智合研究院。
注：*表示按照已公布增长率估算。

① 2020 Am Law 200是以2019年创收为依据的美国200家律所的排名，凯易、瑞生、欧华、贝克·麦坚时位列前四。

截至2018年年底，“四大”的法律部门已有万名律师。虽然“四大”律师总数与Am Law 200前4家律所的律师总数相比虽然仍存在一定的差距，但他们在全球服务地域范围方面的优势远超头部国际大所。详见表5。

表5 “四大”、律所律师人数对比

“四大”	律师/人	覆盖国家/地区	2019 Am Law 100前4名	律师/人	覆盖国家/地区（办事处）
毕马威	2300	76	凯易	2307	5（15）
普华永道	3500+	95+	瑞生	2504	14（28）
安永	2200	80+	贝克·麦坚时	4720	45（73）
德勤	2400	80+	欧华	3702	40（119）

资料来源：会计师事务所、律所官网，《美国律师》杂志。
整理、制表：智合研究院。

安永全球法律负责人Cornelius Grossmann表示，虽然安永已经在全球80个国家提供法律服务，但是安永并不想成为一家国际性律所，它的目的不在于提供单一的法律业务，而是将带领税务、咨询等专业人士进入法律市场。

毕马威也是如此。“我们不想成为一家律师事务所，我们也不会试图复制律师事务所的做法”，毕马威前全球法律服务主管Jürg Birri说，“相反，我们正在试图采取综合性的解决方案，为寻求法律咨询的客户提供无缝衔接的服务”。

可见，对于“四大”而言，其发展路径在于从审计公司转型为“多领域、全方位专业服务公司”，再转型为“全球整合的业务解决方案提供商”。而法律服务只是他们提供业务解决方案中的一个重要组成部分。

律所倾向于使用“建议”（advices），而“四大”则倾向于使用“解决方案”（solutions），这也是律所与“四大”之间的一个细小但关键的区别。律所仅提供相对单一、孤立的法律服务。而“四大”企图为客户提供整体的、综合性的服务，不仅基于法律，而且是结合咨询、税务和项目管理的多个视角。

（三）“四大”在中国法律市场

达成战略合作协议开展联盟，吸纳认可律所成为自己的全球网络成员，或者直接收购、开设律师事务所，是“四大”快速拓展法律市场的几种主要方式。如今“四大”已在北京、上海、深圳、我国香港地区、我国台湾地区等地布点，在中国构建起法律服务网络（见图3）。

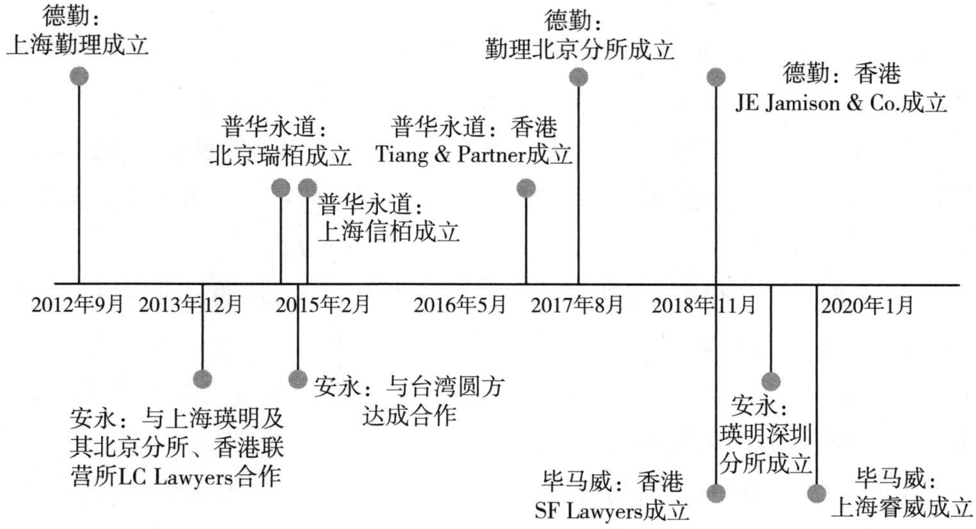

图 3 “四大”在中国法律市场

整理、制图：智合研究院。

德勤系“四大”中首家与中国律所达成合作的会计师事务所。2013 年，上海勤理律师事务所成立，成为德勤全球服务网络的一员。2017 年 9 月，勤理北京分所成立。勤理业务范围涉及公司并购、税务争议、网络安全等领域，帮助客户妥善处理各类与跨境业务相关的商务和法律问题。

2018 年 1 月底，德勤成立其香港律所 JE Jamison & Co. ，由德勤中国总法律顾问 James Jamison 领导。在 2011 年加入德勤之前，Jamison 是“魔圈所”之一高伟绅亚太地区的诉讼合伙人兼仲裁负责人。根据此前的消息，德勤香港律所已向某“红圈所”香港办公室抛出橄榄枝，并已有合伙人加盟。

2015 年年初，北京瑞栢和上海信栢两家律所加入普华永道全球法律服务网络，普华永道以此在中国内地提供法律服务。在我国香港地区市场，普华永道设立了 Tiang & Partners，创始合伙人 David Tiang 为前金杜合伙人，还曾在沃尔玛和通用电气担任区域总法律顾问。在我国台湾地区，普华永道的法律服务由成立于 2000 年的普华商务法律事务所与资诚会计师事务所达成的联盟合作关系来提供。

安永是“四大”中唯一在北、上、深及港台地区均拥有合作律所的会计师事务所。2014 年，安永与上海瑛明律师事务所达成战略合作关系，并通过瑛明在香港的联营所 LC Lawyers 将法律服务延伸到我国香港地区。2019 年 7 月，瑛明与原广东雅尔德律师事务所共同组建瑛明深圳分所，为深圳和粤港澳大湾区客户提供专业法律服务。在我国台湾地区，安永也于 2015 年 1 月将圆方法律事务所纳入了安永全球网络，业务领域主要包括证券及资本市场、投资、公司事务、并购、争议解决等。

相比之下，毕马威进入中国法律市场的步伐稍显迟缓。2019 年 1 月，毕马威在香港设立律所 SF Lawyers，重点关注中国的并购和基础设施项目。2019 年 11 月，上海睿威律师事务所成立，专注于公司、并购和外商直接投资，现拥有 13 名律师，大多来自国内律所。据悉，睿威将在 2019 年年内将员工人数增加至 25 人，并向基础设施、合规、技术和知识产权以及劳动法领域拓展。

当前，“四大”和律所一直共同合作，服务于全球最优质的一批客户。“四大”如果要提供高附加值的服务，就难免要与大所展开角逐，但历史告诉我们，他们在专业技能、规模、客户资源、技术应用方面都具有优势，如果他们继续深入法律服务市场，必将与一线律所正面竞争。

法律市场在加剧洗牌，格局尚在改变。“四大”能够提供综合性的解决方案，优秀的律所和律师同样可以。律师们的“还击”，或许还会有后发优势。虽然输赢尚未可知，但可以肯定的是，法律市场的改变、整合与探索仍在继续。

三、全球市场规模：超百亿美元

目前，替代性法律服务主要划分为五种类型。根据汤森路透的估算，其市场的整体规模预计在 107 亿美元左右。

独立的法律流程外包商通常为公司法律部门和律师事务所提供外包法律服务，它们通常参与某一事务或项目的基础工作，通常是主动管理和全球交付，其中包括电子发现和文档审阅服务。

合约律师平台能够向公司提供临时律师，服务范围从入门级的文档审查服务到需要高专业性的法律服务，如 GDPR 合规等紧急重要合规项目。

法律事务托管服务提供商会承担公司法律部门的全部或部分作用，尤其是一些持续性的工作，如知识管理、合同管理、监管合规、金融文件。

全球精英律所旗下的法律流程外包，通常位于低成本地区，专注于提供大批量的法律流程外包服务，如尽职调查、财务支持、项目管理、文档自动化。

“四大”倾向于关注大批量、以流程为导向的、与会计和审计工作相辅相成的法律服务，每年能从法律市场上取得大量收入。与其他 ALSP 相比，“四大”与律所之间的竞争则更为直接。相比律所，“四大”的优势在于，全球性的品牌覆盖，完整的服务和产品结构，成熟的项目、流程、价格管理体系，与世界五百强公司高层（C – suites）的牢固关系，庞大的已经开始着手布局的法律业务团队，以及雄厚的资金（deep war chests）。“四大”的全球法律服务网络均致力于为客户提供综合性的解决方案。

其实，不仅是“四大”在法律市场“攻城略地”，中型会计师事务所也已经开始进场。例如，2019 年 7 月，总部位于墨尔本的中型会计师事务所 Moore Stephens Victoria 受到“四大”的启发，推出了一个新的法律服务部门。Moore Stephens 在全球 112 个国家的 609 个办事处拥有 271 家成员公司拥有 30,000 多名员工，设立法律服务部门的意图在于，随着客户遇到的税务和咨询问题越发复杂，Moore Stephens 希望能够提供独立的法律建议，成为“外包的总法律顾问”。

四、ALSP 对法律服务市场的影响

未来，市场的需求将会持续变化，希望得到一站式、综合性法律服务的客户将不断增多。ALSP 的崛起，将会给法律服务市场带来三个方面的变化。

首先，使用新兴技术的律师事务所将会不断增多。

在律师事务所中，替代性法律服务的使用变得越来越普遍。随着公司对替代性法律服务提供商越来越认可和青睐，律师事务所进一步扩展了他们使用替代性法律服务的方式，将其更广泛地运用到工作当中。律师事务所最常用的替代性法律服务功能是电子证据、非律师事务/事实研究、文件审查/编码服务、诉讼和调查支持、法律检索。

其次，大型律师事务所与“四大”的“正面厮杀”将会大量上演，而且，大所与“四大”之间的人才流动会越发频繁。

从创收构成来看，“四大”创收来源大致分为审计、咨询和税务三大部分。以税务领域为例，长期以来，“四大”均占据优势地位，并且逐步将业务范围从传统税务咨询业务向“税务 + 法律”服务延伸。2019 年 2 月，毕马威一次性挖走了法国最大律所 Fidal 的 144 名律师，其中包括 26 位税务领域合伙人。

而国际大所亦在提供税务筹划与咨询、税务法律合规、争议解决等涉税法律服务，国际大所亦着力加强税务领域布局。例如，欧华就从“四大”吸纳了非律师出身的税务专家，比如原安永转让定价专家 Barbara Mace，原毕马威国际税务组负责人 Kevin Glenn。

最后，律所的业态将会改变，从单纯的法律服务产品提供者，向“法律 + 技术”产品提供者转变，就替代性法律服务设立单独的平台的律师事务所将会增多。

在律师事务所雄厚的资源和资金优势之下，单独设立一支针对某一细分法律科技领域的团队，进行技术开发，亦是一种选择，英国的四大“魔圈所”——英国

安理、年利达、高伟绅、富而德就是例子。

英国安理的合同律师服务平台 Peerpoint 在英国的创收超过 2500 万英镑，是英国律所提供的同类产品中创收能力最强的。

2018/2019 财年年底，年利达推出了合同律师平台 Re：link，成为继英国安理后第二个提供此类服务的“魔圈所”。

2018 年，高伟绅推出了高伟绅应用解决方案（Clifford Chance Applied Solutions）和高伟绅创新（Clifford Chance Create）两个新部门，收购了法律助理和商品化管理法律服务提供商 Carillion Advice Services（CAS），在新加坡建立了亚太地区最佳交付和创新中心、进一步投资法律科技应用平台 Reynen Court。

为应对快速发展的数字环境所带来的挑战，富而德加大了对数字化转型计划的投资。作为其数字化战略的核心部分，富而德在柏林设立了富而德实验室（Freshfields Lab），并在曼彻斯特、柏林和中国香港地区设立了富而德中心（Freshfields Hub），前者采取更实验的角度，深入探索未知领域，为新原型设计概念，而后者的任务则是将科技投资转化成现实。

在四大“魔圈所”之外，2019 年 6 月，亚司特与另一家托管服务提供商 Cognia Law 达成合作伙伴关系，以支持其全球 NewLaw 团队 Ashurst Advance。Cognia Law 是企业和律师事务所的下一代法律服务提供商，以技术增强型资源服务免费地为法律和合规部门提供服务，专注于高价值的工作，并使律师事务所能够构建更具价格竞争力的产品。

安睿顺德伦也有类似安排，在安睿顺德伦咨询（Eversheds Consulting）内，安睿顺德伦 Agile（Eversheds Agile）提供短期律师解决方案，由安睿顺德伦的中国香港地区、新加坡以及英国办事处为客户提供临时律师资源解决方案，其服务深度超过一般合约律师平台的人员借调。

2019 年 6 月，Greenberg Traurig 宣布成立首个全球共享服务平台“Recurve”，旨在建立一个包含技术解决方案、人工智能、项目管理、替代人员配备、新颖空间创新以及其他不涉及法律实务的生态系统。

2019 年 9 月，全球律师事务所 BCLP 正式启动了自己的大批量托管法律服务部门，称为“BCLP Cubed”，目的是将与其他律师事务所的托管服务部门以及 ALSP 和“四大”竞争。

诸如此类的例子还有很多，大型律所也在利用自身资源对市场动向予以反映。实际上，目前国内的部分律所在专业部门之外设置的“常年法律顾问中心”也可以视为类似的应对措施。“常法中心”负责企业日常经营中的批量的、低频但可能需要随时响应的基础法律事务，将专业律师一定程度上解放出来，但仍可保持协同合作。以“常法外包”为主要服务模式的机构已经出现在市场中。

法律服务市场的变化与整合仍在持续，“传统”律所如要始终保持自己的竞争优势，则要时刻对市场的变化保持警惕、关注新型业态的发展、增强与客户的黏性、提供客户真正需求的综合性法律服务解决方案。独特性、差异化、不可替代性，才是立于不败之地的根本。

你中有我？国际律所和替代性法律服务商的“深度绑定”*

周 正

与竞争对手合作，把自己的全球主管“竞争”到对方去了，是怎样一种体验？

过去数年中，关于替代性法律服务提供商的讨论多集中在其对于传统律所和律师业务的威胁。但事实上，越是领先的大所越意识到了应当拥抱趋势，适应变化，思考如何利用新的业态，化敌为友，合作共赢。

国际律所霍金路伟（Hogan Lovells）和全球知名法律公司 Elevate 就建立了一种紧密的合作关系，探索专业服务机构发展的新模式。

从合作“灵活律师服务”，到携手在美国设立文档审查中心，再到最近的一起人事变动——霍金路伟全球创新与数字化部门负责人入职 Elevate 担任企业解决方案副总裁，两家交往甚密，合作匪浅。

双方是怎么看待这样的合作的？其又能给国内大中型律所什么启发？

一、法律公司

2020 年 6 月 3 日，英国法律公司 Elevate 宣布，霍金路伟国际律师事务所创新与数字化部门负责人 Stephen Allen 将于 7 月 1 日加入公司，担任企业解决方案副总裁，负责咨询、企业解决方案、战略定价和客户管理。他将作为执行领导团队（ELT）的一员加入 Elevate，并向董事长兼首席执行官 Liam Brown 汇报工作。

Liam Brown 表示，Stephen 将帮助 Elevate 整合众多咨询、技术和服务产品，以提供专家主导的、多学科的解决方案，以解决法务部门和律师事务所面临的法律业务问题。

---

* 本文首发于微信公众号“智合”2020 年 7 月 23 日。

Elevate 是全球知名的“法律公司”，据官网最新介绍，它主要提供三方面的服务，详见表 1。

表 1　Elevate 提供的三大类服务

<table>
<tr><td colspan="2">咨询
帮助公司法务部门和律所改善其运营策略、流程、技术、支持系统和成本管理</td></tr>
<tr><td>对于法务部门</td><td>对于律所</td></tr>
<tr><td>法务部策略、法律支出管理、法律运营、法律技术与系统、法律精益</td><td>服务运营支持、流程改进与技术咨询、律所采购、定价及项目管理、法律精益</td></tr>
<tr><td colspan="2">技术
易于使用的工具，帮助法务部门和律所更智能地工作，应用范围包括法律项目管理、数据分析、外部顾问选择和工作流程管理</td></tr>
<tr><td>企业法律事务管理平台</td><td>Ecosystern LegaI Management（ELM）</td></tr>
<tr><td colspan="2">管理请求、管理事项、外聘律师、管理账单、管理合约、管理团队</td></tr>
<tr><td colspan="2">服务
为法务部门和律所提供法律服务和运营支持</td></tr>
<tr><td>对于法务部门</td><td>对于律所</td></tr>
<tr><td>LIBOR 合同过渡支持、文件审查、合同管理、尽职调查、法律发票审查、医疗索赔和诉讼、咨询服务、IP 支持、ElevateFlex、法律实务</td><td>文件审查、采购支持、医疗索赔和诉讼、文字处理、IT 与应用开发、人力资源支持、市场营销与业务发展、财会、ElevateFlex</td></tr>
</table>

资料来源：Elevate 官方网站。
整理、制表：智合研究院。

二、创新者

加入 Elevate 前，Stephen 于 2016 年加盟霍金路伟，担任其法律服务交付中心全球主管，于 2019 年 12 月升任上一个职位。在霍金路伟，他负责创新，数据科学，法律技术（人工智能、机器学习、自动化），数字化和颠覆性工作。

任职期间，他曾主导了基于人工智能的 LIBOR 解决方案的研发推出。这一产品涉及来自四个不同供应商的四个不同技术，他在霍金路伟的三个（国外）法律服务交付中心建立了处理能力，最终提供了端到端解决方案。

Stephen 是业内公认的法律服务转型领导者。2019 年曾获得英国《金融时报》

评选的多个创新奖项。Elevate 总裁 John Croft 评价他，“具有与律所、客户和像 Elevate 这样的法律机构合作实现三赢的能力，以及对于未来市场的机遇及如何构建有效的解决方案有‘神秘的感觉’”。

2014 年，他加入欧华律师事务所（DLA Piper）担任法律服务交付与质量总监，管理超过 100 名员工的部门。2015 年，他与欧华联合首席执行官 Simon Levine 共同推动了欧华与 LOD 公司（Lawyers On Demand）在“灵活律师”（临时合约律师）方面的深度合作。

合作最初从英国开始，其后又拓展至亚太地区和澳大利亚，在悉尼、布里斯班、墨尔本、珀斯、香港和新加坡开展，构建起全球最大的新型法律机构/关系（New Law）之一。

2012～2014 年，他曾在“四大”之一的普华永道会计师事务所担任全球法律服务转型负责人。

2009～2012 年，他担任博问国际律师事务所（Berwin Leighton Paisner）创新总监，建立了律所的托管法律服务部门（Managed Legal Service）。这是一个多源法律平台，旨在为客户提供更高的效率和价值。

在此之前，他还做过执业律师及担任过一些大型企业的管理职务。从履历可以看出，他在管理创新型法律部门方面有极为丰富的经验。

“我们的客户需要特定的解决方案：先期咨询、托管服务、伦敦或纽约的高级律师、更经济高效的律师助理”，John Croft 解释，“这包含了 Elevate 的所有组成部分，但实际上将它们组合起来并设计解决方案是一个挑战”。

“这正是 Stephen 拥有的技能。”他说。

三、新模式

Stephen 和 Elevate 的关系可以追溯到十年前。

他与董事长兼首席执行官 Liam Brown 认识已有十年之久，与 John Croft 也已结识近十年。六年前，还在欧华工作期间，他就已经与 Elevate 开展合作，在霍金路伟更是将合作关系推进了一层。

2018 年 2 月，霍金路伟与 Elevate 宣布合作推出“灵活律师服务”。

强强联合使霍金路伟可以在其全球项目中调用 Elevate 的 1500 名灵活律师储备，后者会提供一个经过筛选的律师库作为选择。而 Elevate 则可以接入霍金路伟的校友网络，为那些前霍金路伟律师们提供自由的、不同的工作模式。其主要招聘具有 4 年至 10 年经验的律师。

合作主要针对的是霍金路伟需要面对的一些客户短期需求，如应对英国脱欧和 GDPR，而调用的律师只会参与完成一些一般事务，而不会涉足高风险的诉讼或为大型交易提供法律意见。

这样的合作也能为霍金路伟的客户在短时间内处理紧急情况的同时降低相应的费用。

这代表了律师事务所正在放下敌意与对抗，逐步接受与替代性法律服务提供商的合作新模式，以充分利用资源，共同开拓市场。

2020 年 1 月，霍金路伟在美国亚利桑那州的凤凰城设立了一个新的法律服务交付中心，提供范围更广、成本更低的全球文档审查服务。中心将由 Elevate 提供运营支持。

2014 年起，霍金路伟在伯明翰、圣保罗和柏林设立了多个低成本法律服务交付中心，负责处理一些可以远程完成的工作。此外，其在美国肯塔基州路易斯维尔已经拥有一个专注于专业服务的后台中心，并与 Cognia Law 合作在南非开普敦设有一个中心。

国际律所在全球范围分拆转移业务模块已成为普遍之举。此前主要是自主设立一些 20 人左右的中心，与 Elevate 的合作代表与外部供应商携手时代的开启，可以预期其将引领一股律所与替代性法律服务商合作的潮流。

四、深度绑定

正如 Liam Brown 所说的，客户、律所和替代性法律服务商的“三赢”是最好的局面，与其对抗，不如携手。

律所仍然拥有法律专业服务中最核心的资源——资深专业律师，而替代性法律服务商更擅长科学的项目管理和技术应用。

此前，为了应对替代性法律服务商的涌现，国际大所也纷纷着手建设自己的创新部门。但从某种程度上讲，创新部门对于律所而言还是“副业”，取得了一定的成果但投入巨大。

更让律所们担忧的是“四大”会计师事务所的野心——左手律师，右手技术，成为企业法律事务的一站式解决方案提供者，详见图 1。

图 1　律所、"四大"、替代性法律服务商的关系

注：技术在这里不限于其字面含义，实际上代指的是综合了项目管理、软件工具和团队协作等多方面要素的高效解决方案。

律所无法成为"四大"。

但与替代性法律服务商的携手能让两个"术业有专攻"的机构联合作战，人员的流动也让双方之间更为"深度绑定"。

霍金路伟发言人说："我们很高兴 Stephen 将继续参与我们与 Elevate 的合作，包括灵活律师项目和凤凰城新的法律服务交付中心，并且根据需要支持律所的数据科学计划等其他项目。"

或许可以猜想的是，以 Stephen 为开始，双方之间的"人才交互"会更加频繁。这样的合作模式也能够为更多律所如何完成模式升级提供一种参考。

疫情之下，互联网律所会是法律行业的解药吗？[*]

史宇航[**]

疫情之下，法律工作不曾停歇。

各地法院从2020年2月3日开始陆续恢复工作，部分法院的案件通过视频连线的形式开庭，让互联网法院的运作模式在短时间内得到了推广。

同一时刻，越来越多的律所与律师在“不得复工”与“自我隔离”的要求下，选择借助互联网开启远程法律服务的征途。也有越来越多的律师事务所开始酝酿向互联网律所的转型。

一、互联网律所的定位

当我们谈互联网律所时会有很多的想象，通过互联网处理法律业务的律所，或是专门从事互联网业务的律所，好像都可称为互联网律所。

但是，现在哪家律所不通过互联网处理业务呢？几乎所有的律师都在使用电子邮件系统、官方网站、微信群来办公，另外，像北大法宝、威科、Westlaw这样的数据库也是律所采购清单上的常客，再“奢华”一些的团队还会购买专门的协同办公软件来做案件与知识管理。

专门从事互联网业务的律所也已经出现，聚焦于“网络法”的服务。但是，专门从事“网络法”的律所与律师团队并不存在本质的区别，在业务中涉及互联网的律师团队或律师也不在少数。

因此，当我们在谈论互联网律所时，无法以简单的标准去进行判断，互联网律所要不止于使用互联网工具，也需要比从事网络法的团队具备更多的内涵。

从互联网法院很容易联想到互联网律所，互联网法院的定位对互联网律所有足

---

* 本文首发于微信公众号“智合”2020年2月10日。

** 史宇航，法学博士、注册信息安全专业人员（CISP）。

够的借鉴意义。

根据《关于互联网法院审理案件若干问题的规定》，互联网法院的特殊性一方面在于着眼于解决互联网上的各种争议，另一方面更具特点的是“采取在线方式审理案件，案件的受理、送达、调解、证据交换、庭前准备、庭审、宣判等诉讼环节一般应当在线上完成”。

因此，杭州、北京、广州的互联网法院在裁判了大量互联网典型案例的同时，在智能合约、大数据、人工智能运用于司法领域进行了大量积极的探索，并开始构建互联网司法裁判规则体系。

参考互联网法院，互联网律所的定位可能也在于互联网法律服务，以律所为单位积极探索通过互联网提供法律服务的各种可能性。

二、互联网改变了什么

互联网改变了法律的面貌，互联网上的新型纠纷与法律中新设的互联网条款不胜枚举，以及随之而来的新型法律关系、新型法律主体与客体，这些是显而易见的改变。

而在更深层次，互联网对法律服务的改变远比想象中深远。

为了在互联网上保护版权，各种先进的技术被广泛部署。法院“身先士卒”，杭州互联网法院的智能证据分析系统可以对文章、图片、视频是否相似进行比对，并且会给出重复比，以及判断是否疑似侵权；北京互联网法院推出天平链电子证据区块链平台，直接对接从版权确权到诉讼的一条龙工作。

企业也不甘落后，视觉中国的“鹰眼系统”也随着黑洞照片事件被放到聚光灯下。“鹰眼系统”利用自动全网爬虫、自动图像比对、授权比对自动生成报告等方式，自动处理大量以上的数据，追踪并提供授权管理分析、在线侵权证据保全等一站式的版权保护服务。

阿里设立了“原创项目保护平台”，对首发创意方案与短视频进行保护，承担了一部分登记机关的职能。根据《2018 阿里巴巴知识产权保护年度报告》，2018年阿里巴巴在原有的商品大脑、假货甄别模型、图像识别算法、语义识别算法、商品知识库、实时拦截体系、生物实人认证、抽检模型、政企协同平台等打假黑科技基础上，开创性地将语义情感分析、商家全景视图、直播防控体系等新技术应用于知识产权保护，将可疑商品、可疑商家拒之门外。

传统上争议解决主要通过法院、仲裁机构进行。但在互联网上，迫于侵权责任法“避风港”原则所带来的压力，互联网巨头们除了技术以外，在制度上也采取非常激进的创新措施，承担了大量争议解决的工作。

本身从争议解决的数量上来看，就没有法院能够比得过微信、淘宝（天猫）、新浪微博这些互联网平台。版权保护的对象是表达而不是思想，创意本身并不受保护，但是互联网平台并不拘泥于传统版权法理论，开始将创意也纳入保护。

根据《2019微信知识产权报告》，微信就专门将游戏的关卡设计、玩法、美术风格等创意内容进行保护。微信还引入“洗稿合议机制”，邀请部分公号原创作者参与其中，协助平台对有争议的“洗稿”内容进行合议。知乎为了判断内容是否合规，也引入“众裁”机制，把是否违规交给用户判断，并根据用户的判断训练算法。

所以，对互联网律所来说，如果互联网律所没有办法对标先进技术，那么在这场控制法律风险的“军备竞赛”中就已经落得“后手”。

更进一步，苹果、阿里、微信的投诉规则与判定标准的重要性并不亚于法律法规与司法解释。这些激进规则的研究，需要互联网律所投入资源，构建相应的互联网法律知识库。

三、疫情如何催化互联网律所

在病毒肆虐期间，律师在家办公成为常态。

在家办公让律所内部原本就分散的分所、团队被拆解得更加零散，团队内部的成员被迫分散在不同的物理空间，通过互联网连接。

传统上律所内部以团队为分割节点因为疫情变成以个人为分割节点，知识节点也因此分散，直接的影响是沟通成本上升，原本团队内部转个头就可以交流的内容现在需要在群组里面“圈人”，原本两句话可以解释清楚的文件需要通过电话、邮件来多写几句。此时，律师也不得不更加依赖协同办公软件、把自己的工作搬到云端。

相对于IT行业通过版本控制工具来协调代码的更新，律师通过电子邮件、即时通信软件、文件的重命名来协同更新文件、合同还是显得相对落后，不仅容易导致文件版本混乱，也不利于知识的积累。

原本律所内部围绕面对面办公的技术构架、组织构架可能都需要因为疫情而升级，更有效地连接律所内部每一位律师，继续让律师之间、团队之间能够高效配合。

律所内部的协同固然重要，但并不涉及互联网律所的实质。疫情真正催化的是律师与客户之间关系的改变。

在律师与客户的关系中，“信任”对于法律服务来说至关重要，可以帮助律师更好地将专业知识传达给客户。“百闻不如一见”，没有什么比面对面交流更能够获取信任的方式了。《值得信赖的顾问》（*The Trusted Advisor*）一书中提出了一个信任公式：

$$信任程度=\frac{可信度语言+可靠性行为+亲和力情感}{自我定位动机}$$

面对面直接交流能够提升的是可信度与亲和力，电话与屏幕里再动听的声音也比不过面对面交流。但鉴于病毒飞沫传播的可能性，传统上常见的线下讲座、研讨会在几个月内恐怕都无法开展。

律师与客户之间将会带着距离感开始工作。

在这样的背景下，律师们可能会将更多精力用在线上课程的讲授以及专业文章的写作上。对律所来说，能否搭建好有效的平台将成为关键。

律所搭建的平台绝对不是建立一个官方网站加公众号这么简单。很多律所的网站并不具备实时更新的能力，没有办法很好地关联律师的文章与官网上的简历，更不要说去关联微信公众号、小程序了。

在这样的局面下，律师会寄希望于自己独立的平台和渠道，毕竟设立微信公众号、在知乎上开个专栏并没有什么门槛。

四、需要什么样的互联网律所

互联网，顾名思义是网络的互联。而互联网律所，需要通过互联网连接律所内部的每一个团队，连接团队里面的每一个成员，需要连接客户，甚至需要连接能够解决争议的机构。

工信部披露，2020 年春节假期期间，移动互联网流量消费了 271.6 万 TB，同比增长 36.4%。伴随疫情的发展，人们生活、工作的重心向互联网倾斜，线上娱乐、线上办公越发普遍。

在开工第一天，多款办公软件还发生崩溃。线上消耗时间的增长无疑会带来更多的互联网纠纷，而处理这些纠纷需要律师与律所做好准备。

最为直观的例子是，当法庭决定线上开庭，律师与代理人该在哪里出庭，家中还是律所？通过笔记本自带的摄像头还是专门的摄像头？当办公室的 WiFi 卡顿，是否有备用的线路？类似的问题不一而足，这些问题都是互联网律所需要去考虑的。当互联网律所能够提供更优质的在线开庭环境，对案件胜诉的概率多少会有些影响。

律所最核心的竞争力来自旗下律师团队。互联网律所的任务还在于如何让自己的律所、团队、律师更好地呈现在互联网上。律师买百度竞价排名早已不再是新闻，而卖律师服务比卖红薯困难得多，每个买家都需要不同品类的服务。

律所需要以更专业的方式让律师在该出现的场合出现。最能够反映律师能力的文章、报告、在线课程、媒体采访甚至是抖音账号有机整合在一起，力求完整对律师进行画像，而不是干巴巴的“纸片人”。

互联网律所需要具备全面的处理互联网纠纷的能力，比如互联网取证。大家对“以事实为依据，以法律为准绳”耳熟能详，当所有律师用的数据库都差不多的时候，发现事实的能力就显得尤为重要。

在网络空间发现事实，公证很多情况下并不能够胜任。比如，在乐动卓越诉阿里云侵犯著作权案中涉及确定运行 App 平台的问题，乐动卓越一方法律团队使用 Wireshark 这款软件用于抓取网络数据，确定数据来源，获取并记录手机端 App 访问服务器的 IP 地址，并将 IP 地址进行百度搜索，从而发现该 IP 地址属于阿里云，确定阿里云与本案的连结点。而更早的最高人民法院发布的第 45 号指导性案例里，百度公司即通过 Wireshark 的运用，发现在青岛地区劫持其流量的是联通公司。

除了互联网取证，互联网律所也需要充分利用法律科技的成果，通过各类协同软件进行法律知识的积累，完成从手工作坊到流水线、从匠人到工人的升级。

结语

在 1996 年，Frank H. Easterbrook 法官在芝加哥大学的网络法研讨会上提出：

网络法的意义就同“马法”——关于马的法律差不多。“马法”是一个必要的法律部门吗？显然是否定的。

马的所有权问题由财产法规范，马的买卖问题由交易法管束，马踢伤人分清责任要找侵权法，马的品种、许可证、估价和治病均有相应部门法处理……如果有人企图将之汇集为一部“马法”，那将极大地损害法律体系的统一性。

他指出，互联网引起的法律问题具有同样的性质。网络空间的许多行为很容易归入传统法律体系加以调整。为了网络而人为地裁减现行法律、创制网络法，不过是别出心裁，没有任何积极意义。他侃侃而谈，“请大家回家”。

互联网律所，与互联网法律一样是法律对互联网冲击的回应，即使是像 Frank. H. Easterbrook 法官所说网络法没有必要成为一个部门法，在互联网创造的“赛博空间”内，互联网会如何改变法律，律所如何运行，法律如何适用，依旧是一个有意思研究的问题。

互联网早已渗透到各行各业，在数字化、智能化转型的浪潮中，线上线下的界限早已模糊。

互联网律所亦是如此，律所、律师线上与线下的界限也将日益模糊。或许有一天，“互联网律所”将成为每一家律所的标签；每一家律所能够具备在网络空间游刃有余的能力。那时，我们会处在一个更能够匹配数字化、智能化社会的法律服务市场。

当你还没完全复工，虚拟律所已经崛起？[*]

伊晓俊[**] | 智合研究院

一家律师事务所，主要依赖网络技术实行“远程办公”。

合伙人收入是一些美国大型律师事务所的两倍。

目前，它已放眼海外，进军国际市场。

2020 年 2 月，号称是全球最大“分布式”律师事务所的 FisherBroyles 在伦敦开设分所，这也是它在美国本土之外开设的首家分支机构。2019 年，这家律所创收达 9800 万美元，并首次跻身美国律所 200 强，目前有员工 250 名左右。

这家律所也被称为一家“虚拟律师事务所”。

什么是虚拟律师事务所？

跟传统律师事务所相比，它有哪些不同？

在未来，虚拟律所将迎来哪些机遇？

一、虚拟

根据 2016 年美国律师协会（American Bar Association）发布的一份报告中的描述，虚拟律所是区别于传统律所，不受传统律所物理办公空间束缚，运用技术手段为客户提供法律服务的律师事务所。

“虚拟律所”并不是一个新概念。在互联网兴起的 1997 年，就有硅谷律师公开撰文提出建立依托网络的“虚拟法律公司”的主张，任何在家办公的律师都可以被称为“虚拟律师”。

根据维基百科，世界上有记载的首家虚拟律所是 1996 年设立于英格兰的 Woolley & Co.，创始人名叫 Andrew Woolley。

---

* 本文首发于微信公众号“智合”2020 年 2 月 24 日。

** 伊晓俊，智合研究院编辑、研究员，长期从事中外律所组织、技术和管理创新等方面的研究。

虚拟律所也被称作“云端律师事务所”。随着互联网技术的发展，在世界范围内依赖“云技术”实现网络办公的律师事务所应运而生，并被越来越多的客户所接受。

几年前，美国律师协会曾将提供新型法律服务的法律公司 Axiom 定义为当时全球最大的虚拟律师事务所。2017 年，Axiom 创收超 3 亿美元。目前，它在全球已拥有超过 2000 名员工，已成为一家“全球领先的替代性法律服务提供商”。

因此，无论虚拟律所的准确定义是什么，基于网络技术、没有传统意义上的办公空间或仅设少量办公场地供运营需要、比传统律所更为灵活的工作方式是这类律所的主要特点。

二、优势

虚拟律所同传统律所相比有哪些优势？

第一，远程办公的方式，可以节约办公场地开销及运营成本。

Fisher Broyles 全球联合管理合伙人 Michael Pierson 曾在一次采访中介绍，虽然 Fisher Broyles 在美国多个城市都设有小型办公室，但绝大多数律师采取远程工作的方式，这使其运营成本减少近了三分之一。

第二，商业模式使虚拟律所在费率上比传统律所更具竞争力。

美国虚拟律所 Culhane Meadows 的创始合伙人 Kelly Rittenberry Culhane 曾表示，律所合伙人的小时费率仅相当于美国大型律师事务所中年级律师的费率。

据她介绍，许多 Culhane Meadows 的合伙人在之前任职的律所每小时收费在 900 美元左右，而现在，他们收费均价为每小时 550 美元。

然而，低费率并未影响律师的收入。通常虚拟律所仅在律师创收中提取很小比例，大部分收入归律师个人所有。FisherBroyles 的创始人 James M. Fisher 曾表示，该所合伙人收入是美国较大型律师事务所的两倍。

第三，虚拟律所的工作方式更加灵活，使律师能自由支配工作时间。

许多加入虚拟律所的律师表示，他们厌倦了过去每年超过 2200 小时的计时工作，不愿成天待在办公室，更倾向于选择灵活的办公方式或居家工作。他们仅需根据客户需求来安排行程，而不会对律所造成任何消极影响。

三、实力

那么，虚拟律师事务所的业务能力究竟如何？

2015 年，美国俄亥俄州的 Roetzel & Andress 律师事务所诉讼团队 8 名律师集体加盟 FisherBroyles，成为当时传统律所与虚拟律所之间最大的横向团队变动。

此后，FisherBroyles 没有停止从传统律所中挖人的步伐。从 2018 年年初至 2019 年 3 月，FisherBroyles 的知识产权部门从美国各大律所中挖走 22 名律师和合伙人。

目前 FisherBroyles 知识产权团队的客户中，既有高科技初创企业，也有财富美国 500 强企业。[1]

2019 年 10 月，亚马逊推出知识产权加速器（intellectual property accelerator），帮助电商卖家在亚马逊平台快速找到知识产权律师，办理包括商标申请在内的业务。

在首批“上架”的 11 家提供商标服务的律所中，FisherBroyles 是其中唯一的“完全服务提供商”。根据其创始人介绍，能够提供固定成本的服务是律所被亚马逊选中的原因之一。

Culhane Meadows 的创始合伙人 Kelly 也曾表示，外界对于虚拟律所只做廉价低端业务的刻板印象是不正确的，Culhane Meadows 每年会承接几十宗一亿美元以上的交易，合伙人也会像大型律所那样组建团队，协同办理业务。

通过从大型律师事务所“挖角”律师和合伙人，虚拟律所在许多业务领域已具备一定实力。但也有专家表示，目前大型上市公司在选择法律服务提供者时会面临诸多压力，很难想象这些公司会将高风险的法律事务交给一家虚拟律所去做。这也是许多虚拟律所都会碰到的“天花板”。

并且，特有的商业模式要求虚拟律所的律师拥有极强的单兵作战能力。另外，在依靠团队及跨团队协同作战、同客户保持密切沟通等方面，虚拟律所存在一定不足。

此外，传统大型律师事务所拥有长期以来树立的品牌优势，有专业的市场和品牌运营部门。而降低成本的经营模式使虚拟律所在品牌、市场影响力方面无法与传统大型律所相比。

四、未来

在未来，虚拟律所将迎来哪些机遇？

---

〔1〕 See *FisherBroyles Continues Aggressive Expansion of Intellectual Property Practice*, *Adds Partners Richard Eckman*, *Thomas Osborne and Jeremy Sanders*, Kinneyrecruiting（Mar. 6, 2019）https://www.kinneyrecruiting.com/denver/legal-news/fisherbroyles-continues-aggressive-expansion-of-intellectual-property-practice-adds-partners-richard-eckman-thomas-osborne-and-jeremy-sanders.

首先，依托新技术的虚拟律所具有后发优势。

美国法律媒体Law360在2018年发布的一篇文章中提到，近几年美国400强律所的人数年增长率在1%到2%之间，营收增速也趋于平稳。而依赖远程办公和云技术的虚拟律所的人数年均增长率达15%至30%，营收增长率高达50%。

其次，在经济下行环境中，虚拟律所更具竞争优势。

在经济危机中，律所大多通过裁员及整合客户资源来应对营收压力。2008年金融危机发生后，从2008年年初至2009年6月中旬，美国律所解雇了超过1.25万名员工，其中有1.05万人都是在2009年被裁。[1]

而虚拟律师事务所的真正兴起，也与2008年金融危机导致的经济衰退密切相关。正因为经济的低迷，客户对服务产生了降低费用的需求，这才有了成本和费用更低廉的虚拟律所的一席之地。

最后，“弹性”工作制或许成为未来的工作趋势。

近年来，许多国外知名律师事务所开始推行灵活的工作制度。例如，2015年以来，高伟绅律师事务所（Clifford Chance）和史密夫斐尔律师事务所（Herbert Smith Freehills）均在伦敦办公室开始推行“弹性”工作制。高伟绅鼓励律所合伙人采取居家工作方式，史密夫斐尔则允许律师每周在家工作一天。

然而，大多数律所仅将“弹性”工作制作为平衡员工工时的福利政策，或是作为吸引优秀人才的手段。这同依赖远程办公降低运营成本的虚拟律所经营模式存在一定区别。

目前，在伦敦设立首家海外分所的FisherBroyles已将眼光瞄准了新加坡、印度、中国香港地区和意大利米兰等地。

那么，随着新技术、创新商业模式的不断出现，虚拟律师事务所在未来能否对传统律师业造成冲击呢？

---

〔1〕 See Ashish Nanda, David Wilkins And Lisa Rohrer, *Axiom (A)*, *Getting Down to Business*, HARVRD LAW SCHOOL, https://casestudies.law.harvard.edu/axiom-a-getting-down-to-business.

2021 年，律所究竟需要多少“非律师”*

伊晓俊** | 智合研究院

你的律所中，有哪些“非律师岗位”？

大多数律所有负责文件收发、客户接待等大小事务的行政前台；从日常收支管理、到分配方案制订样样精通的财务专员；与媒体打交道，对接各类评奖机构的市场部门；维护软硬件系统、承担数据保护重任的 IT 专员……

这些角色在律所的日常经营与发展中起的作用至关重要。那么，律所究竟需要多少非律师？怎样的人员搭配才更“科学”？

一、英美律所，支持人员过多了？

削减冗余人员，外包中后台服务，“共享”行政运营中心……

自 2020 年年初开始，蔓延的疫情使英美律所纷纷采用“勒紧裤腰带”的方式控制成本，应对未知风险。其中，“非创收人员”的律所支持团队受到较大冲击。

不止疫情因素，2019 年年底英格兰及威尔士大律师公会发布的一份报告显示，随着法律行业发展及技术普及，预计到 2027 年，英国法律行业将减少 3.5 万个岗位，其中法律秘书与律所支持人员或将遭遇“裁员潮”威胁。

英美律所的运营支持人员真的“过多”了吗？

法律行业中，律师与非律师的比例是衡量一家律所人员配置是否科学、业务支持资源是否合理的重要指标之一。

很长时期内，英美律所中支持人员的数量持平甚至多于律师人数，律师和非律师“1∶1”的配比被许多大型律所采用，详见图 1。

---

* 本文首发于微信公众号“智合”2020 年 12 月 7 日。

** 伊晓俊，智合研究院编辑、研究员，长期从事中外律所组织、技术和管理创新等方面的研究。

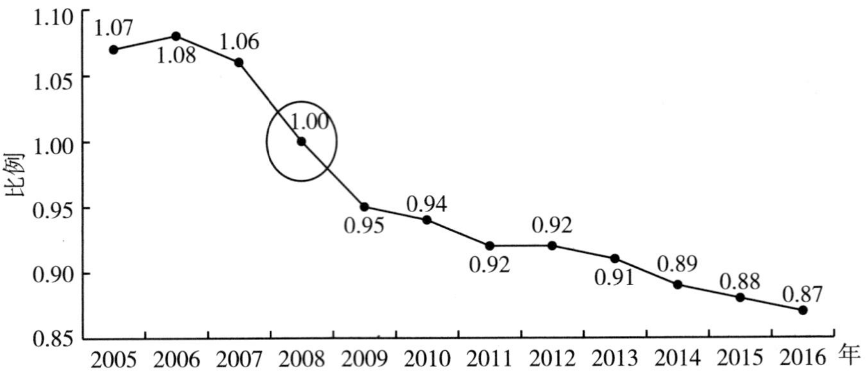

图 1　全球律所律师与行政支持人员的比例变化情况（2005～2016 年）

资料来源：Statisa。

制图：智合研究院。

从图 1 可以看出，自 2008 年起，受全球金融危机等因素影响，英美律所非律师的占比开始明显下降，打破了长期以来 1∶1 的比例。

英国《律师》杂志（*The Lawyer*）发布的 UK 200：Business Services 报告，涵盖英国律所 200 强（UK 200）中律师和非律师的比例概况。该报告统计了各家律所业务支持团队（包括人力资源、IT、市场、公关和品宣、财务、设施和秘书/文件制作等部门）的大量基准数据。

2016 年前后，在英国律所 200 强中，律师与非律师的比例大多分布于 1∶0.5～1∶0.8的区间内。但对于办公网络遍及全球的大型律所来说，这样的比例意味着支持人员规模依旧十分庞大，详见图 2。

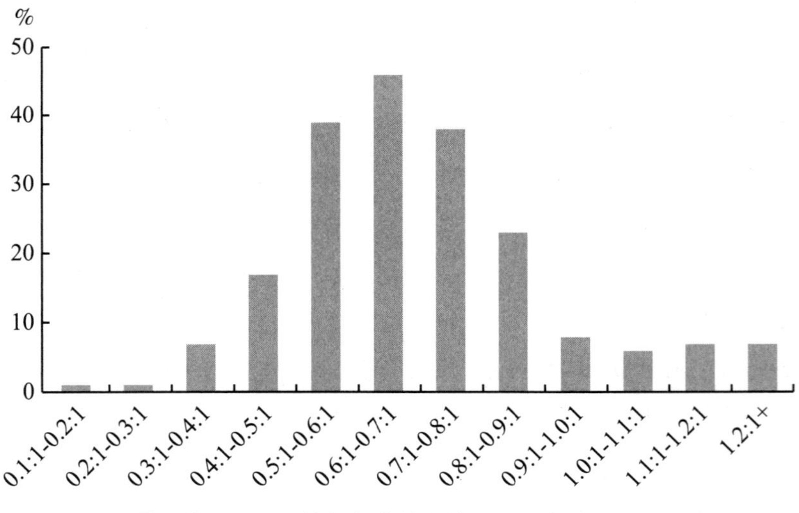

图 2　英国律所 200 强律师与非律师的比例分布情况（2016 年）

资料来源：《律师》杂志发布的 UK 200：Business Services 报告。

制图：智合研究院。

例如，2015 年欧华律师事务所（DLA Piper）全球的律师与非律师比例为 1∶0.82，共有 4316 名律师，非律师达到 3529 人。

近年来，对效率提升与成本控制的关注，使英美律所以构建中央行政中心、将部分后台功能外包等方式降低支持人员占比。一些律所将人员构成比例调整至 1∶0.25，即 4 名律师对应 1 位支持人员。这一比例正逐渐成为许多律所推崇的“理想比例”。

支持人员的占比不断降低，不仅反映出律师行业未来发展的普遍趋势，也体现了英美律所的经营方式正在经历的变化。

二、中国律所，律师与支持人员比例如何？

与国外律所相比，中国律所中律师与支持人员的比例如何？背后的影响因素又有哪些？

本次我们获取了几家不同规模及运营模式的中国律所的相关数据，详见表 1。

表 1　中国律所律师/非律师人数比例

律所名称	律所业务规模（遍及全国/区域为主）	律所运营形态（公司化运营/提成制为主）	律师人数（含合伙人/律师/律师助理）	非律师人数（含行政/市场/IT 等）	律师/非律师比例
北京竞天公诚	遍及全国	公司化运营	680	130	1∶0.2
广东方图	区域为主	公司化运营	9	6	1∶0.66
四川致高	区域为主	提成制为主	240	10	1∶0.05
陕西海普睿诚	区域为主	公司化运营	250	15	1∶0.06

资料来源：各律所提供。

整理、制表：智合研究院。

通过以上数据可以发现，中国律所的律师与非律师比例普遍低于英美国家律所。此外，在不同规模及运营形态的中国律所之间，数据同样存在较大差异。

几位国内律所的行政负责人在采访中表示，中国律所中律师与支持人员的配比与法律行业所处的发展阶段、律所运营模式等有关，具体来看：

以提成制为主的律所，管理相对松散，在行政支持岗位配置上更倾向于“一岗多用”，因此支持人员的占比相对较低。

一体化/公司化运营的律所基于对资源统筹、品牌推广等方面的重视，对支持人员的需求往往更大，职责分工也更加明确。

此外，还有一些因素关系到中国律所中支持人员的比重：

陕西海普睿诚律师事务所的管理合伙人孙婷认为，不同律所的组织形态和业务模式，对运营服务的需求也不同，即便同一家律所，如果经营模式发生了调整，行政运营职能也会随之改变。此外，律所本身的战略定位也是影响支持人员占比的重要因素：当合伙人普遍看重运营管理的价值，期求“管理出效益”时，对于支持团队的构建往往能达成共识。

广东方图律师事务所的行政合伙人区咏贤表示，不同类型律所在支持人员的角色定位与配置比例均有所不同。但这也和一家律所是否重视对外品牌宣传、对内人才培养以及统筹律所整体资源有很大关系。

四川致高律师事务所的行政总监邱彦认为，虽然公司化律所通常在人员配置、角色定位上考虑更加精细，但可能面临成本压力过大、资源过度占用等问题。提成制律所倾向于根据律所所处发展阶段、律师需求等情况进行调整，但这也可能造成支持人员的配置滞后于律所发展。但无论律所运营形态如何，存在即合理。

同时，几位受访的律所行政主管结合自身对行业现状的了解，探讨了国内法律行业在行政运营方面存在的一些普遍问题：

第一，资源配置不够合理。许多国内律所的支持部门存在“一人多岗”“一岗多用”现象，使律所运营难以实现专业化；一些律所中，运营人员配置存在职责重叠、重复劳动的现象。

第二，支持人员成长空间相对受限。虽然一些律所设有“行政合伙人”等职，但非律师人员普遍缺乏上升空间，没有像律师一样明确的晋升通道，可能导致工作的成就感较低。

第三，成本问题。部分中小律所为实现专人专岗，聘请专职行政人员，可能引发成本过高的问题。

虽然中外律所的所处阶段、模式各有不同，但发展目标却相对一致——权衡得失，寻求运营管理的最大利益点，保证机构的服务品质。那么，对于中国律所在行政运营中遇到的问题，是否能从国外律所中借鉴部分经验？

三、他山之石：转移、外包、共享

近年来，英美律所不断探索律所运营管理的更多可能，在优化资源配置与成本把控的创新实践方面主要呈现三种形态：

形态一：“转移”。

部分律所将行政后台转移至成本更低的地区。例如，2011 年，“魔圈所”之一的英国安理（Allen & Overy）将伦敦总部的后台办公室转移至物价相对低廉的北爱尔兰贝尔法斯特，在当地打造了一支囊括 IT、人力资源与财务的 300 人运营支持中心，为律所的全球业务提供远程支持。英国安理的负责人曾表示，该部门设立预计能在 5 年内为律所节省 1000 万英镑开支。

形态二："外包"。

一些大型国际律所选择将运营职能外包给专业机构。近期，欧华律师事务所将技术等后台职能外包给管理咨询公司 HBR consulting。在此过程中，欧华还将律所中多名支持人员转移至该公司工作。

形态三："共享"。

2020 年以来，"美国律所 100 强"（Am Law 100）中的部分律所提出构建"共享后台中心"的探讨，希望实现后台工作的批量化处理，以分摊律所在技术等方面的开销。业内人士分析称，该中心能为相关律所节省 20% 以上的管理成本。

英美律师行业经过多年发展，诞生了这些新兴的运营管理模式。对于中国法律服务机构而言，能从这些创新实践中借鉴哪些经验？

第一，将律所的流程性事务转移至低成本地区，会带来成本降低与办公资源优化的直接效果。

近期，国内某知识产权专业所在广西设立分支机构。据悉，该办公室将承担部分流程性、基础性的知识产权申请工作，释放总部北京的办公资源，分解非业务类工作的压力。这种思路也与英国安理等律所转移后台职能的举措相类似。

第二，律所发展离不开管理运营的专门化，需要"专业的人做专业的事"。

支持部门的不断构建和完善，将带动更多非律师人员的成长。未来的律所发展中，无论支持人员占比将呈现何种趋势，可以确信的是，律所将更需要与律师能力实现互补的专业人员。

四川致高的邱彦表示，中国法律行业将更需要两类非律师人员——CRM（客户关系管理）与 marketing（市场）。这两者将会为律所、团队和律师带来彻底的"解放"。具体而言，CRM 能帮助律所完成对客户关系的稳定维系和深度挖掘，实现资源的汇集和整合。而 marketing 作为律师的"眼睛"，能将服务产品精准投放到市场，并为律所与律师带来更多资源。

广东方图的区咏贤认为，未来律师会偏重专业技能和法律服务产品，而非律师人才则可以在财务、行政、市场、流程、品牌宣传等方面发挥自身优势，一方面协助律师打磨法律服务产品，另一方面在优势领域独立发挥自身的作用。

第三，"共享"行政支持中心的构建，可以帮律所解决运营资源配置不合理的问题，并推动管理效能提升与服务专业化。

近一段时期，“共享办公”“共享律所”等创新形式在国内律师行业出现。有的律所将办公区域统一整合，律师通过在线预约系统按需使用工位；也有平台提出“联合办公”的理念，吸纳中小律所入驻。律所“共享办公”，看似共享的是物理空间，实则有赖于平台强大的办公系统与行政支持。

陕西海普睿诚的孙婷认为，“共享”空间和“共享”服务，对控制成本、提升管理效能和资源整合，无疑有积极的意义。但也可能存在隐患，比如市场认可度不高、信息资源是否会泄露、律所特色文化被同质化稀释等值得关注的因素。

结语

回到文章开头提出的问题，律所中怎样的律师与非律师搭配是“科学”的？

多年发展中，国外律所注重控制支持人员的占比，同时通过一系列创新举措，为律师提供更加高效、灵活的运营支持。

对于年轻的中国法律行业和律所而言，近年来行业的发展和专业化建设的推行，使运营职能的完善日益受到重视。

无论怎样的人员搭配和比例，具体则在于律所作为律师执业机构的两个核心职能能否顺利实现——对内提供支持保障，对外把控服务质量。

对于中国律所还是国外律所而言，都是如此。

帮客户节省50%成本，这项新型法律服务将部分取代传统律所业务？*

伊晓俊** ｜ 智合研究院

一项新型法律服务模式，能保证全球领先律所般的服务品质，并帮客户节省50%以上的成本。

超100亿美元，是这种服务模式在全球的市场规模。

它正以一种悄无声息的方式“替代”部分传统律所业务。

而现在，它已经被引入中国。

根据全球专业信息服务提供商汤森路透发布的《替代性法律服务提供商报告2019》（Alternative Legal Service Providers Report 2019）估算，以提供法律流程外包、电子文档检索及文书校验等服务为典型业务的替代性法律服务提供商（ALSP）在全球市场的创收规模已突破100亿美元，并预计将以24%的年增长率持续攀升。

- 传统律所业务会不会被这类新型服务模式部分替代？
- 这项服务在中国法律服务市场的前景又如何？
- 哪家国际律所率先将替代性法律服务模式引入了中国？

带着这些疑问，智合独家专访了史密夫斐尔替代性法律服务（ALT）的全球负责人Libby Jackson律师以及大中华区的业务主管姚硕律师。

一、替代

近年来，越来越多的新兴企业及专业服务咨询公司都推出了以法律科技手段为支撑的替代性法律服务，包括电子检索、风险管控及合规、文书校验、合同管理

---

* 本文首发于微信公众号“智合”2019年11月29日。

** 伊晓俊，智合研究院编辑、研究员，长期从事中外律所组织、技术和管理创新等方面的研究。

等，以克服传统人工方式的弊端，协助企业及律所客户更好地开展商业活动。

根据汤森路透发布的报告，目前全球主流的替代性法律服务提供商包括五大类：

提供法律流程外包服务的公司；

向法律领域进军势头迅猛的“四大”会计师事务所；

为企业提供临时律师资源的合约律师平台；

法律事务托管服务（LMS）提供商；

律所旗下的法律流程外包机构，包括史密夫斐尔在内的多家全球精英律所旗下均有提供此类服务的专业律师团队，详见表1。

表1 替代性法律服务提供商（ALSP）的五大类型

分类	法律流程外包公司	“四大”会计师事务所	合约律师平台	法律事务托管服务提供商	律所旗下的法律流程外包	总计
代表公司	· Consilio · DTI · Integreon · KLDiscovery · Mindcrest · QuisLex	· 德勤 · 安永 · 普华永道 · 毕马威	· Axiom · Halebury* · LOD · Special Counsel · Update Legal	· Elevate · 汤森路透旗下的法律托管服务 · UnitedLex	· 安理 · 高伟绅 · 安睿顺德伦 · 奥睿 · 礼德 · 威凯平和而德	—
2017年创收估算/亿美元	74	12	11	7	3	107

资料来源：各律所提供。
制表：智合研究院。

作为一家全球知名的国际律师事务所，史密夫斐尔是该领域的先行者。自2011年起，其位于北爱尔兰贝尔法斯特的办公室就开始主导以大宗文件管理为主的涉及诉讼、仲裁和监管调查等方面的替代性法律服务。

目前史密夫斐尔在全球共有11个办公室运营该业务，有超过350名包括律师、法律分析师和技术人员在内的工作人员。

二、优势

2016年，“四大”会计师事务所之一的德勤宣布上线“财务机器人”曾引发业界轰动，其背后正是基于同人工智能企业Kira Systems的技术合作。

Kira Systems的联合创始人Noah Waisberg曾在一次采访中介绍，Kira智能文书分析系统能从文档中快速、精准地提取重要信息，并被用于合同分析、尽职调查、合规等法律领域。与传统人工方式相比，这项技术能节省 20% ~90% 的时间。

而据史密夫斐尔律师事务所的负责人介绍，其替代性法律服务在成本上同样优于传统的人工方式。

“根据对我们全球客户数据的统计分析，综合时间和经济成本考虑，采购替代性法律服务**能帮助客户节省50%左右的成本**。”姚硕律师说。

2016 年 9 月，史密夫斐尔律师事务所将国际律师事务所的替代性法律服务引入中国。目前，它的中国业务团队分布于北京、上海、香港办公室以及史密夫斐尔科伟联营办公室，共有 20 名包括律师在内的工作人员。

据姚硕律师介绍，史密夫斐尔中国区替代性法律服务业务的主要客户类型为企业。当前企业客户的法律部门主要面临两大问题：一是不同外部律师提供的法律服务标准尺度不一，二是企业内部法务人员合同审核工作的繁重性。

而该服务可以解决企业客户的烦恼。律所内部的替代性法律服务以律师的专业经验为依托，将法律解决方案与技术产品相结合，为企业客户提供标准化、流程化的解决方案。

通过对该服务的运用，企业法务人员从大量公司日常合同的审核中解放出来，将更多精力放在更能体现其专业价值和战略价值的工作中，为公司业务部门提供更好的法律支持。

三、挑战

优胜劣汰，强者为尊。当新兴势力崛起并迈向成熟时，势必面临来自各方面的质疑和挑战。

首先，随着强势依托于技术手段的替代性法律服务的广泛运用，传统律所垄断的专业法律服务会受到冲击，律师的生存空间也会被挤压。

面对来自法律从业者的这种担忧，史密夫斐尔给出了建议：了解并接纳技术，将它当作一种手段而非目的。

“未来，在专业技能之外，律师还应注重其他能力的提升，比如团队管理、项目管理、业务拓展的能力，这些能力是暂时无法为科技所取代的。”姚律师补充道。

其次，是来自客户对这项服务准确性和安全性的质疑。

当替代性法律服务将更高效、成本更低的法律解决方案推向市场时，也会受到来自客户的检验。

“我们所使用的数据安全保护标准即是史密夫斐尔律师事务所的安全规范和标准，这是我们作为国际大所给客户的承诺和保证，这也是为什么替代性法律服务依靠大型律师事务所平台能发挥更大效能。”姚硕律师说。

最后，是行业内部各方势力的竞逐角力。

根据汤森路透对替代性法律服务市场状况的估算，提供法律流程外包服务的公司以及“四大”在2017年的营业额分别为74亿美元和12亿美元，分别占到总体规模的69%及11%，而律所内部的替代性法律服务全球营业额为3亿美元，不到总体的3%。

面对传统律所之外的强劲对手，律所旗下的替代性法律服务团队靠什么取胜？

姚硕律师坦言，今后该业务乃至整个法律科技行业的竞争不仅体现在科技数量上，服务模式和品质上的竞争也会日益激烈。

律师事务所作为专业的法律服务机构，以专业法律团队为支撑，依靠团队成员的紧密配合以及对企业客户需求的透彻认知与准确把握，目前在服务质量上相较非律所的竞争对手更具优势。

四、未来

在全球法律科技方兴未艾之际，资本也开始推波助澜。

根据福布斯在2019年1月发布的一篇文章，全球法律科技2018年融资总额高达16.63亿美元，相较于2017年实现增幅713%的爆炸式增长，涉及领域包括电子证据开示、法律研究、智能文件审查、合同分析、电子证据等。

从全球来看，以英美为代表的发达国家的法律科技行业受到了资本青睐。美国、英国、加拿大等国的替代性法律服务提供商不断研发新技术，向多领域拓展技术应用。

在法律科技领域，“四大”不甘示弱，积极从事该领域的投资，并在业务中运用替代性法律服务。除上文提到的德勤与Kira Systems的合作外，安永在2018年收购了欧华律师事务所持股的替代性法律服务提供商Riverview Law，又在2019年4月收购汤森路透Pangea3法律管理服务业务，并一次性收编1200多名法律专业人士。

而近年来国际知名律师事务所英国安理（Allen & Overy）、欧华（DLA Piper）、富而德（Freshfields Bruckhaus Deringer）、高伟绅（Clifford Chance）、亚司特（Ashurst）、霍金路伟（Hogan Lovells）等也纷纷与替代性法律服务提供商开展战略合作，或开设法律科技孵化器，或创设新型灵活律师资源部门，或携手共建更为完善的律师平台，并积极将技术运用到法律服务中。

例如，2016 年 3 月，国际大所亚司特正式成立了自己的新型法律服务部门 Ashurst Advance。2019 年 7 月，亚司特和霍金路伟先后与法律公司 Cognia Law 达成合作关系。Cognia Law 的法律团队遍布全球多个地区，南非办公室就有超过 70 名员工。

此前，Ashurst Advance 部门主要由法律分析师等没有律师资格的法律专业人员组成。2019 年 11 月，亚司特又推出了 Ashurst Advance Reach，利用 Cognia Law 和 Elevate 的大量律师资源为客户提供灵活的法律专业人才选择。

但同时我们也看到，国际上越来越热的这类实践在中国还比较少见。

作为最早进入中国市场的国际律所之一，史密夫斐尔一直十分注重中国法律服务市场的战略布局。

据史密夫斐尔替代性法律服务的全球负责人 Libby Jackson 介绍，今后他们会在中国加大对该业务的投入，继续深耕技术以及拓展市场，为客户提供高效便捷的服务。

对于中国法律服务市场未来的发展，史密夫斐尔的两位负责人都充满信心。

她们认为，在法律科技蓬勃发展之际，欧美发达国家的法律市场已相对成熟，最好的发展阶段已经过去，而中国此时此刻正在经历她最好的发展时期，任何法律服务提供者都不应错过这个红利期。

律所“跨界”风险咨询，疫情下的应对之道？*

伊晓俊** 周 正

“越来越多的客户希望律所成为‘整体服务提供商’，今后将推出更多法律和金融等相结合的‘整体产品’。”

——大成英国和中东地区首席执行官 Jeremy Cohen

合伙人降薪停薪、鼓励律师休假、有的已开始裁员……疫情下，不少国际律所通过一系列自救方式应对这场“史无前例”的危机。

但也有国际律所开始“跨界”法律之外的领域。

近期，国际律师事务所亚司特（Ashurst）宣布布局全新的风险咨询业务，帮助金融业客户应对新冠疫情暴发引起的风险和合规问题，并挖来“四大”之一的德勤（Deloitte）审计与鉴证部门的首席战略官 Philip Hardy 担任负责人。

布局风险咨询业务，亚司特不是第一家。

2018 年 11 月，国际律师事务所诺顿罗氏（Norton Rose Fulbright）在澳大利亚办公室组建风险顾问团队，以帮助客户应对澳大利亚皇家调查委员会对银行和金融服务业的调查。

大成 Dentons 也于 2019 年 9 月在英国伦敦设立独立的风险咨询机构 Dentons Risk Consulting LLP。

“风险咨询”主要是做什么？

为何国际大所纷纷开始布局该领域？

律所布局风险咨询有哪些特点？

国际大所的创新实践又能给中国律所哪些启示？

---

* 本文首发于微信公众号“智合”2020 年 4 月 8 日。

** 伊晓俊，智合研究院编辑、研究员，长期从事中外律所组织、技术和管理创新等方面的研究。

一、风险咨询——“四大”的“隐藏”部门

提到“四大”，第一反应可能是审计、税务以及近年来在法律领域的扩张。但其实，管理咨询、财务咨询、风险咨询等咨询业务一直是四大业务的重要构成，详见表1。

表1 四大会计师事务所风险咨询业务

PwC 普华永道	Deloitte 德勤
网络安全与隐私保护（cyber and privacy）	战略及声誉风险（strategic & reputation risk）
企业管治与内部审计（governance and internal audit）	合规风险（regulatory risk）
大数据及分析（data and analysis）	财务及金融风险（financial risk）
控制鉴证（controls assurance）	运营风险（operational risk）
	网络风险（cyber risk）
KPMG 毕马威	**EY 安永**
信息技术咨询（IT advisory）	精算
内部审计、风险管理和合规服务（Internal audit, risk & compliance services）	网络安全
法证咨询（forensic）	金融服务风险管理
会计咨询服务（accounting advisory services）	内部审计
精算服务（actuarial services）	风险审计
金融业风险管理（financial risk management）	风险转型

整理、制表：智合研究院。

以德勤为例，2019年德勤全球总创收462亿美元，收入同比增长9.4%。在此期间，审计和鉴证（audit & assurance）、管理咨询（consulting）、财务咨询（financial advisory）、风险咨询（risk advisory）以及税务与法律（tax & legal）五大业务领域均实现增长。其中，风险咨询业务收入增幅达8.4%。

风险咨询作为四大咨询业务的重要分支，通常由咨询团队根据企业客户的经营环境和业务流程状况，对风险进行分类和全面评估，并对企业的运作流程、内部控制与风险管理等提出改善建议。

德勤的风险咨询服务类型包括：

战略及声誉风险。

合规风险。

财务及金融风险。

运营风险。

网络风险。

与关注宏观层面的企业管理和战略咨询相比，风险咨询侧重于企业运营具体流程的把控、风险数据分析及合规风控等。

二、律所的风险咨询是怎么玩的？

律所布局的风险咨询业务有哪些特点？

第一，通过挖角专业人员，使律所“跨界”非法律领域更有“底气”。

上文提到，亚司特近期开辟风险咨询业务挖来了德勤审计与鉴证部门的首席战略官。

而大成风险咨询机构的主管之一 Christian Blackwell 有近 14 年任职于普华永道的经验，另一位负责人 John Davison 也曾在全球银行业机构和英国监管机构有近 20 年的风险和合规从业经验。

诺顿罗氏风险咨询部门的几位负责人也有在银行、证券交易所、金融监管部门等涉足风险、合规等领域的丰富经验。

第二，与法律领域相关，但不直接提供法律服务。

大成位于伦敦的风险咨询机构是由大成英国和中东办公室（Dentons UK and Middle East LLP）设立的独立机构。因提供的服务为非法律服务，该机构不受英国律师管理局的监管。

大成风险咨询提供的服务包括以咨询为主的预防性合规及风险管理解决方案，服务类型包括：

补救措施和应对方案。

针对监管部门、审计或技术人员审查的准备和应对。

认证、证明和针对监管指令的对策。

监管措施变化的评估和实施。

设计、开发合规和风险架构。

流程和控制的审查，包括对系统和控制体系的独立评估。

与大成略微不同，诺顿罗氏设立的风险咨询部是一个交叉业务部门，通过律师和行业专家共同配合来帮助客户识别和管控风险。行业专家团队提供非法律建议，服务包括：

业务转型，包括人工智能、区块链、虚拟货币、物联网等。

气候变化与可持续发展。

危机管理。

数据保护、隐私和网络安全。

监管机构。

风险咨询。

交易整合。

白领犯罪与政府执法。

第三，以金融领域为主，并向其他领域拓展。

同亚司特近期的布局策略相同，诺顿罗氏、大成等律所也将风险咨询业务最初的布局重点放在金融服务领域。

大成风险咨询机构的负责人此前表示，首先布局金融领域的原因在于，金融服务业复杂程度较高，且受到高度管制，相关客户需要合规及风险管理方面的专业建议和解决方案。之后会考虑将该业务拓展到同样监管制度严格、合规风险高的汽车、能源、制药、航空航天和国防等领域。

三、律所“跨界”原因几何?

为何近年来国际大所纷纷布局风险咨询业务?

一是由于外部的激烈竞争。

挖角、收购、战略合作、增加技术投入……近年来，四大等替代性法律服务提供商全面进军法律市场，企图分走传统律师事务所的部分市场份额。

面对激烈的竞争环境，国际律师事务所开始通过开拓新领域、布局创新业务部门等方式应对，甚至在相关领域直接同“四大”、替代性法律服务提供商展开竞争。

布局“四大”占据优势地位的咨询行业也证明，市场的竞争态势也可以是“双向渗透”。

二是因外部环境变化催生的企业客户需求。

新的监管规定出台，地缘政治改变等导致的金融业监管环境变化，加之近期全球疫情蔓延加剧的全球金融市场波动，都为律师事务所布局金融监管等领域带来机遇。

设立风险咨询部门的亚司特表示，受新冠肺炎疫情暴发影响，该所的金融领域客户急需应对突发风险的专业建议。此次引入与法律服务相配套的咨询服务，能为客户提供整体化的风险应对方案，帮客户解决迫在眉睫的危机。

大成咨询机构的负责人曾表示，“史上最严数据保护法”GDPR（《欧盟通用数据保护条例》）的实施，是该所布局风险咨询业务的契机之一。大成英国和中东地区首席执行官 Jeremy Cohen 也表示，越来越多的客户希望律所成为“整体服务提供商”，今后将推出更多法律和金融等相结合的“整体产品”。

四、创新或将成为未来常态

未来，开拓新领域、布局新部门、探索创新模式，同传统律所之外的强劲对手直接开展竞争，或将成为法律服务行业的常态。

同样是布局咨询业务，英国安理律师事务所（Allen & Overy）于 2018 年 7 月宣布组建主打合规咨询的独立部门 Allen & Overy Strategy Group。

近期，该部门在金融监管领域提供的咨询服务包括助力汇丰银行在英国建立限制用途的商业零售银行（retail bank）和为众多资产管理公司及银行就英国脱欧带来的金融业影响提供计划和解决方案等。

2020 年 2 月，总部位于英国伦敦的肯尼狄国际律师事务所（Kennedys）将其新型法律服务分拆，组建为一家依靠技术驱动的公司 Kennedys IQ。相关负责人表示，此次分拆能使律所专注于产品管理服务，满足律所保险客户群的一系列理赔管理服务。包括自动执行或管理理赔流程，运用大数据人工智能技术预测医疗损害和自动解决建议等。

2020 年 3 月，年利达律师事务所（Linklaters）组建拥有 400 人的法律运营职能部门，包括流程管理、科技创新、知识管理、服务定价四个领域。这是近期国际领先律所把原有服务“单拎出来”进行团队结构和工作形式改造，以和替代性法律服务机构提供的同类服务相竞争的例子。

近期有预测称，新冠肺炎疫情将彻底改变传统法律服务业，包括工作方式、服务提供方式、技术应用等诸多方面。

除了裁员、减薪等“勒紧裤腰带过日子”的策略外，律所们或许应当对即将到来的变化做更多准备。

唯有不断创新，才能使企业持续发展和进步，对律所而言，亦是如此。

律所的“副业”：自研法律技术软件卖给客户*

周 正

“副业”可能是2019年最火的关键词之一，代表了个体在主要工作之外能力和收入的延伸，甚至有的人副业比主业收入还高。

律所的“副业”怎么做？国内的大所已经有了一些实践，但像肯尼狄律师事务所这样自研法律技术软件卖给客户的恐怕不多。

最近，肯尼狄律师事务所将分拆它的软件开发团队成立公司，专注于打造一个包含多款软件工具的平台，并出售给客户。

除了肯尼狄，也有一些律所尝试技术软件这块“副业”，到底效果如何？

一、反常规

近期，专注于保险法律服务的肯尼狄律师事务所成立了一家名为“Kennedys IQ”的技术公司来销售自己的软件产品，将目光投向了律师服务之外的“副业”收入。

Kennedys IQ将专注于产品开发，希望实现帮助客户处理内部法律事务和保险索赔，而客户无须聘请外部律师。

公司表示，已经有几种产品正在开发中，但主要六个工具产品将围绕集成在同一平台“Kennedys KLAIM”上。

Kennedys KLAIM已经研发了多年，其背后的逻辑是让大型保险客户减少原本需要律师进行的法律程序工作量，通过更好的工作流程和自动化的使用为客户省钱。

对肯尼狄自己来说，大量保险索赔相关的低价值流程工作并不是世界领先的保险专业律所想要雇用顶级律师去干的活。

---

* 本文首发于微信公众号“智合”2020年2月28日。

“利用我们数百名律师的集体知识，它使客户无须使用律师即可处理诉讼。客户在系统内解决了超过80%的索偿要求，根本不需要律师。”肯尼狄曾表示。2017年，肯尼狄与美国保险律师事务所Carroll McNulty & Kull合并，目前在全球拥有37个办事处。

而将这块服务拆分出来也有一些原因，一名负责人称，“客户不太愿意从律所购买技术”，他们会觉得这块服务不够长期稳定。所以，拆分成立技术公司就有了一定必要。此外，将软件开发工作保留在律所里，也很难吸引专业人才。

有评论认为，拆分成立公司代表了肯尼狄对这块业务的重视，不仅仅是作为内部的副业，而是将向全球保险市场出售软件作为一项重要的业务对待。

目前，平台上有6款已开发软件可供使用：

事故管理器（incident manager）：可帮助处理事故和由此产生的索赔。

索赔趋势监控（portal manager）：提供索赔趋势的分析面板。

欺诈检测器（fraud detector）：发现欺诈并就可疑索赔向客户发出警报。

辩护律师（defence lawyer）：用于解决责任不存在争议的索赔。

和解谈判者（settlement negotiator）：可在线解决纠纷。

损失恢复管理器（recovery manager）：可以用以恢复损失。

“我们的1000多名律师将专注于客户和法律知识，Kennedys IQ将从事AI和机器学习工作。”公司负责人表示。

二、无独有偶

肯尼狄不是第一家开垦技术工具这块“副业”的律所。

英国安理国际律师事务所2001年就推出了AOSphere，并将其定义为下一代的法律服务（the next generation of legal services）。

“我们的在线订阅服务可帮助客户了解其全球法律和合规义务。它将复杂的信息转变为易于使用的报告，并可以在线提供并保持最新状态。如今，全球有500家企业依靠aosphere来跟上跨境合规的步伐，减少在外部顾问上的支出，并在他们需要的时候准确地获取市场上最优质的数据。”

——AOSphere的官网介绍

2018年4月，礼德律师事务所（Reed Smith）推出了独立法人子公司GravityStack。

公司董事总经理Bryon Bratcher曾表示，该公司已经开发了五个专有法律技术平台，并已将其许可为数百种客户的基于云的软件即服务（SaaS）产品，包括公司法务部门和其他律师事务所。

GravityStack 主要可以实现：

法律技术和系统咨询——与内部法律部门和律师事务所合作，以部署关键法律技术。

托管法律技术系统——提供托管法律技术解决方案，以提高运营效率并降低诉讼、交易以及监管合规事宜的成本和风险。

结构化和非结构化数据解决方案——将客户数据与人类智能相结合，服务包括数据库映射和集成、数据库分析和报告、法律文本分析、信息检索解决方案、自定义仪表板创建以及自定义 NLP/ML 解决方案和对话系统。

技术产品开发和部署——孵化、测试和部署新工具，使律师事务所和公司法务部门能够更智能地工作并取得更好的结果。

2014 年，礼德就研发了电子取证和商业智能工具 Periscope。这款产品最大的特点就是在销售前已经历了礼德数千个真实项目的“洗礼”，改进至高度贴合现实需求。

2019 年，Periscope 的销售取得了巨大突破——卖给了另一家律所。

1 月，GravityStack 授权 Periscope 作为总部位于多伦多的律师事务所 McCarthyTétrault 的本地解决方案。Bratcher 相信，这是一家由律师事务所创建的公司首次向另一家律所出售法律技术解决方案。

Periscope 只是 GravityStack 公司开发的众多产品之一。其他还包括 Pipeline（项目管理平台）、Stack - et（法律运营协作软件）、Diligence（人工智能合同解决方案）、Anonymizer（数据隐私工具）。这些都由 GravityStack 面向市场提供。

三、今天你副业了吗？

国际律所在技术软件上的投入和应用已经度过了信息化的初级建设阶段，转而对外输出工具产品。

但对于中国律所而言，信息化才刚刚起步。一些早期即从事涉外业务的北、上律所在 20 世纪 90 年代就开始部署信息化建设，20 多年下来取得了明显的收益，但也还未达到技术工具完全适配的程度。

裁判文书的公开给律师业带来了大数据的更多想象，但律所内部的知识管理和工作数据，可能只有极少数公司化程度比较高的律所或团队才在一直耕耘、积累。

分拆出 Kennedys IQ，肯尼狄律所仍然表示，它更像一个体外“大脑”，而其躯干仍是律师们深厚的法律知识的沉淀。

就和所有的“副业”一样，自身实力够硬，才有更多可能。

律师放心，其实大多数企业都不用非律师外包商*

周 正

近几年关于替代性法律服务供应商的探讨一度火爆，尤其是律所，都担心自己“被替代”。

但在一众讨论声中，我们却发现，关于企业使用外部替代性法律服务商的情况到底如何，缺少相关调研数据支撑。

8 月 3 日，“四大”会计师事务所之一的安永发布了一份报告，对企业使用替代性法律服务商的调研情况作出分析，并得出结论：

法务部门对外部替代性法律服务商的态度呈现“三层级”——先锋、探索、观望。

调研所覆盖的 25 个国家的 1058 家企业中，仅有 37% 的企业使用超过 3 项外包服务，且主要为合同管理和劳动人事。

绝大多数企业使用 1 项外包服务或没有，其中 44% 的企业即便认识到外包可能有利也不愿使用。

这是目前调研面较广、数据较为有说服力的报告之一，直观地反映了企业对于所谓非律师“替代性法律服务”的态度。

一、法律服务商品化的必然

国内，近两年替代性法律服务商（Alternative Legal Services Provider，ALSP）取代人工智能成为新热话题。而在国外，替代性法律服务的实践已经持续了很长时间，在 2008 年经济危机后热度递增。

从早期的流程外包，到随着技术进步逐步扩展领域，替代性法律服务在合同管

---

* 本文首发于微信公众号“智合”2020 年 8 月 4 日。

理、文书审核/生成、尽职调查、电子证据开示、监管合规、文档管理、劳动人事等方面逐渐成熟。

其共性在于，相关服务都是可以高度流程化、标准化乃至自动化的，其提供主体也早已不限于所谓的传统法律服务机构律师事务所，而是由流程外包商（偏低成本人力）、技术供应商（偏技术应用）和部分大型综合性专业服务机构如会计师事务所或咨询公司（人力和技术兼顾）提供。

10 年前，英国电信（BT）在 2010 年指定知名替代性法律服务商美国公司 UnitedLex 负责其商业合同和反垄断工作。苏格兰皇家银行（Royal Bank of Scotland）也在其小组调查中引入流程外包商。这些都是变革的标志。

但简而言之，新型法律服务商的出现代表着法律专业服务大步迈入商品化时代，这几乎是行业发展的必然。其带来的结果可能是多赢的：

1. 企业有了更多选择以在提升法务工作的同时控制成本；
2. 律所需要审视传统经营模式优化冗余人员，调整业务结构及加速技术应用；
3. 新的服务商丰富了行业生态促使法律专业服务业进入新的发展阶段。

二、先锋者、探索者、观望者

在这份对 25 个国家的 1058 家企业法务部门的调研中，安永对不同使用外包服务的企业做了三类划分，以反映其对于替代性法律服务商的态度区别，详见图 1。

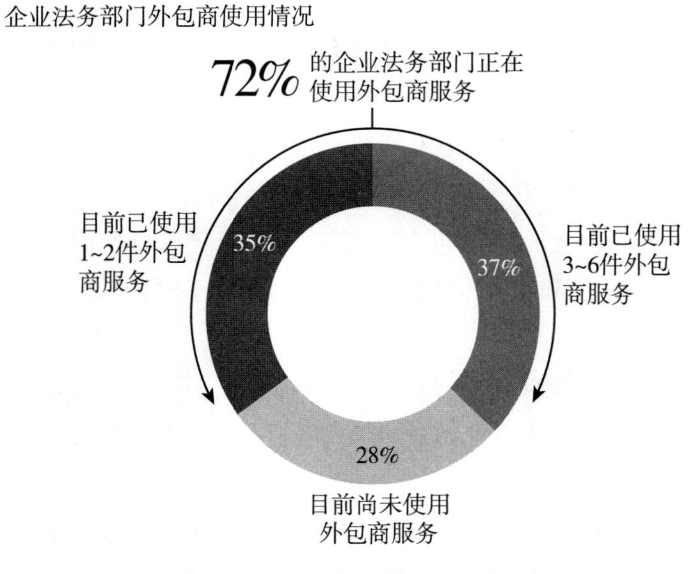

图 1　法务部门使用外包商情况

资料来源：安永 –“Realizing the Benefits of Legal Managed Services”报告。

1. 先锋者——37%。

主要由大中型机构的法务部门组成。

这些法务部门一直在尝试自身职能的转变。许多部门已经开展了降低成本、提高效率、利用法律技术和增加某些法律工作来源的工作。

他们已经认识到新的服务提供模式所带来的好处，并正在寻找越来越复杂的解决方案，以提高部门的效率和效益。

他们已经将许多法律服务转移到替代性法律服务商，并积极寻求外包服务的作用。

2. 探索者——35%。

仍然主要由大中型机构的法律部门组成。

这些部门了解现有的服务提供新模式以及使用这些模式可能带来的好处。

大多数公司都曾尝试将各自独立的任务外包给替代性法律服务商，但这种做法尚未广泛实施。

这些公司正在积极考虑扩大他们对外包服务的使用，但可能不确定如何推进。

3. 观望者——28%。

主要由较小机构的法律部门组成。这些部门中有许多目前没有考虑使用外包服务，即使它们知道它的好处。

三、省钱是最强动力

从调研结果可以看出，只有相对较小部分的企业法务部门在应用替代性法律服务商方面已经有丰富经验。

其次是部分企业有所尝试，但不清楚自己该如何“多用一些”。剩下的就是企业太小，不考虑外包。简言之，“越用越会，越会越用”。

报告提到，这些企业的“外包史”起于全球金融危机期间，当时需要降低成本，包括通过冻结价格和价格谈判等策略大力优化外部成本，以及减少供应商数量。

“始终较高的成本削减目标”强力驱动这些企业不断积极拓展替代性法律服务外包，55%的公司成本削减目标超过10%，而“观望者”企业对于成本削减的目标较低或没有，详见图2。

报告指出，企业使用外包服务主要集中在6个领域——合同管理、法律实体管理与合规、劳动雇佣、尽职调查、文档留存、档案管理。

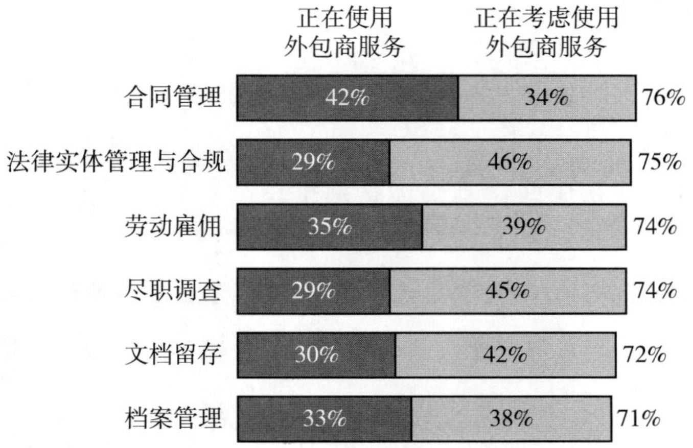

图 2　企业使用外包商服务的情况

资料来源：安永－“Realizing the Benefits of Legal Managed services”报告。

其中，以使用合同管理和劳动雇佣居多。而这两个领域恰是高端商事律所提供服务比较“不划算”的业务。

国外专注于合同全生命周期管理（Contract Life－Cycle Management）的替代性供应商已经做到相当成熟，深度结合技术应用，律所做这块没有明显优势。劳动法相关服务就不用多解释了，大部分都是事多钱少。

四、国内谈外包商还早，中间商正兴起

国际法律服务市场的实践离我们仍然有一定的距离。在国内，尤其在县域乃至部分省会城市，所谓“法律咨询公司”却有兴起之势。部分此类咨询公司的模式主要为：

有几名所谓“前法官、前检察官或数十年经验的老律师”坐镇，有固定“法律服务团队”，针对中小企业提供极具价格优势的法律顾问服务。

同时有一支地推队伍，深入各种园区宣传推销服务。签约后，有专门“法律管家”负责日常对接咨询，回答简单问题（可能由具有一定法律知识的年轻非律师担任以控制成本）。

在涉及需要诉讼等流程的法律事务时再对接给内外部合作律师、律所。

相比一般律所，这类机构在案源和价格上具有非常强的竞争优势，已经在一些城市形成了对律所常年法律顾问业务的“威胁”。

由于其本身不具备很强的业务消化能力，大量事务还是需要再外包给合作律师，但因为其能组织地毯式的营销队伍，且海量中小企业的基本公司法律服务是刚

需，这类机构做大后的形态便成为“中间商”。

这是国内法律服务供需信息普遍不对称下的一种过渡形态。

结语

无论是国外的外包实践还是国内新型机构的兴起，都代表传统行业的变革探索。

律所也做出了自己的应对，一些国际律所开设了自己的外包服务部门，以提供流程化、低成本的项目打包服务，一些国内律所开设常法中心，探索服务质量和成本控制的融合之道。

律师们放心，大多数企业都还没有用替代性法律服务商，说的是国外境况。

国内的律师们，又该如何让自己放心？

360 法律集团：平价国际虚拟律所，创收增长 65%[*]

周 正

2020 年 9 月 4 日，360 法律集团（360 Legal Group）宣布，自 2014 年成立以来，其受监管和不受监管的法律业务的创收均同比增长了 65%。考虑到英国成熟的法律服务市场中顶尖律所的创收年增长率往往只有个位数，这个数据已经可以称得上飞跃。

这家总部位于英国的“虚拟律师事务所”，目前在全球 63 个国家/地区拥有 240 名律师。它于 2020 年 2 月新冠肺炎疫情暴发前已经进入美国市场，目标是在全美 50 个州都形成服务覆盖。

通过远程化运营和技术的加持，它将法律服务的费率相较于传统律所大幅压缩 50% 左右。这家“平价”国际虚拟律所能给我们哪些启发？

一、集团

360 法律集团是英国首家在一个组织内同时提供受监管和不受监管两种类型法律服务的机构。

这样的特殊结构来自英国《2007 年法律服务法》的相关规定。法案的目的是解除对法律职业的管制，允许法律服务市场内的更大竞争，为提供法律服务的监管种类做出两大类区分。

受监管的服务类型主要包括 6 个层面：出庭权利、诉讼行为、文书活动（特指处理土地或财产的转让）、遗嘱认证活动、公证活动、宣誓活动（每种都有特定解释，此处不详细介绍）。

---

* 本文首发于微信公众号“智合”2020 年 9 月 8 日。

除此之外的“不受监管”的服务，基本上可以由任何人提供。

《2007 年法律服务法》同时设置了替代性商业结构的组织形式。资深内部律师 Robert Taylor 选择创立了 360 Business Law，主要面向中小型企业以非常实在的价格提供专家级的法律建议，其后又扩展出 360 Legal Group，兼顾面向个人的法律服务。

目前，360 法律集团的服务主要分为两个大类，详见表 1。

表 1　360 法律集团的服务分类

面向企业	面向个人
IT 与电信、商业合同、商业地产、商业地产纠纷、企业雇佣法律事务、欧盟法和 GDPR、知识产权、保险和争议解决	民事诉讼、医疗纠纷、离婚、争议解决、劳动法、家事、人权、移民、保险、人身伤害、住宅物业及纠纷、税收、遗嘱及遗嘱认证、信托

360 法律集团提供相关服务，主要想解决两个大方面的问题：

第一，改变传统律所经营模式，将奢华的固定办公场地、律师助理、实习律师、行政人员甚至是律所的艺术装饰品等一系列转嫁到服务费用当中的成本予以削减或直接剔除，大幅度降低法律服务的价格。

第二，通过同时提供两种类型的服务，以供客户就实际需要提供建议供其自行选择，以调整和控制法律支出。

其后，360 法律集团又创造性地在英国成为首家提供“年度订阅式”法律服务的机构。客户可以根据自身需要选择这种年度服务，承担固定的月费。而在合同之外的特殊法律需求发生时，也能享受专项服务的会员价格。这种服务产品得到了中小企业主的广泛欢迎。集团以此将业务延伸到多个国家，形成了自己的全球服务体系。

而为了确保服务质量，360 团队集团在不受监管的服务类别中，选聘的律师也有至少 5 年执业经验与一系列限制条件。

通过 IT 基础设施和虚拟化的运营，360 法律集团成功地将费率控制到了每小时 155 英镑左右，而传统律所的费率一般为 300～400 英镑。

二、虚拟

新冠肺炎疫情发生以来，我们探讨了很多关于虚拟律所的主题。“虚拟”这个概念其实主要是相对于国外律所传统律师执业方式而言的，更强调网络化、远程化办公。

虚拟律所的建立反映出国外法律市场四个方面的特征和变化：

1. 客户付费能力的降低促使法律服务主体从传统的计时制收费向多元化收费模式转变；

2. 律师和客户的信息化建设高度成熟，远程办公的便利性和可靠性得到充分保证；

3. 律师执业从高度集中部分向零散化、个体化转变，收入形式从工薪制一定程度上向“提成制”转变，如平台上的“自雇律师”根据案件来源于平台或自身，获得70%或75%的收益；

4. 客户建立对律师的信任不再高度依赖于实体办公室，对远程服务的模式也越发接受。

而在中国法律市场，国内律所某种程度上其实也有类似实践，只不过市场的发展路径不同：

1. 多样化的收费方式始终存在并且广泛应用，最终收费一般可预期；

2. 法律服务的人力成本存在极大的“可控性”，体现为除了极少数高度公司化的律所和团队，新人的待遇一般明显较低，而英国律所初级律师的薪资有的甚至高达10万英镑；

3. 律师长期相对独立执业，与律所的联系紧密度不高，有的长期不进办公室，近年来一些高速扩张的单体律所其办公空间人员承载量远低于注册律师数量，某种程度也可以称之为虚拟化运营；

4. 在高级写字楼中的固定办公场地仍然是“必需品”，与所服务客户的体量和层次成正比。

相比于“虚拟”，在中文语境中，我们更喜欢称“云端律所”，强调信息化建设、知识管理、跨地域业务协同等多个方面。宽泛的来说，中国律所一直在向“虚拟化”发展的进程中。

三、启发

360法律集团给我们的启发可能在于几个方面：

一是法律服务机构组织形式一定程度上的放开，有利于市场主体的多元化和服务模式创新（尽管其几乎必然会出现一些问题）；

二是服务领域的监管划分，有利于专业性要求相对较低，却可能是大众普遍需要的法律服务需求得到更充分的满足，对应基层法律服务更多的从业机会；

三是高度竞争的市场中，“人优我省”是反复验证的树立新竞争优势的可行策略（当然，其前提是仍然保持一定的品质）。

中国法律市场的监管大体上经历了相对宽松鼓励发展到逐步强监管。律师制度恢复初期，基层法律工作者就作为一种“过渡职业”在东南沿海登上历史舞台，而如今这个群体在一线城市已经基本难见。法律职业资格考试的改革提升了参考者的门槛，同样体现出对于法律从业人群要求的拔高。

但与此同时，疫情也带来了一些变化，如北京降低普通合伙律师事务所、特殊的普通合伙律师事务所设立资产标准，推进市律师协会律师办案平台建设，加快市律师协会与法院的数据互通、律师网上立案、律师协同办案等功能运用，加快平台在中小所的在线部署，提高律师事务所信息化水平和远程办公能力。海南更是尝试允许非律师参与律所合伙。

我们看到的是一个更加现代化的律师行业和更加活跃的发展态势。

高速发展的市场，则期待更多的创新者和先行者。

“硬刚”跨界竞争，又一家大型律所推出咨询业务*

周 正

87 亿美元 —— 德勤 2019/2020 财年“税务 + 法律”板块收入。

86 亿美元 —— 英国 4 家“魔圈所”2019/2020 财年总收入。

近年来，律师界中“法律 + 商业”的概念热度见涨，其不仅代表对律师“法商思维”的要求，还有一重是希望律师能深度参与商业活动，而不仅是法律问题的“救火员”。

其他大型专业机构向法律服务领域的探足已经不再是新鲜事，而大型律师事务所也在不断思考自己组织的变革点和业务增长点在哪里，答案或许在跳出竞争激烈的“纯法律服务”。

近期，欧华律师事务所（DLA Piper）全球联合首席执行官西蒙·莱文（Simon Levine）为律所的“新型咨询服务”制订了计划，以将该律师事务所转变为庞大的专业服务机构。

据说灵感来自亚马逊 2019 年推出的法律服务业务。

这家律所到底想怎样？

一、不止于卖书

2019 年 10 月，亚马逊正式宣布推出“亚马逊知识产权加速器”（Amazon IP Accelerator），专门针对中小企业提供高性价比的商标服务，首批“上架”了 10 家知识产权律师事务所，供卖家在线选购。

已经开放的 IP Accelerator 就像一个网购平台，每家律所都有名称、简介，还有

---

* 本文首发于微信公众号“智合”2020 年 9 月 16 日。

和你在亚马逊上买书一样的“五星”评价系统。

“我们非常激动，亚马逊提供了一系列可以向我们提供商标咨询建议的律师事务所。由于我们是一家小公司并且预算有限，因此我们一直在努力寻找有关商标特定问题的顾问。放心，亚马逊已经审核了这些公司并为我们协商了定价，这使我们能够专注于重要的事情——建立我们的品牌。”

——一位网店老板评价

这引发了一些人的担忧：亚马逊也要进入法律服务市场？

因为就在此前不久，国际著名管理咨询公司埃森哲宣布推出合规服务（Compliance as a Service，Caas）。这项产品旨在服务于银行、保险公司、资本市场和其他组织的合规部门，旨在扩展埃森哲的托管服务，包括客户管理、反洗钱、合规监测、隐私数据管理等。

“这标志着大型外包服务提供商进入了法律领域。”

——法律公司 Cognia Law 的创始人兼首席执行官 Janet 评价

还有更多的实践都表明，在商业活动中，法律问题是紧紧“揉在”各种行为和环节里面的，而企业可能更希望一家足够了解自己所在行业和自身经营情况的专家型机构参与商业经营并实现一系列保障和促进措施。

这也是为什么我们经常强调律师要“行业化”，要“法律 + 商业”。

二、律所转型

宣布新计划的同时，欧华已经推出了一个独立的总括品牌——“Law&”，以瞄准新的业务领域和更广泛的法律咨询服务。

律所拥有的独立业务将包括几个分支机构，并将依附于一家名为 Aldersgate Group 的公司，该公司致力于推出和测试新创意。

这一概念是基于 18 个月前西蒙·莱文制定的激进变革战略，以确保公司准备扩大其服务，并面对会计师事务所日益激烈的竞争。现有的“改革委员会”将会提出新的想法和策略，而提供服务的团队则会负责发展这些想法和策略，以改善客户服务。

“后疫情时代，更需要成为值得客户信赖的商业伙伴。100 年前，这项工作由律师完成，如今则是大型组织机构。”接受外媒采访时西蒙·莱文说。

他认为，欧华应当成为这样一个组织——当客户来找你时，不是仅仅奔向法律问题，而是同时寻求战略性、结构性和方法论等方面的综合解决之道。

一部分已经推出的服务包括 DLA Design，这是一个与外部咨询公司共同开发的设计思维框架，近期已经用于培训500多名律师和工作人员；以及一个总额为1.5亿英镑的诉讼融资资金池，用以律所帮助客户提起诉讼和仲裁。

Aldersgate Group内部正在试用欧华的一项董事会咨询服务产品，以指导客户的董事会运作，改善决策和风险应对。类似的，欧华正在澳大利亚试点ESG（环境、社会和公司治理）咨询服务，涉及企业发展中的战略设计和运营框架。

西蒙·莱文认为新咨询产品的不断增加是这个新项目自然增长的动力。他解释说："如果你是亚马逊，你最终会从事与物流基本概念相关的所有其他业务：从书籍到食品、媒体和电影。我们也是一样，**虽然一切都与法律有关，但还有其他业务可以纳入其中**。"

三、在律师费之外

实际上，中国律所在深度服务客户这方面绝非完全没有类似实践，有些律所就提出了"法律+"的概念和服务。

例如，一些较早就以非诉业务为发展主线的商事律所，律师参与董事会会议也已有之（尤其是在民营经济发达的省份），就相关投资、公司股权等问题提供法律咨询意见，某种程度上说已经涉及经营决策参考。

再如，一些商事律师帮助客户处理资产转让问题，在设计方案解决资金出境相关法律流程的同时，也利用自身资源找到并对接好了合适的国际买方，并与金融机构顺利衔接完成整个交易和资金流转。律师起到的作用已经远不止于书面上的法律问题研究，而是成为这一商业活动的重要参与方。并且，其获得的收益也不止于仅就法律意见支付的律师费。

多条线经营，打造以法律专业服务为主线，涉及移民、诉讼融资、管理咨询、财税问题等一系列相关专业服务的生态圈型机构，国内也已有相关实践，如北京、上海和深圳的一些机构，只不过这样的模式对于绝大部分律所来说还过于"超前"，需要管理者有很强的商业经营思维和能力，或许还有流水上亿元的资金运作。

四、替代

欧华的激进变革代表了大型律师事务所"突围"的一种尝试。也有一些律所在做类似的业务拓展。

例如，安睿顺德伦律师事务所（Eversheds Sutherland）就推出了Konex——替代性法律与合规服务。包括五类：

法律托管服务——协助管理常规法律工作、合同审查、法规或业务变更项目。

灵活律师资源——调配就最新的法律、监管或市场发展提供建议的资深律师，或处理大量基础工作的初级团队。

公司秘书服务——覆盖全球市场和地区，可以处理大量合规性活动和更多基于项目的要求。

人力资源服务——70 多位高级人力资源顾问以及安睿顺德伦在劳动法领域相关的丰富经验。

金融项目服务——大型、长周期金融项目的完整托管等。

其他一些国际大所也有类似实践。在“钱伯斯 2020 替代性法律服务商排名”中，我们看到一共有 12 家律师事务所上榜。

复合型专业咨询机构的市场份额有多大？

2020 年 9 月 15 日，德勤公布了上一年度的财报，全球成员所总收入 476 亿美元，其中税务 + 法律（Tax & Legal）板块的全球营收就达到 87 亿美元。虽然这个统计方式没法直接反映其在法律业务上的收入，但这种板块的设置也正反映出专业咨询融合、延展的可能性。

而英国四大“魔圈所”的上一财年总营收约为 66. 5 亿英镑，约合 86 亿美元。

大型律所向专业咨询机构转型，还有很大的想象空间。

埃森哲“入侵”法律市场*

周 正

“四大”之外，巨头入场。

最近，国际著名管理咨询公司埃森哲宣布推出合规服务（Compliance as a Service，Caas）。这项产品旨在服务于银行、保险公司、资本市场和其他组织的合规部门，旨在扩展埃森哲的托管服务，包括客户管理、反洗钱、合规监测、隐私数据管理等。

这项合规产品利用埃森哲的智能引擎“智赢”SynOps实现数据、智能、技术、人才的融合协作，来帮助金融机构管理日趋复杂的监管合规要求。

法律公司Cognia Law的创始人兼首席执行官Janet评价——

“这标志着大型外包服务提供商进入了法律领域。”

一、合规

埃森哲是谁？

埃森哲（Accenture）是全球最大的管理咨询公司之一，是一家提供管理咨询、信息技术和业务流程外包的大型跨国企业，目前拥有49万多名员工，为120多个国家/地区的客户提供服务。

埃森哲的前身是“五大”会计师事务所之一安达信的咨询业务分拆出去的安盛咨询公司（Andersen Consulting），其于2000年从安达信完全分离，2001年更名埃森哲（Accenture）。

在埃森哲介绍这项产品的PPT中我们可以看到它对于当下金融机构监管合规环境的分析：

1. 合规的内涵有所变化。监管压力不断增加，机构运营复杂性不断提升，对

* 本文首发于微信公众号“智合”2019年11月28日。

合规也提出了新的需求。

2. 合规的代价急遽增长。金融机构面临巨大的合规压力，美国和欧洲的监管机构在 2009～2017 年共开出了 3420 亿美元的罚单，到 2020 年这一数字预计将达到 4000 亿美元。企业在合规事务上同期投入了 2700 亿美元。到 2021 年，预计监管成本将占据企业全球收入的 10%。

同时，埃森哲也认为，应对新的合规挑战存在三大方面的困难：

成本削减——72% 的组织在 2019 年削减了合规支出。

技术适用——新的数字技术可以更早地识别风险和行为异常，但合规领导者需要将它们集成到合规部门中，但 31% 的组织表示数据质量和缺乏标准化的问题是最大阻碍。

人才短缺——50% 的组织都面临超出预期的员工流失，76% 的组织表示现有人力和所需的复合型人才之间存在很大差距。

二、方案

埃森哲宣称，它提供了一套以 SynOps 和智能组织生态系统为支持的解决方案。

包括三大板块：

运营模型：咨询和转型——合规、金融犯罪、管理、合规策略、法律、技术和安全、数据。

数字技术：托管服务——客户生命周期管理、反洗钱、隐私数据管理、合同生命周期管理（针对 LIBOR）。

专家人才：监管响应服务——在企业外部提供服务、临时监管合规任务（如 GDPR）。

声称可以实现：

提升客户体验——100% 按时完成，20%～40% 效率提升，40%～60% 成本缩减。

管理商业风险——降低罚款或商誉受损的风险，改善与监管机构的关系，增加核心股票持有者的信任。

推动战略增长——全球化、标准化、优化、透明、合规的运营，释放宝贵资源，专注于实现战略目标。

“在日益复杂的环境中，当今的合规官需要变得灵活，从被动型转变为战略型。”埃森哲合规产品业务负责人 Bob Bradley 说。

“尽管合规成本继续上升，但合规预算仍然停滞不前。通过将符合性相关的功能转变为灵活的运作模式，我们的综合性产品将使客户能够以效率和速度管理风险，使他们专注于更高增值的机会，作为他们走向智能业务的一部分。”

三、入侵

对于埃森哲进入法律行业，法律圈内的新型机构给予了强烈的反应。

尽管埃森哲几年前就宣称自己不是“外包”（outsourcing），而是“运营支持”（operations），但法律公司 Cognia Law 的创始人兼首席执行官 Janet 还是评价道：

“埃森哲的外包服务体量巨大，类似于凯捷管理顾问公司（一家领先的全球资讯科技服务管理厂商），**这标志着大型外包服务提供商进入了法律领域**。”

她补充道：“一般情况下，总法律顾问和合规主管之间还是有区别的，但合规自然有法律因素。从埃森哲的角度，它不认为这是一项严格意义上的法律服务，但事实上一定会有重叠。”

“这意味着埃森哲现在是在和‘四大’、法律公司、律师事务所一起竞争。”

Elevate 的董事长兼首席执行官 Liam Brown 则直接将这个新玩家与“四大”相提并论：“我想我从现在开始介绍 Elevate 的时候，就得说我们是‘四大’和埃森哲的法律服务替代选项了。”

Elevate 可能是目前全球最著名的法律公司（Law Company）之一。它成立于 2011 年，是一家美国公司，由律师、工程师、顾问和业务专家团队组成，全球员工 2018 年已经超过 1000 人，年创收接近 1 亿美元。

现在，像亚司特和霍金路伟这样的国际大所也纷纷与 Elevate 合作，以扩展自己的灵活律师资源服务。亚司特刚刚推出了自己的 Ashurst Advance Reach 部门，利用 Cognia Law 和 Elevate 的大量律师资源为客户提供灵活的法律专业人才资源。

但无论如何，Elvevate 之类的法律公司在埃森哲这样的国际管理咨询跨国巨头面前，还是稍显身板弱小。

四、混战

“四大”、咨询公司、法律公司、律师事务所。

前三者都可以称得上综合专业服务提供商，不仅包括法律服务，还有资讯、技术、项目管理、文档管理、财务、人力资源等。

他们体量巨大，全球布局，资金雄厚，技术先行，收购不断。

在他们涉足的这些业务领域，律师事务所该如何直面竞争？

全球市场篇

疫情之年：全球法律服务市场2020回顾*

毛姗姗** 张宏姝*** | 智合研究院

2020年，新冠肺炎疫情将全球置于不确定中。10月13日，国际货币基金组织发布《世界经济展望报告》,[1]预测2020年全球经济将萎缩4.4%，中国经济将增长1.9%。在全球经济下滑的情形下，法律行业也受到较大影响。

中、美、英三国占全球律师业超过七成市场份额，观三地可窥全貌。2020年，三地法律服务市场在疫情的“黑天鹅”之下究竟受到了怎样的影响?

一、美国法律服务市场：受疫情影响严重

疫情重创了三国经济，美国受影响更甚，主要表现在两个方面。

（一）市场需求与产能下降

2020年，汤森路透就各季度美国法律市场的发展情况进行同期调研。对比2019~2020年前三季度各指标的平均值，美国法律市场在市场需求、生产效能、成本支出的增长方面大幅放缓，在法律市场需求与生产效能两方面下滑尤其严重，详见图1。

在2020年第一季度，美国法律市场仍保持了强劲的增长势头。从市场需求来看，2019年第一季度变动呈现负增长的态势，而2020年同期数据则达到2%；产能方面尽管保持在负增长阶段，但较2019年的-1.8%来说，仍然呈现了缓和的态

---

* 本文首发于微信公众号“智合”2021年1月1日。

** 毛姗姗，智合合伙人、高级研究员，采访过上百位中国律所管理者，从事中国法律市场与律所管理等方面的研究。

*** 张宏姝，智合研究院编辑，曾参与智合多个重要访谈、调研项目。

[1] 《IMF发布最新一期〈世界经济展望报告〉，呼吁——加强合作，推动世界经济可持续性复苏》，载http://www.gov.cn/xinwen/2020-10/15/content_5551399.htm。

势，详见图2。

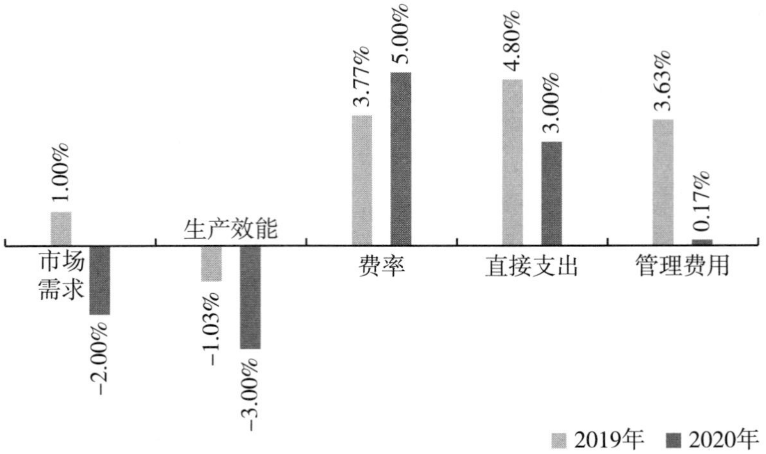

图1　美国法律市场2019～2020年前三季度平均数值对比

资料来源：汤森路透美国法律市场PMI[1]指数调查。

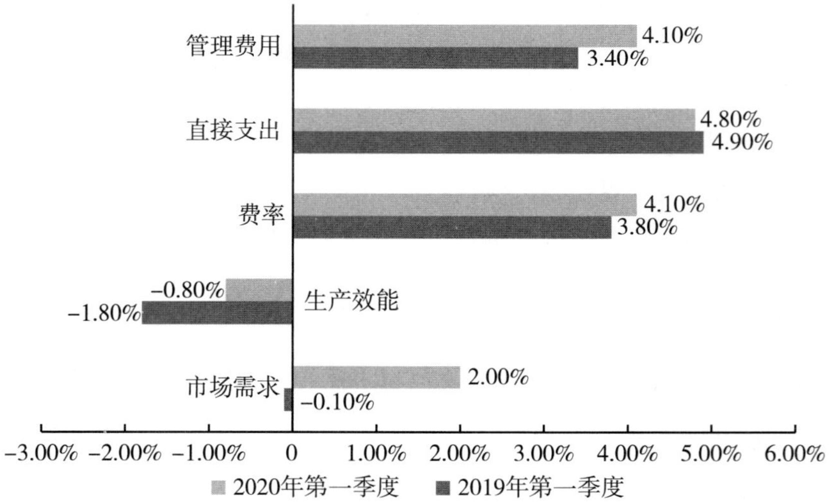

图2　美国律师行业2019～2020年第一季度增幅对比

资料来源：汤森路透美国法律市场PMI指数调查。

然而，向好态势并未持续，新冠肺炎疫情让原来回暖的美国法律服务市场又遭受重创，核心在生产效能和市场需求的下滑。根据第二季度的数据，市场需求从正向增长的2%暴跌至－5.9%；受停产停工的影响，产能也从－0.8%跌至－7.2%。

〔1〕PMI是指综合指数得分，代表律师事务所盈利能力驱动因素的季度环比变化，包括需求、费率、生产率和费用。对律所盈利的推动将产生更高的分数。

其他指标同样呈现了不同程度的下降。到第三季度降幅虽有所回升，但整体仍处于下降趋势，详见图 3。

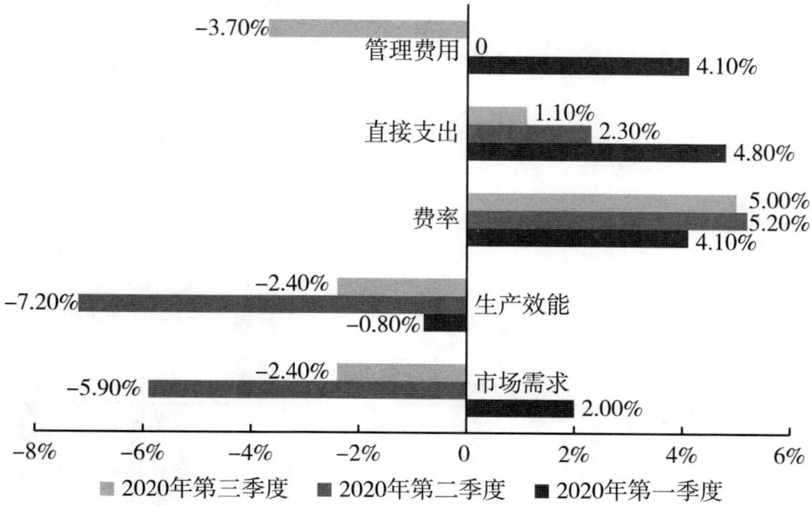

图 3　美国律师行业 2020 年前三季度增幅对比

资料来源：汤森路透美国法律市场 PMI 指数调查。

与此同时，用于律所的费率却高于 2019 年同期增幅。汤森路透的企业内容经理比尔·约斯滕（Bill Josten）认为，疫情的到来使业务量向拥有更多资源的合伙人转移，从而提高律师行业单位价值的产出。因此，尽管劳动人数、工作时间在减少，单位劳动产出比率却在提高。更少的工作时长和更高的小时单价，也促使律所的盈利能力增长，详见图 4。

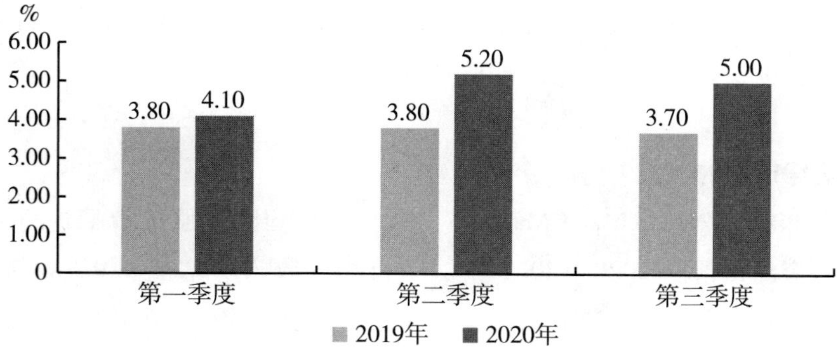

图 4　美国法律市场 2019 ~ 2020 年前三季度费率增幅对比

资料来源：汤森路透美国法律市场 PMI 指数调查。

同时，疫情期间越来越多的律所开始发展新业务，如咨询业务、替代性法律服务，对于低年级律师来说很难跟上新业务发展的步伐，因而变相提高了高年级律师、合伙人的价值产出。

（二）破产之外，业务全线遇冷

美国法律市场在业务方面受到的疫情冲击更为明显。2020 年第一季度专利诉讼和税务业务下滑，房地产、公司、劳工业务领域呈现增长趋势；到第二季度，疫情的影响正式波及法律行业。破产业务在第一季度尚呈微降趋势，在第二季度陡增。与此同时，其他业务全线遇冷。尽管第三季度下降幅度有所缓和，这种负增长势头依旧延续中，详见图 5。

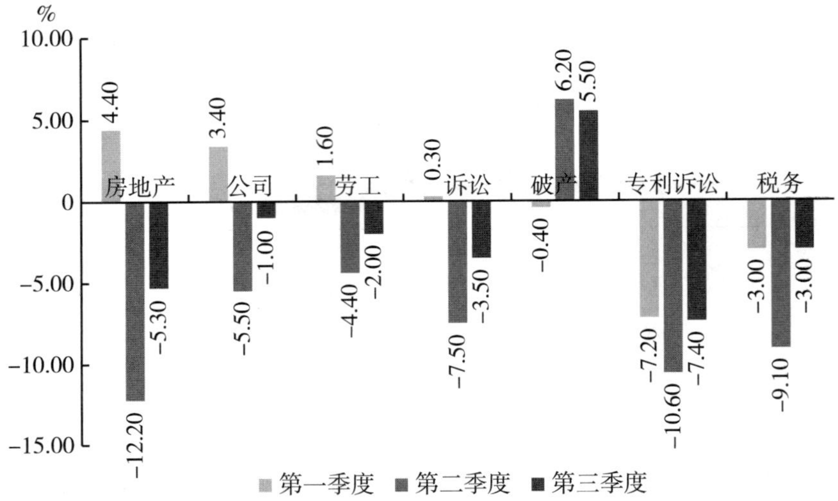

图 5 美国法律市场 2020 年前三季度业务变动情况

资料来源：汤森路透美国法律市场 PMI 指数调查。

在经济波动带来的裁员降薪、合同大面积履行不能的情况下，争议原本有上升趋势，但第二季度开始，美国部分法院暂停办理业务推迟了诉讼纠纷的解决，同时诉讼的高成本也让处于经济下行时期的企业望而却步。

二、英国法律市场的挑战

2020 年年初，Research and Market 对 2019 年英国法律服务市场进行估值，约为 370 亿英镑，并预测 2020 ~ 2021 年法律市场的收入将增加 4.9%。目前来看，这一预测可能并不会实现。IMF 预测欧元区经济衰退 8.3%，英国经济衰退 9.8%。

（一）整体缓慢增长，业务需求下降

与美国的法律市场类似，英国同样在第一季度呈现增长趋势，到第二季度则面临因停产停工带来的市场需求、产能、业务量等的下降。汤森路透对 2019 ~ 2020 年欧洲前两个季度的业务需求变动情况做了统计，第一季度中除税务以外的其他领域均较 2019 年有一定幅度的增长，到第二季度则面临普遍的负向变动，详见图 6。

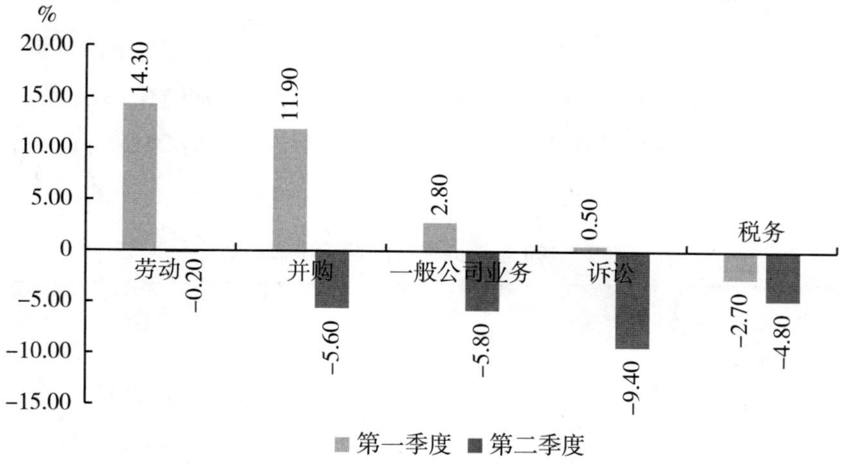

图 6　2019～2020 年第一、第二季度业务需求变动情况

资料来源：汤森路透英国市场现状调查。

欧洲的数据为考察英国的市场现状提供了一定的参考。英国面临的不止疫情，还有“脱欧”、竞争、人才机制缺陷等内外的因素。

路透社在 2020 年 10 月的调查显示，英国经济增长放缓的迹象进一步加剧，但总体而言仍是在增长的范围内。这一点法律市场中也有所体现。英国四大“魔圈所”在 2019～2020 年创收方面均有不同程度的增长。但值得注意的是，作为计点制的律师事务所，点数价值的下降是危险信号，直接影响合伙人对于未来的期待，详见表 1。

表 1　英国“魔圈所”2019/2020 财年财报数据

律所	创收（亿英镑）/同比增长（%）	PEP（万英镑）/同比增长（%）
高伟绅（Clifford Chance）	18.03/6.0	169.0/5.0
英国安理（Allen & Overy）	16.90/4.0	163.0/ -1.7
年利达（Linklaters）	16.40/0.7	161.2/ -5.1
富而德（Freshfields）	15.20/3.0	182.0/ -1.0

资料来源：各律所财报及英国《律师》杂志报道。
整理、制表：智合研究院。

（二）本土律所人才流失

2020 年年初数据公司 Acritas 曾就英国 100 位转所的明星律师展开调查，离开美国律所的占 16%、离开英国律所占 83%，而变动后 30% 的律师加入美国律所，几乎是离开美国律所人数的两倍。而随着人员的变动，平均 27% 的业务转移到新律所中。也即人员流失也伴随业务流失，详见表 2。

表 2　100 位离开律所的明星律师动向　　单位：家

原所国别分布	新所国别分布
英国所：83	英国所：59
美国所：16	美国所：30
	内部变动：9
德国所的伦敦办公室：1	中国所的伦敦办公室：1
	再教育：1

资料来源：Acritas Stars Survey。
制图：智合研究院。

此外，近三年的数据表明，在英国执业的美国律所律师人数的年平均增长率约为 5.8%，大大超过了英国本土律所年 2% 的平均增长率。

英国法律市场中人才流动的差异，预示英国本土律所对人才的吸引力正在降低。本土律所为保证权益合伙人的短期利润而控制合伙人的数量，或许是导致合伙人出走的重要原因。较英国律所的稳健发展策略而言，在分配机制上，美国律所更多选择与“业务表现”挂钩的模式，这种激励性更高的分配模式亦在搅动英国法律服务市场。

（三）本地律所的市场份额减少

在市场份额方面，市场中对美国律所的需求增加，而相应使本土律所面临需求减少的风险。据统计，2019 年英国市场对美国律所的平均需求较上一年增加了 4.5%，而 2018 年的平均需求增长幅度只有 1%。结合前述美国律所 5.8% 的律师增长率，显然美国律所正以吸引人才加入的方式获取市场份额。

汤森路透调查了 2019 年英国法律市场中美国律所在各业务领域需求的变化。其中，知识产权（IP）、房地产、税收、劳动、公司、诉讼等领域的律师数量增长均超出了业务需求的增长，详见图 7。

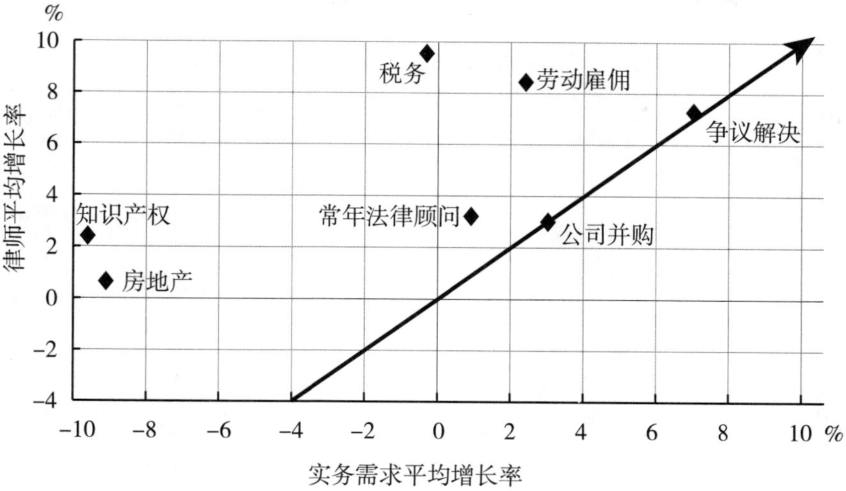

图 7　2018—2019 年英美国家律所律师数量与实务需求变化情况

资料来源：汤森路透英国市场现状调查。

此外，替代性法律服务供应商（ALSP）进入法律市场也是本土律所在份额流失上的另一挑战。以替代性法律服务供应商为例，其 2007 年进入法律市场，到 2019 年，替代性法律服务市场正以 12.9% 的复合年增长率发展，而较大规模的供应商能够实现 24% 的年增长速度。

尽管英国本土律所面临外部竞争者的挤压，但总体而言仍处于增长的趋势下。这大多得益于规模大所的增长。

一方面，规模所具有较强的品牌吸引力，能够抵御人才流失的风险；另一方面，规模所在英国市场外的发展也能补足本地市场萎缩的势头。但长远来看，如何在竞争者面前稳固本地的市场份额仍是英国本土律所面临的一大挑战。

三、中国法律服务市场观察

至 2019 年，我国律师人数已达 47.3 万人，较 2018 年增长 11.8%；律师行业创收达 1558 亿元，较上一年增长 29.8%。2020 年相关数据尚未出来，但就智合调研律所的情况来看，整体而言下半年的增长基本能够弥补第一季度的相对停滞，负增长的情况并未出现。

（一）大者恒强，两极化明显

尽管遭受疫情的影响，国内规模大所仍显示出较强的发展势头。2020 年 10 月，《美国律师》（*The American Lawyer*）公布上一年度 Global 100 律所排名。其中，以律师人数排名来看，有 6 家中国律所进入前十行列，比 2019 年增加 1 位；

以创收来看，中国则有10家律所挺进全球前两百强，详见表3、表4。

表3　2020 Global 100 律师人数中国律所排名

排名	律所	律师数/人
1	大成 Dentons	10,977
2	盈科	8862
4	京师	4183
8	金杜	3258
9	锦天城	3178
10	德恒	2820

资料来源：《美国律师》杂志，因统计方法和时效性问题（上一年度），数据可能与实际有一定出入。
整理、制表：智合研究院。

表4　2020 Global 200 律所全球总创收中国律所排名

排名	律所	总创收/亿美元	总创收/亿元人民币
5	大成 Dentons	29.00	196.89
43	金杜	10.79	73.26
69	盈科	7.63	51.80
88	中伦	5.35	36.32
94	锦天城	5.07	34.42
113	德恒	4.34	29.47
113	国浩	4.34	29.47
174	君合	2.68	18.2
184	京师	2.44	16.57
186	方达	2.43	16.50

资料来源：《美国律师》杂志，创收人民币数据为根据当前汇率换算所得，仅供参考。
整理、制表：智合研究院。

这也表明在规模扩张和市场发展方面，中国律所并未止步。

相比之下，中小型律所似乎面临更大的挑战。2020年4月，北京市朝阳区律师协会对北京、保定和杭州的466家中小律所进行了调查。结果显示，在第一季度，77%的受访律所存在费率同比下降的情况，75.9%的律所创收同比下降，详见图8、图9。

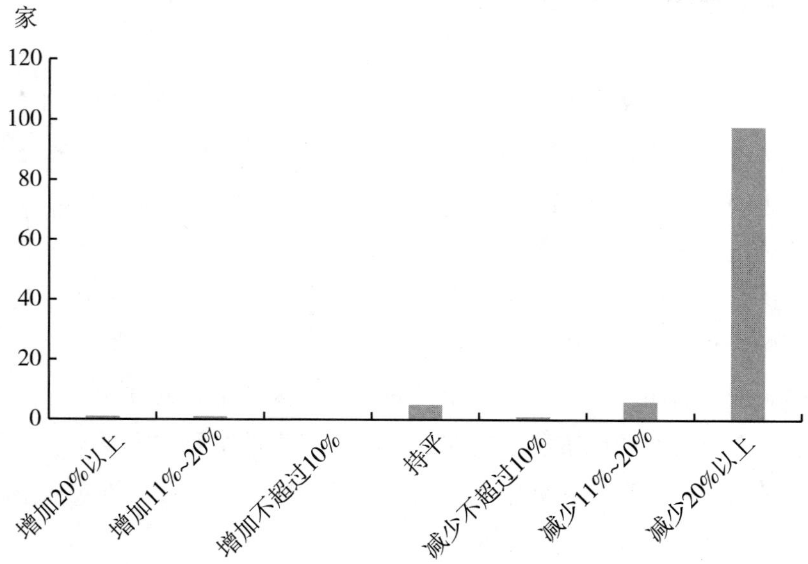

图8　第一季度签约合同金额同比去年同期情况

资料来源：北京市朝阳区律师协会。

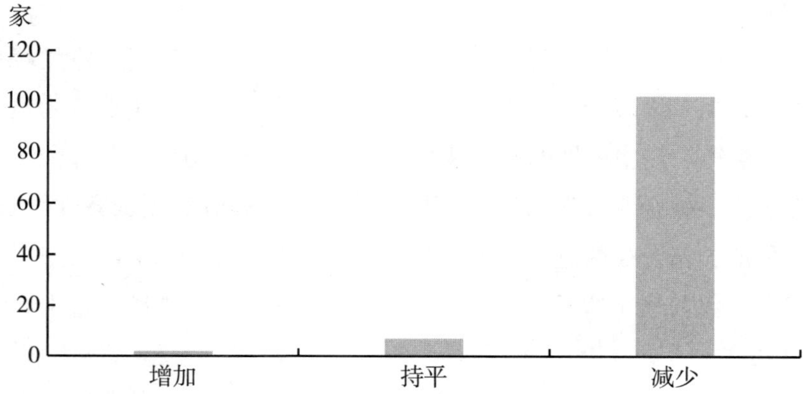

图9　第一季度同比去年同期业务收入

资料来源：北京市朝阳区律师协会。

规模律所基于其原有体量、规模，有较为充足的后备支持，抗风险能力明显强于中小律所。中小律所则更多直面疫情与经济波动带来的影响，往往面临更多“生死攸关”的考验，逐步寻求新的发展之道。

疫情让很多中小律所重新思考律所发展问题，通过合并或者加盟其他全国性品牌大所的方式逐渐被更多中小律所所接受。据不完全统计，2020年上半年合并的律所有近10家：江苏宿迁4家律所合并，上海申浩与业盈律师事务所合并，天津2

家律师事务所合并……律所合并将在未来一段时期内成为常态。

（二）区域律所崛起

在四五年前，大所合并的消息频出之后，更多合并向区域靠拢。自 2014 年起，不乏区域律所合并的消息传出：2014 年，吉林功承、吉林融鉴、吉林格尚合并为吉林功承；2015 年，陕西海普、陕西睿诚合并为陕西海普睿诚；2018 年，辽宁同格、东来、诚信为民合并为观策……

目前，我国的区域性法律市场已经诞生了多家百人以上、亿元体量的大所，如浙江泽大、浙江金道、湖南天地人、广东广和、江苏剑桥颐华。除却合并，依托所在的城市群展开分所布局也是这些律所巩固、抢滩区域市场的方式。

以中心城市为引领的城市群是支撑中国经济高质量发展的主要平台，是中国当前以及未来发展的战略重点，其中尤以京津冀协同发展、长江经济带发展、粤港澳大湾区建设、长三角一体化发展带来的机遇最多。

围绕都市圈、城市群，中国的区域性法律市场将迎来更快的发展。基于国家政策和本土市场的需求，区域性律所深耕当地，寻求战略升级和突围之道是当前中国律师业的发展主题之一。

（三）部分领域业务需求表现良好

就业务需求而言，不同于英美缓慢的恢复期，中国法律市场在疫情峰值过后面临迅速增长期，尤其以破产、合规监管、资本市场、争议解决等业务为典型。

参考英美法律市场中激增的破产业务需求，资金周转困难、生产成本提高、运输限制等因素给小微企业带来的破产危机，或可以解释破产领域案件增长的事实。实际上，这种增长符合我国近年来破产案件发展趋势。自 2014 年以来，全国法院受理的破产案件数量逐年增长。到 2019 年，全国破产案件数量超过 1.8 万件，是 2014 年的 9 倍。

2020 年国务院在《关于新时代加快完善社会主义市场经济体制的意见》中提出建立个人破产制度。可以预见，随着未来个人破产制度的建立，这种增长趋势仍将持续。

争议解决业务需求同样呈现激增态势。以中国国际经济贸易仲裁委员会（CIETAC）数据为例，2020 年上半年，商事纠纷尤其是涉外纠纷案件无论从数量还是争议标的额上都呈现大幅增长。到 2020 年 7 月，CIETAC 办理的案件标的总额已突破 1000 亿元，堪比 2019 年全年标的总额。而在众多纠纷中，国际贸易、并购、股权转让、工程还款等类案件在争议解决案件中占有较大比重。

除此之外，未知的国际局势、国家数据监管的加强以及金融市场的波动等也导致合规监管、资本市场等业务需求的增加。

（四）公司法务部：由合作转向竞争

继“四大”入驻法律市场后，中国律所又将面临公司法务部带来的压力：人才竞争。2020 年年初，字节跳动招录大量法务人员，并持续招聘；多家互联网公司分别为内部法务人员调薪；科技公司、高校加强办公室 AI 系统的研发……公司法务部正在加强自身实力是不争的事实。

人才战略似乎已成为公司削减外部法律服务开支计划的一部分。除此之外更直观的体现则在于公司支付费用的减少。2020 年多家律所均表示，面对企业端客户在费率计算上有所减免。

四、律所的应对之道

挑战与风险之外，越来越多的律所开始在业务、技术、市场等方面探索应对之策。

（一）业务创新

英、美法律市场中，因传统法律业务办理受阻，部分律所开始了“跨界”尝试，开始布局风险咨询、替代性法律服务等新兴业务。

2020 年年初，国际律所亚司特（Ashurst）宣布布局风险咨询业务，以帮助金融业客户应对新冠肺炎疫情引起的风险和合规问题。此前，亦有律所早早展开这一领域的业务布局：2018 年，诺顿罗氏（Norton Rose Fulbright）在澳大利亚办公室组建风险顾问团队；2019 年，大成 Dentons 在英国伦敦设立独立的风险咨询机构 Dentons Risk Consulting LLP。

美国律所前 100 强中已有 35 家律所构建了专属的替代法律服务部门（Captive ALSPs）。若将全球律所 100 强与美国律所 100 强合并集中，这一数字则达到 48 家。

新业务推行已取得可观的效果。以安睿顺德伦（Eversheds Sutherland）为例，其开发的线上法律服务平台 Konexo，组建第一年就创下了 4000 万英镑的收入。疫情期间，该平台临时律师服务需求单月增幅更达到了 300%。

风险控制、远程服务是疫情后法律市场中出现的两大关键词。这意味着将风险控制在发生前以替代事后补救，逐渐成为共识。远程服务则是抵御出行禁令负面影响的有效方式。风险咨询、替代性法律服务实际已成为国际律所业务布局的一大趋势。

（二）技术创新

律所的技术创新紧紧围绕在远程服务系统的建设上。在此基础上，远程办公室应运而生。

疫情期间，大成和 BLM 将英国的全部业务转移至线上；金杜加紧了“云办公室”的建设，上线 7 家云办公室；盈科总部则上线“盈科大数据管控平台”以实现对盈科全国的案件量、业务类型、客户信息等的实时监控。

远程律所的建设并非始于 2020 年。于 2002 年成立的美国律所 Fisher Broyles 以“虚拟律师事务所”闻名。2019 年，这家律所以 9800 万美元创收首次跻身美国律所 200 强。2020 年 2 月，首家海外分支机构伦敦分所成立，迈出全球战略的第一步。目前该律所已拥有 250 名员工。

虚拟办公室、云办公室等的优势显而易见：通过节约办公场地的成本扩大在费率、工作方式等方面的竞争优势。

（三）市场战略

事实表明，规模化布局依然是大所的战略选择。

品牌和规模优势意味着律所可以不再依赖单一市场和业务资源。即使当前市场发展受阻，它们也可通过拓展其他市场或业务来弥补本地市场的不足。

在英国市场，面对市场份额受挤压的情况，富而德仍在推进“美国扩张计划”，并称在严峻的经济形势下取得了强劲的业绩表现；年利达则大举晋升金融、公司及争议解决等领域的合伙人。就晋升结果来看，其营业额增长了 7000 万英镑，净利润微升 1%。

中国有更多的例证。

盈科在实现律师人数破万后，继续进行全国布局，立志实现中国区分所突破 100 家，截至 2020 年 12 月 31 日，盈科已有 86 家分所；隆安近年来保持每年 2 ~ 3 家分所的建设步伐，2020 年亦设立了呼和浩特、石家庄、海口三家分所，力争两年内完成全国省、直辖市的分所布局；康达在 2020 年落子武汉、郑州、长沙三地；天达共和于 2020 年布局成都、南京……

结语

在中、美、英三国的市场对比中，因疫情防控、宏观经济调控得当，中国法律市场更具活力。这也与近年来我国法律服务市场的增长趋势一致。相比之下，拥有更成熟法律市场的英、美两国受疫情影响更大。

不可否认，中国与英、美两国法律服务市场仍然存在较大的差距。而缩小而差距最好的方式或许莫过于：做好自己，专注增长。

美国百强律所合并实例，人均收入增长率超行业均值[*]

宁思甜[**] | 智合研究院

2020 年 4 月，ALM Intelligence 对律所合并的成果进行调研，监测并分析了 4 家经由合并组成的美国律所近 10 年的财务数据。结果显示，合并之后，这些律所并没有立即取得可观的收入增长，但律师人均创收增长良好，在客户拓展、业务发展上卓有成效。

一、合并不必然导致创收增长

2015 年，洛克（Locke Lord）与 Edwards Wildman Palmer 合并。合并前，Edwards Wildman Palmer 出现收入下滑、合伙人流失的情况，合并后，这家律所创收仍比合并前两家律所的创收总和少 2 亿美元。2014 年，两家律所创收总计 7. 185 亿美元；2019 年，新合并律所创收为 4. 9643 亿美元，在美国百强律所中位列第 76，详见图 1。

Arnold & Porter 与 Kaye Scholer 于 2017 年合并为 Arnold & Porter Kaye Scholer，合并后创收也略低于两家律所历史创收的总和。合并之前，两家律所创收合计 10 亿美元以上，合并后 2019 年创收为 9. 519 亿美元，在美国百强律所中居第 44 位。

2010 年，美国律所霍金豪森与英国律所路伟合并为霍金路伟。合并初期，霍金路伟创收维持在 16 亿美元左右，直到第 4 年创收才开始增长。2019 年创收为 22. 46 亿美元，位列全美第 8。

---

* 本文首发于微信公众号“智合”2020 年 5 月 3 日，摘自《19 位律师入选全球法律专家名录；方达产生新管理团队；美国百强律所合并财务表现 | 一周律所动态》。

** 宁思甜，智合研究院研究员，专注于中外法律服务市场方面的研究，参与撰写多篇律师行业分析报告及行业观察文章。

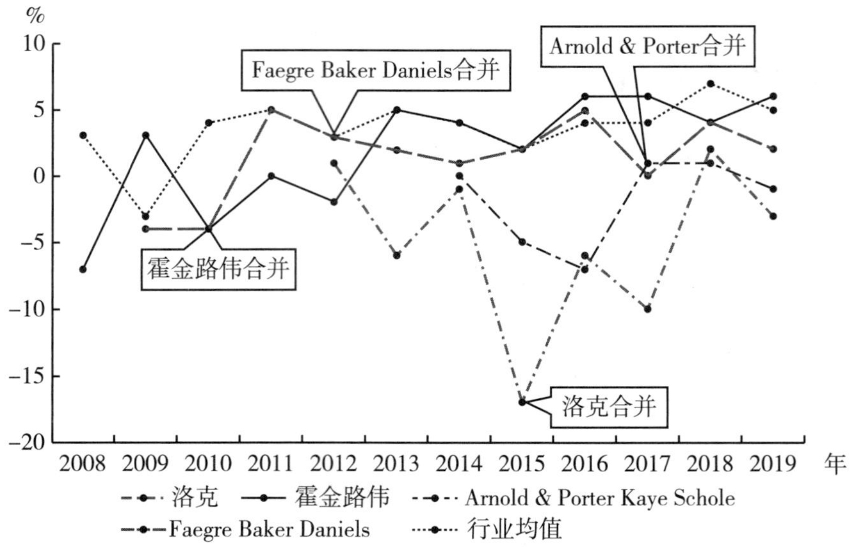

图 1 近 10 年 4 家合并美资所创收增长情况

与其他 3 家律所不同，Faegre & Benson 与 Baker & Daniels 自 2012 年合并以来，每年创收均实现了小幅增长，增长率在 1% ~5%。2019 年年底，该律所又宣布与美国百强律所之一的 Drinker Biddle & Reath 合并，以 Faegre Drinker Biddle & Reath 的名称运营。

创收是否迎来大幅增长并非衡量律所合并成功与否的唯一标准。

自合并以来，洛克的创收大约减少了 1 亿美元，律师人数缩减了 240 人。洛克的主席 David Taylor 表示，律所人员流失在意料之中，主要基于产能过剩、律师退休、转入其他律所等原因，由律师人数锐减导致律所创收减少也在预期范围内。David Taylor 认为，在业务量不饱和的情况下，律所必然要经历这一调整过程。

二、律师人均创收呈良好增长态势

自合并以来，洛克的律师人均收入（RPL）逐年增长，从 2015 年的 70. 5 万美元增长至 2019 年的 81. 2 万美元。实际上，在大多数年份，洛克 RPL 的增长率都超过了 Am Law 200 RPL 的增长率。这意味着，洛克的核心合伙人及律师团队依然稳定，人员流失并没有对业务量造成过大的影响，详见图 2。

在多数年份，霍金路伟、Faegre Baker Daniels 的 RPL 增长率也超出或持平于行业均值。合并后的第一年，Arnold & Porter 的 RPL 增长了 8%，远远高于行业均值。

对律所而言，完成合并或规模扩张同样受到客户需求的驱动。霍金路伟合并的

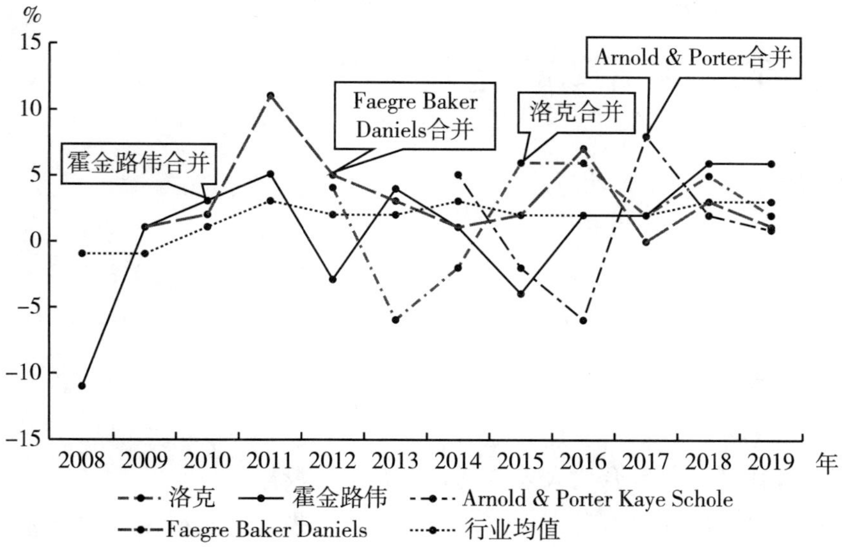

图 2 近 10 年 4 家合并美资所律师人数收入增长情况

初衷是为全球客户更优质的法律服务，提升跨境交易能力、争议解决、政府法律事务等业务能力。合并初期，霍金路伟与 10 余名重要客户的交易价值均在 2000 万美元以上，如今，这类客户名单已增至 20 家。

洛克的客户群也有较大拓展，业务机会增多。Arnold & Porter 进一步延伸了与重点客户的业务合作，此前仅有 2 项业务达成合作的客户，如今业务量已增至 15 个，甚至 20 个。

律所合并之后或许不能立即实现“1 + 1 > 2”的效果。合并初期，律所依然处于调整阶段，在团队分工、运营方式、文化理念等方面仍需磨合，在此期间律所的财务数据或许会有所下降。随着时间的推移，内部协作、资源整合、客户拓展方面等产生的积极效果才会逐渐显现。

这家律所，估值230亿美元？*

周 正　宁思甜**

总创收、律师人数、合伙人人均创收、办公室数量……

当谈论一家律所的实力时，我们往往聚焦于这些“实实在在”的指标。

但如果律所也有了估值呢？

如果有一家律师事务所的估值高达230亿美元呢？

一、估值230亿美元

“公司估值”（company valuation）这个词已经在各种上市报道中屡见不鲜。

而律师事务所因其特殊性，世界各国普遍相对较严的监管，基本上都对外部资本进入律所持保守态度。英国已经放开了一道口子，在《2007法律服务法》的一些条款中允许非律师持有和运营法律服务机构，允许私募基金或风险投资之类的外部投资者注资律所。

其他各个法律市场相对成熟的国家也都一直在探讨允许外部资本进入律所的可行性。

而这就会产生一个基本问题：一家律所到底“值”多少钱？

行业里经常用律所总创收作为衡量律所实力的一个重要指标，但律所的估值则是另一回事，而且因为律所组织形式的特殊性，合理估值也非常复杂。

近日，ALM Intelligence发布了一份报告，Hunton Andrews Kurth首席财务官Madhav Srinivasan用两年的时间建立和测试了一套律师事务所的估值体系，并且对美国排名前100的律所（Am Law 100）进行了评估。

评估的结果，凯易律师事务所的估值竟然高达229.88亿美元，是第二名摩根

* 本文首发于微信公众号“智合”2019年5月24日。

** 宁思甜，智合研究院研究员，专注于中外法律服务市场方面的研究，参与撰写多篇律师行业分析报告及行业观察文章。

路易斯律师事务所的两倍还多，详见图1。

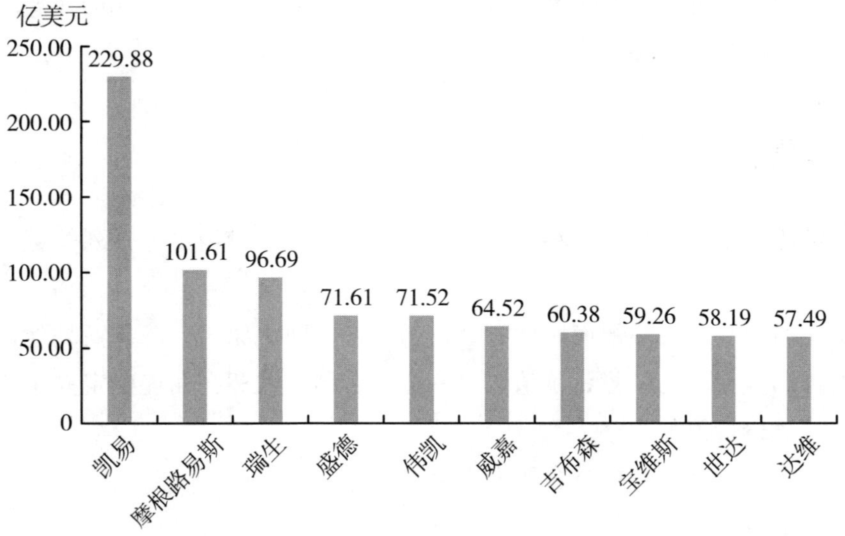

图1　2019年估值前10名的美国律所

资料来源：ALM Intelligence。

整理、制图：智合研究院。

智合研究院4月30日发布了美资所创收前十名的情况，可以对比一下律所总创收，详见表1。

表1　2018年创收前10名的美国律所

排名	律所	年创收/亿美元	PEP/万美元	RPL/万美元
1	凯易	37.75	503.70	162.90
2	瑞生	33.86	345.20	133.30
3	贝克·麦坚时	29.00	144.30	61.40
4	欧华	28.36	187.40	76.60
5	世达	26.73	371.60	153.30
6	盛德	22.20	255.10	114.20
7	霍金路伟	21.19	138.10	80.40
8	摩根路易斯	20.95	139.10	104.00
9	众达	20.57	109.30	81.70
10	伟凯	20.50	240.00	95.40

资料来源：《美国律师》杂志。

整理、制表：智合研究院。

可以看到的是，凯易是2018年的全球创收第一，37.75亿美元，权益合伙人人均利润（PEP）也高达503万美元，是仅有的几家超500万美元的律所之一。而近230亿美元的估值，则也反映了凯易近几年的强劲发展势头。

二、怎么估值

（一）为什么要估值?

在这份研究里，实际上是将律所类比上市公司，并借用了一系列关键指标来模拟计算。

上市公司的股东关注他们所拥有公司的价值有两个原因，一方面是他们希望随着时间的推移监控自己的投资价值，另一方面是他们希望公司能确定并实施最终能提升其所持股份价值的战略。

报告认为，律所里的权益合伙人也类似。

不同的是，权益合伙人也是律所的管理者，面对激烈的市场竞争，合伙人们也在努力“经营”律所——提高费率、调整杠杆率、控制成本、改善内部流程、横向招聘、提供其他费用安排、合并、应用技术等，这些都是在让律所实力更强，未来发展前景更好。

报告认为，估值最重要的作用之一就是可以验证律所战略的正确与否。

如果两家律所历史财务状况类似，那么估值较高的律所可能律所战略也施行得比较好；反之亦然。

这给律所之间的对比又提供了一个重要的理论模型。

（二）怎么估值?

报告中谈到，对律所进行估值是一项复杂的工作，主要有几个难点——缺少数据、内部信息不公开、没有先例。

因此，报告采用了一些相对保守的假设，对一些部分进行了简化，设计了一个数学模型，用律所的现金流来估算律所的价值。

具体来讲，一家律所的估值是从第1~5年的所有未来现金流加上根据特定年份的资本成本贴现的最终价值的总和。公式如下：

$$Value\ of\ firm = \sum t = 1,5\ \frac{Cash\ Flows\ in\ Year\ 1\ to\ Year\ 5}{(1 + \text{Cost of Capital})\hat{}t} + \frac{Terminal\ Value\ in\ year\ 5}{(1 + Cost\ of\ Capital)\hat{}5}$$

（三）关键指标

计算一家律所的估值比计算一家拟上市公司的估值难得多。

报告指出，一方面是数据源有限，另一方面是对律所未来利润增长的估算的缺失，律所不提供具体的利润分配情况，也不提供负债水平和营运资金数据。

这些都迫使报告采取了一些创造性的简化假设，去处理关键指标。

以欧华（DLA Piper）律师事务所为例，表2可以帮助我们大致了解一下估算方法：

表2 欧华（DLA Piper）律师事务所的估值

指标	数值/百万美元
创收	2836
Am Law 营业利润	751
营业利润—权益合伙人所有部分	371
所得税	148
净收入	222
营运资金	567
现金流 = 营业利润 – 营运资本年增长额	203
2020年预估现金流/现金流贴现	210/193
2021年预估现金流/现金流贴现	217/184
2022年预估现金流/现金流贴现	224/175
2023年预估现金流/现金流贴现	231/166
2024年预估现金流/现金流贴现	238/158
2025年终值贴现	2276
律所估值	3152

资料来源：ALM Intelligence。
整理、制表：智合研究院。

三、预示了什么

估算结果已经引发了很多讨论。

2012年，记者Chris Johnson曾设计过一个估值模型，但当时算出的律所综合利润率为40%。

Srinivasan把自己的估算结果与上市咨询公司和上市企业对比，发现数据基本接近，认为自己的评估模型还是相对合理的，详见表3。

表 3 Am Law 100 与上市公司利润率对比 单位：%

律所/公司		营业利润率	净利润率
Am Law 100	—	19. 7	11. 8
上市咨询公司	Accenture PLC	14. 8	10. 3
	Booz Allen Hamilton Holding Corporation	8. 4	4. 9
	Capgemini SE	10. 5	5. 5
	Exponent, Inc.	25. 7	20. 3
	FTI Consulting, Inc.	11. 2	7. 4
	行业内平均值	12. 0	8. 0
上市律所	Gateley Holdings PLC（UK）	16. 6	13. 7
	Gordon Dadds Group PLC（UK）	28. 2	20. 3
	Keystone Law Group（UK）	9. 1	5. 0
	Knights Group Holdings PLC（UK）	18. 9	7. 4
	Rosenblatt Group PLC（UK）	24. 1	18. 4
	行业内平均值	18. 1	12. 9

资料来源：Yahoo Finance。
整理、制表：智合研究院。

但这个模型也有一个明显缺陷，那就是假定未来几年律所仍然会以近期的增长态势以固定增长率发展，而不考虑可能出现的亏损情况。

Srinivasan 和德勤、普华永道以及沃顿商学院的专家合作，模型也经过了多次迭代。

而正像上面所说的，尽管只是一次学术讨论，但律所估值给律所之间的对比以及验证律所战略、判断律所发展势头提供了一条新的路径。

在更复杂的市场环境中，我们也需要更多维的评价体系，来真正有效地评判一家律所的现在和未来。

布局精简、利润丰厚，这两家传奇律所有何独到之处？*

宁思甜** | 智合研究院

印象中，美资所似乎普遍拥有高额创收、在全球范围内“攻城略地”。然而，在美国的头部律所中，有两家律所仅有 1 ~ 2 家办公室，在创收总量、律师人数方面并不占绝对优势，却拥有超高的权益合伙人人均利润（PEP）和律师人均创收（RPL），并长年在 Vault Law 100 排名中位列一、二。

这两家律所正是长期蝉联全球 PEP 第一宝座的 Wachtell 和刚刚迎来 200 岁诞辰、基业长青的 Cravath。

这两家律所何以造就今日之功？它们在分配机制、人才培养、业务结构、品牌战略等方面又有何独到之处？

一、令人称羡的人均创收数据

从近 10 年的创收数据来看，Cravath 的创收增长相对稳定，仅 2011 年、2017 年、2019 年出现 4% 左右的创收下滑，其余年份均保持了较好的增长态势，10 年以来增幅达 35. 4% 。

Wachtell 的创收有所波动，多年出现小幅下滑，但创收增长的年份往往有较高的增幅，大多在 11% 以上，2015 年增幅高达 18. 35% 。10 年以来，Wachtell 创收增长了 52% ，详见图 1。

在美国头部律所中，这两家律所并不以创收总量占优。从 Am Law 100 创收排名来看，近 3 年来，Wachtell 和 Cravath 排名均在 50 位左右。2019 年，Wachtell 以

---

* 本文首发于微信公众号“智合”2019 年 6 月 24 日，部分数据于 2021 年 2 月 13 日更新。

** 宁思甜，智合研究院研究员，专注于中外法律服务市场方面的研究，参与撰写多篇律师行业分析报告及行业观察文章。

8.56 亿美元创收位列 47，Cravath 以 8.16 亿美元创收位列 53，详见表 1。

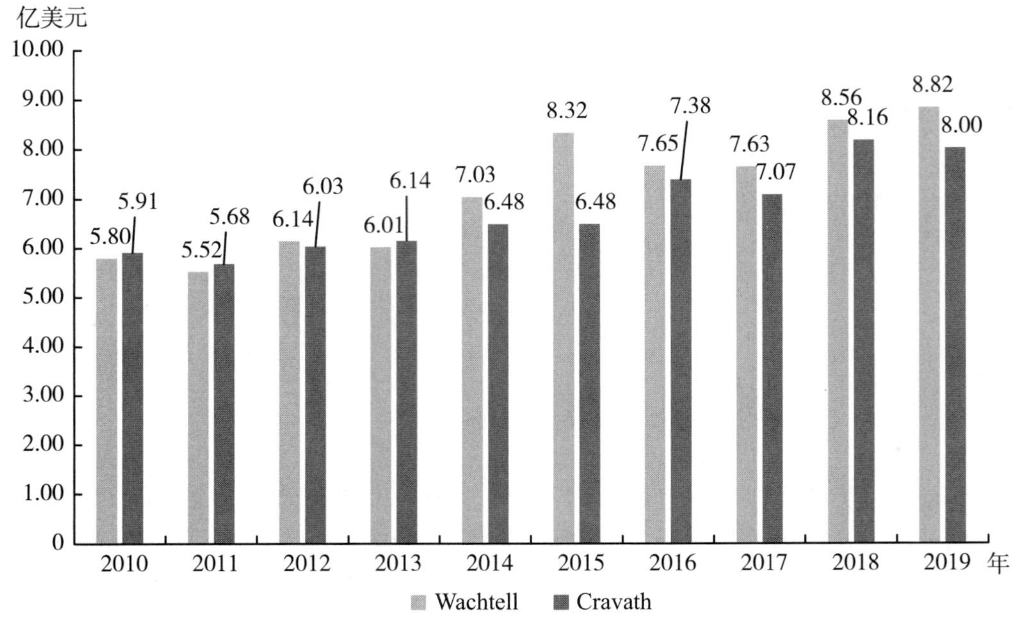

图 1　Wachtell、Cravath 创收数据

整理、制图：智合研究院。

表 1　2017～2019 年 Wachtell、Cravath 人均创收数据

	年份	PEP/万美元	PEP 排名	RPL/万美元	RPL 排名
Wachtell	2017	570	1	314	1
	2018	653	1	321	1
	2019	633	1	333	1
	年份	PEP/万美元	PEP 排名	RPL/万美元	RPL 排名
Cravath	2017	400	6	140	9
	2018	462	4	157	5
	2019	441	8	152	7

资料来源：《美国律师》杂志。
整理、制表：智合研究院。

虽然创收总量与其他头部律所相比尚存在一定差距，但它们的人均创收数据颇受瞩目。

Wachtell 长期占据美国律所 PEP、RPL 第一的位置。2015 年，Wachtell 创下 660 万美元 PEP 的超高纪录，令众多他律所望尘莫及。虽然之后两年经历了负增长：2016 年 PEP 为 580 万美元，2017 年 PEP 为 570 万美元，但仍然保持在第一的位置，远超第二名，并且差距还在逐步增大。2016 年，其 PEP 比位列第二的昆鹰高出近 80 万美元，2017 年又比昆鹰高出近 100 万美元，2018 年比第二名的凯易高出约 150 万美元。此外，Wachtell 的 RPL 也远超其他美国律所，保持在 300 万美元以上，第二名 RPL 通常约为 170 万美元。

Cravath 的人均创收数据排名同样靠前，近 3 年来，其 PEP 稳定在“400 万美元”行列。2018 年，其 PEP 较上一年度增长 15.4%，达 462 万美元，位列第 4，仅次于 Wachtell（653 万美元）、凯易（503.7 万美元）、宝维斯（502 万美元）。其 RPL 较上一年度增长 12.1%，达 157.2 万美元，位列第 5。

创收总量或许受益于规模化红利，在一定情况下，高人均创收或许更能反映律所的盈利能力，代表律所业务具有更高的附加值，更能凸显律师的价值和竞争力。

不同于 Am Law 100 依据创收进行排名，Vault Law 100 排名基于律师的名声和社会地位。根据 Vault Law 100 排名，Wachtell、Cravath 连续十余年占据前两名的位次，2016 年之前 Wachtell 稳居第一，2016 年开始 Cravath 稳居第一，足见两者具有极高的认可度和美誉度。

二、布局精简化，业务国际化

在发展过程中，Wachtell、Cravath 没有过多着力于人员扩张、规模化布局。自创立以来，这两家律所维持了较小的人员规模和较少的办公室数量，详见表 2。

表 2　2019 年 Wachtell、Cravath 规模化数据

律所	律师总数/人	权益合伙人人数/人	办事处数量/个
Wachtell	265	85	1
Cravath	526	85	2

资料来源：《美国律师》杂志。
整理、制表：智合研究院。

根据 2020 Am Law 100，律师人数最多的美资所是贝克·麦坚时，拥有 4809 位律师、684 位合伙人、72 家办公室。

相比之下，Wachtell 仅在纽约设有一家办事处，除此之外没有其他分所。Wachtell 曾设立芝加哥办事处，但出于某些原因已于 20 年前关闭。Cravath 仅设有伦敦、纽约两家办事处，于多年前关闭了巴黎、香港办事处。近几年，这两家所的权益合伙人数量均在 80 位左右，Wachtell 的律师人数在 250 人上下，Cravath 的律师人数在 500 人上下。

虽然不着力布局海外办事处，但 Wachell、Cravath 律师业务的国际化程度很高。Wachtell 的跨境业务占很大一部分，大多数并购项目涉及多个国家，单一办事处的模式并不会限制法律服务网络延伸。因此，Wachtell 不仅在《2019 钱伯斯美国法律指南》中上榜公司并购、税务、跨境交易等多个业务领域，而且其公司并购业务也在《2019 钱伯斯全球法律指南》获得推荐。

Cravath 同样拥有强大的国际法律服务能力，约 25% 的客户位于美国之外。根据《2019 年钱伯斯全球法律指南》，Cravath 在公司并购、资本市场中高收益产品、债务、股权领域获得好评。通过与优秀的国际律所合作，将资源集中在关键地域，足以使这两家所为全球客户提供优质法律服务。

三、两家律所取得成功的独到之处

Wachtell 与 Cravath 的成功，离不开它们在分配机制、人才培养、业务结构、品牌战略等方面的独到之处。在上述方面，这两家律所既有相似之处，也各有特点。

（一）纯粹的 Lockstep 分配机制

Lockstep 模式，又称计点制或锁定等级制，是目前律所常用的一种收入分配制度。Wachtell、Cravath 采用的分配制度是纯粹的 Lockstep 模式。

纯粹的 Lockstep 模式仅以合伙人资历为标准，资历越深，点数越高，利润分成也就越多。相较之下，许多律所采用的是经修正的 Lockstep 模式，除了资历这类客观因素外，还会将业绩、工作时长等主观因素也纳入考核标准。

分配制度无优劣之分，适合的才是最好的。对于 Wachtell、Cravath 这样规模较小的律所来说，采用以资历考量的 Lockstep 模式，无论对于律所维持合伙人人员稳定性，还是维护客户关系都较为有利。

Cravath 的首席合伙人 Faiza J. Saeed 曾表示，Cravath 的所有业务都是律所层面的，而非律师个人层面的。合伙人之间无须为了拓展案源而展开竞争，更多的是开展合作。在这种情况下，如何有效开展业务是首要问题。合伙人之间相互协作，更有助于提升工作质量，维护良好客户关系。

在 Lockstep 模式下，无论工作时长、客户关系或律所管理情况，相同资历的合伙人获得同等收入，这也反映了这两家律所的平等主义文化，以及对于合伙人关系的价值理念。

因此，这两家律所在人才聘用上，除了考虑对于律所的贡献之外，还会重视对律所合伙人文化观念的认同感。

（二）独特的人才培养与工作机制

Wachtell、Cravath 极少采用横向招聘，选任合伙人多采用内部晋升的方式，并形成了独特的人才培养机制。

Wachtell 选聘人才极为严格，将招聘范围限定在一流法学院的优秀毕业生中，如果认为选聘的律师没有成为合伙人的潜质，那么将不予雇用。律师在进入律所 6 年后将进行合伙人资格认定，比其他律所合伙人晋升时间稍短一些。Wachtell 内部初级律师人数与合伙人人数比例较低，使初级律师可以很快肩负起重要的职责，可直接与合伙人合作开展业务，接洽重要客户。

Wachtell 采用特殊的工作小组方式开展业务，业务方面大致分为诉讼、公司事务、债权人权利、税务、反垄断和房地产等业务领域。每位律师可以自由选择自己的专业领域，每个案件由各业务领域的律师组成的特殊工作小组承办。律所承办的各类案件需要各方面的专业知识，而 Wachtell 采用的团队工作模式正是为此安排的。

Cravath 采用横向招聘的次数屈指可数，在过去 60 年多中可能只有两次，一次是为了发展破产业务，另一次是为了挽救税务部门的危机。律师进入律所前经过了严格挑选，后在“Cravath 体系”（Cravath System，由 Paul Cravath 探索并创建的有关律所管理的体系）中进行严格的培训和晋升。

Cravath 注重培养通才而非专才，其倾向于认为律师在前几年的执业生涯中应该对多个领域均有所涉猎，而非专攻一个领域。这也在一定程度上促成了 Cravath 灵活的业务结构。Cravath 可根据市场需求调整业务结构，灵活分配业务团队，不必为了缩减某类业务而大量裁员。

进入 Cravath 之后，选择非诉业务的年轻律师需要在不同团队之间“轮岗”。在此期间，年轻律师能够积累跨领域的工作经验，主要领域包括银行与金融、并购、证券等，还能够向多位优秀合伙人取经。每个团队由 1 ~ 2 位合伙人带领，“轮岗”时间约为 16 个月到 18 个月。

选择诉讼业务的年轻律师同样需要“轮岗”，但并不以团队形式开展合作，而是由一位合伙人直接带领。年轻律师可能接触到破产、环境诉讼、知识产权诉讼等，以及证券、反垄断和一般商业诉讼等案件。“轮岗”时间约为 18 个月到 2 年。

（三）有所取舍的业务结构

Cravath 目前在资本市场、公司并购、争议解决、金融、劳动与雇佣、税收等领域均具有良好的声誉。尽管只有纽约、伦敦两家办事处，但在《2019 钱伯斯全球指南》的多个领域位居前列。鉴于“Cravath 体系”注重培养律师跨领域的工作经验，律师在工作中能够更好地服务客户多元且日益复杂的业务需求。

相比较而言，Wachtell 的业务类型更为集中。令 Wachtell 声名鹊起、引以为傲的是公司并购业务。Wachtell 在 20 世纪 80 年代并购浪潮中的成就使其一跃成为捍卫收购目标公司的最负声誉的律所之一。这在很大程度上归功于其中一位创始人——马丁·利普顿（Martin Lipton），他在 1984 年发明了反恶意收购领域中著名的“毒丸计划”，正式名为“股权摊薄反收购措施”。1985 年，Wachtell 在特拉华州最高法院利用“毒丸计划”成功维护了家居庭国际公司（Household International, Inc.）的利益，此后便在并购案例中被广泛采用。

Wachtell 在业务选择上有所取舍，专注于公司法、税法、反垄断、债权人权利、诉讼这五大执业领域，尤其是这些领域当中的复杂交易及重大案件。Wachtell 并不接受常年法律顾问业务，与各个客户之间仅就项目达成合作，同时拒绝提供低利润的服务。这就保证了 Wachtell 的业务类型高度集中于重大、高端案件，提供高质量、高利润的服务。

（四）深入人心的差异化品牌

“品牌”是律所具有经济价值的无形资产，渗透在客户服务、人才管理和律所运营的方方面面，潜移默化中提升客户信任感、强化人才感召力和律所议价能力。

差异化品牌使律所与众不同，在客户中心占据一个独特的位置。对此，Wachtell、Cravath 都作出了强有力的回答。分配机制反映的平等主义文化、自成体系的律师培养机制、专注高端领域的业务结构等，共同造就了自身的品牌形象。

除此之外，Wachtell 高冷、神秘、不重营销的特点也是其品牌形象的一部分。Wachtell 的合伙人 Adam O. Emmerich 曾在采访中表示，宣传 Wachtell 的成就并不如完成工作成果以及取得客户、合作伙伴的认可来得重要。

事实上，Wachtell 并非不做营销，它所谓的营销在很大程度上是向客户展示业务水准。通过一次又一次地解决行业中高挑战性、复杂性的诉讼案件、发明“毒丸计划”这种极具创造性的“法律武器”，Wachtell 创造了专业、高效的客户服务体验，自然建立起稳定的客户关系，并在行业内取得极高的声誉。

律所的成功有哪些必备因素？分配机制、人才培养、业务结构、品牌战略……

我们或许无法洞悉其成功背后的所有机缘，也难以复制其传奇之路。但作为全球商事律所中的翘楚，Wachtell 与 Cravath 的经验对于中国律所的发展无疑具有重要的借鉴意义。

如今，中国法律服务市场风起云涌，律师行业飞速发展，中国律所取得了可圈可点的成绩，也面临各式各样的问题。

未来道阻且长，吸取经验、不断探索、锐意进取，中国律所也将走出不平凡的传奇之路。

“魔圈”律所，魔力不再？*

周 正 董宇洲**

20 世纪 90 年代末兴起的“魔圈所”（Magic Circle），指代了当年英国综合实力最强的 5 家律所。

20 多年过去，“魔圈所”还像当年那样“神奇”吗？其他的“圈”呢？

一、谨慎的巨头们

呼吁合伙人出资，减少利润分配，冻结员工工资，奖金分两期发放，推迟招聘……

疫情全球蔓延之下，“魔圈所”之一的英国安理国际律师事务所（Allen & Overy）也采取了一系列“谨慎的管理手段”以应对不断变化的未知挑战和可能的长期影响。

其他几家“魔圈所”中，年利达（Linklaters）为了保护现金流，决定不支付 6 月的合伙人利润分配，推迟下一轮奖金支付的 50%，冻结所有招聘。

富而德（Freshfields）决定暂停最新季度的合伙人利润分配，冻结律师薪酬，并推迟奖金核定的时间。

这些领先国际大所一向被认为船大舱大，抗风险能力强，但在全球性的风险面前，也积极启动各种谨慎安排，可以反映出全球律师行业应对未来业务变化的普遍态度。

二、“魔圈所”魔力不再？

不同寻常的危机时刻总是让人有机会去审视一些习以为常的事物。

有人提出了对于“魔圈所”行业地位和这一称谓的重新思考：从全球范围来看，这几家已经不是最大的、最赚钱的律所，是否还“名副其实”“魔圈所”的称号？这

---

* 本文首发于微信公众号“智合”2020 年 4 月 11 日。

** 董宇洲，智合合伙人、高级研究员，长期从事中外法律服务市场、律所战略及管理等方面的研究。

个20多年前的“标签”，到今天是否还应该被继续使用？

“魔圈所”的说法起源于20世纪90年代末期（也有说法是2004年），综合评价标准包括客户质量、合伙人收入、律师收入和律师人数等。当年5家总部位于英国的国际律所进入圈中：英国安理、高伟绅（Clifford chance）、富而德、年利达和司力达（Slaughter & May）。

“魔圈所”的称谓迅速被更广泛范围的律师行业所熟悉并采用。十几年间，这5家律所也的确长期处于领先位置。

此后，司力达选择了精品化发展路线，从规模等方面逐渐和其他4家拉开距离，关于其是否仍然属于“魔圈”一直有争议。目前也有比较普遍的说法，尤其是在进行数据对比时，仅将其余4家列为“魔圈”，详见表1。

表1　“魔圈所”2018/2019财年财报数据一览

律所	创收/亿英镑	同比增长/%	PEP /万英镑	同比增长/%
高伟绅	16.93	4.3	162.0	1
年利达	16.30	7.0	170.0	10
英国安理	16.27	5.0	166.0	1
富而德	14.72	5.0	183.9	6

资料来源：各律所官网发布的2018/2019财年（2018年5月1日～2019年4月30日）财报及英国《律师》杂志的报道。

说明：权益合伙人人均利润（PEP）是衡量律所财政健康状况的一项重要指标。

整理、制表：智合研究院。

“魔圈”曾经是客户质量高、人员/办公网络规模大、创收高的代表，但随着近几年美国律师事务所的迅速崛起，以及本地法律服务市场新的机构和服务形态的出现等市场变化，“魔圈所”在多个关键指标上的领先地位已经受到挑战。

全球律所排名中，“魔圈所”不在收入前6名之列，在总人数上不在前12名之列，在权益合伙人平均利润上也不在前18名之列。

并且，就发展势头而言，其创收增长速度也多年保持在5%上下，与之形成鲜明对比的是多家美国律所的增长速度达到10%以上，有的甚至高达20%。

“魔圈所”魔力不再了吗？

三、强势崛起的美国律所

近日，连续多年全美创收第一的国际律所凯易（Kirkland & Ellis）公布了2019年创收数据，其年创收首次突破40亿美元，达41.5亿美元，暂列全球第一，增幅约为10%；权益合伙人人均利润增长3.1%，达519.5万美元。

“魔圈所”全球创收普遍为16亿英镑左右，约合20亿美元，权益合伙人人均利润在160万英镑上下，约合200万美元。

近5年来，凯易均保持强劲的发展势头，2017年、2018年律所创收以近20%的增幅增长，详见图1。

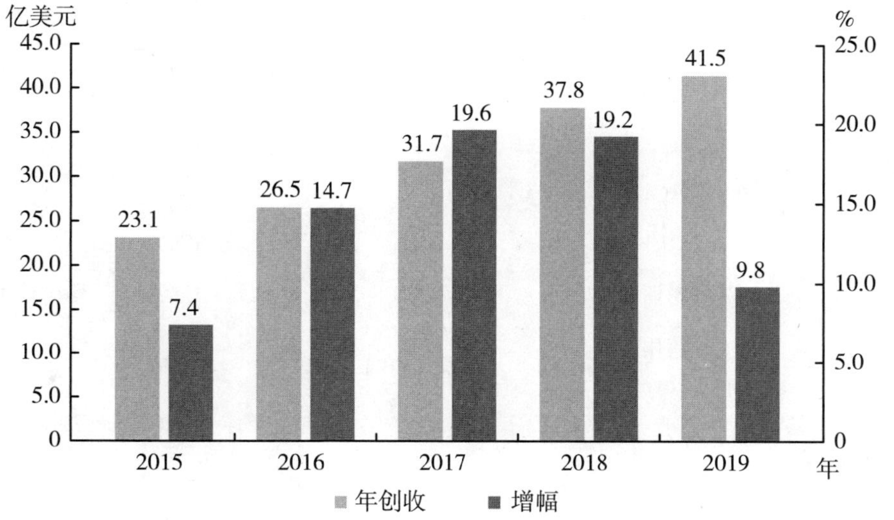

图1　近5年国际律所凯易创收数据

资料来源：《美国律师》杂志。

制图：智合研究院。

此外，瑞生（Latham & Watkins）等美国律所也于近几年发展迅速。根据2019财年的全球排名，我们可以直观地看到数据上“魔圈所”与领先美国律所的差距，详见表2。

表2　2019年全球创收200强（前20名）

全球排名	律所	总部所在国	2018/2019财年创收/亿美元	同比增幅/%
1	凯易	美国	37.60	18.8
2	瑞生（Latham & Watkins）	美国	33.86	10.5
3	贝克·麦坚时（Baker McKenzie）	美国	29.00	8.6
4	欧华（DLA Piper）	英国&美国	28.36	7.7

续表

全球排名	律所	总部所在国	2018/2019 财年创收/亿美元	同比增幅/%
5	世达（Skadden）	美国	26.73	3.5
6	大成 Dentons	—	25.00	13.6
7	高伟绅（Clifford Chance）	英国	22.71	4.3
8	盛德（Sidley Austin）	美国	22.20	9.0
9	年利达	英国	21.89	7.4
10	英国安理	英国	21.86	4.1
11	霍金路伟（Hogan Lovells）	英国 & 美国	21.19	4.1
12	摩根路易斯（Morgan Lewis）	美国	20.95	4.7
13	众达（Jones Day）	美国	20.57	5.0
14	伟凯（White & Case）	美国	20.51	13.7
15	富而德	英国	19.78	5.4
16	诺顿罗氏（Norton Rose Fulbright）	英国	19.69	0.6
17	吉布森（Gibson Dunn & Crutcher）	美国	18.20	10.8
18	瑞格（Ropes & Gray）	美国	17.48	9.5
19	Greenberg Traurig	美国	15.57	5.4
20	CMS	英国	15.52	5.7

资料来源：英国《律师》杂志。
说明：受汇率影响，英国律所同比增幅与表 1 “魔圈所” 2018/2019 财年创收数据一览数值略有出入。
整理、制表：智合研究院。

在英国伦敦法律市场，美国律所近几年也发展迅速。2019 年伦敦市场 50 强律所中，美国律所就占据了 22 个席位。

凯易上升三个位次，以 2.82 亿英镑的创收位列第 9 名，创收相较上一年度增幅近 30%；瑞生位列第 10 名，创收增幅也超过 20%，详见表 3。

表 3　伦敦市场律所创收 50 强（前 20）

2018 年	2019 年	排名变化	律所	伦敦创收/百万英镑	合伙人/人	总部
1	1	0	年利达	689.0	208	英
2	2	0	英国安理	603.0	190	英
3	3	0	高伟绅	540.0	171	英
4	4	0	富而德	521.0	143	英
5	5	0	司力达	423.0	95	英
6	6	0	史密夫斐尔	362.0	158	英
7	7	0	CMS	316.0	278	英
8	8	0	霍金路伟	294.0	148	英
12	9	↑3	凯易	282.8	98	美
11	10	↑1	瑞生	279.1	79	美
9	11	↓2	伟凯	260.5	102	美
10	12	↓2	诺顿罗氏	246.0	173	英
13	13	0	贝克·麦坚时	216.3	113	美
14	14	0	亚司特	208.0	122	英
15	15	0	其礼	205.0	130	英
16	16	0	博文	203.0	163	英
17	17	0	Macfar lanes	201.6	87	英
18	18	0	西盟斯	201.0	138	英
23	19	↑4	礼德	165.2	117	美
19	20	↓1	Mishcon de Reya	161.3	119	英

资料来源：英国《律师》杂志。
整理、制表：智合研究院。

在伦敦，凯易一如既往地采用了激进的横向招聘策略，“魔圈所”合伙人是其主要目标。2018 年，凯易先后从富而德、年利达、英国安理招募了多名重量级明星合伙人。

在全球其他地区的市场中，美国律所横向招聘的主要目标也是这些领先的英国律所。

四、“过时”的圈?

“魔圈所”这个“圈”的诞生是基于当年的英国和全球法律市场格局。当下，全球疫情的扩散让各行各业体会到“一夜变天”，2020年形势下市场环境变化的剧烈程度可以预期，更不用说20多年来全球市场的演变。

在中国，与之类似的为业内所熟知的是“红圈所”（Red Circle）。2013年境外媒体根据当时的律所表现，综合客户、项目、国际化等多项因素评选出8家律所列入“红圈”。

中国法律市场的变化速度更快，无论是热门业务类型的改变，新兴精锐律所的强势生长，外所精英律师的“回流”，区域领先律所的壮大等，都加速了律所实力对比的变化。从律所创收、明星律师、业务实力、薪资待遇等多个维度来看，律所之间你增我长的变化长期处于火热状态，竞争的激烈程度日增。

诞生于20年前的“魔圈”，虽然时至今日仍然可以代表这几家综合实力强劲的英国律所的行业地位，但“银圈”（Silver Circle）以及更多新形态法律服务机构的兴起在丰富市场多样性的同时也已经改变了原有的格局。

“魔圈所”并非魔力不再，而是在更丰富的市场生态中，称谓的象征意义大于它所能反映的最新的实力序列。

“魔圈”如此，其他的“圈”，或许亦然。

6 家上市律所，后来都怎样了？*

周 正

成立于 1937 年，曾为戴安娜王妃代理离婚，在伦敦和新加坡设有办事处，目前拥有 900 多名员工和 500 多名律师的律师事务所 Mishcon de Reya 准备上市。

如果成功，它将成为英国第七家上市律所。

此前六家分别是 Gateley、Gordon Dadds（已合并为 Ince Gordon Dadds），Keystone，Rosenblatt，Knights，DWF。

律所为什么要上市，这些所后来都怎样了？

一、律所 IPO

2007 年 5 月 21 日，总部位于墨尔本的 Slater & Gordon 律师事务所正式上市，成为全球第一家上市律所。

Slater & Gordon 成立于 1935 年，上市前已经拥有 21 家分支机构，上市后筹集了 3500 万澳元。

此后，多家澳大利亚律所纷纷效仿：2007 年的 Integrated Legal Holdings（IAW），2013 年的 Shine Lawyers（SHJ）和 2014 年的 IPH Ltd.。

2007 年 10 月 30 日，《2007 年法律服务法》（*Legal Service Act 2007*）获得英国女王御准而正式成为法律。其中替代性业务结构（ABS）的设置使外部资本进入律所成为可能。

2012 年起，该法已正式生效。但直到 2015 年，英国第一例律所 IPO 才出现。

2015 年 6 月 8 日，Gateley 律师事务所在伦敦证券交易所的成长型市场 AIM 上市。此次 IPO 对 Gateley 的估值为 1 亿英镑，并为其筹集了 3000 万英镑。

---

* 本文首发于微信公众号“智合”2020 年 8 月 7 日。

此后 Gateley 的营收逐年上涨。2015/2016 财年创收 6700 万英镑，2016/2017 财年 7700 万英镑，2018/2019 财年顺利超过 1 亿英镑。

目前 Gateley 在英国 9 个地区拥有 1000 名员工，在迪拜设有办事处。

有了首例后，市场认为会有更多律所加速上市计划。但实际上直到 2017 年，Gordon Dadds 律师事务所和 Keystone 律师事务所才于 8 月和 11 月先后上市，分别筹集了 2000 万英镑和 1500 万英镑。

2018 年 5 月，Rosenblatt 律师事务所上市并筹集了 4300 万英镑，随后 Knights 律师事务所在 6 月上市并筹集了 5000 万英镑。当月前几天，DWF 国际律师事务所宣布考虑上市。

2019 年 3 月，DWF 登陆伦敦证交所主板，募集了 9500 万英镑。

二、短期收益 or 长期回报？

业内普遍认为，律所上市面临的主要困难来自内外两个方面。

对内，上市意味着律所将改变组织形式，并改变过去通过分红分配几乎所有利润的模式，权益合伙人的年度收益会大幅度缩减。DWF 的招股书中写道："**上市将导致权益合伙人薪酬总额减少 60%**。"

如何说服权益合伙人成为上市前最大的困难之一。

"他们将改为手持潜在价值巨大的股票，在更长远的未来获得更大的回报"是一种说法。

对外，如何说服投资人投资律所是最大挑战之一。也就是如何让投资人相信，律所上市后股价会持续上涨。

各家律所采取了不同的做法。

上市后 Gateley 收购了四家机构，其中只有一家是律所，其余为咨询、税收和房地产公司。截至 2019 年 3 月，Gateley 的市值已接近 1.7 亿英镑。

Knights 上市后收购了多家律所。Gordon Dadds 借助英国破产程序中允许破产管理者在正式管理前出售企业资产的规定进行了多笔投资。

RosenBlatt 则使用了部分募集资金用以建设诉讼融资（垫付律师费等费用待胜诉后收回款项和收益的一种方式）部门。

Keystone 原先是一家成立于 2002 年的知名"虚拟律所"（也被称为"云端律所"），通过"中央办公室团队"为律师提供办公、市场营销、IT 和金融支持。投资者看中的是它具有颠覆性的新型律所经营模式。

DWF 在招股书中说，未来增长将主要来自两个方面：进一步的国际扩张和周边业务的发展，包括软件供应、保险索赔、商会等。

三、上市“有啥好”

除了这些“各显神通”的经营动作外，律所上市主要能带来哪些发展助益？

1. 经营资金。募资使律所不必再依赖债务融资或合伙人出资，收购等扩张活动更容易推进。

2. 品牌知名度。出现在《金融时报》和各类媒体专栏中，律所的品牌传播度得以提升，上市公司的披露规则也使律所的经营状况公开，有利于提升律所信誉。

3. 吸纳人才。这些律所上市后几乎都拥有了更强的人才吸引力，并且有资本为人才提供更优厚的待遇，每年新加入的合伙人数量都高于上市前平均水平。

4. 长远经营和退休问题。上市“改造”了律所的组织形式，出资的权益合伙人在退休时不必拿回资金，而可以继续持有律所股票获得相应回报。而为了自身利益，其也会更关注律所经营情况，并可能持续以其他方式参与建设。

但专业服务机构上市也一直饱受质疑，主要在于：

1. 担心律所会以营利为首要目标，有违律师的职业道德标准；

2. 作为服务机构，律所的发展受经济环境的影响显著；

3. 律所获得资金后的非律师业务经营活动存在风险。

历史上，英国会计师事务所 Numerica 通过上市募资后砸钱扩大业务规模，其后亏损，股价持续下跌并最终倒闭。

而第一家上市律所 Slater & Gordon 因为一起 6. 37 亿英镑的失败收购遭受重创，诉讼拖了近 5 年才达成和解。

律所上市，利弊并存。

四、更多律所 IPO

业界认为，Mishcon de Reya 律所选择上市可能有五个主要原因：

1. 成为英国的昆鹰（全球最顶尖的商事诉讼律所之一）需要投资人才；

2. 多线投资以对抗经济周期，发展品牌管理、私人财富、电子证据开示等业务；

3. 连续高速发展，合伙人不愿意与其他律所合并；

4. 较早涉足非法律业务，品牌价值高（还曾代理戴安娜王妃离婚）；

5. 目前仅在英国开展业务，符合监管要求。

但也有观点认为有意图上市和最终成功上市之间还离得很远。2018 年 Fieldfisher 国际律师事务所也曾做过一系列上市准备，最终也未达成。

未来是否会有更多律所上市，答案是肯定的。

但上市究竟是利是弊，是福是祸，则要各家自己去尝试，才能知晓。

金融危机中，赚钱更多的十家律所*

伊晓俊**｜智合研究院

2008年金融危机之下，全球律师事务所业务量骤减，不得不通过大规模裁员等方式“求生”。也有多家百年大所轰然倒地……

但有一批国际律所，在金融危机时业务反增，实现“逆周期”增长。这些律所做了什么？

一、破产重组

（一）威嘉

威嘉（Weil, Gotshal & Manges）创立于1931年，总部位于美国纽约，在全球拥有近1200名律师和20家办公室。由于在破产领域的专长，其在2008年金融危机后赚得“盆满钵满”。威嘉在2020 Vault美国百强律所（2020 Vault Law 100）的执业领域排名中，居“破产重组”领域第一位。2008年9月，雷曼兄弟（Lehman Brothers）轰然倒地，拉开了全球金融动荡的大幕。随后威嘉接手雷曼兄弟的破产案件。几年内，雷曼兄弟向律所、会计师事务所等机构支付了超20亿美元的费用，其中近5亿美元流向了威嘉。

在2009年的“通用汽车破产案”中，威嘉帮通用在40天内脱离破产保护，并促成该公司资产出售。作为首席法律顾问，威嘉在这段时期收取的费用超过5400万美元。

（二）Baker Hostetler

Baker Hostetler成立于1916年，总部位于美国克利夫兰，目前在全美拥有16家办公室和近1000名律师。

---

* 本文首发于微信公众号“智合”2020年4月20日。

** 伊晓俊，智合研究院编辑、研究员，长期从事中外律所组织、技术和管理创新等方面的研究。

金融危机前，美国金融界传奇人物伯纳德·麦道夫（Bernie Madoff）曾是华尔街最受欢迎的“投资专家”。他设立基金公司，利用超额回报承诺编制惊世骗局，使众多金融机构和投资者损失高达500亿美元。

由于金融危机爆发，大批投资者集中要求赎回资金，使麦道夫不得不宣告破产。

在他被捕后，Baker Hostetler 的合伙人 Irving Picard 被美国证券投资者保护公司任命为麦道夫公司的资产托管人，负责追回和管理与该案有关的资金。

截至 2018 年 9 月，Baker Hostetler 为受害者追回的金额超过 130 亿美元，也从该案中赚取了超 10 亿美元的律师费。这笔资金也成为该律所十年中“稳定的收入来源”。

（三）佳利

佳利（Cleary Gottlieb Steen & Hamilton）成立于 1946 年，总部位于美国纽约，目前在全球有 16 家办公室和近 1300 名律师。

2009 年 1 月，金融危机中损失惨重的花旗集团（Citigroup）宣布重大重组计划，将业务拆分为花旗公司和花旗控股两部分。

佳利的几位合伙人组建团队，就资本重组问题向花旗集团提供法律建议；佳利还同另一家律所合作，为美国政府持股花旗银行 36% 股份提供咨询。

在 2009 年，佳利还担任了北美最大电信器材制造商北电网络（Nortel Networks）在美国的破产法律顾问。

金融危机中的强势表现，使佳利在纽约精英律所中占据一席之地。

二、诉讼

（一）Kaplan Fox

Kaplan Fox 创立于 1985 年，位于美国纽约，主做诉讼业务，在美国拥有 4 家办公室。在金融危机时期，Kaplan Fox 积极寻找客户，代表众多客户处理证券集体诉讼。

其中包括代理投资者向原美国最大券商美林证券提起集体诉讼，指控其在次贷危机爆发前发布误导信息，使投资者蒙受损失。该案最终以美林向投资者赔付 4.75 亿美元而和解。

因在多起证券集体诉讼中表现强势，Kaplan Fox 被美国法律媒体评为 2009 年最佳证券诉讼律所之一。

近期，Kaplan Fox 正在发起针对中国某咖啡涉嫌证券欺诈的集体诉讼。

（二）Susman Godfrey

Susman Godfrey 成立于 1980 年，总部位于美国休斯敦，现有 4 家办公室和超过 115 名律师。

这家律所在 2020 年 Vault 美国百强律所的执业领域排名中位列“诉讼精品律所”（Litigation Boutiques）第一位。

2009 年时，麦道夫的“史上最大金融诈骗案”给其业务带来机遇。Susman Godfrey 成立“金融欺诈特别工作小组”来调查该案，并代表众多房地产领域投资人向麦道夫提起索赔诉讼请求。

Susman Godfrey 还代理了汽车领域的破产诉讼案件，代表克莱斯勒汽车（Chrysler）债权人委员会起诉前母公司德国戴姆勒（Daimler）涉嫌侵吞 10 亿美元的诉讼。

根据当时的一份协议，Susman Godfrey 同另一家律所可获得 200 万美元的固定费用，以及最高 2 亿美元的胜诉酬金。

三、参与政府财政救助计划

（一）盛信

盛信（Simpson Thacher & Bartlett）成立于 1884 年，总部位于美国纽约，在全球 10 个办公室拥有 1000 多名律师。

2008 年 10 月，盛信被美国财政部任命为“不良资产救助计划”（TARP）的首席法律顾问。该计划涉及 7000 亿美元，旨在救助崩溃边缘的美国金融系统。

此后，盛信协助美国财政部向美国银行、花旗银行等金融机构投资超千亿美元。

从 2008 年 10 月至 2011 年 5 月，盛信共收到美国财政部超过 1000 万美元的服务费。

（二）达维

达维（Davis Polk & Wardwell）成立于 1849 年，总部位于美国纽约，在全球拥有 10 个办公室和近 1000 名律师。

在金融危机期间，这家律所为美国政府 1500 亿美元救助保险巨头美国国际集团（AIG）提供服务，就美国银行业救助的监管方面提供咨询，组建一支团队担任花旗集团处理危机事务的首席法律顾问等。

2009 年，律所收入同比增长约 7%，成为当年度纽约增长最快的律所之一。权益合伙人人均利润增长近 10%，达到 210 万美元。律师人数也增加了约 5%。

四、全方位多领域

（一）富而德

英国“魔圈所”之一的富而德（Freshfields Bruckhaus Deringer）总部位于英国伦敦，最早成立于1743年，目前在全球有28个办公室。

在金融危机期间，富而德是“魔圈所”中表现最为强劲的一家。因在危机之前进行过大规模团队精简，在全球律所迎来“裁员潮”时，富而德宣布仅裁掉4名律师。

在业务方面，为企业催收大额现金、担任政府财政救助计划法律顾问、为破产银行提供清算和重组等业务推动富而德2009年创收实现增长。

在削减开支方面，富而德采取冻结律师工资、减少差旅和会议费用等“适当且相称”的方式为将来收入下滑做准备。

当时首席执行官Ted Burke表示，着眼于长远目标，不让短期压力分散注意力，是富而德在金融危机中的方针。

（二）凯易

凯易（Kirkland & Ellis）是一家总部位于美国芝加哥的国际律所，于1909年成立，目前在全球有15家办公室和超过2700名律师。2019年，凯易已连续第二年成为全球收入最高的律师事务所。

虽然在雷曼兄弟破产案中未占据主导地位，但凯易在2009年代理了美国历史上最大的房地产破产案——GGP地产公司破产重组案。

在另一强项私募领域，凯易在欧洲代表阿波罗全球管理（Apollo Global Management LLC）、TowerBrook Capital、约克资本管理（York Capital Management）和金门资本（Golden Gate Capital）完成当年度欧洲数宗规模最大的私募股权投资。

在2009年，凯易还主要进行了以下布局：

一是成立上海办公室，布局中国市场，加强在国际私募股权及跨境交易等领域投入。上海办公室也是凯易在亚洲的第二个办事处。

二是搬离已使用37年之久的芝加哥总部办公室，迁至“利用效率更高，利于未来扩张”的办公地点。

三是为满足企业客户需求，对原有计费方式进行调整，采取更灵活的替代计费方式，如固定费用、上限费用和或有费用。

相对稳定的业务以及有针对性的布局，使凯易2009年总收入达14.28亿美元，同比增长2%；律师人数从2008年度的1333名增加到1411名，增长近6%。

（三）苏利文·克伦威尔

苏利文·克伦威尔（Sullivan & Cromwell）总部位于美国纽约，创立于 1879 年，目前在全球有超过 875 名律师和 13 家办公室。

金融危机爆发，使瑞士最大的银行瑞银集团（UBS）在美国房地产基金和衍生工具市场中遭受重创。此后，该所代表瑞银应对监管调查、税务以及诉讼事宜，帮助其成功应对银行股东的索偿请求，免除可能超 5 亿美元的和解费。

此外，该所代理了克莱斯勒汽车的破产重组业务，并代理之后菲亚特（FIAT）对克莱斯勒的跨国收购案。

在此期间，该所还为雷曼兄弟、高盛（Goldman Sachs）、摩根大通（J. P. Morgan）等金融巨头提供了并购、金融咨询、应对监管调查执法及诉讼等法律服务。

结语

金融危机的爆发难以预料。危机来临之后，这些国际律所利用自身优势，在破产重组、诉讼、法律顾问等领域取得突破，在严酷的市场环境中实现业务的逆势增长。

危机之下，挑战与机遇并存。近期严峻复杂的国际疫情已对全球经济造成巨大冲击，也给法律服务行业带来严峻挑战。如何减轻疫情对业务的影响，积极拥抱市场变化，或将成为整个律师行业思考的重要课题。

而这十家律所的成功经验，又能给我们提供哪些借鉴？

图书在版编目(CIP)数据

中国法律市场观察.2020－2021／智合研究院编著
.--北京:法律出版社,2021
ISBN 978－7－5197－5775－5

Ⅰ.①中… Ⅱ.①智… Ⅲ.①法律－工作－中国－
2020－2021 Ⅳ.①D92

中国版本图书馆CIP数据核字(2021)第145135号

中国法律市场观察(2020—2021)
ZHONGGUO FALÜ SHICHANG GUANCHA (2020—2021)

智合研究院 编著

策划编辑 周 洁 朱轶佳
责任编辑 周 洁 朱轶佳
装帧设计 鲁 娟 魏恩浩

出版发行 法律出版社
编辑统筹 司法实务出版分社
责任校对 王晓萍
责任印制 胡晓雅
经　　销 新华书店

开本 787毫米×1092毫米 1/16
印张 30.5 **字数** 538千
版本 2021年8月第1版
印次 2021年8月第1次印刷
印刷 三河市龙大印装有限公司

地址:北京市丰台区莲花池西里7号(100073)
网址:www.lawpress.com.cn
投稿邮箱:info@lawpress.com.cn
举报盗版邮箱:jbwq@lawpress.com.cn

销售电话:010－83938349
客服电话:010－83938350
咨询电话:010－63939796

书号:ISBN 978－7－5197－5775－5
定价:118.00元

凡购买本社图书,如有印装错误,我社负责退换。电话:010－83938349